Hamburger Rechtsstudien

herausgegeben von Mitgliedern der Rechtswissenschaftlichen

Fakultät der Universität Hamburg

Heft 63

Der Deliktsschutz relativer Rechte

von

Dr. iur. MANFRED LÖWISCH

o. Professor an der Universität Freiburg i. Br.

Berlin

Walter de Gruyter & Co.

1970

Als Habilitationsschrift auf Empfehlung der
Rechtswissenschaftlichen Fakultät der Universität Hamburg
gedruckt mit Unterstützung
der Deutschen Forschungsgemeinschaft

Archiv-Nr. 27.30.70.1

Druck: Felgentreff & Co., Berlin 61

Printed in Germany.

EDUARD BÖTTICHER

gewidmet

VORWORT

Die nachstehende Abhandlung, welche den Versuch macht, § 823 I BGB funktional neu zu verstehen und so zur Reform des geltenden Deliktsrechts *von innen her* beizutragen, hat der Rechtswissenschaftlichen Fakultät der Universität Hamburg als Habilitationsschrift vorgelegen. Sie ist auf den Stand von Anfang 1969 gebracht.

Der Fakultät habe ich nicht nur für die Aufnahme der Schrift in die Reihe der Hamburger Rechtsstudien, sondern vor allem für die stete und großzügige Förderung zu danken, die sie mir in meiner Assistentenzeit hat zuteil werden lassen.

Ich widme dieses Buch Professor Dr. Dr. h. c. Eduard *Bötticher*, der mich als ein väterlicher Freund die Rechtswissenschaft erst wirklich gelehrt hat.

Hamburg, im April 1969

Manfred Löwisch

INHALT

Seite

Einleitung 1

§ 1. Der Deliktsschutz relativer Rechte als Problem 1

I. Der Deliktsschutz relativer Rechte zwischen Schutzbedürfnis und Haftungsbegrenzung 1

II. Der Deliktsschutz relativer Rechte und die Problematik des Rechtsbegriffs in § 823 Abs. 1 BGB 9

1. Teil: Das „sonstige" Recht in § 823 Abs. 1 BGB 17

§ 2. Die „Absolutheit" des Rechts 17

I. Das gegen jedermann gerichtete „absolute" Recht: eine rein normative Kategorie 17

II. „Absolutheit" als Güterzuordnung 26

III. „Absolutheit" als unmittelbare Beziehung des Rechts zum Gegenstand 30

§ 3. Die Kundbarkeit des Rechts in der Lehre von Fabricius . . 41

§ 4. Die Abstufung des durch § 823 Abs. 1 BGB gewährten Schutzes nach der Art der Verletzungshandlungen 48

I. Keine „generelle" Rechtswidrigkeit von Rechtsverletzungen 48

II. Die Abstufung der tatbestandsmäßigen Verletzungen 54

2. Teil: Die Grundtypen der Rechtsverletzung 59

§ 5. Die gegen das Recht gerichtete Handlung (Grundlegung) . . 59

I. Die Rechtsbeeinträchtigung als Zweck der Handlung . . 59

II. Subjektive Zielrichtung und objektiver Sinngehalt der Handlung 68

§ 6. Die gegen das Recht gerichtete Handlung (Ausführung) . . . 76

I. Unbefugte Rechtsausübungen 77

II. Rein negative Eingriffe in ein Recht 84

III. Der mittelbare Eingriff 88

§ 7. Die Beeinträchtigung körperlicher Güter 95

I. Die Verletzbarkeit der Substanz als Grund des erhöhten Schutzes 95

II. Die Abgrenzung der Substanzverletzung im einzelnen . 100

Seite

3. Teil: Der Deliktsschutz relativer Rechte im geltenden Rechtssystem 109

§ 8. Deliktsschutz und Sachenrechtssystem 109

I. Das Delikt der gegen das Recht gerichteten Handlung: Wiederkehr des ius ad rem? 109

II. Der Schutz der Anwartschaft des Auflassungsempfängers 114

III. Die Verfügung über ein Recht: Begründung einer Abwehrbefugnis des Verfügungsempfängers auch gegenüber obligatorisch Berechtigten 118

§ 9. Rechtsschutz und Institutionenschutz 122

I. Subjektives Recht und Rechtsinstitut 122

II. Das Nebeneinander von Rechtsschutz und Institutionenschutz 126

III. Gegen das Recht gerichteter Eingriff im Sinne des § 823 Abs. 1 BGB und § 826 BGB 134

§ 10. Deliktsschutz und Schuldverhältnis 140

4. Teil: Der Deliktsschutz relativer Rechte in besonderen Problemlagen 151

§ 11. Der Deliktsschutz der einfachen Lizenz 152

I. Ausschließliche, einfache und negative Lizenz 152

II. Der Eingriff in die einfache Lizenz 159

III. Unterlassungsklage und Schadensersatzanspruch des einfachen Lizenznehmers 164

§ 12. Die Ehestörung 173

I. Die höchstrichterliche Rechtsprechung und ihre Kritik . . 174

II. Das geschützte Recht 180

III. Die Ansprüche gegen den ungetreuen Ehegatten 183

IV. Der Schutz gegen den Drittstörer 191

§ 13. Streik und Aussperrung als gegen das Arbeitsverhältnis gerichtete Eingriffe 196

I. Der Anspruch aus dem Arbeitsverhältnis als nach § 823 Abs. 1 BGB geschütztes Recht und die kollektivrechtliche Bewertung des Arbeitskampfes 196

II. Individualrechtliche und kollektivrechtliche Bewertung kollektiver Aktionen in der Person des einzelnen Arbeitnehmers und Arbeitgebers 202

III. Streik und Aussperrung als Aktionen von Gewerkschaft und Arbeitsgeberverband 211

IV. Der Umfang der Haftung für rechtswidrige Arbeitskämpfe 219

Schrifttumsverzeichnis 225

Stichwortverzeichnis 238

EINLEITUNG

§ 1. Der Deliktsschutz relativer Rechte als Problem

I. Der Deliktsschutz relativer Rechte zwischen Schutzbedürfnis und Haftungsbegrenzung

1. Die Behauptung, man könne sich wegen seiner relativen Rechte immer nur an denjenigen halten, den die dem Recht korrespondierende Pflicht trifft, ist mit vielen Beispielen leicht zu widerlegen. Jeder nicht höchstpersönliche Leistungsanspruch entfaltet schon insofern eine unmittelbare Drittwirkung, als der Gläubiger auch gegen den Willen des Schuldners von einem Dritten *Erfüllung entgegennehmen* (§ 267 BGB) und sich im Falle der Unmöglichkeit der Leistung auf dem Wege der *Abtretung des Ersatzes oder Ersatzanspruchs* an den halten kann, der seinem Schuldner für den Leistungsgegenstand ersatzpflichtig ist (§ 281 BGB). Es gibt obligatorische Rechte, wie die Miete und die Pacht, die der Gläubiger *gegen den Rechtsnachfolger* in den Gegenstand des Schuldverhältnisses durchsetzen kann (§ 571 bzw. § 986 II BGB), und solche, wie den Lohnanspruch, die im Konkurs zu Lasten Dritter ein *Vorrecht* genießen (§ 61 KO). In vielen Fällen stellt das Gesetz dem Gläubiger neben dem Vermögen des Schuldners das Vermögen, Teile des Vermögens oder einzelne Vermögensgegenstände Dritter als *Haftungsgrundlage* zur Verfügung: Man denke an § 419 und § 2382 BGB, an § 25 HGB, an die sogenannte „Durchgriffshaftung" bei Kapitalgesellschaften, an § 303 AktG, an die Pfändung verschleierter Arbeitseinkommen (§ 850 h ZPO) und an die Institute der Gläubiger- und Konkursanfechtung. Ja man kann hier durchaus auch die gesetzliche oder vertragliche Begründung einer dinglichen oder persönlichen Sicherheit für eine Forderung nennen, deren Funktion es ist, dem Gläubiger das Vermögen eines anderen (Bürgschaft) oder einen bestimmten Vermögensgegenstand ohne Rücksicht auf das Eigentum an ihm und mit Vorrang vor späteren Gläubigern (Pfandrechte) als Haftungsobjekt zu geben. Schließlich schützt das Gesetz den einzelnen in weitem Umfange gegen *Eingriffe* in seine relativen Rechte: Er kann sie wie jedes Recht gegenüber Dritten, die es unberechtigt für sich in Anspruch nehmen, im Wege der Feststellungsklage verteidigen; für den Streit um die Berechtigung an einer Forderung sieht das Gesetz auf die Streitverkündung des verklagten Schuldners hin sogar die besondere Prozeßform des § 75 ZPO vor; er kann Ansprüche aus Eingriffskondiktion nach § 816 II BGB und solche aus unechter Geschäfts-

führung nach § 687 II BGB geltend machen; Deliktsansprüche erhält er über den Schutz des Vermögens (§§ 823 II und 826 BGB).

Unserer Untersuchung geht es jedoch weder um die Drittwirkung relativer Rechte im allgemeinen noch um ihre Einbeziehung in das Deliktsrecht auf dem Wege der §§ 823 II und 826 BGB. Sie stellt sich die Frage, ob und inwieweit die relativen Rechte *als solche* Deliktsschutz genießen, konkret gesprochen, ob sie zu den sonstigen Rechten des § *823 I BGB* zu zählen sind.

Eine solche Fragestellung mag verwundern. Denn auf den ersten Blick scheint es im ganzen Recht der unerlaubten Handlungen kaum einen gesicherteren Satz zu geben als den, daß § 823 I BGB nur absolute Rechte meine, ein direkter Deliktschutz relativer Rechte also ausgeschlossen sei. Doch trügt dieser Schein. Es hat seit der Schaffung des BGB immer wieder Versuche gegeben, relative Rechte auch als sonstige Rechte im Sinne des § 823 I BGB zu werten. Dabei liegt das Gewicht weniger auf einer pauschalen Anwendung des § 823 I BGB. Die schon 1898 von *v. Liszt* vertretene Meinung, soweit es sich nicht um die Verletzung gerade durch Vertragsgegner handle, genössen die obligatorischen Ansprüche absoluten Schutz gegen jeden Eingriff, der von Dritten ausgehe[1]), hat kaum Gefolgschaft gefunden[2]). Aber es gibt ein beachtliche Reihe von Einzelfällen, in denen eine Ausdehnung des § 823 I BGB auf relative Rechtsbeziehungen, ausdrücklich oder schlüssig, befürwortet wird, ja zum Teil unbestritten ist.

2. Bekannt ist die Auffassung, welche jedenfalls die *Zuständigkeit* des relativen Rechts, insbesondere der Forderung gegen unberechtigte, aber wirksame Verfügungen auch nach § 823 I BGB schützen will[3]). Sie gewährt dem Gläubiger einer Forderung einen Schadensersatzanspruch gegen nichtberechtigte Empfänger der Leistung in den Fällen der *Legitimationswirkung*, wie der unbefugten, aber gemäß § 407 BGB wirksamen Annahme der Leistung durch den früheren Gläubiger, der nach § 851 BGB gegenüber dem Sacheigentümer befreienden Schadensersatzleistung an den Sachbesitzer und der

---

[1]) *v. Liszt*, Deliktsobligationen, S. 21.

[2]) Wie *v. Liszt Cosack*, Lehrbuch Bd. I, § 163 I 1 a beta (S. 663 f.); zuvor schon *Staub*, Die juristische Konstruktion der dringlichen Rechte, ArchbürgR 5 (1891) S. 12 ff. (S. 14 ff.); weitere Nachweise über diese Meinung bei *Fischer*, Die Verletzung des Gläubigerrechts, S. 132 ff. Gegen sie hat sich insbesondere auch das Reichsgericht in ständiger Rechtsprechung seit RGZ 57, 353 ff. ausgesprochen.

[3]) Vgl. etwa *Oertmann*, Zur Struktur der subjektiven Privatrechte, AcP 123 (1925), S. 129 ff. (S. 143 ff.); *Löbl*, Geltendmachung fremder Forderungsrechte im eigenen Namen, AcP 129 (1928), S. 257 ff. (S. 286 ff.); *Wieacker*, Die Forderung als Mittel und Gegenstand der Vermögenszuordnung, DRW 1941, S. 49 ff.; *Crome*, System Bd. II, § 325 II 4 (S. 1021 f.); *v. Caemmerer*, Bereicherung und unerlaubte Handlung, Festschrift für Rabel Bd. 1 (1954), S. 333 ff. (S. 355); *Larenz*, Schuldrecht I, § 29 III (S. 341 f.) und Schuldrecht II, § 66 I a am Ende (S. 410). In unserem Zusammenhang ist hier auch die Lehre *Leonhards* vom „Eigentum" an der Forderung zu nennen (Allgemeines Schuldrecht, § 24 [S. 60 ff.]), denn er zieht aus ihr, was die Anwendung des § 823 I BGB anlangt, nur die Konsequenz, daß unbefugte Verfügungen zum Schadensersatz verpflichten könnten (§ 303 [S. 562 ff.] und § 305 [S. 568 f.]).

von dem wahren Gläubiger hinzunehmenden Leistung an den nichtberechtigten Inhaber eines Inhaber- oder Legitimationspapiers.

Praktische Bedeutung hat diese Fallgruppe kaum erlangt[4]). Genannt werden kann nur die — zudem noch anders begründete — Entscheidung des LG Braunschweig, nach welcher derjenige, der unbefugt, aber mit befreiender Wirkung für die Sparkasse ein fremdes Sparkassenguthaben abhebt, dem wahren Inhaber des Guthabens nach § 823 I BGB schadensersatzpflichtig sein soll, sofern er auch nur fahrlässig gehandelt hat[5]).

Praktisch wie theoretisch wichtiger ist der Deliktsschutz *obligatorischer Besitzrechte*. Daß etwa der Mieter, der die gemietete Sache in Besitz hat, bei deren Beschädigung einen eigenen Schadensersatzanspruch aus § 823 I BGB haben kann, ist im deutschen bürgerlichen Recht unbestritten[6]). Während man aber früher zumeist den bloßen Besitz selbst als sonstiges Recht im Sinne des § 823 I BBG ansah[7]), kehrt man heute mehr und mehr zu der Auffassung *Savignys* zurück, daß der Besitz selbst lediglich einen rechtserheblichen sozialen Tatbestand darstelle[8]), und versteht den durch § 823 I BGB gewährten Besitzschutz als Schutz des zum Besitz berechtigten *Anspruchs*[9]). Mag man auch betonen, daß erst die durch Verwirklichung des Besitztatbestandes herbeigeführte „Kundbarkeit" des Anspruchs die Anwendung des § 823 I BGB auslöse[10]), so ist doch nicht zu übersehen, daß es sich im Kern um den Deliktschutz einer großen Gruppe relativer Rechte handelt.

Gleiches ist heute im Ergebnis von der Anwendung des § 823 I BGB auf die *Störung familienrechtlicher Stellungen*, wie insbesondere der elterlichen Gewalt und der Ehe, zu sagen. Früher ging man davon aus, daß etwa die elterliche Gewalt ein absolutes Herrschaftsrecht über eine Person sei, und

---

[4]) Weswegen die Kritiker der Zuständigkeitslehre einen Deliktschutz auch für überflüssig erklären: Vgl. *v. Tuhr*, Allgemeiner Teil I, § 11 II 2 (S. 210 f.); *Heck*, Schuldrecht, § 150 (S. 458 f.); *Enneccerus-Lehmann*, Recht der Schuldverhältnisse, § 1 II 1 a (S. 2). Ausführlich jetzt *Otte*, Schadensersatz nach § 823 I BGB wegen Verletzung der „Forderungszuständigkeit"?, JZ 1969, S. 253 ff.

[5]) Urteil vom 26. 6. 1953 MDR 1953, S. 678.

[6]) Anders zum Teil die österreichische Dogmatik. Vgl. die Nachweise bei *Koziol*, Die Beeinträchtigung fremder Forderungsrechte, S. 23.

[7]) So auch jetzt noch etwa *Enneccerus-Nipperdey*, Allg. Teil § 80 (S. 467 ff.) und *Enneccerus-Lehmann*, § 234 I 1 c (S. 943).

[8]) *Savigny*, Das Recht des Besitzes, bes. §§ 1—6.

[9]) Vgl. dazu vor allem *Dulckeit*, Die Verdinglichung obligatorischer Rechte, S. 41 ff.; *Pawlowski*, Der Rechtsschutz im geltenden Sachen- und Immaterialgüterrecht, insbes. S. 33 ff.; *Diederichsen*, Das Recht zum Besitz aus Schuldverhältnissen, insbes. S. 64 f., sowie *Larenz*, Schuldrecht II, § 66 I a (S. 410). Ähnlich auch *Medicus*, Besitzschutz und Ansprüche auf Schadensersatz, AcP 165 (1965), S. 115 ff., der aber insofern weitergeht, als er auch Positionen wie die des unverklagten redlichen Besitzers für den Deliktsschutz gelten lassen will. Vgl. dazu noch unten § 7 II 2 a.E. (S. 107).

[10]) Vgl. die in der vorstehenden Note angegebene Literatur. Auf Einzelheiten braucht *hier*, wo nur das Faktum des Schutzes relativer Rechte festgestellt werden soll, nicht eingegangen zu werden. Vgl. aber unten §§ 3 (S. 41 ff.) und 7 (S. 95 ff.).

hatte deshalb keine Schwierigkeiten, die als sonstiges Recht i. S. des § 823 I BGB zu betrachten. Seit aber *Nawiasky* nachgewiesen hat, daß relative Rechten- und Pflichtenbeziehungen („Forderungsverhältnisse") und Gewaltverhältnisse keinen „kontradiktorischen" Gegensatz bilden, vielmehr die Gewaltverhältnisse nur besonders ausgestaltete Formen solcher Forderungsverhältnisse sein können, weil die Rechtsordnung *jede* Person als Rechtssubjekt behandeln muß[11]), betont man in der Beschreibung der familienrechtlichen Verhältnisse statt der Über- und Unterordnung zunehmend den „Pflichtrecht"charakter und damit die Eigenschaft als relative Rechtsbeziehung. Das gilt für die elterliche Gewalt ebenso wie für die Ehe[12]). *Nicht* aufgegeben hat man damit aber den Deliktsschutz der elterlichen Gewalt wie — im einzelnen freilich äußerst umstritten — der ehelichen Lebensgemeinschaft, womit man im Ergebnis bei einem absoluten Schutz relativer Rechte landet, was denn auch *Gernhuber* ganz unbefangen dahin formuliert, daß die elterliche Gewalt, „nicht anders als die Ehe, nur absolut und relativ zugleich sein könne"[13]).

Auch der relativen Rechtsbeziehung der *Mitgliedschaft* wird — sowohl als Recht des Mitglieds gegen die Körperschaft wie als Recht der Körperschaft gegen das Mitglied — Deliktsschutz zugebilligt. Von der Stellung des Mitglieds aus sieht man etwa den Geschäftsanteil an einer GmbH[14]) und das Aktienrecht[15]) als sonstige Rechte i. S. des § 823 I BGB an — wenn auch mit der noch zu erörternden Einschränkung[16]), das gelte nur, soweit der Aktionär um die Aktie selbst gebracht werde.

Einen Schutz des Rechts der Körperschaft gegen das Mitglied findet man bei den Koalitionen des Arbeitsrechts: Der durch Art. 9 III GG auch für das Privatrecht angeordnete Schutz der Koalitionsfreiheit, welcher sich nicht zuletzt in deren Charakter als sonstiges Recht i. S. des § 823 I BGB äußert[17]), wird auch der Koalition selbst als Recht auf Dasein und Betätigung zuerkannt[18]). Damit sind in den Schutz gegen „alle Maßnahmen, die auf eine Beschränkung oder Behinderung der Koalition gerichtet sind" (Art. 9 III 2 GG), auch die Mitgliedschaftsverhältnisse einbezogen, und kann

---

[11]) Vgl. *Nawiasky*, Forderungs- und Gewaltverhältnis. Festschrift für Zitelmann (1913), insbes. S. 30 ff.

[12]) Vgl. *Gernhuber*, Elterliche Gewalt heute, FamRZ 1962, S. 89 ff. und Familienrecht, § 2 II 4 (S. 14), für den Eheschutz auch die Formulierung von *Schwab*, NJW 1956, S. 1149 (S. 1150): „Die durch die Ehe begründeten Rechte und Pflichten der Ehegatten halte ich dagegen für solche relativer Natur. Insbesondere scheint mir der Gedanke eines absoluten Rechts eines Ehegatten an der Person des anderen durchaus antiquiert zu sein."

[13]) FamRZ 62, S. 90 f.; Familienrecht, § 2 II 5 (S. 14 f.); für den Eheschutz sinngemäß ebenso *Schwab*, aaO. Auf die Einzelheiten kommt es hier nicht an. Vgl. dazu unten § 12 (S. 173 ff.).

[14]) RGZ 100, 274 (278 f.).

[15]) RGZ 158, 248 (255).

[16]) Unten § 6 I 2 (S. 79 f.).

[17]) *Dietz*, Die „Koalitionsfreiheit" in: Bettermann-Nipperdey-Scheuner, Die Grundrechte Bd. III 1, S. 417 ff. (S. 452 f.).

[18]) So *Dietz*, aaO. S. 458 f.

etwa das Verleiten der Mitglieder zum Ungehorsam gegen Verbandsbeschlüsse eine nach § 823 I BGB zu ahndende Verletzung sein.

Anzuführen ist weiter die *einfache Lizenz*. Obwohl man sie meist als obligatorisches Recht betrachtet[19]), wollen ihr eine Reihe von Autoren Deliktsschutz bei unbefugter Nutzung des Immaterialgutes gewähren, auf das sie sich richtet[20]).

Nicht vergessen werden dürfen schließlich die Fälle, in denen der Deliktsschutz des § 823 I BGB an relative Rechte *im Gewande deliktischer Generalklauseln* verliehen wird. Wenn im Anschluß an das Zeitungsstreikgutachten von *Nipperdey*[21]) die h. M. und vor allem die Rechtsprechung des Bundesarbeitsgerichts[22]) den Streik als Eingriff in den eingerichteten und ausgeübten Gewerbebetrieb des Arbeitgebers ansehen und auf der anderen Seite die Aussperrung als Eingriff in das Recht des Arbeitnehmers am Arbeitsplatz, so gewähren sie im Grunde Schutz gegen Eingriffe in die Ansprüche aus dem Arbeitsverhältnis: Der Streik hindert ja den Arbeitgeber an der Ausübung seiner Befugnis, die Arbeitnehmer im Rahmen seines Betriebes zur Erfüllung der Produktionsaufgaben einzusetzen, und soll ihn daran hindern. Und umgekehrt nimmt die Aussperrung dem Arbeitnehmer den Anspruch auf den Lohn. In aller Regel wird dabei auch in das rechtliche Band zwischen Arbeitgeber und Arbeitnehmer eingegriffen, weil nahezu jeder Streik unter Nichtbeachtung der arbeitsvertraglichen Bedingungen erfolgt[23]). Ähnlich liegt es, wenn die *Verleitung* eines Verkäufers, die verkaufte Sache nicht dem Käufer, sondern einem anderen zu übereignen, die Verleitung zum Vertragsbruch im Wettbewerbsrecht und die zum Bruch bestehender Arbeitsverträge führende Abwerbung von Arbeitskräften ohne das Hinzutreten weiterer Umstände als sittenwidrige Vermögensbeschädigung i. S. des § 826 BGB angesehen werden[24]). Denn auch dahinter steht, wie im weiteren Verlauf unserer Untersuchung noch deutlich werden wird[25]),

---

19) Vgl. *Reimer-Reimer*, Patentgesetz, Anm. 6 f. zu § 9 mit weiteren Nachweisen.

20) *Bolze*, Übertragung der Ausübung eines Patentrechts, GruchotsBeitr. 38 (1894), S. 75 ff. und 39 (1895), S. 1 ff. (insbes. S. 10 ff.); *Isay*, Der Rechtsschutz des Lizenzträgers, GRUR 1909, S. 58 ff.; *G. Pinzger*, Der Schadensersatz des einfachen Lizenzträgers, GRUR 1938, S. 148 ff.

21) Die Ersatzansprüche für die Schäden, die durch den von den Gewerkschaften gegen das geplante Betriebsverfassungsgesetz geführten Zeitungsstreik vom 27. bis 29. Mai 1952 entstanden sind, Rechtsgutachten, Heft 9 der Schriftenreihe der Bundesvereinigung der Deutschen Arbeitgeberverbände.

22) Seit dem Urteil vom 4. 5. 1955 (BAGE 2, 75 ff. = AP Nr. 2 zur Art. 9 GG „Arbeitskampf").

23) Streiks (und Aussperrungen) in Form der planmäßigen Kündigung von Arbeitsverhältnissen sind praktisch sehr selten. Vgl. dazu noch unten den § 13 (S. 196 ff.).

24) Vgl. für den Fall der Verleitung des Verkäufers vor allem die genaue Analyse der einschlägigen Reichsgerichtsrechtsprechung bei *Brandt*, Eigentumserwerb und Austauschgeschäft, S. 156 ff., für die Verleitung zum Vertragsbruch im Wettbewerbsrecht BGH GRUR 1956, S. 273 ff. und BGHZ 37, 30 (32) und für die Abwerbung im Arbeitsrecht insbesondere *Monjau*, Die Abwerbung von Arbeitskräften, DB 1961, S. 98 ff. und 135 ff. Eingehend zu diesem Fragenkreis jetzt *Koziol*, aaO., S. 40 ff.

25) Siehe unten § 5 I 4 (S. 66 f.) und § 9 III 2 (S. 137 ff.).

die Auffassung, das Gläubigerrecht verdiene als solches schon Deliktsschutz[26]).

Die Richtigkeit dieser Meinung soll damit gar nicht behauptet werden. Die Rechtsprechung des Bundesgerichtshofs betont ja in neuerer Zeit gerade den bloß lückenausfüllenden Charakter des Rechts am eingerichteten und ausgeübten Gewerbebetrieb[27]), und man folgert daraus mit Recht, daß die Generalklausel dort nicht zur Gewährung von Rechtsschutz führen dürfe, wo er nach dem Willen des Gesetzes versagt sei[28]), so daß man sehr wohl an eine Ablehnung derartiger Auffasungen denken könnte. Dennoch zeigt sich gerade in der Problematik solchen Schutzes relativer Rechte im Gewande von Generalklauseln die Aufgabe, festzustellen, ob hier der Ausschluß relativer Rechte vom Schutz des § 823 I BGB unzulässig umgangen wird oder ob sich dieser Schutz *als Rechtsschutz* aufrechterhalten läßt[29]).

3. Je spezieller eine den einzelnen begünstigende Rechtsnorm ist, um so deutlicher tritt hervor, daß ihrer anspruchsgewährenden eine anspruchs*begrenzende* Funktion korrespondiert: Die Rechtsnorm besagt auch, daß sie *die* Interessen *nicht* befriedigt, die aus ihrem Anwendungsbereich fallen. Das ist für die Auslegung unseres Deliktsrechts um deswillen von besonderer Bedeutung, weil es auf eine Generalklausel verzichtet hat: Ersatz seines Schadens kann nach ihm nur verlangen, wer sich auf die Verletzung einer Norm

---

26) Dagegen möchte ich im Unterschied zu *Koziol* (aaO., S. 24 f.) den vom BGH (LM Nr. 14 zu § 823 [Ai] = GRUR 1959, S. 331 ff.) als Eingriff in den Gewerbebetrieb gewerteten Fall, in dem ein Verleger dadurch in der Ausübung seines Verlagsrechtes gestört wurde, daß der Autor über das gleiche Werk mit einem anderen Verleger einen weiteren Verlagsvertrag abschloß, nicht als Beispiel eines verkappten Deliktsschutzes relativer Rechte in Anspruch nehmen, weil es sich nach dem Tatbestand des Urteils um ein ausschließliches und damit allgemeiner Meinung nach absolutes Verlagsrecht handelte. Vgl. zu diesem Fall noch unten § 6 II 1 (S. 85).

27) BGHZ 36, 252 (257); 38, 200 (204).

28) Vgl. besonders *v. Caemmerer*, Wandlungen des Deliktsrechts, DJT-Festschrift (1960), Bd. II, S. 49 ff. (S. 90 ff.); *Deutsch*, Entwicklung und Entwicklungsfunktion der Deliktstatbestände, JZ 1963, S. 385 ff. (S. 387 f.); *Esser*, Schuldrecht (2. Aufl.), § 201 (S. 848 f.).

29) In diesem Zusammenhang verdient beachtet zu werden, daß das Oberste Gericht der DDR (OGHZ 9, 206 ff.) der Beurteilung eines dem Stromkabelfall BGHZ 29, 65 ff. gleichgelagerten Falles die Auffassung zugrundegelegt hat, § 823 I des auch in der DDR noch geltenden BGB schütze (entgegen der abweichenden, „im anarchischen Charakter des Monopolkapitalismus" begründeten bürgerlichen Rechtspraxis) auch Forderungsrechte, diesen Satz aber sogleich wieder dahin einschränkt, daß auch der Forderungsberechtigte nur dann Schadenersatz verlangen könne, wenn er unmittelbar geschädigt sei, was bei einem Stromabnehmer im Falle der Beschädigung des Stromkabels des Versorgungsunternehmens nicht zutreffe, und damit letztlich zu dem gleichen Ergebnis gelangt wie der BGH in seinem nach den Grundsätzen über das Recht am Gewerbebetrieb entschiedenen Fall. — Zu der vom OGH der DDR vertretenen Auffassung, daß Forderungsrechte „sonstige Rechte" i. S. des § 823 I BGB seien, vgl. näher deren offenbaren Initiator *Posch*, § 823 Abs. 1 BGB schützt auch Forderungsrechte, NJ 1954, S. 12 ff., bei dem freilich die Beschränkung auf unmittelbar Geschädigte fehlt.

berufen kann, die gerade auch auf *seinen* Schutz ausgerichtet ist — sei es, daß eines seiner mit Deliktsschutz versehenen *Rechte* angegriffen (Prinzip des § 823 I BGB) oder daß er in einer *Art und Weise* geschädigt ist, die gegen ein auch zu seinen Gunsten bestehendes Gesetz verstößt (Prinzip der §§ 823 II, 824, 826 BGB). Wer einen anderen nicht in diesem Sinne *„unmittelbar“* geschädigt hat, braucht keinen Ersatz zu leisten[30]).

In ihrer Bedeutung noch erhöht wird diese *haftungsbegrenzende Funktion* der Deliktsnormen nicht nur dadurch, daß sie sich an *jedermann* wenden, der ihren Tatbestand verwirklicht[31]), sondern vor allem durch den weiten Umfang der einmal eingetretenen Haftung: *Ist* jemand im geschilderten Sinne unmittelbar geschädigt, so hat er auch Anspruch auf Ersatz des gesamten aus dem Schadensereignis sich (adäquat kausal) ergebenden Schadens. Eine Beschränkung des Ersatzes auf „unmittelbare“ Schäden kennt unser Deliktsrecht ebensowenig wie — von Ausnahmen in Fällen der Gefährdungshaftung abgesehen[32]) — eine Limitierung der Höhe des Ersatzes oder — außer in § 826 BGB — die Erstreckung des Verschuldenserfordernisses auch auf den Schaden[33]).

Es ist augenscheinlich, daß die in der Fülle der oben wiedergegebenen Beispielsfälle eines offenen oder verdeckten Deliktsschutzes zutage tretende Tendenz, auch relative Rechte als „sonstige Rechte“ i. S. des § 823 I BGB zu behandeln, sich mit dessen haftungsbegrenzender Funktion zu stoßen droht. Man braucht die Tendenz nur zu Ende zu denken: Wollte man *alle*

---

[30]) Vgl. dazu z. B. *Esser,* Schuldrecht, 2. Aufl. § 50 (S. 176 f.) und 3. Aufl. 1. § 43 I (S. 292 f.): *v. Caemmerer,* Das Problem des Drittschadensersatzes, ZHR 127 (1965), S. 241 ff. (S. 244). Durch diese Anknüpfung der Schadensersatzpflicht an die Verwirklichung eines konkreten gesetzlichen Tatbestandes unterscheidet sich das deutsche Deliktsrecht insbesondere vom, in den Artikeln 1382 und 1383 C. civ. niedergelegten, französischen: Die „faute“ als haftungsbegründendes Verhalten verlangt nichts weiter als ein irgendwie geartetes, zu einem Schaden führendes menschliches Verhalten, ein „fait de l'homme“, welches „illicite“ und „imputable“ sein muß: Vgl. etwa die Darstellung bei *Heldrich,* Die allgemeinen Rechtsgrundsätze der außervertraglichen Schadenshaftung im Bereich der Europäischen Wirtschaftsgemeinschaft, S. 23 ff. und *v. Caemmerer,* aaO., der allerdings darauf hinweist, daß es noch eingehender rechtsvergleichender Untersuchung bedürfe, ob der Schaden, der als „dommage par ricochet“ dem nach unserer Auffassung nur mittelbar Geschädigten praktisch ersetzt wird, wirklich soviel weitergeht, als in anderen Rechten.

[31]) Die aus dem Strafrecht geläufige Vorstellung von Sonderdelikten, die nur von bestimmten Personengruppen begangen werden können, ist dem zivilen Deliktrecht, von wenigen Ausnahmen wie § 839 BGB abgesehen, fremd.

[32]) Etwa § 4 SachschadenshaftpflG, § 37 LuftVG, § 12 StVG und § 31 AtomG; aber auch § 255 a des Referentenentwurfs des Gesetzes zur Änderung und Ergänzung schadensersatzrechtlicher Vorschriften.

[33]) Anders der 1. Entwurf zum BGB, der, soweit er von einer deliktischen Generalklausel ausging (§ 704 I), das Verschulden auf die Schadenszufügung bezog (vgl. dazu die Motive bei *Mugdan* II, S. 404 ff.). — Nach französischem Recht muß der Schaden die direkte, d. h notwendige und unmittelbare, Folge des haftungsbegründenden Sachverhalts sein. Doch neigt die Rechtsprechung dazu, die Frage des Kausalzusammenhangs mit derjenigen des Verschuldens zu verquicken und Bestehen und Ausmaß der Haftung von der Schwere des Verschuldens abhängig zu machen. Vgl. *Heldrich,* aaO., S. 101 ff.

relativen Rechtsbeziehungen und insbesondere auch obligatorische Rechte *allgemein* dem § 823 I BGB unterstellen, so könnte derjenige, der vom Eingriff in das Rechtsgut eines anderen oder dem Verstoß gegen das zum Schutze eines anderen bestehende Gesetz nur mittelbar betroffen ist, nun sein Recht, das ihm diesem anderen gegenüber zusteht, in die Waagschale legen und argumentieren, *in diesem Recht unmittelbar* betroffen zu sein.

Um es an einem einfachen Beispiel aus dem Bereich der Forderungen zu demonstrieren: Wird Hühnerfarmbesitzer A, der mit einem Lastwagen voll Eiern zur Stadt fährt, unterwegs vom vorschriftswidrig fahrenden X gerammt, so daß die Eier zu Bruch gehen, so könnte nicht nur er vollen, auch den entgangenen Gewinn umfassenden Ersatz seines Schadens verlangen, sondern ebenso Händler B, dem er die Eier verkauft hatte und dem nun Geschäfte entgehen, wie auch C, dem A die Eier zur Tilgung einer Schuld zu liefern sich verpflichtet hatte und der nun mit seiner Forderung ausfällt.

Man darf dabei allerdings nicht verkennen, daß die Ausdehnung des § 823 I BGB auf relative Rechte noch keineswegs *allen* mittelbar Geschädigten zu Deliktsschutz verhilft. „Mittelbar" geschädigt i. S. des erwähnten Grundsatzes ist ja nicht gleichbedeutend mit: in zweiter Linie, erst über ein anderes Recht, geschädigt. Man ist für den Gesamtkreis der „mittelbar" Geschädigten vielmehr auf den Begriff des Schadens überhaupt verwiesen; denn bei wem ein Schaden eingetreten ist, der ist durch das Verhalten, das ihn herbeigeführt hat, geschädigt, und zwar sofern nicht ein Deliktstatbestand im oben geschilderten Sinne verwirklicht ist, eben nicht unmittelbar, sondern nur mittelbar. Schaden ist aber nicht nur an Rechten möglich. Schaden ist — auf das hier in erster Linie interessierende Vermögen bezogen — *jede* Verschlechterung des Vermögensstands[34]). Der Vermögensstand aber kann ebenso wie durch eine Verminderung oder Verschlechterung der Aktiven, d. h. der Rechte, auch durch eine infolge des Schadensereignisses eintretende Vermehrung der Passiven, d. h. der Begründung neuer Verpflichtungen verschlechtert werden. Und auf ihn wirkt ebenso negativ ein, wenn eine erwartete Verbesserung (also einer Vermehrung der Aktiven [entgangener Gewinn] oder Verminderung der Passiven) verhindert wird[35]). So-

---

[34]) Auf die Einzelheiten des Schadensbegriffs und insbesondere auf die Frage, wie weit der Differenztheorie zu folgen ist, muß hier nicht eingegangen werden. Vgl. dazu etwa *Zeuner*, Schadensbegriff und Ersatz von Vermögensschäden, AcP 163 (1964) S. 380 ff.

[35]) Daß ein Schaden nicht nur in der Verminderung oder ausbleibenden Vermehrung der Aktiven, sondern ebenso in der Vermehrung oder ausbleibenden Verminderung der Passiven bestehen kann, wird häufig wenig beachtet, ist aber unbestreitbar: Wird eine Sache beschädigt, deren Leistung ohne Rücksicht auf Verschulden versprochen war oder eine Person verletzt, die infolge der Verletzung einer Garantiepflicht nicht nachkommen kann, so löst das Schadensereignis eine Haftung gegenüber einem Dritten aus, vermehrt also die Passiven des Verletzten (vgl. *Esser*, 2. Aufl., § 48, 3 a [S. 165]); § 844 I BGB ist ein gesetzliches Beispiel eines solchen Ersatzanspruchs wegen Vermehrung der Passiven, nämlich der Auslösung der Verpflichtung zur Tragung der Beerdigungskosten durch die Tötung eines Menschen. — Daß die Vermehrung der Passiven zum Schaden zählt, findet seine Entsprechung in der Verfügung als der freiwilligen Vermögensminderung: Über das Vermögen wird, worauf *Bötticher*

wohl in den beiden letzten Fällen wie im Fall der Vermehrung der Verpflichtungen liegt ein Schaden, aber keine Beeinträchtigung eines Rechts vor, und ist der Eintritt des Schadens auch nicht davon abhängig, daß die Beeinträchtigung eines Rechts des Geschädigten vorausgegangen ist, es sich also nur um einen Folgeschaden handelt. Keinen Ersatz erhielte in unserem Beispielsfalle also der Händler D, der gewöhnlich bei A auf dem Großmarkt zu kaufen pflegt, diesmal vergeblich auf A wartet, dann anderswo keine Eier mehr bekommt und so auf Geschäfte verzichten muß oder eingegangene Verpflichtungen nicht erfüllen kann.

Aber das ändert nichts daran, daß das Gros der Fälle mittelbarer Schädigung durch eine solche Ausdehnung des § 823 I BGB auf relative Rechte doch erfaßt würde. Hinzu kämen dann noch die Fälle, in denen der Inhaber des relativen Rechts mit einem im traditionellen Sinne „unmittelbar" Geschädigten gar nicht in Beziehung steht, aber doch in seinem relativen Recht beeinträchtigt ist: Auch dem E, der mit seiner Forderung auf Eierlieferung gegen D wegen des Unfalls des A ausfällt, könnte, da der adäquate Kausalzusammenhang kaum zu bestreiten ist, ein Ersatzanspruch gegen X nicht verweigert werden.

Man sieht zur Genüge: Die Haftungsbegrenzungsfunktion des § 823 I BGB wäre bei dessen allgemeiner Anwendung auf relative Rechte zugunsten uferloser und dabei — man denke im Beispielsfall an B, C sowie E einerseits und D andererseits — nicht einmal im Vergleich der Fälle billiger Ersatzpflichten aufgegeben. Das zeigt das sich unserer Untersuchung stellende Kernproblem in aller Schärfe: Wer auf die Frage nach dem Deliktsschutz relativer Rechte eine befriedigende Antwort geben will, muß zuerst diese *Spannung zwischen Schutzbedürfnis und Haftungsbegrenzung*, an der schon *O. Chr. Fischer* die Anwendung des § 823 I BGB auf die Verletzung des „Gläubigerrechts" scheitern ließ[36]), *lösen*. Nur auf der Grundlage einer solchen Lösung werden dann Versuche sinnvoll, den Deliktsschutz relativer Rechte auch an anderer Stelle mit der Systematik des bürgerlichen Rechts in Einklang zu bringen und insbesondere sein Verhältnis zum Sachenrechtssystem, zu dem in unserem Deliktsrecht im Vordringen begriffenen Gedanken des Institutionenschutzes und zur Ausgestaltung des Schuldverhältnisses zu klären.

II. Der Deliktsschutz relativer Rechte und die Problematik des Rechtsbegriffs in § 823 Abs. 1 BGB

1. Schutzgegenstand des § 823 I BGB ist neben Leben, Körper, Gesundheit, Freiheit und Eigentum das „sonstige" *Recht eines anderen*. Das Gesetz macht es also von der Zuordnung eines zu schützenden Gegenstandes zu den

im Zusammenhang mit dem Verlust der Verfügungsbefugnis des Gemeinschuldners nach § 6 KO hinweist (Die Konkursmasse als Rechtsträger, [ZZP 77 (1964), S. 55 ff., S. 69 Note 24]), sowohl durch Verminderung der Aktiva als auch durch Vermehrung der Passiva, d. h. durch Eingehen von Verpflichtungen, verfügt.

[36]) AaO. S. 155 ff.

subjektiven Rechten abhängig, ob ein Schutz nach § 823 I BGB gewährt wird.

Das subjektive Recht wird heute nahezu einhellig umschrieben als eine dem einzelnen *von der Rechtsordnung verliehene* Rechtsmacht zur Befriedigung menschlicher Interessen[37]), ist also in seinem Bestehen und seiner Entfaltungsmöglichkeit von der Anerkennung und dem Schutz durch die objektive Rechtsordnung abhängig[38]). Diese Abhängigkeit des subjektiven

---

[37]) Vgl. dazu *Enneccerus-Nipperdey*, § 72 vor I (S. 428 f.) mit zahlreichen Nachweisen. Eine grundsätzliche Auseinandersetzung mit Sinn und Wert des Begriffs des subjektiven Rechts überhaupt (vgl. dazu neuestens etwa *Kasper*, Das subjektive Recht — Begriffsbildung nud Bedeutungsmehrheit) kann nicht Aufgabe der vorliegenden Untersuchung sein, die sich am subjektiven Recht als *Tatbestandsmerkmal* des § 823 I BGB zu orientieren hat; es genügt, Gehalt und Tragweite des Begriffs dort zu erörtern, wo es für die Auslegung des § 823 I BGB von Bedeutung ist.

[38]) Das ist in der Entwicklungsgeschichte des subjektiven Rechts stets anerkannt gewesen. Schon *Donellus*, der die Bedeutung des Begriffs „ius" das Cap. III des 1. Buches seiner Commentarii de iure civili widmet, betrachtet (aaO. § 2) als die eigentliche Bedeutung (significatio propria) des Wortes ius die „constitutio iubens pro imperio", also das objektive Recht, unter welches er das ius naturae ebenso rechnet wie das ius civile und das ius praetorium. Ihr stellt er (aaO. § 3) als „significationes aliae minus propriae" in den Angelegenheiten, die sich auf das Recht beziehen (in rebus ad ius pertinentibus) 3 weitere Bedeutungen gegenüber, nämlich 1. die „ars iuris", 2. das, was jedem vom Recht zugeteilt wird (id, quod cuique tribuitur iure) und 3. als speziellere Form des letzteren (ad specium traducta), die durch das Recht zugeteilte Fähigkeit und Macht (facultas et potestas iure tributa) — in welchem Sinne etwa vom ususfructus als dem ius utendi, fruendi oder von der actio als dem ius persequendi gesprochen werde.

In den beiden letzteren Bedeutungen haben wir das subjektive Recht vor uns, welches aber, da läßt *Donellus* keinen Zweifel, „iure tributa", d. h. vom objektiven Recht zugeteilt ist, was er mit den Worten bekräftigt: Das subjektive Recht heiße deswegen Recht, „quia iuris est haec potestas, id est iure constituitur".

Diese Auffassung des *Donellus*, daß das objektive Recht das subjektive Recht setze, ist über die Zeit der stärksten Ausprägung des Naturrechtsgedankens hinweg festgehalten worden. Wohl rückt etwa bei *Savigny* (System Band I, S. 7 und S. 333) unter dem Einfluß des Naturrechts der Wille der Person als Grund der im subjektiven Recht verliehenen Macht nach vorn, wenn er erklärt, das Wesen des Rechts bestehe darin, daß dem individuellen Willen ein Gebiet angewiesen wird, in welchem er unabhängig von jedem fremden Willen zu herrschen hat. Aber auch für ihn gibt es keinen Zweifel, daß es die Rechtsordnung, das objektive Recht ist, welches dem individuellen Willen dieses Gebiet anweist: Das Urteil über das einzelne Recht sei nur möglich durch Beziehung der besonderen Tatsachen auf eine allgemeine Regel, von welcher die einzelnen Rechte beherrscht werden. Diese Regel aber sei das Recht im objektiven Sinne (aaO. S. 9). Erst die Rechtsregel nehme die rechtliche Bestimmung der Beziehung von Person zu Person vor und mache sie zu einem Rechtsverhältnis (S. 333). Nur für die Macht über die eigene Person macht *Savigny* eine Ausnahme. Sie bedürfe der Anerkennung und Begrenzung durch das positive Recht nicht, sondern sei eine natürliche Macht (S. 335 ff.).

Im gleichen Sinne sieht *Windscheid* (Pandektenrecht Bd. I, 3. Aufl. 1873, § 37) im subjektiven Recht die *rechtliche* Garantie der Willensfreiheit, was er später (vgl. die 4. Aufl. 1875 aaO.) dahin präzisiert, daß das subjektive Recht

und damit auch des „sonstigen" Rechts vom objektiven Recht macht eine Hauptschwierigkeit in der Anwendung des § 823 I BGB aus: Das *einzige Mittel*, durch das die Rechtsordnung wirken kann, sind ihre *Rechtssätze*. Mit ihnen muß sie deshalb auch die subjektiven Rechte bestimmen und verleihen.

Auch § 823 I BGB ist aber ein Rechtssatz, und es könnte sein, daß kraft seiner Schutzfunktion gerade er zu denen gehört, die bestimmen, wo ein subjektives Recht vorliegt. Träfe das zu, so würde man sich im Kreise bewegen, wenn man den in § 823 I BGB verwandten Begriff des subjektiven Rechts zu erläutern versuchte. Und in der Tat bestätigt sich dieser Verdacht, gleichgültig sogar, welcher der Theorien von der Rechtsordnung man folgt.

Für den, der mit der *Reinen Rechtslehre Kelsens* in der Rechtsordnung eine von der Seinswelt streng zu scheidende reine Sollensordnung sieht und für den die Rechtssätze infolgedessen nichts als Sollensurteile sind, kann das subjektive Recht im Sinne der Berechtigung des einzelnen nichts anderes sein als der Reflex der Pflicht des Verpflichteten. Das subjektive Recht setzt für ihn eine korespondierende Rechtspflicht voraus, ja ist diese Rechtspflicht selbst, sei diese nun auf eine Sach- oder Dienstleistung oder eine Unterlassung (einer bestimmten Handlung oder einer Hinderung des Berechtigten) gerichtet[39]). In dieser Sicht *ist* wie jedes Sollensurteil auch das des § 823 I BGB ein subjektives Recht, so daß der in § 823 I BGB verwandte Begriff des „sonstigen" subjektiven Rechts für das Gebot dieser Norm nichts auszusagen vermag.

Daran ändert nichts, daß *Kelsen* selbst den Begriff des subjektiven Rechts nicht für diese Kehrseite der Pflicht verwendet wissen, sondern ihn der Ermächtigung an den Berechtigten vorbehalten will, die Erfüllung der Pflicht

---

die *von der Rechtsordnung verliehene* Willensmacht sei. Das Recht bestehe, so sagt er, nicht dadurch, daß gewollt (ein Wille geäußert) werde, sondern dadurch, daß gewollt (ein Wille geäußert) werden *dürfe* (4. Aufl., § 37 Note 2 [S. 91 f.]).

Wenn aber, wie *Jhering* und etwa auch *Dernburg* es taten, das Wesen des subjektiven Rechts im Interesse der Person, ihrem Anteil an den Lebensgütern erblicken und ihm demzufolge den geschichtlichen Vorrang vor der objektiven Rechtsordnung einräumen wollte, weil es den Anspruch verkörpere, den jedes menschliche Wesen auf seiner Stirn trage (*Jhering*, Geist des Römischen Rechts, 3. Teil. § 60 [S. 327 ff.]), kann aber doch nicht umhin, das subjektive Recht erst durch seine rechtliche Anerkennung vollendet zu sehen. Zu dem substantiellen Moment des Interesses, sagt *Jhering*, müsse noch ein formales kommen, nämlich der Rechtsschutz durch Klage. Und auch *Dernburg*, räumt jedenfalls ein, daß die Rechtsordnung das subjektive Recht gewährleiste und ausgestalte (aaO. S. 85).

Selbst *Hubmann*, der es in unserer Zeit erneut unternommen hat, die Ableitung des subjektiven Rechts von der objektiven Rechtsordnung zu leugnen und ganz entschieden die Auffassung vertritt, daß es subjektive Rechte auch ohne eine objektive Rechtsordnung geben müsse (Persönlichkeitsrecht, S. 110 ff.), anerkennt ausdrücklich, daß dort, wo eine Rechtsordnung besteht, die Rechtssicherheit es erfordert, daß das subjektive Recht, um Rechtsschutz zu erhalten, vom positiven Recht anerkannt sein muß (aaO. S. 118 f.).

[39]) *Kelsen*, Reine Rechtslehre, 2. Aufl., S. 130 ff.

durch Klage geltend zu machen[40]). Denn wiederum muß der einzelnen Norm, für uns also dem § 823 I BGB, entnommen werden, *wo* eine solche Ermächtigung — hier zur Schadensersatzklage — vorliegt.

Gleichgültig ist in diesem Zusammenhang schließlich auch, ob man von der Reinen Rechtslehre ausgehend mit *Kelsen* die Rechtssätze als Sollensurteile ansieht oder den Versuch macht, sie mit der Imperativentheorie zu harmonisieren, wie das *Bucher* in seiner 1965 erschienenen Schrift über „Das subjektive Recht als Normsetzungsbefugnis" tut. *Bucher* folgt *Kelsen* in der Theorie eines Stufenbaus der Rechtsordnung, in dem von der „Grundnorm" aus eine Rechtssetzung aus der anderen folgt. Aber er macht nicht wie *Kelsen* beim Vertragsschluß als der untersten Delegationsstufe halt[41]). Die Auffassung der Rechtsordnung als einer Imperativentheorie ermöglicht es *Bucher* vielmehr, das subjektive Recht selbst als die letzte Stufe der Delegation zu betrachten: Das subjektive Recht ist für ihn die vom objektiven Recht den Rechtsgenossen verliehene Befugnis, ihrerseits Normen gegenüber anderen Rechtsgenossen zu setzen[42]), die Normsetzung selbst besteht in der Anspruchserhebung[43]).

Wohl ist damit die Vorstellung *Kelsens* vom subjektiven Recht als dem Reflex der Pflicht gleichsam umgedreht, und das subjektive Recht zum *Ausganspunkt* der Pflicht gemacht. Aber dieser Ausgangspunkt wird von der Rechtsordnung bestimmt. Nur wo sie eine Normensetzungsbefugnis verliehen hat, kann der einzelne eine Pflicht setzen, und diese Delegation der Normsetzungsbefugnis erfolgt wiederum in den Normen der Rechtsordnung, die zu einer Anspruchserhebung ermächtigen. Die Normsetzungsbefugnis (= subjektives Recht) des § 823 I BGB ist also durch eben diese Norm verliehen, kann also nur aus dieser selbst erläutert werden.

Nun kann freilich nur derjenige das subjektive Recht als bloßen Ausgangspunkt der Imperative der Rechtsordnung betrachten, der wie *Bucher* eine rein normative, wertfreie Auffassung der Rechtsordnung vertritt. Wer im subjektiven Recht materiale Werte verwirklicht sieht, muß, wenn er auf dem Boden der Imperativentheorie steht, im subjektiven Recht das *Ergebnis* solcher Imperative sehen. Denn die in den Rechtssätzen ausgedrückten Gebote und Verbote sind nach seiner Meinung die einzigen Mittel, die der Rechtsordnung zur Verfügung stehen und mit denen sie deshalb auch das subjektive Recht bestimmen muß.

In der Tat sagt ganz in diesem Sinne etwa *Engisch:* „Die Gewährung subjektiver Rechte (ist) im Grunde eine façon de parler für eine besonders geartete Konstellation von Imperativen"[44]) und faßt *Schulz-Schaeffer* das subjektive Recht im Gebiet der unerlaubten Handlungen als Imperativ bzw. einen Komplex von Imperativen auf in Beziehung gesetzt zu demjenigen

---

40) AaO. S. 139 ff.
41) Vgl. *Kelsen*, aaO. S. 261 ff.: zu *Buchers* Unterscheidung von ihm vgl. diesen in der genannten Schrift S. 13 f.
42) S. 55 ff.
43) S. 66 ff.
44) Einführung in das juristische Denken, S. 26.

Rechtssubjekt, dessen Interesse er im konkreten Fall seiner Bestimmung gemäß schützt[45]).

Fragt man weiter, wie nun — um in den Worten *Engischs* zu bleiben, die „besonders geartete Konstellation" der Imperative auszusehen hat, so wird man sich im wesentlichen auf zwei Gesichtspunkte verwiesen finden: Einmal müssen die Imperative so beschaffen sein, daß aus ihnen zugunsten des Berechtigten ein Schutz gegen die Rechtsgenossen entsteht, denn der Zweck des subjektiven Rechts ist ja die Wahrung des Interessenbereichs des Berechtigten; sie müssen also Gebote und Verbote an die Rechtsgenossen des Berechtigten sein. Und sie müssen zugleich — nicht nur Reflex bleibend — dem Berechtigten die Macht in die Hand geben, die an die Rechtsgenossen ergehenden Imperative auch selbst durchzusetzen. Kurz gesagt: Es müssen selbst durchzusetzende Ansprüche verliehen sein[46]).

Die wichtigsten Ansprüche aber, die den Interessenbereich des Einzelnen schützen, sind nun einmal seine Unterlassungs- und Schadensersatzansprüche. Und unter diesen kommt gerade § 823 I BGB die führende Rolle zu — unter anderem auch deswegen, weil aus der Verleihung eines Schadenersatzanspruchs in § 823 I BGB hergeleitet wird, daß das betreffende Recht auch durch einen Unterlassungsanspruch geschützt ist, selbst wenn das Gesetz das nicht ausdrücklich anordnet. Das aber bedeutet: Gerade die Gewährung des Anspruchs aus § 823 I BGB ist ein wesentliches, wenn nicht das wesentliche Merkmal, durch das die Rechtsordnung das in § 823 I BGB gemeinte subjektive Recht konstituiert. Woraus folgt, daß sich auch hier die Argumentation in weitem Umfange im Kreise bewegt, wenn sie das subjektive Recht in § 823 I BGB aus der Rechtsordnung heraus zu bestimmen versucht. Man wird bei der Suche nach dem in dieser Norm vorausgesetzten allgemeinen Begriff „subjektives Recht" wieder auf den Aussagegehalt dieser Norm zurückverwiesen.

Nun ist die Imperativentheorie freilich nicht unbestritten. Man hat ihr — auch in der von *Engisch* vertretenen Form — die Auffassung entgegengesetzt, die Rechtsordnung müsse auch von ihrer *gewährenden* Seite her betrachtet werden. Der Ausschluß jedes anderen von der Einwirkung auf den Rechtsgegenstand, also die an alle gerichteten Verbotsnormen, sei ja nur die Folge der *positiven Anordnung*, daß der Wille des Rechtsinhabers von der Rechtsordnung innerhalb gewisser Grenzen als allein maßgeblich anerkannt werde. Ihm sei die Bestimmung über den Gegenstand überlassen und er werde dadurch als Person (die sich selbst ihren individuellen Daseinsbereich schafft) bestätigt[47]).

Auch hier fragt sich aber sogleich wieder, *wie* die Rechtsordnung den Zweck des subjektiven Rechts, den individuellen Bereich der Daseinsgestal-

---

[45]) *Schulz-Schaeffer*, Das subjektive Recht im Gebiet der unerlaubten Handlung, S. 74.

[46]) So besonders deutlich *Thon*, Rechtsnorm und subjektives Recht, Inhaltsangabe zu Abschnitt III, § 5 (S. XIV): „Erst die Möglichkeit eigener Rechtsverfolgung (der Anspruch) verleiht ein subjektives Recht."

[47]) So etwa *Larenz*, Methodenlehre, S. 153 mit Nachweisen der älteren Literatur.

tung zu sichern, erreicht. Sie kann es wiederum nur durch ihre Rechtssätze. Nun gibt es wohl Vorschriften, die positiv aussagen, der Inhaber einer Rechtsstellung habe dieses oder jenes Recht — etwa daß der Käufer die Lieferung der gekauften Sache verlangen (§ 433 I BGB) und der Eigentümer mit der Sache nach Belieben verfahren könne (§ 903 BGB) — und man kann, wo das der Fall ist, von einer Gewährung und damit von einem subjektiven Recht sprechen. Das besagt aber noch nichts für den *Umfang* der Gewährung und insbesondere dafür, ob und inwieweit der Wille des Rechtsinhabers als *allein* maßgeblich anerkannt, und das Recht damit gegenüber Dritten geschützt sein soll. Normen, die wie § 903 BGB („... und andere von jeder Einwirkung ausschließen") *diese* Frage positiv regeln, sind selten. Man bleibt deshalb für die Gewährung, will man sich nicht mit einem ganz undifferenzierten Begriff begnügen, letztlich doch auf den Schluß aus den Geboten und Verboten an die Rechtsgenossen angewiesen, wie sie in Unterlassungs- und Schadensersatzansprüchen zum Ausdruck kommen. Mag man in ihnen auch durchaus den positiven Sinn der Gewährung erblicken, so steht man, was die nicht ausdrücklich benannten subjektiven Rechte angeht, im wesentlichen doch wieder bei § 823 I BGB als für die Definition des dort gemeinten subjektiven Rechts maßgebender Vorschrift.

2. Bei dieser gewissermaßen „konstitutionellen" Schwäche des subjektiven Rechts, selbst aus den Rechtsfolgen erschlossen werden zu müssen, deren Eintritt von seinem Vorliegen abhängt[48]), bieten Versuche, den Begriff des sonstigen Rechts in § 823 I BGB aus sich heraus anzudeuten, von vornherein nur wenig Aussicht auf Erfolg.

Allerdings ist man — was unser Problem anlangt — bei solchen Versuchen von jeher auch nicht stehen geblieben, sondern hat Zweck und Sinn des § 823 I BGB wie des Schadensersatzrechts überhaupt herangezogen, um einen gangbaren, zwischen Schutzbedürfnis und Haftungsbegrenzung hindurchführenden, Weg zur Anwendung des § 823 I BGB auch auf relative Rechte zu finden. Daß auch diesen Bemühungen breite Zustimmung letztlich nicht zuteil geworden ist, liegt zu einem gut Teil sicherlich daran, daß die Kritik den Schlüssen aus dem Begriff des subjektiven Rechts zu sehr verhaftet geblieben ist und schon aus diesem Grund glaubte, den Lösungsversuchen nicht folgen zu können. Typisch hierfür ist etwa die Ablehnung der jüngst von *Fabricius* in seiner Abhandlung „Zur Dogmatik des sonstigen Rechts gemäß § 823 Abs. 1 BGB"[49]) entwickelten Gedanken durch das Schuldrechtslehrbuch von *Larenz: Fabricius* vertritt die Auffassung, die „sozialtypische Offenkundigkeit" eines Rechtsgutes sei es, die dessen Einbeziehung in den Schutz des § 823 I BGB rechtfertige, und billigt diese sozialtypische Offenkundigkeit gerade auch der Zuständigkeit einer Forderung, dem verkörperten Mitgliedschaftsrecht, dem Recht am Gewerbebetrieb und dem Recht am Arbeitsplatz sowie familienrechtlichen Positionen zu, während er sie bei anderen relativen Rechten nicht als gegeben ansieht.

---

[48]) Sie wird deutlich auch von *Kasper* aaO. S. 8 ff. herausgestellt.
[49]) AcP 160 (1961) S. 273 ff.

Larenz verweist demgegenüber darauf[50]), daß das Gesetz nun einmal auf die Verletzung eines Rechts, als solchem, abstelle. Er hebt auf das Eigentum ab und meint, jede Einwirkung auf die im Eigentum stehende *Sache* verletze das Eigentums*recht,* weil sie einen Eingriff in den dem Eigentümer ausschließlich vorbehaltenen Raum darstelle und damit die Ausschlußfunktion als die *eine,* wesentliche Seite des Eigentums negiere. Bei der Forderung bestehe eine solche Ausschlußfunktion nur hinsichtlich der Rechtszuständigkeit. — Mir scheint, das Gegenargument schlägt so nicht durch: Wohl setzt die Annahme einer Rechtsverletzung in der Tat voraus, daß dieses Recht Ausschlußfunktion hat, sich also gegen Eingreifer richtet. Die Frage ist aber gerade, *wo* und *inwieweit* das zutrifft, die Rechtsordnung also die — unbestreitbar bei relativen Rechten mögliche — *Entwertung* des Rechts auch als Rechts*verletzung* betrachtet[51]). Dafür aber kann, wie wir gesehen haben, dem Begriff des sonstigen Rechts selbst letztlich nichts entnommen werden.

Auch verfehlt wäre es freilich, die Mißerfolge dieser Bemühungen allesamt auf die mit § 823 I BGB verknüpften begrifflichen Schwierigkeiten zu schieben. Es spricht viel dafür — und die nachfolgenden Paragraphen werden das bestätigen —, daß diese Bemühungen selbst mit Schwächen behaftet sind. Das läßt wohl einerseits die erneute Behandlung des Themas insoweit aussichtsreich erscheinen, als sie die bisherigen Lösungsversuche kritisch betrachtet. Aber es macht andererseits auch deutlich, daß die Kritik, will sie über die bloße Nuancierung bereits bezogener Positionen hinausgelangen, eines *neuen Ansatzpunktes* bei der erneuten Inangriffnahme des Problems bedarf. Das gilt um so mehr, als kürzlich *Koziol* in seiner bereits erwähnten, im Grundsätzlichen der traditionellen Betrachtungsweise folgenden Abhandlung einen wichtigen Typ der relativen Rechte, das *Forderungsrecht,* auf Positionen untersucht hat, deren deliktischer Schutz gegen Beeinträchtigungen angezeigt sein könnte[52]).

Ein solcher neuer Ansatzpunkt bietet sich in der Tat an. Der dogmatischen Erfassung des § 823 I BGB stellen sich ja *zwei* Grundfragen: Einmal die nach dem *Schutzgegenstand,* eben die nach dem sonstigen Recht. Und zum anderen die nach der näheren Qualifizierung des in § 823 I BGB beschriebenen unerlaubten *Handelns* („vorsätzliche oder fahrlässige rechtswidrige Verletzung"). Bislang hat man das uns beschäftigende Problem, ob persönliche Rechtsbeziehungen der Anwendung des § 823 I BGB unterliegen, nur als Unterfrage der ersten Grundfrage gesehen und in diesem Sinne nach allen Richtungen behandelt. Die andere Größe des § 823 I BGB, die uner-

---

50) Schuldrecht II, S. 409 Note 1.

51) Richtig schon O. Chr. *Fischer,* aaO. S. 81; übereinstimmend *Koziol,* aaO. S. 4 ff.

52) Die Abhandlung von *Koziol* ist dem Verfasser erst zu einem Zeitpunkt zugänglich geworden, zu dem die §§ 1 bis 10 der vorliegenden Arbeit im wesentlichen abgeschlosssen waren. Daß die — allenthalben erfolgte — Berücksichtigung der Gedanken *Koziols* an den eigenen bereits formulierten Text anzuknüpfen hatte, betrachtet der Verfasser eher als Vorzug denn als Nachteil, treten dadurch doch Übereinstimmungen und Abweichungen in den eingenommenen Standpunkten um so deutlicher hervor.

Zur Abhandlung *Koziols* vgl. jetzt auch die beiden Besprechungen von *Kramer/Schwimann* (ÖJZ 1968, S. 195 f.) und *Ostheim* (ZAS 1969, S. 35 ff.).

laubte Handlung des Verletzers, ist dabei so als konstant vorausgesetzt worden, wie sie sich nach dem überlieferten Stand von Rechtswissenschaft und -praxis darstellt. Damit ist offen geblieben, ob sich aus einem *neuen* Verständnis der an die Verletzungshandlung zu stellenden Anforderungen nicht auch *neue* Antworten für unser Problem geben lassen.

Hier neu anzusetzen, liegt um so näher, als sich ohnehin das Schwergewicht der ganzen Erörterungen zu § 823 I BGB (wie überhaupt im Bereich des Deliktsrechts) auf die Seite der *Handlung* verlagert hat, wofür hier Stichworte wie „finale Handlungslehre", „Verhaltens- oder Erfolgsunrecht", „Verkehrpflichten" und „Rechtswidrigkeitszusammenhang" stehen können[53]. Und es ist ein wichtiger Fingerzeig in dieser Richtung, daß eine neuere Untersuchung *dieser* Seite des § 823 I BGB durch *Stoll*[54]) gleichsam wie selbstverständlich die relativen Rechte als durch § 823 I BGB geschützt ansehen kann, nämlich geschützt gegen bestimmte Arten von Unrechtshandlungen, während andere „Unrechtstypen" nur bei absoluten Rechten sollen zum Schadensersatz nach § 823 I BGB führen können — wie denn auch *Koziol* gegen Schluß seiner Abhandlung unter dem Stichwort „Allgemeine schadensersatzrechtliche Probleme" einräumt, daß der von ihm befürwortete Deliktsschutz des Gläubigers im „Recht auf eine obligationsmäßige Willensrichtung des Schuldners" auf vorsätzliches Handeln und damit praktisch auf einen Unrechtstyp zu beschränken ist[55]). Sich für den Deliktsschutz relativer Rechte am Handlungsaspekt des § 823 I BGB zu orientieren, nötigt freilich dazu, *alle* für die Anwendung des § 823 I BGB in Betracht kommenden subjektiven Rechte in den Kreis der Überlegungen einzubeziehen. Denn nur wenn sie sich sowohl mit dem anerkannten Schutz der „absoluten" Rechte harmonisieren läßt, als auch für die Rechte, deren Deliktsschutz zweifelhaft ist, einleuchtende Lösungen zu entwickeln vermag, wird eine solche Neuorientierung überzeugen können. Dies ist auch der Grund, warum sich die vorliegende Untersuchung nicht auf das Forderungsrecht als den Prototyp der relativen Rechte beschränkt, sondern ebenso andere als relativ aufgefaßte Rechtsverhältnisse, wie die obligatorischen Besitzrechte, die Mitgliedschaft, die elterliche Gewalt, die Ehe, das Arbeitsverhältnis und die einfache Lizenz, näher erörtert und den drei letztgenannten Fallgruppen als den für die Frage des Deliktsschutzes bedeutsamsten einen besonderen Teil widmet.

---

53) *Kasper*, aaO. S. 130, N. 17 konstatiert die Tendenz, „den im Rechtsinstitut der unerlaubten Handlung in Erscheinung tretenden Rechtsschutz ‚subjektiver Rechte' durch Auflockerung des ‚Erfolgsunwerts' zum ‚Handlungswert' beweglicher zu gestalten und damit das vom Berechtigten ausgehende Denken in festungsartigen Positionen zu einem sozialeren Denken vom Verpflichteten aus zu verlagern."

54) „Unrechtstypen bei Verletzung absoluter Rechte", AcP 162 (1963) S. 203ff.

55) S. 198 ff., insbes. S. 201 f.

Teil 1:

DAS „SONSTIGE" RECHT IN § 823 ABS. 1 BGB

§ 2. Die „Absolutheit" des Rechts

Daß der in § 823 I BGB verwandte Begriff des subjektiven Rechts aus sich heraus keine Aussagekraft hat, man sich vielmehr für seine Bestimmung auf die objektive Rechtsordnung und insbesondere auch auf § 823 I BGB selbst verwiesen sieht, macht ihn für unser spezielles Thema noch nicht unbrauchbar. Uns geht es ja nur um die Frage, ob ein *Ausschnitt* aus dem großen Kreis *unbestrittenermaßen* zu den subjektiven Rechten zählender Rechtspositionen, nämlich die relativen, also Personen zueinander in Beziehung setzenden, Rechte „sonstige" Rechte i. S. dieser Vorschrift sein können. Wir sind damit in die Lage versetzt, nach *Verschiedenheiten* zwischen den relativen und anderen Rechten zu suchen, die es angebracht erscheinen lassen könnten, die ersteren im Gegensatz zu anderen dem § 823 I BGB *nicht* zu unterstellen.

Bei diesem Unternehmen, dem wir uns im folgenden zuwenden, bietet sich von vornherein die Bildung zweier Schwerpunkte an: Es muß die *strukturelle* Eigenart der relativen Rechte im Vergleich zu anderen Rechten aufgedeckt und es muß gefragt werden, ob das *tatsächliche Erscheinungsbild* die relativen Rechte von anderen Rechten so unterscheidet, daß eine Einbeziehung in die sonstigen Rechte nicht in Betracht kommt. Überblickt man die zu unseren Problemen schon geführte Diskussion, so lassen sich diese Schwerpunkte mit den Stichworten „Absolutheit" und „Kundbarkeit" des Rechts als Anwendungsvoraussetzung des § 823 I BGB genügend kennzeichnen.

Dabei wird nicht übersehen, daß mit dem Begriff des „absoluten" Rechts, um den es uns zunächst gehen soll, von verschiedenen Autoren durchaus verschiedene Sinngehalte verbunden werden, und daß diese Mehrdeutigkeit immer wieder zu Mißverständnissen geführt hat, die nicht ohne Folgen für die Rechtsanwendung des § 823 I BGB geblieben sind. Welche Begriffsbedeutung gemeint ist, wird jeweils gekennzeichnet werden.

I. Das gegen jedermann gerichtete „absolute" Recht: eine rein normative Kategorie

Versteht man, wie das jedenfalls für die juristische Betrachtung des § 823 I BGB die Regel ist, unter dem absoluten das gegen *jedermann gerichtete,* also — potentiell — jedermann *in Pflicht* nehmende Recht[1]), so bildet in der Tat das relative als ein sich nur *an einzelne* wendendes Recht seinen Gegensatz, und es scheint alles für den vielfach gezogenen Schluß zu sprechen, dach relative Rechte nicht zugleich absolut i. S. des § 823 I BGB sein könnten. Um seine Unrichtigkeit nachzuweisen muß man Wesen und Aussagekraft des — im dargelegten Sinne verstandenen — Gegensatzes von absoluten und relativen Rechten aufdecken.

1. Dieser Gegensatz nimmt unter den Kategorien, in die wir die subjektiven Privatrechte einzureihen pflegen, eine häufig nicht genügend beachtete Sonderstellung ein. Während nämlich Einteilungen wie die in Personenrechte, Familienrechte und Vermögensrechte, dingliche Rechte, Forderungsrechte, Immaterialgüterrechte und Erbrechte oder primäre und sekundäre Rechte[2]) alle etwas mit der Funktion des subjektiven Rechts zu tun haben, ist die Kategorie absolut-relativ eine *rein normative*, auf die Wirkungs*weise* des subjektiven Rechts abstellende: Die Rechte werden nach dem Rechtsbefehl, der von ihnen ausgeht, durchdacht und geordnet. Gerade daher rührt ja die Formulierung, relative Rechte richteten sich nur gegen einzelne bestimmte Personen, die Verpflichteten, absolute aber gegen jedermann.

Dieser Formalcharakter, den mit ihr noch am ehesten die Kategorie: Beherrschungsrechte, Ansprüche und Gestaltungsrechte teilt, hebt die Unterscheidung deutlich von dem Begriffspaar: Dingliches und persönliches Recht ab, mit dem sie historisch zusammenhängt. Denn anders als sie ist dieses immer auf den Gegenstand des subjektiven Rechts bezogen geblieben:

Noch in der klassischen Zeit des Römischen Rechts war die Unterscheidung von actio in rem und actio in personam „gegenständlich" im eigentlichen Wortsinn gemeint gewesen: Nur die letztere gewährte ein Recht gegen eine Person. Die actio in rem richtete sich gegen die Sache selbst, auf die der Berechtigte zugreifen durfte, wo immer er sie fand; erst wenn der Besitzer sich auf die Litiskontestation einließ, die Sache also verteidigte, erwuchs dem Kläger ein Recht gegen ihn[3]). In oströmischer Zeit wurde dann auch die actio in rem zum Recht, von einem Verpflichteten ein bestimmtes Verhalten zu verlangen[4]). Keineswegs sah man aber damit schon den wesentlichen Unterschied darin, daß die action in personam nur gegenüber bestimmten Personen gegeben sei, die actio in rem aber gegenüber jedermann. Für die Unterscheidung der Begriffe blieb die Grundlage der actio das

---

[1]) So etwa *Enneccerus-Nipperdey*, § 72 I 3. (S. 432 ff.); *Larenz*, Allg. Teil § 19 II (S. 240 f.); *Schulz-Schaeffer*, aaO. S. 112. Letzterer spricht in diesem Sinne von „Imperativpotenzen" und kommt damit übrigens schon den erwähnten Vorstellungen *Buchers* nahe: Er verwendet für das subjektive Recht zunächst geradezu den Ausdruck „Imperativ*quelle*" und münzt ihn nur deshalb in „Imperativpotenz" um, weil eigentliche Quelle ja immer die Rechtsordnung bleibe.

[2]) Vgl. etwa *Enneccerus-Nipperdey*, § 73 (S. 439 ff.) und *Raiser*, Der Stand der Lehre vom subjektiven Recht im Deutschen Zivilrecht, JZ 1961, S. 465 ff. S. 466).

[3]) Siehe dazu *Kaser*, Römisches Privatrecht 1. Abschnitt, § 55 I (S. 197).

[4]) Siehe dazu *Kaser*, Römisches Privatrecht 2. Abschnitt, § 199 I 3 (S. 43 ff.).

Wesentliche, nämlich ob dem Rechtsinhaber eine Person verpflichtet war oder er die Herrschaft über eine Sache hatte.

Daran änderte sich auch im Gemeinen Recht bis weit in das 19. Jahrhundert hinein nichts. Noch *Savigny* formulierte das Wesen von actio in rem und actio in personam dahin, daß im ersteren Falle „die Sache an sich, unabhängig von einer fremden Handlung schon Gegenstand unseres Rechtes ist", während im letzteren Falle „unser Recht unmittelbar nur auf eine fremde Handlung, als unserer Herrschaft unterworfenem Gegenstand, gerichtet ist, mag auch die Handlung zum Ziele haben, uns das Recht an einer Sache, oder den Genuß derselben, zu verschaffen[5]); daß sich die dinglichen Rechte von den obligatorischen durch ihre allgemeine Wirksamkeit gegen alle unterschieden, wollte er nur als Regel, nicht aber als Unterscheidungskriterium gelten lassen[6]). Der schon um 1800 von *Thibaut* entwickelte Gedanke, die Unterscheidung gewissermaßen „technisch" zu verstehen und demzufolge alle gegen jedermann gerichteten Rechte (neben den Sachenrechten bei *Thibaut* die väterliche Gewalt und „die Zustände, von denen die natürliche und bürgerliche Rechtsfähigkeit abhängt") als dingliche zu betrachten[7]), fand bei *Savigny* so wenig wie bei anderen Widerhall. Ihm blieb das Sachenrecht die Herrschaft über die Natur, die Obligation die Herrschaft über die Handlung einer fremden Person[8]).

Daß sich in der zweiten Hälfte des 19. Jahrhunderts das neue Begriffspaar relativer und absoluter Rechte ausbilden und durchsetzen konnte, hängt sicherlich auch mit der von *Windscheid* vollzogenen endgültigen Loslösung der Klage vom materiellrechtlichen Anspruch und damit auch vom zugrundeliegenden subjektiven Recht zusammen. Da das Element des Gerichtsschutzes nun nicht mehr in den Anspruchs*begriff* gehörte, sondern nur noch die selbstverständliche Folge der materiellrechtlichen Anerkennung des Anspruchs war[9]), konnte die traditionell an den Arten der Klagen ausgerichtete Einteilung der subjektiven Rechte weiter in den Hintergrund treten.

Wesentlichste Voraussetzung für die Ausbildung des neuen Begriffspaares aber war die neue Anschauung vom Wesen der Rechtsordnung, die die Wissenschaft mit der Imperativentheorie gewonnen hatte. Für sie lag es nahe, den von ihr in den Vordergrund gerückten Grundzug der Rechtsordnung, nämlich ihr Bestehen aus Befehlen an die Rechtsgenossen, auch auf die Anschauung der subjektiven Rechte zu übertragen. Sei es nun in dem Sinne, daß schon der Normschutz, der einer bestimmten Person gegenüber anderen

---

[5]) System Band I, S. 373.

[6]) AaO. Anm. f.; Band V, S. 23 ff.; als solche Ausnahme einer gegenüber jedermann gegebenen und dennoch persönlichen Klage sah *Savigny* die actio in rem scripta an. Wir würden heute keine Bedenken tragen, das Recht, dessen Adressat durch die Innehabung einer Sache bestimmt wird, als relativ zu bezeichnen.

[7]) System des Pandektenrechts Band I, S. 44 ff.; ausführlich: Über dingliches und persönliches Recht, Versuche Bd. 2, S. 23 ff.

[8]) System Band I, S. 338 f. Gegen *Thibaut* auch *Vangerow*, Pandekten, Band I 1. Abt., S. 135 f.

[9]) So die Formulierung von *Simshäuser*, Zur Entwicklung des Verhältnisses von materiellem Recht und Prozeßrecht seit *Savigny*, S. 77.

Rechtsgenossen zusteht, als subjektives Recht betrachtet wurde[10]) oder erst der Anspruch selbst, der der Person gegen andere unter bestimmten Voraussetzungen zukommt[11]): Für die Einteilung der subjektiven Rechte war damit ein neuer Gesichtspunkt gewonnen, eben diese Rechtsbefehle oder Ansprüche.

Nun ist es freilich nicht ausgeschlossen, auch die Ansprüche noch nach den Gegenständen zu unterscheiden, auf die sie sich beziehen, wie auch die verschiedensten Kategorien ihrer Adressaten denkbar sind. Daß anknüpfend an den Anspruch gerade das Gegensatzpaar relativ-absolut zu zentraler Bedeutung gelangte, ist nur aus einer Rechtswissenschaft heraus verständlich, die seit *Puchta* das Rechtssystem nicht mehr als die *„organische"* Ordnung der Teile des Rechts in einer Einheit ansah, sondern als die *logische* Nacheinanderordnung der Rechtsbegriffe verstand. Die Suche nach einer „Genealogie der Begriffe" (*Puchta*[12])) schloß die Suche nach *gegensätzlichen* Begriffen ein, die sich aus einem Oberbegriff ableiten oder zu ihm vereinen ließen[13]). Das aber war bei der Einteilung absolut-relativ der Fall: „Alle Arten von Privatrechtsverhältnissen", formuliert etwa *Bierling*[14]) lassen sich „in zwei große Gruppen bringen, indem man nämlich unterscheidet *absolute* Privatrechte, d. h. solche Rechtsansprüche, welche gegen alle Rechtsgenossen gehen, die nicht eine besondere, ausnahmsweise diesen Anspruch beschränkende Rechtsnorm für sich haben, und bloß *relative*".

Die offenbare Klarheit und Einfachheit der Einteilung bewirkte, daß sie nicht nur in die theoretischen Teile der Lehrbücher einzog, sondern auch die praktische Rechtsanwendung wesentlich beeinflußte. Hier war es nach Inkrafttreten des BGB gerade dessen § 823 I, der sich mit seinem Abstellen auf den Begriff des subjektiven Rechts für eine Verwendung anbot — wovon die Rechtswissenschaft dann auch alsbald Gebrauch machte. *Eltzbacher* etwa[15]) lobte in diesem Zusammenhang die Unterscheidung, weil sie zusammenstelle, was auf den ersten Blick verwandt erscheine, und trenne, was sich sofort als verschieden darstelle. Vor allem sei sie imstande, alle Rechte, welcher Art sie auch immer seien, in sich aufzunehmen.

Letzteres war praktisch von großer Bedeutung. Insbesondere ließen sich nun Persönlichkeitsrechte und Immaterialgüterrechte für den Rechtsschutz gegen Eingriffe anderer problemloser dem dinglichen Recht zur Seite stellen: Das Schwergewicht des dinglichen Rechts lag nicht mehr auf der Sachbeziehung[16]), sondern die Rechte, die gegen jedermann wirkten, waren eine

---

[10]) Vgl. *Thon*, Subjektives Recht, S. 133 und (unter Ablehnung des Anspruchs gegen jedermann beim Eigentum) S. 156 ff.

[11]) *Bierling*, Kritik der juristischen Grundbegriffe, 2. Teil, §§ 212 ff. (S. 182 ff.).

[12]) Vgl. etwa: Geschichte des Rechts bei dem Römischen Volke, S. 57. Zu ihm auch *Kasper* aaO. S. 65 ff.

[13]) Vgl. dazu etwa *Larenz*, Methodenlehre, S. 26 ff.; *Wieacker*, Privatrechtsgeschichte der Neuzeit, S. 239, S. 253 ff.

[14]) AaO. S. 179.

[15]) Das rechtswirksame Verhalten, S. 267.

[16]) So aber noch klar *Sohm*, Über Natur und Geschichte der modernen Hypothek, GrünhZ Bd. 5 (1878), S. 1 ff., S. 26: „Das Wesen des dinglichen Rechts besteht nicht in seiner dinglichen Wirkung, d. h. der Wirkung gegen Dritte, son-

Kategorie, in die sich die Sachenrechte als eine Unterart einordneten. Die Wirkung gegen jedermann war nichts dem dinglichen Recht Spezifisches, sie konnte allen Gütern zuteil werden, bei denen das richtig erschien[17]).

Auf der anderen Seite führte der Gegensatz aber auch zu dem logischen Argument, gegen die Einbeziehung relativer Rechte in § 823 I BGB, welches heute noch in dem erwähnten, von *Larenz* gegen die Auffassung von *Fabricius* vorgebrachten Einwand[18]) durchscheint: Die Rechte, die man als *relativ* einordnete — das war bei allen Schuldrechten, nach vordringender Auffassung aber auch bei den Familienrechten, insbesondere der Ehe der Fall — werden alsbald auch für *unfähig* angesehen, Wirkungen gegen jedermann zu äußern. Der Gegensatz ergibt folgerichtig auf § 823 I BGB übertragen, ein *Entweder—Oder:* Ein Recht, das relativ zwischen bestimmten Personen wirkt, konnte nicht absolut sein und damit auch nicht dem § 823 I BGB unterfallen. *Eltzbacher* hat das klassisch so formuliert: „Aber ein anderer als der Schuldner kann überhaupt mein Forderungsrecht nicht verletzen. Ein Recht kann nur von dem Verpflichteten verletzt werden, die Verletzung des Rechts ist ja nichts anderes als die Nichterfüllung der ihm entsprechenden Pflicht. Könnten die Forderungsrechte von jedermann verletzt werden, so wären sie Rechte gegen jedermann, nicht etwas, was gerade zu den Rechten gegen jedermann im Gegensatz steht!“[19])

Das *Reichsgericht* ist, sich gleichzeitig auf die Entstehungsgeschichte des BGB stützend, diesem Argument gefolgt. Es beruft sich darauf, daß § 241 BGB formulierte: „Kraft des Schuldverhältnisses ist der Gläubiger berechtigt, von dem Schuldner eine Leistung zu fordern“: Damit trete das Gesetz in einen gewissen Gegensatz zu § 206 des 1. Entwurfs, wo bestimmt war: „Gegenstand des Schuldverhältnisses kann ein Tun oder ein Unterlassen des Schuldners sein“. Durch diese Änderung, so meint das Reichsgericht, sei nämlich scharf zum Ausdruck gebracht, „daß eine bestimmte Person (der Gläubiger) von einer anderen bestimmten Person (dem Schuldner) eine Leistung zu fordern berechtigt ist“. „Dadurch“, fährt das Reichsgericht fort, „unterscheidet sich das Recht aus einem Schuldverhältnis von dem dinglichen Rechte, wie von jedem absoluten Rechte. Dieses wirkt gegen alle, jedermann hat es zu respektieren; jenes bindet nur eine bestimmte Person; nur deren Wille ist gebunden; die Rechte des Gläubigers sind nur Rechte gegen den Vertragsgegner und brauchen daher von einem Dritten nicht beachtet zu werden.“[20]) Und auch der *Bundesgerichtshof* ist nicht frei von dieser Vorstellung, wenn er in zwei, die Schadensersatzpflicht des Ehestörers betreffenden Urteilen [21]) meint, die durch Eingehung einer Ehe be-

---

dern die Wirkung gegen Dritte ist die regelmäßige Folge des Daseins eines dinglichen Rechts, aber nicht das Kriterium desselben.“

[17]) Vgl. zu diesem Zusammenhängen auch *Bucher*, aaO. S. 10 und S. 135 f. Nach ihm hat das Gegensatzpaar dinglicher und persönlicher Rechte vielleicht während eines Jahrhunderts die Entwicklung der Immaterialgüterrechte und eines Persönlichkeitsschutzes verhindert.

[18]) Vgl. oben § 1 II 2 (S. 14 f.).

[19]) AaO. S. 286.

[20]) RGZ 57, 353 (356).

[21]) BGHZ 23, 279, (281); 26, 217 (221).

gründeten Pflichten seien dem Wesen der Ehe entsprechend persönliche Verpflichtungen der Ehegatten; ihre Beachtung, insbesondere die Wahrung der Treupflicht, liege den Ehegatten persönlich ob; infolgedessen könnten diese persönlichen Verpflichtungen gegenüber dem anderen Ehegatten auch nur durch den Ehegatten selbst verletzt werden.

2. Mit diesem Argument ist die Aussagekraft der Unterscheidung relativ-absolut jedoch überschätzt. Es geht daran vorbei, daß diese Unterscheidung eine *rein formale Kategorie* und als solche nicht geeignet ist, über die Anwendbarkeit oder Nichtanwendbarkeit gesetzlicher Vorschriften auf *konkrete Sachverhalte*, wie sie auch die unterschiedlichen subjektiven Rechte darstellen, zu entscheiden[22]).

Man macht sich nicht deutlich genug klar, daß sich in dem Gegensatzpaar relativ-absolut von Anfang an ein Stück „Reiner Rechtslehre" verwirklicht. Es werden einfach Pflichten (= Sollensätze) betrachtet und danach eingeteilt, ob sie einer bestimmten Person gegenüber einzelnen anderen Personen oder einer unbestimmten Vielzahl von Personen obliegen. Indem man diesen Gegensatz als kontradiktorischen der Rechtsanwendung — etwa des § 823 I BGB — zugrundelegt, macht man sich in dieser von dem Begriff des subjektiven Rechts abhängig, wie ihn die Reine Rechtslehre gebraucht: Man landet entweder bei der *Kelsenschen* Auffassung, daß jedes subjektive Recht in Wahrheit nur der Reflex der Pflicht des oder der Verpflichteten ist, welches man je nachdem, ob die Pflicht einen bzw. wenige oder alle Rechtsgenossen trifft, relativ oder absolut nennt[23]). Oder man sieht mit *Bucher* im subjektiven Recht den Ausgangspunkt der Rechtspflichten, die Normsetzungsbefugnis, und bezeichnet diese je nachdem, ob der Kreis der potentiellen Normadressaten beschränkt oder unbeschränkt ist, als relativ oder absolut[24]). Nur wer diesen rein normativen Begriff des subjektiven Rechts zugrundelegt, hat recht, wenn er als den einzig wirklichen „Strukturgegensatz" *(Bucher)* der subjektiven Rechte den von relativen und absoluten Rechten bezeichnet.

Aber man muß dann auch sehen, wohin diese Auffassung des subjektiven Rechts trägt. Hält man es mit *Bucher* für die Rechtssetzungsbefugnis entweder gegenüber bestimmten oder gegenüber allen Rechtsgenossen, so gliedert man gemeinhin als einheitlich gesehene Rechtsstellungen auf: Wo ein

---

[22]) Vgl. dazu auch *Diederichsen*, Das Recht zum Besitz, S. 46 und schon *Boehmer*, Grundlagen II/1, S. 170 ff.

[23]) *Kelsen* aaO. S. 136 f. Wobei *Kelsen* übrigens die Unterscheidung sogar auf die Spitze des Zweifels treibt, ob im Sinne solcher normativen Betrachtung nicht auch das absolute Recht in Wahrheit die Summe von gegen jeden Rechtsgenossen gerichteten relativen Rechten sei, der Ausdruck „absolut" also nur relative Rechte in bestimmter Weise zusammenfasse, wenn er meint: „Das Reflexrecht des Eigentums ist nicht eigentlich ein absolutes Recht; es ist der Reflex einer Vielheit von Pflichten einer unbestimmten Zahl von Individuen gegenüber einem und demselben Individuum mit Beziehung auf ein und dieselbe Sache ..." Allerdings dürfte die Auffassung *Buchers* vom subjektiven Recht als Normsetzungsbefugnis diesem Zweifel nicht ausgesetzt sein.

[24]) *Bucher* aaO. S. 131 ff.

Recht mehrere absolute, mehrere relative, oder absolute und relative Rechtswirkungen zugleich zu äußern scheint, liegen in Wahrheit selbständige Teilrechte absoluter und relativer Art vor[25]). Damit besitzt der Gegensatz relativ-absolut keinen Aussagewert mehr für den Schutzbereich des § 823 I BGB: Er knüpft an die formale Struktur des *einzelnen* Rechtsbefehls an und besagt nichts dafür, wann ein relativer und wann ein absoluter Rechtsbefehl ergeht und ob sich aus *einem* Lebenssachverhalt *sowohl* relative *wie* absolute Gebote und Verbote ergeben können. Aus der Alternativität der beiden Begriffe kann also auch nicht herausgelesen werden, das Recht, welches einer Person gegen eine oder mehrere bestimmte andere Personen zusteht, könne keine Wirksamkeit gegenüber Dritten entfalten. Das liefe auf eine Verwechslung des *materiellen Gehalts* der Rechtsbeziehung von Person zu Person mit der *formalen Kategorie* hinaus, in der ihr Hauptinhalt verwirklicht zu werden pflegt, eben dem Rechtsbefehl an den einen zugunsten des anderen. Der Rechtsordnung steht es frei, der Rechtsbeziehung von Person zu Person auch Wirkungen über die unmittelbar Beteiligten hinaus beizulegen. Ob man in einem solchen Falle von einem einheitlichen subjektiven Recht spricht oder sich lieber auf die Vorstellung nebeneinander stehender subjektiver Rechte im formalen Sinn beschränkt, ist letztlich nur eine Frage der Terminologie. Für die tatsächliche Gewährung solchen Rechtsschutzes besagt die Entscheidung darüber nichts. Wie denn auch *Bucher* selbst ganz zu Anfang seiner Schrift[26]) durchaus einräumt, daß sich der positivrechtliche Begriff des sonstigen Rechts in § 823 I BGB mit dem von ihm behandelten Rechtsformbegriff „wahrscheinlich nicht deckt".

3. Was die Rechtsordnung *nicht* anordnen kann, ohne mit sich selbst in Widerspruch zu geraten, ist *allein dies*, daß die relative Rechtsbeziehung *als solche* auch zwischen anderen Personen als den an ihr Beteiligten bestehen solle. Die Verpflichtung eines Dritten aus einem zwischen anderen geschlossenen Vertrag wäre als „Vertrag zu Lasten Dritter" ein Verstoß gegen die Privatautonomie[27]), und eine Ehe etwa, die nicht nur zwischen den Ehegatten, sondern auch noch mit anderen Personen bestünde und diesen gegenüber die ehelichen Rechte und Pflichten entfaltete, wäre nicht mehr die Ehe, die das Gesetz selbst meint.

Aber daraus kann nicht die Folgerung gezogen werden, daß die relativen Rechte nicht gegenüber *Eingriffen* Dritter geschützt werden könnten. Daß jemand Störungen der Ehe anderer zu unterlassen und für bereits erfolgte Störungen Ersatz zu leisten hätte, würde ihn nicht zum Ehegatten machen; daß eine Person, die fremde Forderungsrechte beeinträchtigt hat, zum Aus-

---

[25]) Vgl. *Bucher* aaO. S. 137 ff. Für ihn besteht etwa das beschränkte dingliche Recht aus dem absoluten Schutzrecht gegen jedermann und einem Recht „normaufhebender" Natur gegen den Träger des Vollrechts, und ist die Befugnis zur Veräußerung eines subjektiven Rechts als Gestaltungsrecht zwar mit dem subjektiven Recht äußerlich verbunden, von ihm aber dennoch dogmatisch scharf zu scheiden.

[26]) S. 3.

[27]) Vgl. *Koziol* aaO. S. 136 f.

gleich herangezogen würde, tangiert nicht ihre Privatautonomie[28]). Rechtsschutz, wie ihn § 823 I BGB gewährt, bedeutet von seinem Zweck her den nach *außen*, gegen die Unbeteiligten gerichteten Schutz einer *Innen*beziehung und gerade nicht Regelung dieser Innenbeziehung selbst. Ebenso wie § 823 I BGB dem Eigentümer die Sachherrschaft, dem Inhaber des Immaterialgüterrechts dieses als innere Beziehung gegen Eingriffe von außen gewährleistet, kann er dem aus einer persönlichen Rechtsbeziehung Berechtigten sein Recht gegenüber dritten Personen garantieren[29]). Man darf sich nicht dadurch irre machen lassen, daß es bei Sachen- oder Immaterialgüterrechten an einer (Innen)rechtsbeziehung zu einem anderen Rechtssubjekt fehlt, weil der Berechtigte unmittelbar auf die Sache einwirken bzw. von seiner Befugnis Gebrauch machen kann, ohne den Weg über ein anderes Rechtssubjekt als Adressat seines Rechts nehmen zu müssen. Vom Rechtsschutz her gesehen gehören Befugnisse in Bezug auf Rechtsobjekte und persönliche Rechtsbeziehungen dem gleichen Kreis der Innenbeziehung an, an welche sich der Außenschutz erst anlagert[30]).

4. Daß der formale Gegensatz zwischen absoluten und relativen Rechten den sachlichen Unterschied zwischen Innenrechtsbeziehung und Außenschutz verschüttet, hat nicht nur den Irrtum hervorgerufen, ein relatives Recht könne keinen Drittschutz genießen. In Literatur und Rechtsprechung hat man daraus, gleichsam im Wege einer „Gegenprobe", auch den Fehlschluß gezogen, ein Deliktsschutz relativer Rechte müsse dazu führen, daß der an der relativen Rechtsbeziehung selbst Beteiligte *zusätzlich* deliktsrechtlich hafte. Erschöpfe sich das relative Recht, meint etwa *Dietz*[31]), nicht in der Beziehung bestimmter Personen, sondern wirke auch gegen die Allgemeinheit, so verpflichte man den Schuldner einmal als Schuldner und noch einmal als Mitglied der Allgemeinheit; man sage ihm: „Du sollst nicht tun, was Du nicht tun sollst." Wenn der Bundesgerichtshof einen Schadensersatzanspruch aus den §§ 823 ff. BGB gegen den Dritten, der mit einem Ehegatten die Ehe bricht, deshalb verneint, weil andernfalls der Ehegatte als Mittäter der unerlaubten Handlung vom Dritten auf Ausgleich nach §§ 840, 426, 254 BGB in Anspruch genommen werden könne[32]), so steht dahinter die Vorstellung, der Deliktsschutz nach den §§ 823 ff. BGB müsse

---

28) Übereinstimmend *Koziol* aaO.

29) Vgl. dazu schon *Oertmann* AcP 123, S. 129 ff. (S. 132 ff., S. 143 f.); *Löbl* AcP 129, S. 257 ff. (S. 286 f.).

30) Die Frage, ob von *Rechtsverhältnissen* als rechtlich geregelten Lebensverhältnissen nicht auch im Hinblick auf die Beziehung einer Person zu einer Sache, ja zwischen Sachen (Grunddienstbarkeit) gesprochen werden kann (so *K. Blomeyer*, Zur Lehre von den Rechten des einzelnen, 1. Festschrift für Lehmann (1937), S. 101 (S. 112 f.), *Westermann*, Sachenrecht, § 1 II (S. 5 f.) und *Diederichsen* aaO. S. 39 f., jeweils mit weiteren Nachweisen), muß dabei gar nicht entschieden werden. Diese Vorstellung kann aber verdeutlichen, daß Innenbeziehung und Außenschutz zwei verschiedenen Rechtskreisen angehören und nicht miteinander vermengt werden dürfen.

31) Anspruchskonkurrenz bei Vertragsverletzung und Delikt, S. 84 im Anschluß an Zitelmann.

32) BGHZ 23, 279 (281 f.).

notwendig gegen jedermann, also auch gegenüber dem Ehegatten wirken. Und gedanklich auf der gleichen Linie liegt es schließlich, wenn die schon erwähnte Rechtsprechung des Bundesarbeitsgerichts über den Streik als Eingriff in den eingerichteten und ausgeübten Gewerbebetrieb die Arbeitnehmer des bestreikten Arbeitgebers der Deliktshaftung unterstellt, ohne es als Einwand gelten zu lassen, daß nach dem *Arbeitsvertrag* der Arbeitnehmer zur Einstellung der Arbeit *berechtigt* war, sei es daß ihm ein Zurückbehaltungsrecht zustand oder er den Arbeitsvertrag gekündigt hatte[33]). Es folgt damit ebenfalls der Vorstellung, der aus der Innenrechtsbeziehung Verpflichtete müsse notwendig der gleichen deliktischen Haftung unterliegen wie an ihr Unbeteiligte. Lediglich die Folgerung ist im konkreten Fall der des BGH entgegengesetzt, indem der Deliktsschutz nicht durchgängig verneint, sondern durchgängig bejaht wird.

Der Weg zu diesen Folgerungen ist nicht zwingend. Wo der Dritte unerlaubt handelt, braucht es der zum Betroffenen in einer besonderen Rechtsbeziehung Stehende nicht zu tun. Wenn die Ehestörung für den Dritten ein Delikt ist, so bleibt sie für den anderen Ehegatten ein Tatbestand, der sich nach dem Eherecht regelt, wie es in den §§ 1353 ff. BGB niedergelegt ist, so daß dort, wo aus dem Eherecht ein Anspruch gegen den Ehegatten nicht zu begründen ist, es an jeglichem Ansatz zu einer Ausgleichspflicht fehlt. Der Deliktsschutz betrifft eben, wie *Boehmer* in seiner Kritik des BGH zu recht sagt, Angriffe *Dritter*, nicht aber das Pflichtenverhältnis einzelner Rechtsgenossen, wie hier der Ehegatten, zueinander[34]). Und genau das gleiche gilt von der Bedeutung der Streikbeteiligung des Arbeitnehmers. Zu recht erscheint es den Kritikern der Rechtsprechung des BAG als zweifelhaft, ob eine von einem „Faktor der Produktionsgemeinschaft" ausgehende Handlung das Recht am Gewerbebetrieb verletzen könne[35]), bzw. ob bei diesem Recht nicht nur an einen „Schutz nach außen, nicht aber an die verwundbare Innenseite" gedacht sei[36]). In der Tat müssen Außenschutz und Innenverhältnis auseinandergehalten werden. Ohne daß damit entschieden zu werden brauchte, ob sich der Deliktsschutz gegen den Ehestörer nicht aus *anderen* Gesichtspunkten verbietet und umgekehrt eine deliktische Haftung des streikenden Arbeitnehmers doch angebracht ist[37]), kann also gesagt

---

[33]) Für das Zurückbehaltungsrecht: BAGE 15, 174 ff. — AP Nr. 32 zu Art. 9 GG „Arbeitskampf", für die Kündigung: AP Nr. 37 zu Art. 9 GG „Arbeitskampf".

[34]) Die neueste Rechtsprechung zur Frage der Ehestörungsklage, FamRZ 1957, S. 196 ff. (S. 197); zuvor schon: Zur Ehestörungsklage, AcP 155 (1956), S. 181 ff. (S. 190 ff.). Immerhin hat der BGH in dem späteren Urteil BGHZ 26, 217 (221 f.) seine Auffassung wenigstens dahin modifiziert, daß zumindest der Grundsatz des § 242 BGB es erfordere, neben dem an der Ehestörung beteiligten Dritten auch den ungetreuen Ehegatten haften zu lassen. Aber auch damit ist immer noch ein so nicht zu rechtfertigender Zusammenhang zwischen Innenschutz und Außenschutz hergestellt. Vgl. dazu noch unten § 12 IV (S. 191 ff.).

[35]) *Hoeniger*, Einige Gedanken zum Recht des Arbeitskampfes, RdA 1953, S. 204 ff. (S. 210 f.).

[36]) *Böttcher*, in der Besprechung des Schuldrechtslehrbuches von Enneccerus-Lehmann, RdA 1960, S. 154.

[37]) Vgl. dazu unten die §§ 12 (S. 173 ff.) und 13 (S. 196 ff.).

werden, daß in der Argumentation des BGH wie des BAG eine Lücke offengeblieben ist. Das verwundert um so mehr, als sich jedenfalls der BGH in anderem Zusammenhang der Erkenntnis gar nicht verschlossen hat, daß Deliktsschutz gegen Dritte und Innenschutz verschiedenen Regeln folgen können: In BGHZ 32, 194 (204 f.) hält er den Schutz des mittelbaren Besitzers nach § 823 I BGB einerseits gegenüber Dritten für möglich, versagt ihn aber andererseits gegenüber dem unmittelbaren Besitzer mit der Begründung, Besitzschutz nach den §§ 861, 862 BGB komme wohl dem unmittelbaren gegenüber dem mittelbaren Besitzer zu, nicht aber diesem gegenüber jenem; das Gesetz erachte insoweit die schuldrechtlichen Beziehungen und die daraus sich ergebenden Ansprüche für einen hinreichenden Schutz. Daraus sei zu schließen, daß es nicht angehe, auf dem Weg über § 823 I BGB den nicht gewollten besonderen Schutz des mittelbaren gegen den unmittelbaren Besitzer einzuführen.

Alles in allem: Auch auf diesem indirekten Wege kann aus dem Gegensatz von absoluten und relativen Rechten nicht abgeleitet werden, daß letztere keinen Deliktsschutz nach § 823 I BGB genießen könnten.

II. „Absolutheit“ als Güterzuordnung

Die Erkenntnis, daß der Gegensatz von: Wirkung nur gegen einzelne und: Wirkung gegen jedermann nichts über materiellen Gehalt und Schutzwürdigkeit eines Rechts aussagt, sondern mit den so gearteten Ansprüchen nur die formale Kategorie angibt, in der das Recht seine Verwirklichung findet, weist uns die nächste Aufgabe zu: Wir müssen *hinter* das Instrumentarium zu blicken und den *positiven* Gehalt des subjektiven Rechts zu fixieren suchen, aus dem die Gewährung von Ansprüchen nur gegen einzelne oder gegen alle gefolgert werden kann.

1. Die erste Station, zu der man bei dieser Suche gelangt, ist die These von der *Güterzuordnung*, in der sich jene Vorstellung von der „gewährenden Seite“ der Rechtsordnung verwirklicht, die, wie wir gesehen haben[38]), an der Imperativentheorie vermißt wird. Man wird heute kaum einen Widerspruch erfahren, wenn man als positiven Gehalt des subjektiven Rechts feststellt, daß es dem einzelnen Rechtssubjekt ein bestimmtes (Vermögens- oder Immaterial-) Gut als ihm gehörig zuweist. Es ist ja die Idee des subjektiven Rechts, dem einzelnen einen Bereich zu garantieren, der ihm als Person von Rechts wegen zukommt und die Möglichkeit eigener Entfaltung bietet. Diese Idee aber kann gar nicht anders verwirklicht werden als dadurch, daß die Rechtsordnung dem einzelnen die Mittel zu seiner Entfaltung — und das sind eben die vorhandenen Güter — zu eigener Disposition zur Verfügung stellt[39]). Eine solche Güterzuordnung ist in der Tat auch in

---

[38]) Oben § 1 II 1 am Ende (S. 13 f.).

[39]) Zum Zuordnungsgehalt des subjektiven Rechts vgl. *Kasper* aaO. S. 138 ff. und die dort gegebenen Hinweise auf *Esser, Heck, v. Caemmerer, R. Reinhardt, Mestmäcker, Westermann, Wieacker* und *Müller-Freienfels*, denen

jedem subjektiven Recht zu finden. Es erhält ja nicht nur der Eigentümer die Sache ganz, der beschränkt-dinglich Berechtigte sie teilweise zugewiesen. Auch dem Inhaber des Immaterialgüterrechts ist dieses Gut (etwa die Erfindung oder die künstlerische Schöpfung), dem Inhaber der elterlichen Gewalt diese, den Mitgliedern die Mitgliedschaft, und selbst dem Forderungsinhaber eben diese Forderung zugeordnet[40]).

Wird so die Güterzuordnung zum gemeinsamen Nenner für den Gehalt aller subjektiven Rechte, so deckt diese Gemeinsamkeit doch zugleich auch die Schwäche des Zuordnungsgedankens auf: Sie ist nur auf Kosten einer größeren Abstraktion möglich. Der Zuordnungsgedanke sagt nicht mehr, als daß mit dem subjektiven Recht irgendein Gut dem einzelnen zugewiesen ist. Welchen *Inhalt* es hat, steht dahin[41]). Das aber läßt von vornherein Zweifel aufkommen, ob dieser gemeinsame Nenner konkret genug ist, die Frage nach dem Deliktsschutz der einzelnen subjektiven Rechte aus sich heraus zu entscheiden — um so mehr, als ein solcher Deliktsschutz, der an die Zuordnung ohne Rücksicht auf den Inhalt des zugeordneten Gutes geknüpft wäre, konsequenterweise *allen* subjektiven Rechten zugute kommen müßte.

2. Ganz verfehlt wäre es sicherlich, aus der Tatsache, daß jedes subjektive Recht eine Güterzuordnung enthält, einen *allgemeinen Nichtstörungsanspruch für jedes subjektive Recht* ableiten zu wollen.

Dulckeit (Die Verdinglichung obligatorischer Rechte, S. 50 f.) und *Larenz* (Methodenlehre, S. 364, Schuldrecht I, § 2 II [S. 127] und jetzt — besonders für den rechtsphilosophischen Hintergrund — noch § 5 [S. 56 ff.] des Allgemeinen Teils [„Die Person und ihr Rechtskreis"]), sowie *Koziol* aaO. S. 15 ff. und S. 140 ff. (ebenfalls mit weiteren Nachweisen) hinzuzufügen wären.

Mit der Anerkennung der Güterzuordnung als Gehalt des subjektiven Rechts ist weder entschieden, ob die Persönlichkeitsgüter, insbesondere die in § 823 I BGB genannten Lebensgüter als in diesem Sinne „zugewiesen" und damit als subjektive Rechte aufzufassen sind, noch gesagt, daß die Zuteilung von Gütern in Form subjektiver Rechte die *einzige* Gestaltungsmöglichkeit des Privatrechts, insbesondere auch des Deliktsrechts wäre. Gerade im Deliktsrecht ist gegenüber dem subjektiven Recht das Rechtsinstitut im Vordringen, welches den einzelnen gleichsam nur zum „Funktionär" der Gesamtrechtsordnung macht. Der Aufgabe, den Grenzverlauf zwischen subjektivem Recht und Rechtsinstitut herauszufinden, ist der § 9 (S. 122 ff.) unserer Untersuchung gewidmet.

[40]) Wie schon *Oertmann*, Das Problem der relativen Rechtszuständigkeit, Jher-Jahrb. 66 (1916), S. 130 ff. (S. 154 ff.) und AcP 123, S. 144 gesehen hat, tritt die Zuordnung der Forderung besonders deutlich im Phänomen des „Prätendentenstreits" hervor: Der Streit über die „Berechtigung an der Forderung" (§ 75 ZPO) hat nichts mit dem Leistungsanspruch gegen den Schuldner zu tun (der nach Hinterlegung aus dem Prozeß entlassen wird), sondern ist ein Streit um die Rechtsträgerschaft, d. h. darum, wem die Forderung zugeordnet ist.

[41]) Vgl. *Kasper* aaO. S. 140, nach dem der Begriff „im Kern kaum mehr ist als eine Mitteilung über gewisse erreichte Verteilungszustände ohne Rücksicht auf den jeweiligen Inhalt, obwohl eine solche Mitteilung erst in Verbindung mit einer genauen Angabe gerade dieses Inhalts voll verständlich wird". Auch die Bedenken, die *Raiser* gegen die Zuordnungslehre in seiner Besprechung des Lehrbuchs von *Westermann* vorgebracht hat (JR 1955, S. 118 f.), setzen hier an.

Zwar steht fest, daß jede Zuordnung in dem Sinne allgemein wirkt, daß sie den Adressaten zum Träger des Rechts gegenüber allen Rechtsgenossen macht. Wem von der Rechtsordnung ein Recht auch verliehen wird, und welchen Inhalt es bekommt, stets müssen sich alle mit ihm abfinden und stets können sich alle darauf berufen und ihrerseits Rechtsfolgen daraus ableiten. Um ein Beispiel zu bilden: Jedermann muß respektieren, daß sein Schuldner auch noch anderen Gläubigern verpflichtet ist; er muß deren Vollstreckungsmaßnahmen hinnehmen, wie er umgekehrt eine Forderung seines Schuldners zum Gegenstand eigener Zwangsvollstreckungsmaßnahmen machen kann, sich aber andererseits damit abfinden muß, wenn sie vorher, etwa durch Erfüllung, erlischt. Man kann dieses „Anerkennenmüssen" und „Sichberufendürfen"[42]), das die Zuordnung mit jeder anderen Rechtswirkung teilt und ohne das übrigens alle die eingangs des § 1 genannten „Drittwirkungen" relativer Rechte gar nicht denkbar wären, auch als „unmittelbare und absolute" Wirkung bezeichnen[43]). Aber man darf es keinesfalls mit einer Wirkung gegen jedermann im Sinne eines Nichtstörungsgebots und einer Schadensersatzpflicht im Falle erfolgter Störung gleichsetzen, wie das *Staub* gerade auch bei der Forderung tun will, weil jedes Recht „eben deshalb, weil es ein Recht ist, von allen Rechtsgenossen respektiert" werden müsse[44]), und worauf, wie *Forkel* dargetan hat[45]), auch Ausführungen von *Breit* beruhen, nach denen den Gestaltungsrechten Deliktsschutz nach § 823 I BGB gewährt werden soll[46]).

„Anerkennenmüssen" und „Sichberufendürfen" im geschilderten Sinne sind reine *Tatbestandswirkungen*. Sie besagen nur so viel, daß das Entstehen, Bestehen und Untergehen des subjektiven Rechts von jedermann hingenommen und weiteren rechtlichen Gestaltungen als *Tatbestand* zugrunde gelegt werden muß. Ob sich aus ihm *Ansprüche* nur gegen einzelne Personen oder gegen jedermann ergeben, etwa in dem Sinne, daß das Recht bei Vermeidung einer Schadensersatzpflicht nicht gestört werden darf, ist eine andere Frage. Eine solche Rechtsfolge müßte besonders angeordnet sein[47]). Es liegt insoweit nicht anders als bei der Gestaltungswirkung von Gestaltungsurteilen oder der Tatbestandswirkung im Verwaltungsrecht: Die Wirkung „für und gegen alle", etwa eines Scheidungsurteils, bedeutet nicht mehr, als daß jedermann, auch die Gerichte, die geschehene Auflösung der Ehe hinzunehmen haben [48]), und die Tatbestandswirkung im Verwaltungsrecht sagt nur, daß ein geschehener Akt, etwa ein strafgerichtliches Urteil oder ein Verwaltungsakt, weiterem

[42]) *Krusch*, Das Wesen des Vergleichs zur Abwendung des Konkurses, S. 14 ff. (S. 17).

[43]) In diesem Sinne etwa *Westermann* aaO. § 2 II 2 (S. 9 oben).

[44]) ArchbürgR, S. 12 ff. (S. 15).

[45]) Grundfragen der Lehre vom privatrechtlichen Anwartschaftsrecht, S. 15 f. mit N. 109.

[46]) Die Verhinderung der Vollziehung einer Willenserklärung, Seuff. Bl. Bd. 71 (1906), S. 589 ff. (S. 595 f.). Zum Gestaltungsrecht unten § 5 I 5 (S. 67 f.).

[47]) Vgl. dazu besonders *Krusch* aaO. S. 18 und *Forkel* aaO.

[48]) Vgl. dazu *Bötticher*, Kritische Beiträge zur materiellen Rechtskraft im Zivilprozeß, S. 25, der gerade umgekehrt die Tatbestandswirkung eines Vertragsschlusses — also der Entstehung eines subjektiven Rechts — zur Erläuterung der Wirkung des Gesaltungsurteils für und gegen alle heranzieht.

Verwaltungshandeln als Basis zugrunde gelegt werden muß[49]). *Wessen* Rechtsverhältnis und *wie* es das Urteil gestaltet oder *gegen wen* der Verwaltungsakt unmittelbar wirkt, ist nur ihnen selbst zu entnehmen.

3. Die Zuordnung *als solche* zum Anknüpfungspunkt des Deliktsschutzes zu machen, wäre nur in dem Sinne möglich, daß man gerade *ihre* Störung als Verletzung des betreffenden subjektiven Rechts ansähe. Darauf läuft die in der Einleitung erwähnte Auffassung hinaus, nach der die unbefugte, aber — etwa gemäß § 407 BGB — wirksame Verfügung über eine Forderung als Verletzung eines sonstigen Rechts i. S. des § 823 I BGB aufzufassen ist. Eine solche unbefugte Verfügung tut ja nichts anderes, als die Zuordnung der Forderung zu einer bestimmten Person aufzuheben, sie einer anderen Person zuzuweisen und damit das Recht der ersteren zu beeinträchtigen.

Gegen diese Auffassung vorzubringen, jedes absolut, d. h. gegen jedermann wirkende Recht sei durch das Handeln eines anderen nur in seinem Gegenstand verletzbar; wo er nicht verletzt sei, wie z. B. bei einer Verfügung, könne auch das Recht nicht verletzt sein, überzeugt nicht[50]). Denn die Prämisse dieses Satzes, der Inhalt des absoluten Rechts bestehe (nur) darin, daß jede auf den Gegenstand einwirkende Handlung eines anderen rechtlich ausgeschlossen sei, weil nur in dem Gegenstand die Wirksamkeit gegenüber den anderen bestimmt werden könne[51]), trifft gerade für die Zuordnung nicht zu. Aus ihr läßt sich bestimmen, daß der Gegenstand einer bestimmten Person „zu Recht" gehört, in welche Beziehung Dritte nicht eingreifen dürfen. Die Zuordnung ist, wenn man so will, vom Schutz des Rechtsinhabers aus betrachtet, selbst ein Teil des Rechtsgegenstandes.

Wie es mit dieser Möglichkeit, in der Störung der Zuordnung durch unbefugte Verfügung eine Rechtsverletzung i. S. des § 823 I BGB zu sehen, im einzelnen aber auch bestellt sein mag[52]): Sie löst unser Problem, Kriterien für den Deliktsschutz der Rechte zu finden, allenfalls teilweise. Denn es ist ja sicherlich der Schluß *nicht* berechtigt, *nur* die Störung der Zuordnung könne als Rechtsverletzung i. S. des § 823 I BGB betrachtet werden. Man braucht insoweit nur auf das Eigentum zu verweisen, das nur zu einem verschwindend geringen Teil der Fälle in seiner Zuordnung, im übrigen aber wirklich in seinem Gegenstand, nämlich der Sache, angegriffen wird[53]). Zu sehen, ob und inwieweit über den Eingriff in die Zuordnung hinaus am Gegenstand angesetzte Angriffe auch bei anderen, insbesondere relativen Rechten möglich sind, heißt deshalb, noch *hinter* die Zuordnung auf ihren Inhalt zurückzugehen und dort nach strukturellen Unterscheidungskriterien zu suchen.

---

[49]) Vgl. dazu *Forsthoff*, Verwaltungsrecht, 1. Bd. § 61 (S. 101).

[50]) Ernst *Wolf*, Das Recht am eingerichteten und ausgeübten Gewerbebetrieb, Festschrift für v. Hippel (1967), S. 665 ff. (S. 678).

[51]) *Wolf* aaO. S. 677.

[52]) Vgl. dazu noch unten § 6 I 3 (S. 80 ff.). Dort wird dargetan, daß es für die deliktsrechtliche Haftung nicht auf die *Wirksamkeit* der unbefugten Verfügung ankommen kann, und damit zugleich auch dem Einwande begegnet, ein solcher Deliktsschutz gegen unbefugte Verfügungshandlungen sei überflüssig.

[53]) Übereinstimmend *Koziol* aaO. S. 18 f.

III. „Absolutheit“ als unmittelbare Beziehung des Rechts zum Gegenstand

Geht man aber von der Zuordnung kommend den Inhalt der subjektiven Rechte an, so drängt sich als Unterscheidungsmerkmal naturgemäß der Inhalt der Zuordnung auf, und hier als erstes Beispiel wieder das Gegenüber von dinglichen und obligatorischen Rechten, insbesondere des Eigentums auf der einen und der Forderung auf Lieferung einer Sache auf der anderen Seite: Dort ist Gegenstand des Rechts die Sache selbst, hier nur der gegen die Person des Schuldners gerichtete Leistungsanspruch, während die zu liefernde Sache nur in einem mittelbaren Verhältnis zum Recht an der Forderung steht. In dieser Unmittelbarkeit der Beziehung des Rechts zum Gegenstand, anders gewendet: in dessen „gedanklicher Unterwerfung unter die Herrschaft des Berechtigten“[54]) die „Absolutheit“ eines Rechts zu finden und diese dann auch zur Grundlage der Zuerkennung des Deliktsschutzes zu machen, ist ein naheliegender Gedanke.

1. Zu ihm wird man zunächst von denjenigen geführt, die die absolute Wirkung eines Rechts aus dem ihm gewährten *Sukzessionsschutz* erschließen wollen. In ihrer, augenscheinlich am Vorbild der beschränkt-dinglichen Rechte orientierten, Sicht ist ein Recht absolut, wenn es an einem *anderen* Recht (etwa dem Eigentum an einer Sache) dergestalt haftet, daß es die Einzelrechtsnachfolge in dieses Recht überdauert und sich gegen dritte Prätendenten durchzusetzen vermag. Das relative Recht soll demgegenüber dadurch charakterisiert sein, daß es auf die Wirkung gegen den Verpflichteten (und gegebenenfalls dessen Gesamtrechtsnachfolger) beschränkt bleibt[55]).

Diese als absolut bezeichnete Wirkung eines Rechts auch gegen den Einzelrechtsnachfolger ist nichts anderes als die direkte Folge der unmittelbaren Berechtigung des Inhabers am Gegenstand: „Sukzessions“schutz benötigt ein Recht ja nur dann, wenn es von einem anderen Recht *abgeleitet* ist. Seine Gewährung kann also anzeigen, daß ein „Tochter“recht entstanden ist durch *Verfügung* über ein „Mutter“recht. Mit dieser Verfügung über ein Recht, welche dieses ganz oder teilweise in die Zuständigkeit eines anderen überführt, wird eine unmittelbare Beziehung zum Gegenstand des Rechts nunmehr auch beim Verfügungsempfänger begründet, woraus wiederum folgt, daß er sich gegen den Rechtsnachfolger in das Mutterrecht muß durchsetzen können. Umgekehrt: Wenn einem Recht, das sich auf einen Gegenstand bezieht, kein Sukzessionsschutz zukommt, wie etwa dem Lieferungsanspruch aus einem Kaufvertrag, so liegt das daran, daß in der Begründung dieses *obligatorischen* Rechts *keine* Verfügung über ein anderes Recht gesehen wer-

---

[54]) So für die Sachenrechte *Staudinger-Seufert,* Kommentar zum Sachenrecht, Einleitung, Randnr. 2 unter a).

[55]) Zu diesem Verständnis des Absolutheitsbegriffs vgl. *Raape,* Aneignungsüberlassung, JherJahrb. 74 (1924), S. 179 ff. (S. 218 ff.); *Eichler,* Institutionen des Sachenrechts Bd. I, S. 5 ff. (auf ihn geht der Ausdruck „Sukzessionsschutz“ zurück); *Raiser,* Dingliche Anwartschaften, S. 33; *Forkel,* Anwartschaftsrecht, S. 154 f.

den kann, weil Rechtsobjekt des obligatorischen Rechts eben nicht der Gegenstand als solcher, sondern nur der Leistungsanspruch gegen den Verpflichteten ist. Der Aussagewert, den diese Auffassung für den Deliktsschutz hat, ist dennoch nicht groß:

Den Sukzessionsschutz eines Rechts als ein Zeichen für seinen Deliktsschutz zu nehmen, leuchtet wohl bei den *beschränkt-dinglichen* Rechten ein. Denn deren Wirkung gegen den Rechtsnachfolger in das Eigentum an der Sache macht deutlich, daß ihr Inhaber in den Augen des Gesetzes in einer ebenso unmittelbaren Beziehung zur Sache selbst steht wie der Eigentümer und deshalb Anspruch auf den gleichen Deliktsschutz haben muß, wie er dem Eigentümer nach § 823 I BGB zukommt[56]). Nur mit einem Vorbehalt kann dieser Schluß aber schon bei *anderen Tochterrechten,* wie dem Nießbrauch oder dem Pfandrecht an einer Forderung, der Lizenz als dem beschränkten Recht an einem Immaterialgüterrecht[57]) und beschränkten Rechten an Aneignungsrechten, gezogen werden: Er setzt ja voraus, daß die Rechte, von denen die Tochterrechte abgeleitet sind, *ihrerseits* Deliktsschutz genießen. Nur soweit das der Fall ist, kann ihn auch das Tochterrecht beanspruchen. Man muß also zuerst feststellen, ob und inwieweit dem Mutterrecht seinerseits Deliktsschutz zukommt. Die Antwort auf diese Frage ist aber nur beim Eigentum infolge seiner Benennung in § 823 I BGB völlig zweifelsfrei. Bei anderen Rechten, wie den Immaterialgüterrechten, den Aneignungsrechten und vor allem den Forderungsrechten, muß sie selbständig gefunden werden, und dabei kann die Lehre vom Sukzessionsschutz als der absoluten Wirkung eines Rechts nicht weiterhelfen.

Daß *Miete und Pacht* nach § 571 BGB bzw. § 986 II BGB gegen den Rechtsnachfolger wirken, beruht auf einer besonderen — im Falle des § 571 BGB im wesentlichen von sozialpolitischen Erwägungen getragenen — Entscheidung des Gesetzgebers. Damit aber wird auch bei diesen Rechten der Schluß vom Sukzessionsschutz auf den Deliktsschutz unsicher. Denn daß der Gesetzgeber mit seiner Entscheidung auch über den Deliktsschutz von Miete und Pacht entscheiden wollte, kann nicht ohne weiteres gesagt werden. Eher dürfte für ihn die im Besitz liegende unmittelbare Beziehung zur Sache den Deliktsschutz von Mieter und Pächter rechtfertigen[58]).

Mag man im letzteren aber auch noch verschiedener Meinung sein können, weil der Gesetzgeber auch den Sukzessionsschutz auf dem Besitz des Mieters und Pächters aufbaut, so zeigen diese Fälle doch mit aller Deutlichkeit, daß man die Indizwirkung des Sukzessionsschutzes keinesfalls auch zu dem Schluß ausweiten kann, alle Rechte, die keinen Sukzessionsschutz genössen, könnten auch nicht mit Deliktsschutz ausgestattet sein. Die historischen Vorbilder und die divergierenden Meinungen bei den Beratungen des BGB zeigen zur Ge-

---

[56]) Das hat nach der hier vertretenen Auffassung Bedeutung insbesondere für den Umfang der Haftung. Vgl. dazu unten § 7 II 2 (S. 105 ff.).

[57]) Zum Rechtscharakter von ausschließlicher und einfacher Lizenz vgl. ausführlich noch unten § 11 I (S. 152 ff.).

[58]) Vgl. dazu sogleich die Stellungnahmen von *Dulckeit, Pawlowski* und *Diederichsen* (unten 2), sowie die unten § 7 II 2 (S. 105 ff.) angestellten Überlegungen zum Umfang der Haftung.

nüge, daß sich der Gesetzgeber auch *gegen* den Sukzessionsschutz von Miete und Pacht hätte entscheiden können[59]). Aus einer solchen Entscheidung aber hätte man keinesfalls auf eine Versagung des Deliktsschutzes schließen dürfen. Vielmehr wäre diese Frage selbständig zu prüfen gewesen, was dann unbeschadet des fehlenden Sukzessionsschutzes zu einem positiven Ergebnis hätte führen können[60]).

Was aber für Miete und Pacht gilt, gilt auch für den Lieferungsanspruch auf eine Sache. Daß diesem nach unserer Rechtsordnung kein Sukzessionsschutz zukommt, wie er etwa nach dem ALR mit dem ius ad rem in gewisser Weise gegeben war[61]), schließt die Möglichkeit eines Deliktsschutzes nach § 823 I BGB nicht aus. Auch diese Sicht bestätigt also, daß der Deliktsschutz von Forderungen selbständiger Prüfung bedarf.

Nimmt man hinzu, daß bei einer ganzen Reihe von Rechten, wie den Familienrechten, den Rechten einer Körperschaft gegen ein Mitglied, aber auch den Ansprüchen auf eine Handlung oder Unterlassung des Schuldners, insbesondere also auch dem Dienstleistungsanspruch aus dem Arbeitsverhältnis, der Sukzessionsschutz schon deshalb nichts auszusagen vermag, weil er bei ihnen ihrer Natur nach gar nicht denkbar ist, so wird vollends deutlich, daß die Lehre vom Zusammenhang zwischen Sukzessionsschutz und Deliktsschutz uns kaum weiterhilft.

2. Der Sukzessionsschutz ist nun freilich nicht mehr als eine *Folge* des Bestehens eines Beherrschungsrechts an einem Gegenstand und bietet infolgedessen umgekehrt nur ein *Indiz* für dessen Vorliegen. Die Frage, ob es Fälle von Beherrschungsrechten ohne Sukzessionsschutz gibt und diese ebenfalls für einen Deliktsschutz in Betracht kommen, muß so von vornherein offenbleiben. Eine Antwort auf sie setzt voraus, daß Klarheit über das *Zustandekommen* dieser unmittelbaren Herrschaft gewonnen wird.

Überlegungen in dieser Richtung hat im Schrifttum vor allem *Dulckeit* angestellt. Seine These ist es ja, daß die „Verdinglichung obligatorischer Rechte“ nicht durch ein besonderes Verfügungsgeschäft erfolge, vielmehr in der Begründung des Anspruchs auf die Einräumung etwa des Eigentums an einer Sache schon die Übertragung eines, allerdings erst relativen, Eigens liege, welches mit der Erfüllung dieses Anspruchs zum absoluten Eigen erstarke[62]). Das wesentliche Kennzeichen des dinglichen oder absoluten Rechts sieht er dementsprechend in seiner Loslösung von jeder persönlichen Relation, positiv ausgedrückt: „im realen Haben und wirklichen Besitz einer Rechtsposition“[63]). Solches reales Haben kommt für *Dulckeit* neben dem Eigen-

---

[59]) § 571 BGB ist in seiner heutigen Form erst in der II. Kommission beschlossen worden, während der Entwurf (§ 509) auf dem Boden des gemeinen Rechts stehend eine Wirkung gegen den Rechtsnachfolger abgelehnt hatte. Vgl. die Nachweise bei *Mugdan* Bd. II, S. 212 ff., S. 814 ff. und S. 1253 f.

[60]) Zu Recht weist *Raape* (aaO. S. 219 f.) in diesem Zusammenhang auf das Römische Recht hin, welches dem Pächter aquilischen Schutz gewährte, obwohl nach ihm die Pacht durch die Veräußerung der Sache gebrochen wurde.

[61]) Vgl. dazu unten § 8 I (S. 109 ff.).

[62]) AaO. S. 41 ff.

[63]) AaO. S. 48 f.

tümer und den Inhabern dinglicher Rechte auch dem Mieter und Pächter zu, sobald ihnen der Besitz an der Sache eingeräumt ist, womit dann ihr zuvor nur relatives Recht auf den Gebrauch bzw. Nutzen der Sache zum absoluten Recht erstarkt. *Dulckeit* überträgt seine Vorstellung aber auch auf die Immaterialgüterrechte: Für den dinglichen, das absolute Recht begründenden, Erwerb eines unkörperlichen Gegenstandes komme es lediglich darauf an, daß er dem Erwerber wirklich übertragen werde, d. h. daß dieser nun genau die gleichen Rechte habe und gegenüber Dritten über genau die gleichen — vielleicht sehr beschränkten Schutzrechte verfüge, wie sie vorher dem Veräußerer „als Eigentümer" zustanden[64]). Und schließlich sei auch bei der Forderung insoweit von einem realen Haben zu sprechen, als diese sich *auf die Leistung des Schuldners* beziehe: „Das der Forderung zugrunde liegende Eigen ist ein *relatives* Recht an der *Sache* (ihrem Gebrauch, ihrer Nutzung, ihrem Wert), die Forderung als solche dagegen ein zugleich *absolutes* Recht an der *Leistung* des (nach außen hin an der Sache noch absolut berechtigten) Schuldners[65])." Obwohl die Überlegungen *Dulckeits* so auf eine *umfassende* Einordnung jedenfalls der Vermögensrechte in die Kategorien des relativen und absoluten Eigens ausgerichtet sind, vermögen sie kaum einen Satz des Inhalts zu tragen, daß nur „absolute" Eigen im Sinne *Dulckeits* als deliktisch geschützte Rechte in Betracht kommen. Man mag zubilligen, daß *Dulckeit* den Charakter von Miete und Pacht als solcher Beherrschungsrechte zureichender erklärt als die Lehre vom Sukzessionsschutz. Sowie man aber die Gedankenkette: Eigentum-beschränkt-dingliches Recht—Miete und Pacht verläßt, beginnen Zweifel:

Bei den Immaterialgüterrechten und den Rechten an ihnen bleibt nicht nur wiederum der ursprüngliche Schutz der ersteren offen, von denen *Dulckeit* ja nur meint, daß sie über vielleicht sehr beschränkte Abwehr- und Schutzrechte verfügten. Es fehlen vielmehr auch die Kriterien dafür, *wann* von einer *„wirklichen"* Übertragung gesprochen werden kann: *Dulckeit* will sie offenbar vom *Ergebnis* her erschließen, nämlich dann annehmen, wenn der Erwerber alle Befugnisse des Veräußerers hat. Ob aber etwa der Inhaber einer einfachen Lizenz den gleichen deliktischen Schutz genießt wie der Patentinhaber, ist gerade die Frage, die wir klären müssen, und bei der uns *Dulckeit* offenbar nicht weiterhelfen kann.

Bei einer weiteren, gerade für uns wichtigen Gruppe von Rechten, nämlich denjenigen, die eine Person zu einer Leistung verpflichten, wie etwa den Ansprüchen auf eine Auftrags-, Dienst- oder Arbeitsleistung, sagt *Dulckeit* selbst, daß eine Verdinglichung i. S. der Begründung eines unmittelbaren Beherrschungsrechts allenfalls in der *Erfüllung* des Anspruchs durch *Leistung* der Dienste usw. gesehen werden könne, so daß zuvor ein Schutz des Anspruchs nicht in Betracht komme und es ihn auch im Nachhinein nur geben könne, wo sich die Leistung in einem Produkt niedergeschlagen habe[66]).

Und was schließlich das von *Dulckeit* angenommene absolute Recht des Forderungsinhabers an der Leistung des Schuldners angeht, so zeigt sich,

---

[64]) AaO. S. 45.
[65]) AaO. S. 51.
[66]) S. 57 ff.

daß *Dulckeit* bei ihm einen Deliktsschutz nur für die *Störung der Zuordnung* erwägt, die er offenbar als die einzige in Betracht kommende Verletzungshandlung ansieht[67]). Damit gelangt *Dulckeit* insoweit nicht über die Meinung derer hinaus, die die Forderung in ihrer Rechtszuständigkeit schützen wollen, und muß sich die in diese Meinung gesetzten Zweifel ebenfalls gefallen lassen.

Ähnliche Erwägungen wie *Dulckeit* leiten *Pawlowski*[68]), wenn ihm als *Recht* der „rechtmäßig verwirklichte Wille" gilt, verstanden als Vollendung eines Erwerbstatbestands, der den Erwerbenden zum Handeln in bezug auf ein bestimmtes Objekt berechtigt, worunter *Pawlowski* neben dem Eigentum und den anderen dinglichen Rechten als gesetzlichen Tatbeständen das Recht am eingerichteten und ausgeübten Gewerbebetrieb als Fall von der Rechtsprechung zusammengefaßter Verwirklichungen, aber auch Tatbestände wie das Belegen eines Platzes in einer Bibliothek versteht[69]), denen er noch das Mietrecht, wenn und solange es durch den Besitz[70]), und das Warenzeichenrecht, sofern es durch Eintragung in die Rolle verwirklicht ist[71]), hinzufügt.

Wohl erweitert *Pawlowski* so den Kreis der im hier behandelten Sinne „absoluten" Rechte, aber seine Lehre erweckt, zumindest was den Deliktsschutz anbelangt, gerade dort Bedenken, wo sie sich nicht mehr auf die dinglichen Rechte und die durch den Besitz verwirklichte Miete beschränkt: Das Warenzeichen als durch Eintragung in die Rolle und Durchsetzen im Verkehr verwirklicht zu sehen, läßt fragen, ob der Deliktsschutz anderer Immaterialgüterrechte nicht auch solche Verwirklichung voraussetzen müßte — was — man denke an die gar nicht eintragungsfähigen beschränkten Nutzungsrechte an Immaterialgüterrechten — keinesfalls richtig sein kann[72]). Und das Recht am Gewerbebetrieb wird von *Pawlowski* lediglich i. S. der früheren, den Eingriff in den *Bestand* fordernden Rechtsprechung neu umschrieben[73]), ohne daß man recht einsieht, warum gerade hier Gegenstände geschützt werden sollen, deren Schutz man sonst ablehnt. Die Frage, ob es nicht die im Gewerbebetrieb zusammengefaßten Rechte *selbst* sind, denen der Deliktsschutz zukommt, bleibt offen.

Trotz der gerade gegenteiligen Bezeichnung muß man in unserem Zusammenhang schließlich auch der Vorstellung *Diederichsens* von den *„relativen" Herrschaftsrechten* gedenken[74]). Der Grundgedanke *Diederichsens* ist es, daß der Begriff des Herrschaftsrechts als der gedanklichen Unterwerfung des Gegenstands unter das Recht nicht auf die dinglichen Rechte beschränkt zu werden braucht, sondern auch bei obligatorischen Rechten möglich ist: „Das Eigentum wird nicht nur bei der Begründung gewisser dinglicher Rechte um

---

[67]) S. 49 mit Note 51.
[68]) Der Rechtsbesitz im geltenden Sachen- und Immaterialgüterrecht, insbes. S. 33 ff.
[69]) S. 37 f.
[70]) S. 56 ff.
[71]) S. 73 ff.
[72]) Zur Bedeutung der Eintragung in die Patentrolle vgl. noch unten § 11 III 1 (S. 165 f.).
[73]) Daß er im Ergebnis mit dieser Rechtsprechung übereinstimmt, spricht *Pawlowski* aaO. S. 118 ff. selbst aus.
[74]) Er hat sie in seiner bereits erwähnten Abhandlung: „Das Recht zum Besitz aus Schuldverhältnissen" entwickelt.

das Besitzrecht gemindert, sondern auch durch die Überlassung der Sache an einen nur obligatorisch zum Besitz berechtigten Besitzer. Das Recht zum Besitz stellt sich damit in jedem Fall als die Kehrseite der Selbsteinschränkung des Eigentümers dar, dessen Eigentum durch die Einräumung eines Besitzrechts entsprechend belastet wird. Die Besitzbefugnis, um die das Vollrecht gemindert wird, erhält der Besitzberechtigte, gleichgültig ob das Besitzrecht dinglich oder obligatorisch ist."[75]) Mag *Diederichsen* auch die Bezeichnung „absolut" für diese relativen Herrschaftsrechte ablehnen, weil er sie „der gegen die übrigen Rechtssubjekte gewendeten Abwehrmacht"[76]), wie sie durch die §§ 823, 985, 987 ff., 1004, 1005 BGB dem Eigentümer gewährt werde[77]), vorbehält und diesen umfassenden Schutz bei jenen Rechten vermißt[78]), so ist doch das Merkmal, auf das es uns ankommt und von dem wir uns Erkenntnisse für die Verleihung des Deliktsschutzes erhoffen, gegeben: Es besteht eine unmittelbare Herrschaft über den Gegenstand.

Auch die Vorstellung von *Diederichsen* führt uns aber kaum über das hinaus, was uns schon *Dulckeit* erklärt hat. *Diederichsen* hat sich von vornherein nur die Rechte zum Besitz aus Schuldverhältnissen zur Erörterung vorgenommen. Von diesem begrenzten Gegenstand seiner Untersuchung her kann er uns zunächst nur verdeutlichen, daß auch Miete und Pacht als relative Herrschaftsrechte eine unmittelbare Beziehung von Mieter bzw. Pächter zur Miet- oder Pachtsache begründen. Und wenn man eine Analogie versuchen will, so ist sie allenfalls in bezug auf die beschränkten Rechte an Immaterialgüterrechten möglich, etwa mit der Folge, daß es für den Deliktsschutz der einfachen Lizenz nicht darauf ankommen könnte, ob sie als „dingliches" oder „obligatorisches" Recht aufzufassen wäre. Bei allen anderen Rechten, deren Deliktsschutz nach unserer Ausgangsübersicht der Erörterung bedarf, nämlich den Familienrechten, den Mitgliedschaftsrechten, aber auch der Forderung, soweit es um den ihr über das Recht am Gewerbebetrieb oder § 826 BGB gewährten Schutz geht, sind Antworten nicht möglich.

3. Daß die wiedergegebenen Auffassungen von der unmittelbaren Herrschaft über einen Gegenstand so in einer ganzen Reihe von wichtigen Fällen nicht als Abgrenzungskriterium für den Deliktsschutz zu überzeugen vermögen, hat, wie mir scheint, seinen Grund in ihrer Orientierung am Verhältnis von Schuldrecht und Sachenrecht: Ausgesprochen oder unausgesprochen steht hinter ihnen die Absicht, zu klären, ob ein Recht den Schuldrechten zuzurech-

---

[75]) S. 92.

[76]) S. 50.

[77]) S. 54 f.

[78]) S. 57 f. Ähnlich schon *Kühne*, Versprechen und Gegenstand, AcP 140 (1935), S. 1 ff. (S. 13): „Die Bezeichnung ‚absolut' verdient ein Recht nur, wenn es in jeder denkbaren Beziehung, in die irgendein einzelner Dritter zu seinem Objekt tritt, diesen überwindet ..." Für *Kühne* ergibt sich so die Einteilung: relatives Recht — dingliches Recht, und als Unterteilung der letzten Gruppe: die schwächeren dinglichen Rechte — das absolute Recht. *Kühne* sucht sich so ebenfalls den Weg zu der Aussage frei zu machen, daß Besitzrechte wie die des Mieters „echte Belastungen" des Eigentums seien. Die Anschauung „relativer" Herrschaftsrechte hat er freilich noch nicht.

nen ist oder Züge aufweist, die es — ganz oder in manchen Beziehungen — den Sachenrechten zuordnen.

Daß diese Fragestellung zur Klärung des deliktischen Schutzes der Rechte nicht ausreicht, soweit es um die im Interesse des potentiellen Verletzers notwendige Haftungs*begrenzung* geht, räumen *Dulckeit, Pawlowski* und *Diederichsen* selbst ein. Denn sie wollen die unmittelbare Herrschaft über den Gegenstand gar nicht allein für die Gewährung des Deliktsschutzes nach § 823 I BGB genügen lassen, fügen vielmehr in irgendeiner Form die Erkennbarkeit des Rechts als weitere Voraussetzung hinzu.

So erlangt nach *Dulckeit* ein absolutes Herrschaftsrecht in diesem Sinne Allwirksamkeit (und damit Schutz nach § 823 I BGB) nur dort, wo es *kundbar* in einem äußeren Besitzstand verkörpert ist, der von jedem Rechtsgenossen verletzt oder beeinträchtigt werden kann[79]). So fordert *Pawlowski,* daß das Recht, also der rechtmäßig verwirklichte Wille, um nach §823 I BGB geschützt zu werden, in einem *erkennbaren* Tatbestand auftreten müsse[80]). Und so meint *Diederichsen,* der Anknüpfungspunkt für den Schadensersatzanspruch aus unerlaubter Handlung müsse im Äußeren, Objektiven liegen, denn ein Recht, das am Schuldprinzip festhalte, könne einen Täter nur für den Schaden veranwortlich machen, den er in einer fremden Rechtssphäre, von der er *erkennbar* ausgeschlossen sei, angerichtet habe[81]).

Aber diese Fragestellung vermag auch nicht über die Haftungs*begründung* zu entscheiden. Denn die Haftungsbegründung muß im Interesse des Verletzten an der *Schutzbedürftigkeit* der Rechte ausgerichtet sein. Diese aber hängt nicht von der Zugehörigkeit eines Rechts zu den Sachenrechten ab. Das zeigen nicht nur die mit der Elle: Schuldrecht oder Sachenrecht — gar nicht zu messenden Familienrechte und Mitgliedschaftsrechte, sondern auch die schuldrechtliche Forderung: Auch die Forderung gewährt ihrem Inhaber ja die Befugnis, die Leistung vom Verpflichteten zu verlangen, entgegenzunehmen und gegebenenfalls durchzusetzen[82]). Beeinträchtigungen dieser Befugnis, wie sie etwa durch dessen Freiheitsberaubung oder Verleitung des Schuldners zum Vertragsbruch oder durch seine Verletzung wie auch durch Zerstörung oder Beschädigung des Leistungsgegenstandes eintreten können, wegen des Fehlens

[79]) S. 48 f. *Dulckeit* schränkt das allerdings in N. 51 auf S. 49 insofern wieder ein, als er meint, „die schuldhafte, d. h. vorhersehbare und vermeidbare Verletzung auch eines an sich unkundbaren Rechts sollte dann zu einer Schadensersatzpflicht führen, wenn die Verletzung eines Rechts als solche erkennbar und damit zurechenbar gewesen ist.“ Vgl. dazu noch unten § 3, 3 (S. 46 f.).

[80]) AaO. S. 39.

[81]) AaO. S. 66. Eine solche Erkennbarkeit sieht *Diederichsen* offenbar vor allem im Besitz, weswegen nicht nur der Eigentümer, sondern auch der Mieter einer Sache in den Genuß des Deliktsschutzes aus § 823 I BGB komme (aaO. S. 67). Daß er die Erkennbarkeit den Herrschaftsrechten keinesfalls stets zubilligen würde, kann man daraus ersehen, daß er bei der Entwicklung des Dinglichkeitsbegriffs sich ausdrücklich gegen den „Irrtum“ wendet, die Unmittelbarkeit der Sachbeziehung müsse die Möglichkeit tatsächlicher Einflußnahme beinhalten; es genüge die *gedankliche* Unterwerfung der Sache unter die Herrschaft des Berechtigten (S. 39).

[82]) Auf die kontroverse Frage, ob Forderungen als „Beherrschungsrechte“ bezeichnet werden können, muß hier nicht eingegangen werden. Vgl. dazu noch die unten unter 4) wiedergegebene Stellungnahme von *Koziol.*

unmittelbarer Herrschaft über den Gegenstand von der deliktischen Haftung nach § 823 I BGB auszunehmen, leuchtet jedenfalls von der Schutzbedürftigkeit der Rechte her nicht ein — besonders dann nicht, wenn man sich, wie wir das getan haben, zur Aufgabe setzt, eine nach Unrechtshandlungen differenzierte Anwendung des § 823 I BGB ins Auge zu fassen, die es immer noch ermöglichen könnte, den *Sachenrechten* einen gegenüber anderen Rechten erhöhten Schutz zu gewähren[83]).

Von der Schutzbedürftigkeit der Rechte her kann der Inhalt ihrer Zuordnung nur insofern von Bedeutung für den Deliktsschutz sein, als sich daraus ergibt, *welche* Befugnisse das Recht seinem Inhaber gewährt und *wo* er infolgedessen durch eine Handlung überhaupt beeinträchtigt werden *kann.* Auch darin liegt durchaus schon ein Ansatz zur Differenzierung: Die Befugnisse, die aus den einzelnen Rechten herzuleiten sind, sind durchaus unterschiedlichen Umfangs und bieten deshalb auch unterschiedlich viele Angriffspunkte für Verletzungshandlungen, weswegen es durchaus wichtig bleibt, zu klären, ob etwa die Miete als Recht zum Gebrauch der Sache und die Lizenz als Recht zur Nutzung der Erfindung aufzufassen sind oder ob es sich nur um Ansprüche gegen den Eigentümer bzw. Patentinhaber handelt, den Gebrauch oder die Nutzung zu dulden[84]). Aber andere Beschränkungen lassen sich aus dem Inhalt der Zuordnung für den Deliktsschutz nicht entnehmen. Sie müssen an anderer Stelle gefunden werden. Man muß deshalb, wenn man die Frage des Deliktsschutz eines Rechts angeht, jeweils den *ganzen Umfang* dieser Befugnisse ins Auge fassen und darf sich nicht mit einem Ausschnitt aus ihnen begnügen, wie es etwa *Dulckeit* tut, wenn er das Recht des Gläubigers an der Leistung des Schuldners nur gegen anderweite Verfügungshandlungen zu schützen für möglich hält und damit nur die Verfügungsbefugnis des Gläubigers als verletzbar in Betracht zieht.

Ich meine, daß selbst *Koziol,* dessen Auffassung vom „Recht des Gläubigers *auf eine obligationsmäßige Willensrichtung des Schuldners*“[85]) an dieser Stelle gewürdigt werden soll, bei allem Bemühen, den Gehalt der Forderung auszuschöpfen, insoweit auf halbem Wege stehengeblieben ist.

Koziol lehnt zunächst die Auffassungen, die in der Forderung ein Herrschaftsrecht über die Handlung oder den Willen des Schuldners erblicken wollen, als unvereinbar mit der Freiheit der Person ab. Richtig sei hingegen die Annahme eines Rechts des Gläubigers *auf die Leistungshandlung* des Schuldners; denn in der Tat könne der Gläubiger auf Grund des Forderungsrechts vom Schuldner ein Tun oder Unterlassen fordern. Doch verfolge diese Lehre ihren eigenen Gedanken nicht zu Ende. Die Vornahme der Lei-

---

[83]) Darüber ausführlich unten § 7 I (S. 95 ff.).

[84]) Vgl. dazu noch allgemein unten § 5 I 4 (S. 66 f.) und für die Lizenz ausführlich § 11 I 3 (S. 155 ff.).

[85]) AaO. S. 153 ff. Die Annahme dieses Rechts macht den Kern der Auffassung *Koziols* aus. Darüber hinaus gewährt er dem Gläubiger Deliktsschutz gegen Eingriffe in die Rechtszuständigkeit und in ein von ihm angenommenes „Befriedigungsrecht“. Das erstere bedarf gegenüber unseren unter II angestellten Überlegungen keiner besonderen Erörterung. Auf das „Befriedigungsrecht“ wird unten im Zusammenhang mit dem Institutionsschutz (§ 9 II 2, S. 127 ff.) eingegangen werden.

stungshandlung komme nur auf Grund einer Willensbetätigung zustande. Der Gläubiger könne vom Schuldner nicht die freiwillige Erfüllung verlangen, wenn dieser nicht seinen Willen auf die Erfüllung seiner Verpflichtung richte und infolge dieses Willens die Handlung vornehme. Die Lehre vom Recht des Gläubigers auf eine bestimmte Leistungshandlung des Schuldners gehe auf in der Lehre, daß der Gläubiger ein Recht auf eine bestimmte *Willensrichtung* des Schuldners habe, der Wille des Schuldners gebunden sei. Zwischen diesen Meinungen bestehe kein Gegensatz, sondern die letztere sei nur die konsequente Fortführung der ersteren.

Die Rechtsordnung versuche nun auf vielen Wegen, die dem Gläubiger auf Grund seines Forderungsrechtes zustehende Willensrichtung und Willensbetätigung des Schuldners herbeizuführen und zu festigen. So werde dem Gläubiger die Möglichkeit der gerichtlichen Klage und einer daran anschließenden Zwangsvollstreckung gegeben, die im Falle unvertretbarer Handlungen sogar in einer Willensbeugung durch Geldstrafe oder Haft bestehe. Und so drohe dem Schuldner für den Fall der Nichterfüllung eine Schadensersatzpflicht. Alle diese Bemühungen der Rechtsordnung aber seien seltsam lückenhaft, solange derartige Sanktionen nur auf den schuldnerischen Willen Einfluß nähmen, jeder Dritte aber die Willensrichtung des Schuldners verändern dürfe, ohne dafür Nachteile angedroht zu erhalten. Jeder Dritte könnte dann die von der Rechtsordnung befohlene Herbeiführung des Erfolgs vereiteln, indem er den Schuldner zum Vertragsbruch verleite. Bestimme der Dritte den Schuldner nun dazu, ihm oder einem anderen die verkaufte Speziessache zu übereignen und sich damit die Erfüllung unmöglich zu machen, oder überrede er ihn nur, nicht freiwillig zu leisten: stets werde der Normalablauf der Erfüllung durch einen Dritten gestört. Nicht die von der Rechtsordnung befohlene freiwillige Erfüllung erfolge, sondern es müsse die staatliche Hilfe in Anspruch genommen werden, um über einen Umweg die Herbeiführung des Erfolgs zu erreichen oder gar nur zu versuchen. Das Streben der Rechtsordnung, dem Gläubiger das ihm Gebührende auf die einfachste und sicherste Weise zu verschaffen, nämlich durch die Willensbetätigung des Schuldners, werde durch einen Dritten vereitelt. Die Versuche der Rechtsordnung, die Willensrichtung des Schuldners zu sichern, könnten also nur dann von Erfolg gekrönt sein, wenn sie sich nicht nur gegen den Schuldner richteten, sondern auch gegen Dritte. Sinnvollerweise müsse also eine Wirkung des Gläubigerrechts gegenüber Dritten angenommen werden: Dritte dürften nicht die bestimmte Willensrichtung des Schuldners, auf die der Gläubiger ein Recht hat, verändern[86])

---

[86]) Mit dieser Vorstellung *Koziols* decken sich, worauf er selbst S. 161 Note 70 hinweist, zum Teil Erwägungen *Löbls* (AcP 130, S. 65 ff.): Auch dieser meint, der Dritte, der den Schuldner zum Vertragsbruch verleite, setze nicht einfach eine Handlung, die die Erbringung der Leistung durch den Schuldner erschwere oder vereitele, sondern bewirke, daß der Schuldner seine Leistungspflicht verletze. Damit greife er das Gläubigerrecht, dessen Gegenstand ja das Leistensollen sei, „unmittelbar" an, was zur Begründung der Schadensersatzpflicht nach § 823 I BGB ausreiche. Gegen die Vorstellungen *Löbls* sind die gleichen Einwände begründet, die gegenüber *Koziol* gelten, so daß auch für ihn auf das im Text folgende verwiesen werden kann.

So sehr *Koziol* darin Zustimmung verdient, daß sich in dem Recht des Gläubigers auf die Leistung das Anrecht auf eine entsprechende Willensrichtung des Schuldners verbirgt und deshalb die Einflußnahme eines Dritten auf den Willen des Schuldners das Recht des Gläubigers beeinträchtigt[87]), so muß ihm doch widersprochen werden, wenn ihm dies als der *einzige* Inhalt des Rechts des Gläubigers erscheint. Die Forderung wird nicht durch die Herstellung dieses obligationsmäßigen Willens des Schuldners, ja nicht einmal durch eine dem Vollzug des Willens dienende, auf Erfüllung der Forderung abzielende, aber vielleicht fehlschlagende Handlung des Schuldners erfüllt, sondern erst durch die *tatsächliche Leistung.* Der Gläubiger hat, wie *Larenz* es formuliert[88]), das Anrecht darauf, „die Leistung vom Schuldner *zu bekommen* und sie auch zu behalten." Wohl ist es richtig, wenn *Koziol* unter Berufung auf *v. Tuhr*[89]) ausführt, daß das Gesetz sich, wenn es eine Pflicht aufstelle, an den Willen des Menschen wende, indem es motivsetzend auf ihn einwirke. Aber ebenso richtig ist, daß sich das Gesetz nicht auf diesen Appell an den Willen des Verpflichteten beschränkt, sondern Mittel vorsieht, die die Erfüllung der Pflicht auch ohne und gegen den Willen des Verpflichteten sichern. „Das Ziel der Rechtsordnung", sagt *v. Tuhr* wenige Sätze hinter der von *Koziol* angezogenen Stelle[90]), „ist nicht der Gehorsam des Verpflichteten ..., sondern die Herstellung des gewünschten Zustands." Gibt die Forderung dem Gläubiger aber ein Recht auf die Leistung in dem Sinne, daß er diese *bekommen soll,* so beeinträchtigt jede Handlung sein Recht, die dieses Bekommen der Leistung vereitelt oder behindert.

Es ist ja auch nicht einzusehen, warum nur das Einwirken auf den Willen des Schuldners im Sinne einer Verleitung zur Nichterfüllung als unerlaubte Handlung soll aufgefaßt werden können, nicht aber der auf den Schuldner ausgeübte physische Zwang, sei es, daß er persönlich an der Leistungshandlung gehindert oder daß diese durch Zerstörung der zu leistenden Sache unmöglich gemacht wird. Wenn man sich einmal entschließt, den Gläubiger nicht nur in seiner rechtlichen Inhaberschaft an der Forderung, sondern auch in der durch sie inhaltlich verliehenen Rechtsmacht zu schützen, so kann man nicht bei einem Ausschnitt dieser Rechtsmacht stehenbleiben. *Koziol* hat sich wohl in seiner Meinungsbildung zu sehr an dem, praktisch freilich häufigsten, Fall einer Beeinträchtigung der Forderung, der Verleitung zum Vertragsbruch, orientiert. So hätte es an sich, gerade wenn man von einem Recht des Gläubigers auf eine obligationsmäßige Willensrichtung des Schuldners ausgeht, nahegelegen, nicht nur die Beeinflussung des Schuldners durch Überredung, sondern ebenso die durch Täuschung und Drohung ins Auge zu fassen. Wäre man damit aber schon bei der vis compulsiva gewesen, so wäre zutage getreten, daß es bei einer den Schuldner an der Erfüllung hindernden vis absoluta (mag sie nun an seiner Person oder an der geschuldeten Sache ansetzen) kaum anders sein kann. Von daher hätte sich dann auch eine

---

87) Ablehnend auch insoweit allerdings *Kramer/Schwimann,* ÖJZ 1968, S. 195. Gegen diese aber wieder *Ostheim* ZAS 1969, S. 36 f.

88) Schuldrecht I, § 2 II am Ende (S. 12).

89) Allg. Teil 1. Bd. § 4 II (S. 96).

90) AaO. S. 97.

Parallele zur elterlichen Gewalt als dem Beispiel eines relativen Rechts angeboten, bei dem schon infolge der Minderjährigkeit der verpflichteten Person eine „Verleitung" zur Pflichtverletzung in dem von *Koziol* gemeinten Sinne einer Überredung zu der dann aber vom Verpflichteten frei getroffenen Entscheidung gegen die Erfüllung der Pflicht nicht in Betracht kommt, sondern regelmäßig durch Täuschung, Drohung oder physischen Zwang — man denke an das Verbringen des Kindes an einen unbekannten Ort — die Herstellung des dem Recht entsprechenden Zustands vereitelt wird.

4. Das Ergebnis unserer bisherigen Erörterungen: Der Inhalt der Zuordnung vermag nur zu sagen, welche Befugnisse der Inhaber eines Rechts hat, diese Befugnisse kommen gleichermaßen für einen Deliktsschutz in Betracht, ist bislang nur ein *Zwischenergebnis*. Denn wir haben uns bei seiner Gewinnung lediglich am Horizont des potentiell Verletzten ausgerichtet und konstatiert, daß sein Interesse auf einen umfassenden Schutz aller Befugnisse gerichtet ist. Wir haben dabei bewußt das Interesse des potentiellen Verletzers und das heißt: den Faktor der Haftungs*begrenzung* vernachlässigt. Seine Berücksichtigung kann man auf verschiedenen Wegen suchen. Dabei kann es nach den vorausgegangenen Erörterungen nur der *letzte Ausweg* sein, doch wieder zum Inhalt der Zuordnung zurückzukehren und etwa zu argumentieren: Weil sich andere Abgrenzungskriterien nicht finden lassen, aber andererseits ein umfassender Schutz gegen vorsätzliche und fahrlässige Verletzungen bei allen Rechten nicht möglich ist, nehmen wir die Nennung des Eigentums in § 823 I BGB als Anhalt und gewähren den dem Eigentum noch am ehesten verwandten Rechten Schutz[91]). Ein anderer Weg ist die von uns ins Auge gefaßte Differenzierung des Schutzes der Rechte nach den Unrechtshandlungen. Ehe wir uns ihm zuwenden können, müssen wir uns jedoch noch mit einer dritten Möglichkeit auseinandersetzen. Sie besteht darin, die Rechte nicht nach ihrer Struktur, sondern nach *äußeren Merkmalen* zu unterscheiden und die Zubilligung des Deliktsschutzes von deren Vorhandensein oder Nichtvorhandensein abhängig zu machen.

Bei der Suche nach einem solchen äußeren Merkmal gilt es sich zu erinnern, daß *Dulckeit*, *Pawlowski* und *Diederichsen* die *Erkennbarkeit* der Rechte zur Anwendungsvoraussetzung des § 823 I BGB machen wollen. Vermag nämlich schon beim Herrschaftsrecht erst die Erkennbarkeit die Anwendung des § 823 I BGB zu begründen, so muß man sich naturgemäß fragen, ob dieses Merkmal aus dem tatsächlichen Erscheinungsbild des Rechts nicht in Wahrheit das *allein* entscheidende Kriterium für den Deliktsschutz ist. Die Aussage, daß nur Herrschaftsrechte als sonstige Rechte i. S. des § 823 I BGB in Betracht kämen, würde dann ungenau lediglich den mit dem Herrschaftsrecht regelmäßig einhergehenden Besitz- oder sonstigen Kundbarkeitstatbestand meinen. Das liegt ja schon deshalb nicht ganz fern, weil wir ohnehin geneigt sind, in dem Begriff des Herrschaftsrechts die mit ihm regelmäßig einhergehende, im Besitz verkörperte, faktische Macht mitzudenken, obwohl es — man denke an den besitzlosen Eigentümer — unabhängig von dieser besteht[92]).

---

[91]) In diesem Sinne deutlich *Medicus*, Bürgerliches Recht, § 24 II 2 a (S. 241).

[92]) Vgl. dazu jetzt ausführlich *Kasper* aaO. S. 11 ff.

In der Tat ist der Versuch, dergestalt *allein auf die Erkennbarkeit des Rechts* abzustellen, in neuerer Zeit von *Fabricius* mit seiner Lehre von der sozialtypischen Offenkundigkeit gemacht worden. Ihr wollen wir uns im folgenden zuwenden.

§ 3. Die Kundbarkeit des Rechts in der Lehre von Fabricius[93])

1. Das Charakteristikum des „sonstigen" Rechts allein in seiner *Kundbarkeit* zu finden, bedingt eine Vorentscheidung: Man muß es für möglich halten, *jedwede* Beeinträchtigung eines Rechts, genauer: der Befugnisse, die das Recht dem Rechtsinhaber gewährt, als eine Rechts„*verletzung*" i. S. des § 823 I BGB anzusehen. Andernfalls würden über den Begriff der Verletzung doch wieder Struktureigenschaften der Rechte zur Voraussetzung des sonstigen Rechts gemacht und bliebe die Kundbarkeit *ein* Merkmal neben anderen.

Fabricius[94]) sieht das Haupthindernis auf dem Weg zu dieser Vorentscheidung in der Imperativentheorie, die die Rechtsverletzung mit einer *Pflicht*verletzung durch den Täter gleichsetze und deshalb die Verletzung obligatorischer Rechte durch andere Personen als den Schuldner nicht annehmen könne. Das sei falsch. Es stehe nichts im Wege, unter den Begriff der Rechtsverletzung jede Beeinträchtigung des Interesses, das der Inhaber mit einem Recht verknüpfe, zu fassen und die Entscheidung der Frage, ob eine solche Rechtsverletzung zur Schadensersatzverpflichtung führe, erst auf der von der Ebene des Verletzungstatbestandes abzuhebenden Ebene der Rechtswidrigkeit zu finden. *Dort* stelle sich dann „die Frage, welches die rechtliche Grundlage dafür ist, daß im Rahmen des § 823 I BGB jedermann verpflichtet ist, das verletzte Recht zu beachten"[95]). *Fabricius* glaubt, so zu dem Ergebnis gelangen zu können, daß „nicht von der Verletzbarkeit des Rechts (Eingriff und Rechtswidrigkeit) durch jedermann auf die Eigenschaft als ‚sonstiges' Recht geschlossen" wird, „sondern die grundsätzliche (indizierte) Wirkung gegen Dritte sich aus der sozialtypischen Offenkundigkeit des Rechtsguts" ergibt[96]).

Wir erkennen in dieser Argumentation die eigenen Gedankengänge wieder, mit denen wir es abgelehnt haben[97]), zwischen absoluten und relativen Rechten einen Gegensatz dergestalt zu konstruieren, daß die letzteren nicht zugleich Drittschutz gegen jedermann genießen könnten, und sind deshalb mit *Fabricius* im *Ergebnis* der Vorentscheidung einig[98]). Eine Frontstellung

93) Zur Dogmatik des „sonstigen Rechts" gemäß § 823 Abs. 1 BGB, AcP 160 (1961), S. 273 ff.
94) AaO. S. 277 ff.
95) AaO. S. 286.
96) AaO. S. 291 f.
97) Oben § 2 I (S. 17 ff.).
98) Im Unterschied übrigens zu *Koziol*, der (aaO. S. 181 f.) den Umstand, daß ein Rechtsgut offenkundig oder dem Verletzer bekannt ist, wohl für ein Unrechtselement hält, aber der Meinung ist, *vor* diesem stehe als erste Haftungsvoraussetzung, daß der Täter von dem betreffenden Rechtsgut ausgeschlossen sei, was

gegen die Imperativentheorie scheint dazu freilich nicht nötig. Die unterschiedlichen Imperative, also die jedermann oder nur einzelne treffenden *Pflichten*, sind, wie wir festgestellt haben, nur die *Mittel*, mit denen die Rechtsordnung die subjektiven Rechte ausgestaltet. Wo und wie sie diese anwendet (und damit auch: wo sie ein Recht als „sonstiges" Recht durch eine, jeden Verletzer treffende, Schadensersatzpflicht schützt), kann deshalb in der Tat nur aus einer materiellen Wertung erschlossen werden. Das aber hindert nicht, die Gebote und Verbote als die *einzigen* der Rechtsordnung für den Ausdruck dieser Wertung zur Verfügung stehenden Mittel zu betrachten. Der Satz, der *Rechts*verletzung müsse stets eine *Pflicht*verletzung korrespondieren, braucht also gar nicht in Frage gestellt zu werden, wenn man nur anerkennt, daß die Rechtsordnung aus *einer* bestimmten Rechtsposition *verschiedenartige* Pflichten ableiten oder — umgekehrt gesehen — daß sie durch eine Konstellation verschiedenartiger Pflichten eine Rechtsposition konstituieren kann.

Damit erweist sich auch die von *Fabricius* vorgenommene scharfe Scheidung zwischen der Rechtsverletzung und ihrer Rechtswidrigkeit als nicht zwingend. Es besteht kein Hinderungsgrund, das Ergebnis der materiellen Wertung nach rechtstechnischen Gesichtspunkten einmal als Verneinung oder Bejahung einer Rechtsverletzung, das andere Mal als Urteil über die Rechtswidrigkeit dieser Verletzung zu formulieren. Aus der *Möglichkeit*, in jedweder Beeinträchtigung des mit einem Recht verbundenen Interesses eine Rechtsverletzung zu sehen, folgt *noch nicht die Notwendigkeit* dazu. Es ist vielmehr durchaus angängig, nur bestimmte Beeinträchtigungen als Rechtsverletzungen zu betrachten — weswegen ja auch die Strukturunterschiede der Rechte, die wir im 2. Teil des vorigen Paragraphen behandelt haben, nicht von vornherein als für § 823 I BGB unerheblich ausgeschlossen, sondern nur Zweifel an ihrer allgemeinen Bedeutung aufgedeckt werden konnten.

Wir werden auf diese von *Fabricius* nicht in Betracht gezogenen Differenzierungsmöglichkeiten am Ausgang dieses Paragraphen noch zurückzukommen haben.

2. Seine Vorstellung von der Kundbarkeit als allein entscheidendem Merkmal des sonstigen Rechts in § 823 I BGB präzisiert *Fabricius* dahin, daß das betreffende *Rechtsgut sozialtypisch offenkundig* sein müsse. Das sei der Fall, „wenn von einem für den Durchschnittstypus des Rechtsgenossen regelmäßig sinnlich wahrnehmbaren Gegenstand aufgrund unserer Sozial- und Verkehrs-

---

bei der Forderung nur insoweit angenommen werden könne, „als das dem Gläubiger Zugeordnete verletzt" werde. Der Unterschied der Auffassungen rührt daher, daß *Koziol*, wie wir oben (§ 2 III 3, S. 37 ff.) gesehen haben, den Forderungsgläubiger auf die Rechtszuständigkeit, das „Befriedigungsrecht" und das „Recht auf eine obligationsmäßige Willensrichtung des Schuldners" beschränkt: Damit fallen Handlungen, die das Recht auf die Leistung in anderer Weise, etwa durch Zwangsmaßnahmen gegen den Schuldner oder Zerstörung der geschuldeten Sache, beeinträchtigen, aus dem Schutzbereich der Forderung heraus, obwohl deren Auswirkungen dem Handelnden ebenso bekannt sein können wie die der Verleitung zum Vertragsbruch — ein Ergebnis, das kaum überzeugen kann. Zum Abstellen auf die Kenntnis bei *Koziol* vgl. unten § 5 I 3 (S. 65).

auffassung selbstverständlich, d. h. durch einfache, überwiegend auf Erfahrung und Gewohnheit beruhende Gedankenreflexion, auf das Rechtsgut als das rechtlich geschützte Interesse eines Berechtigten an einem Gegenstand geschlossen" werde[99]). Offenkundigkeit bedeutet dabei nicht subjektive Erkennbarkeit auf seiten des konkreten Täters, sondern eine normalerweise bei dem Durchschnittstypus des Rechtsgenossen vorliegende abstrakte Erkennbarkeit, und Offenkundigkeit sei auch nicht im Sinne von Wahrnehmbarkeit in der realen Welt, sondern vielmehr „geistig-soziologisch" zu verstehen, so daß auch im Kulturbewußtsein verankerte Güter wie Freiheit und Ehre sozialtypisch offenkundig sein könnten[100]).

Daß bei dieser, sich von jeder Struktureigenschaft der Rechte lösenden und auch in der Präzisierung noch recht allgemein formulierten Theorie erst die Bewährung am praktischen Fall, sprich: den für eine Anwendung des § 823 I BGB in Betracht kommenden Rechten — über die Zustimmung oder Ablehnung entscheiden kann, liegt auf der Hand. *Fabricius* spannt deshalb einen weiten Bogen von den in § 823 I BGB ausdrücklich benannten Rechtsgütern über die als sonstige anerkannten Rechte (das sind nach ihm die Sachenrechte, Namens-, Firmen-, Urheber- und Patentrechte, gewerbliche Schutzrechte sowie das Recht auf elterliche Gewalt) über den Besitz, die Aneignungsrechte und die Forderungen bis hin zum Recht am eingerichteten und ausgeübten Gewerbebetrieb, dem Recht am Arbeitsplatz und dem Recht auf ungestörten Bestand der ehelichen Lebensgemeinschaft, um an ihnen allen die Elle der sozialtypischen Offenkundigkeit zu erproben. Diese Probe aber hinterläßt einen zwiespältigen Eindruck. Es bleiben neben Fällen, in denen das Maß stimmt, auch solche, wo es nicht oder doch nur mit Mühe passen will[101]).

Für die in § 823 I BGB benannten *Lebensgüter* und für das *Eigentum*, an denen sich *Fabricius* bei der Entwicklung seiner Theorie orientiert hat[102]), gilt sicherlich das erstere: In der Tat ist es für den Durchschnittstypus des Rechtsgenossen ganz selbstverständlich, daß er die Integrität des Körpers eines anderen Menschen, den er infolge seiner Körperlichkeit sinnlich wahrnehmen kann, nicht antasten, seine Gesundheit nicht beeinträchtigen und seine Freiheit, insbesondere die körperliche Bewegungsfreiheit, nicht einschränken darf[103]). Und ebenso sicher wird er von der fremden Sache auch auf das Eigentum eines anderen schließen, in das einzugreifen er ohne besondere Berechtigung nicht befugt ist. Schließlich wird man auch noch anerkennen können, daß für den Durchschnittstypus des Rechtsgenossen jagd- oder fischbare Tiere auf ein Aneignungsrecht, der Name als äußerliches Kennzeichen einer Person auf ein Namensrecht und das Immaterialgut auf ein Immaterialgüterrecht hindeuten.

Schon bei den *beschränkt-dinglichen Rechten* werden die Dinge jedoch schwieriger: *Fabricius* sieht sie als sozialtypisch offenkundig an, weil die in

---

99) AaO. S. 295.
100) AaO. S. 294.
101) Vgl. zum folgenden auch *Koziol* aaO. S. 176 ff.
102) Vgl. aaO. S. 290 ff.
103) AaO. S. 290 f.

ihnen gewährten Befugnisse Nutzungs- und Verwertungsbefugnisse seien, die normalerweise dem Eigentümer zustehen und deshalb mit dem Eigentum geschützt werden. Ob diese Befugnisse verselbständigt seien oder nicht, mache keinen Unterschied. Auch komme es nicht etwa auf den Besitz des beschränkt Berechtigten an[104]). Hält man aber den Schluß vom Dasein einer Sache auf das Gegebensein nicht nur des Eigentums, sondern auch eines beschränktdinglichen Rechts an ihr für eine selbstverständliche Gedankenreflexion, so sieht man auf der anderen Seite nicht mehr recht ein, warum nicht auch Forderungsrechte *auf* die Sache oder — ohne Rücksicht auf Besitz — obligatorische Nutzungsrechte an ihr sozialtypisch offenkundig sein sollen. Der Schluß vom Dasein der Sache auf ihr Verkauftsein oder Vermietetsein ist kaum weniger selbstverständlich als der auf einen Nießbrauch oder ein Pfandrecht an ihr. Wenn dem obligatorischen Recht, wie auch *Fabricius* meint, mangels Besitzes des Berechtigten kein oder nur ein geringerer Schutz zukommen soll als dem dinglichen, so kann das kaum mit der mangelnden Offenkundigkeit der obligatorischen Rechte begründet werden, wenn man den Begriff Offenkundigkeit so weit faßt, wie *Fabricius* das tut.

Noch größere Zweifel bestehen bei den Familienrechten. Ist bei einer unter *elterlicher Gewalt* stehenden Person wirklich immer ein Anhalt da, von dem in selbstverständlicher Reflexion auf die elterliche Gewalt zu schließen ist[105])? Wie steht es in dieser Hinsicht bei einer 20jährigen? Das *Bestehen einer Ehe* als durch das übliche Tragen von Eheringen offenkundig anzusehen[106]), vermag ebenso schwer zu überzeugen. Einmal, weil die Typizität des Sachverhalts nicht zweifelsfrei ist — es gibt viele Eheleute, die keine, andrerseits aber Verlobte, die oft jahrelang Ringe tragen —, vor allem aber, weil *Fabricius* das Merkmal der Offenkundigkeit hier selbst zu modifizieren gezwungen ist: Wenn es das Wesen der Offenkundigkeit ausmacht, daß typischerweise vom sinnlich wahrnehmbaren Gegenstand der Schluß auf das Rechtsgut gezogen werden kann, so müßte die tatsächliche Grundlage des Schlusses hier das Tragen der Ringe selbst sein (bei dem es dann der Typizität wegen gleichgültig wäre, ob erkennbar war, daß ein Ehepaar die Ringe trug). Bei denjenigen Ehepaaren, die auf Ringe verzichtet haben, würde also die tatsächliche Grundlage fehlen, eine Gedankenreflexion wäre nicht möglich, so daß sie aus dem Schutz ausgenommen sein müßten. Bezieht man mit *Fabricius* auch sie in den Schutz ein, so ist der Tatbestand, von dem aus reflektiert wird, in Wahrheit nicht mehr das Tragen der Ringe, sondern einfach der Umstand, daß Männer und Frauen verheiratet sein können — was wiederum die mangelnde Abgrenzbarkeit des Begriffs der Offenkundigkeit zeigt. *Fabricius* selbst meint zwar, der die sozialtypische Offenkundigkeit begründende Sachverhalt brauche nicht immer, sondern nur in der Regel gegeben zu sein. Auch ein in die Erde verlegtes Telefonkabel genieße den Schutz des § 823 I BGB[107]). Aber es ist ein Unterschied, ob ein an sich kundbarer konkreter Gegenstand in einer bestimmten Situation nicht kundbar ist oder ob ihm jegliche Kund-

---

[104]) AaO. S. 297 f.
[105]) AaO. S. 301.
[106]) AaO. S. 319 f.
[107]) AaO. S. 320.

barkeit fehlt. Will man den Vergleich wagen, so entspricht dem in die Erde verlegten Telefonkabel der Ehegatte, der den Ring ausnahmsweise nicht trägt, nicht aber derjenige, der das überhaupt nicht tut[108]). Und abgesehen davon: begründet nicht das Beispiel des Telefonkabels überhaupt Zweifel an der Richtigkeit der These, allein die Kundbarkeit entscheide über das Vorliegen eines „sonstigen" Rechts?

Beim Recht am eingerichteten und ausgeübten Gewerbebetrieb will *Fabricius* seinen Maßstab an die Stelle der Unterscheidung von betriebsbezogenen und nicht betriebsbezogenen Eingriffen setzen[109]). Auch hierfür dürfte die Formulierung von der sozialtypischen Offenkundigkeit nicht genügend Distinktionskraft entfalten. Das zeigt sich am Beispiel der Verletzung des Arbeitnehmers, die einhelliger Meinung nach nicht als Eingriff in den Gewerbebetrieb des Arbeitgebers qualifiziert werden kann: wohl ist die Gedankenreflexion von der Verletzung einer Person auf die Beeinträchtigung des Gewerbebetriebs, in dem sie tätig ist, in der Mehrzahl der Fälle nicht typisch, weil die Person auch Privatmann sein kann[110]). Anders sieht es aber aus, wenn die Person *als Arbeitnehmer erkennbar* ist: Wer etwa eine im morgendlichen Verkehrsstrom sich bewegende Person, mag sie im Kraftfahrzeug, in einem öffentlichen Verkehrsmittel oder zu Fuß unterwegs sein, verletzt, wird dabei die selbstverständliche Reflexion haben, daß der Betreffende zur Arbeit gehen wolle, daran durch die Verletzung gehindert wird, und es deshalb zu Störungen im Arbeitsablauf des Unternehmens kommen kann, in dem er beschäftigt ist. Die sozialtypische Offenkundigkeit wäre hier um so mehr zu bejahen, als auf der anderen Seite *Fabricius* für die Offenkundigkeit des — von ihm anerkannten — Rechts am Arbeitsplatz die Gedankenreflexion vom Eingriff in den Betrieb auf den in die dort bestehenden Arbeitsplätze genügen läßt. Warum sollte es umgekehrt anders sein? Die Reflexion von der als Arbeitnehmer erkennbaren Person auf den Eingriff in den Betrieb ist genauso selbstverständlich.

In anderen Fällen dürfte der Maßstab der Offenkundigkeit, vertritt man ihn konsequent, zum *Ausschluß* von Rechten aus dem Schutz des § 823 I BGB führen, denen er bislang zugebilligt worden ist. Zu denken ist hier zunächst an die Mitgliedschaftsrechte, wie das Aktienrecht und den Anteil an einer GmbH, die nach der Auffassung des Reichsgerichts sonstige Rechte sind[111]). Soll es wirklich darauf ankommen, ob das Recht wie bei der Aktie verbrieft und damit offenkundig ist oder nicht? Warum soll nicht auch das nicht offenkundige Mitgliedschaftsrecht in gleicher Weise geschützt sein, wo doch die Erkenntnismöglichkeit auf seiten des konkreten Täters als Schuldvoraussetzung ja immer noch unbillige Ergebnisse verhindert[112])?

Fabricius spürt diese Bedenken wohl selbst, wenn er den Schutz des nicht verbrieften GmbH-Anteils offenläßt[113]) und bei anderen Rechten von seinem

---

[108]) Ähnliche Bedenken bei *Koziol* aaO. S. 178 f. mit Note 9.

[109]) AaO. S. 304 f. und: Der Eingriff in den eingerichteten und ausgeübten Gewerbebetrieb, JuS 1961, S. 151 (S. 153 f.).

[110]) *Fabricius* JuS 1961, S. 153.

[111]) Für die AG: RGZ 158, 248 (255), für die GmbH: RGZ 100, 274 (278).

[112]) Ähnliche Bedenken hinsichtlich verbriefter und nicht verbriefter Forderungen bei *Koziol* aaO. S. 177.

Maßstab vorsichtig abrückt. So unterstellt er Forderungen, die nicht sozialtypisch offenkundig seien, im Falle der Abtretung gegenüber Verletzungshandlungen des Altgläubigers doch dem Schutz des § 823 I BGB, „weil die typische Kenntnis, daß die Forderung (zu erg.: nunmehr) einem anderen zusteht, der sozialtypischen Offenkundigkeit gleichgestellt werden kann“[114]). Und so beruht auch die Bewertung der Boykott- oder Streikaufforderung als Eingriff in den Gewerbebetrieb auf einem Vertauschen der Offenkundigkeit des Rechtsguts mit der Kenntnis des Verletzers. Denn wenn bei einem Boykott- oder Streikaufruf sozialtypisch kundbar ist, „daß in einen Gewerbebetrieb eingegriffen werden soll“[115]), so wird nicht mehr von dem „im Einzelfall verletzten Betriebsbestandteil auf die Verletzung der organisatorischen Einheit“ geschlossen, sondern entscheidet das *Ziel* der Eingriffs*handlung*, nämlich die Absicht der Verletzer, den Betrieb zu stören, über die Rechtswidrigkeit.

3. Daß *Fabricius* bei der Forderungsverletzung durch den Altgläubiger und der Boykott- oder Streikaufforderung von der sozialtypischen Offenkundigkeit des Rechtsguts auf die typische Kenntnis des Verletzers auszuweichen vermag, deckt den tragenden Grund seiner Argumentation auf: Die Wahl des Durchschnittstypus des Rechtsgenossen, dem die Reflexion auf das Recht selbstverständlich sein muß, kann nicht mehr verbergen, daß *Fabricius* (ebenso wie *Dulckeit, Pawlowski* und *Diederichsen,* soweit sie auf die Erkennbarkeit abstellen), die Entscheidung über das sonstige Recht letztlich *am Gesichtskreis* des potentiellen Verletzers ausrichtet: Was *diesem* als fremdes Rechtsgut erkennbar ist, wird geschützt. *Deshalb* kann es für die Anwendung des § 823 I BGB keinen Unterschied machen, ob solche Erkennbarkeit beim Durchschnittstypus des Rechtsgenossen oder nur beim typischen Verletzer gegeben ist.

Daß hier das Fundament der Auffassung von *Fabricius* liegt, erklärt auch die anderen Zweifel an seinen Ergebnissen und Begründungen: Die Sicht des potentiellen Verletzers drängt den, der den Deliktsschutz von der Erkennbarkeit des Rechtsguts abhängig machen will, letztlich dazu, die Erkennbarkeit für den *konkreten Täter* über die Anwendung des § 823 I BGB entscheiden zu lassen. So vermögen dann, wenn man diesem Ausgangspunkt folgt, die Kriterien von denen die sozialtypische Offenkundigkeit abhängen soll, gerade in den zweifelhafteren Fällen nicht mehr zu überzeugen. Auf der anderen Seite aber weiß man, daß die bloße Erkennbarkeit des Rechts allein für die Anwendung des § 823 I BGB deshalb nicht genügen kann, weil das in einem weiten Umfang auf die von § 823 I BGB gerade abgelehnte allgemeine Fahrlässigkeitshaftung hinausliefe.

---

[113]) Vgl. AcP 160, S. 303, Note 106.

[114]) AaO. S. 303 f., was freilich, wie *Koziol* aaO. S. 178 dartut, auch noch nicht überzeugt, weil jemand, der zu dem Kreis gehört, der typische Kenntnis hat, schadensersatzpflichtig ist, auch wenn er gar nicht wußte, daß er die Leistung nicht entgegennehmen durfte, während derjenige, der diesem Kreis der typisch Wissenden nicht angehört, auch bei Kenntnis handeln kann, ohne schadensersatzpflichtig zu werden.

[115]) JuS 1961, S. 154.

Damit ist der entscheidende Einwand gegen die Theorie von *Fabricius* formuliert: Die sozialtypische Offenkundigkeit wiederholt ebenso wie die Erkennbarkeit bei *Dulckeit, Pawlowski* und *Diederichsen* im wesentlichen nur eine Haftungsvoraussetzung, die das Gesetz mit dem Maßstab der verkehrserforderlichen Sorgfalt der Fahrlässigkeit zugeordnet hat[116]). Mehr als eine vorweggenommene, mehr oder minder starke, Typisierung dieser Haftungsvoraussetzung leisten die verschiedenen Kundbarkeitskriterien nicht. Das reicht zur Abgrenzung der sonstigen Rechte nicht aus. Denn die Beschränkung des Deliktsschutzes, welche darin liegt, daß § 823 I BGB die Fahrlässigkeitshaftung nur bei Verletzung eines solchen sonstigen Rechts eintreten läßt, kann nicht durch einen Begriff sichtbar gemacht werden, der sich mit eben dem Fahrlässigkeitsbegriff so weitgehend deckt[117]).

4. Erweist sich somit, daß die Kundbarkeit als das in Betracht kommende äußere Merkmal der Rechte kein geeignetes Kriterium für deren Deliktsschutz ist, so bleibt demjenigen, der bei der Bestimmung des sonstigen Rechts das unerlaubte Handeln des Verletzers als konstante Größe voraussetzen will, in der Tat nichts übrig, als sich den im vorigen Paragraphen von uns geäußerten Zweifeln zum Trotz an bestimmten Struktureigenschaften der Rechte zu orientieren. Davon aber könnte — insoweit sehen wir unsere in der Einleitung geäußerte Vermutung durch die in diesem und im vorigen Paragraphen angestellten Überlegungen bestätigt — kaum mehr erwartet werden als eine vorsichtige Nuancierung alter Positionen.

Das gibt uns den Weg frei zu dem geplanten Vorhaben, für die Bestimmung des sonstigen Rechts neue Antworten aus einem neuen Verständnis der Verletzungs*handlung* als der anderen Größe des § 823 I BGB zu suchen. Auch die Richtung, in die dieses Vorhaben zu gehen hat, ist uns durch die im Einleitungsparagraphen festgestellte Spannung zwischen Schutzbedürfnis und Haftungsbegrenzung schon vorgezeichnet: Wir haben zu fragen, ob zwischen den Rechten dergestalt differenziert werden kann, daß bei dem einen nur bestimmte, bei dem anderen alle Beeinträchtigungshandlungen als Rechtsverletzungen betrachtet werden können.

Die Ausführungen von *Fabricius* scheinen mir die Richtigkeit dieser Frage-

---

[116]) Wobei es in diesem Zusammenhang gar nicht darauf ankommt, ob man die Nichteinhaltung der verkehrserforderlichen Sorgfalt als Rechtswidrigkeits- oder Schuldmerkmal betrachtet. Vgl. zu dieser Frage die Überlegungen zur Rechtswidrigkeit unten § 4 I 2—4 (S. 50 ff.).

[117]) Dieser Einwand müßte auch gegen die von *Fabricius* zitierten Entscheidungen des Reichsgerichts RGZ 59, 326 ff. und 73, 107 (111) gemacht werden, wenn sie dahin zu verstehen wären, daß allein die im Besitz liegende Erkennbarkeit des Mietrechts dieses bzw. die gegenständliche Verkörperung des auf eigene selbständige Erwerbstätigkeit gerichteten Willens in äußeren Veranstaltungen das Recht am Gewerbebetrieb zum sonstigen Recht werden ließen. Ich möchte die Entscheidungen indessen eher dahin verstehen, daß sie auf der Suche nach Parallelen zu den dinglichen Rechten an das *sachenrechtliche* Institut der Publizität anknüpfen wollen. Dafür sprechen die Formulierung, daß mit der Übergabe der Mietsache das Recht des Mieters „vollzogen" sei und dem reinen Obligationsrecht entwachse (RGZ 59, 328), und die Suche nach der Rechtsähnlichkeit mit dem Eigentum in RGZ 73, 111.

stellung nur zu bestätigen: Theoretisch wendet er sich wohl gegen eine solche Differenzierung nach Eingriffsakten, die der Struktur des § 823 I BGB fremd sei[118]). Aber er handhabt sie praktisch doch, und zwar bezeichnenderweise gerade an den Stellen, an denen er über die traditionellen Auffassungen hinausgeht: So, wenn er anerkennt, daß die Forderung nur durch eine *bestimmte Person*, nämlich den Altgläubiger, verletzt werden könne; so, wenn er bei der Boykott- und Streikaufforderung das *Ziel* der Eingriffshandlung, nämlich die Absicht der Verletzer, den Betrieb zu stören, über die Rechtswidrigkeit entscheiden läßt; so aber auch, wenn er beim Recht am Arbeitsplatz ebenso wie beim Recht auf den ungestörten Bestand der ehelichen Lebensgemeinschaft ohne weiteres in die Prüfung eintritt, inwieweit § 823 I BGB durch Sondergesetze — dort das Kündigungsschutzgesetz, hier das Eherecht — ausgeschlossen ist[119]). Denn damit ist die Beschränkung des Schutzes auf bestimmte Akte bzw. der Ausschluß bestimmter Akte aus einem grundsätzlich generellen Schutz bejaht, so daß man mit der Frage, ob für § 823 I BGB nicht *überhaupt* nach Eingriffsakten zu unterscheiden ist, keine neue Wertungsebene betritt.

§ 4. Die Abstufung des durch § 823 Abs. 1 BGB gewährten Schutzes nach der Art der Verletzungshandlungen

I. Keine „generelle" Rechtswidrigkeit von Rechtsverletzungen

Der Satz, § 823 I BGB schütze seine Rechte gegen *jede* adäquat verursachte Beeinträchtigung[120]), ist von jeher nur mit der Einschränkung richtig gewesen, daß eine *Befugnis des Täters zum Eingriff* sie zulässig machen kann. Man hat diese Einschränkung allerdings meist nicht als Hinderungsgrund empfunden, von einem „generellen" Schutz der Rechte zu sprechen. Man glaubt ihr

[118]) So ausdrücklich JuS 1961, S. 153, sinngemäß aber auch AcP 160, S. 288 f., wo er es als das Anliegen seiner Untersuchung erklärt, für das „sonstige" Recht aus der konkreten Rechtsnorm des § 823 I BGB einen materialen Bewertungsmaßstab zu entwickeln, der es rechtfertige, eine Rechtsverletzung — vorbehaltlich des Vorliegens von Rechtfertigungsgründen — mit dem Makel der Widerrechtlichkeit zu versehen. Daran darf nicht irre machen, daß er sich an anderer Stelle (S. 296) gegen den Schluß der „älteren Lehre" wendet, daß das absolute Recht ganz allgemein (generell), d. h. gegen jeden Eingriffsakt geschützt sei. Das ist, wie die folgenden Ausführungen ergeben, nur in dem Sinne gemeint, daß stets zu fragen ist, ob der Eingriff nicht etwa eine Rechtfertigung findet, wofür *Fabricius* neben den traditionellen Rechtfertigungsgründen die Güter- und Pflichtenabwägung in Betracht zieht. Denn wo es an solchen Rechtfertigungsgründen fehlt, sieht *Fabricius* keinen Hinderungsgrund, die Rechtswidrigkeit zu indizieren, ohne einen Unterschied in den Handlungsweisen des Verletzers zu machen.

[119]) Vgl. AcP 160, S. 310 ff. und S. 322 ff.

[120]) So schon die Motive (vgl. *Mugdan* Bd. II, S. 406); vgl. weiter etwa *Schulz-Schaeffer* aaO. S. 109 ff.; *Enneccerus-Lehmann*, § 233 I 1 (S. 936); *Larenz*, Schuldrecht Bd. I, § 19 IV 1 (S. 225); aber auch die am Schluß des vorigen Paragraphen wiedergegebene Äußerung von *Fabricius*.

durch die bekannte Formel Rechnung tragen zu können, die (vom Täter verursachte) Beeinträchtigung des Rechts „indiziere" die Rechtswidrigkeit nur; vorbehalten sei das Vorliegen besonderer Rechtfertigungsgründe, als welche man ein besonderes Recht des Täters (etwa das Erziehungsrecht der Eltern oder ein Pfandrecht an einer Sache), aber auch erlaubte Selbsthilfe, Notwehr, Notstand und Einwilligung anzusehen habe.

Indessen ist diese Einschränkung dogmatisch wichtiger als es den Anschein hat. Man muß bedenken, daß die beiden Feststellungen: „eine einen anderen beeinträchtigende Handlung verletzt dessen Recht", und: „diese Rechtsverletzung ist nicht durch besondere Gründe gerechtfertigt", Bestandteile des *einheitlichen* Urteils sind, durch welche die Handlung als unerlaubt qualifiziert und damit der Täter bei hinzutretendem Verschulden zum Ersatz verpflichtet wird. Die Deliktstatbestände der §§ 823 ff. BGB geben ja nicht mehr als eine *Typologie* unerlaubter Handlungen, aus der durch die Frage nach der Widerrechtlichkeit erst die im Einzelfall wirklich unerlaubte Handlung herausgeschält wird. Der Übergang von der Tatbestandsmäßigkeit zur Rechtswidrigkeit ist, wie es *Horn* formuliert hat, das „allmähliche Fortschreiten vom Typischen zum Individuelleren"[121]).

Sind aber die beiden Feststellungen zusammengehörende Bestandteile *einer* Wertung, so sind Einschränkungen des Schutzes auf der Ebene der Rechtswidrigkeit auch nicht qualitativ verschieden von solchen Einschränkungen, die auf der Ebene des Tatbestandes durch die Differenzierung nach Eingriffsakten erfolgen. Das ist für den Fortgang unserer Untersuchung wesentlich. Denn es ermöglicht uns, die Frage, ob ein abgestufter Schutz „sonstiger Rechte" denkbar ist, auf dem *Weg über die Rechtswidrigkeit* der Rechtsverletzungen anzugehen. Das verspricht um deswillen Erfolg, weil, wie im folgenden zu zeigen sein wird, der Deliktsschutz auch des § 823 I BGB heute weitgehend durch die *Verhaltensbezogenheit* des Rechtswidrigkeitsurteils relativiert ist.

1. Die Vorstellung einer an sich generellen, nur an einzelnen Rechtfertigungsgründen endenden Rechtswidrigkeit der Beeinträchtigung eines Rechts i. S. des § 823 I BGB gerät schon ins Wanken, wenn man sich die weithin vollzogene Anerkennung des *Rechts am Gewerbebetrieb* und des *allgemeinen Persönlichkeitsrechts* vergegenwärtigt. Es ist nicht zu verkennen, daß diese Rechte in ihrer generalklauselartigen Weite gar nicht gegenüber jedem Angriff geschützt sein können. So hat sich die Rechtsprechung stets bemühen müssen, Abgrenzungskriterien zu finden zwischen den Fällen, in denen noch Schutz zu gewähren ist und denen, wo er versagt. Sie hat deshalb, wie bekannt, beim Gewerbebetrieb zuerst den Eingriff in den Bestand, dann wenigstens noch die Betriebsbezogenheit des Eingriffs gefordert. Vor allem aber macht sie heute sowohl beim Recht am Gewerbebetrieb wie beim allgemeinen Persönlichkeitsrecht die Rechtswidrigkeit von einer *Güter- und Interessenabwägung im Einzelfall* abhängig. Damit jedoch entscheidet bei diesen Rechten eine besondere Bewertung des jeweiligen Angriffs über die

---

[121]) *Horn*, Untersuchungen zur Struktur der Rechtswidrigkeit, S. 80.

Rechtswidrigkeit, so daß insoweit von einem generellen Schutz nicht gesprochen werden kann.

Immerhin könnte man erwägen, der besondere Charakter dieser beiden Rechte als Generalklauseln, der sie zu den klassischen Rechten des § 823 I BGB nicht passen läßt[122]), mache sie für eine Beweisführung ungeeignet, die auch die anderen Rechte des § 823 I BGB betreffen soll. Für die letzteren könne der Satz vom generellen Schutz vielleicht doch aufrechterhalten werden. Damit würde indessen verkannt, daß die Diskussion ja nicht bei diesen beiden Rechten stehengeblieben ist. Wohl nicht unbeeinflußt durch die Güter- und Interessenabwägung beim Recht am Gewerbebetrieb und beim allgemeinen Persönlichkeitsrecht hat man vielmehr den Satz von der grundsätzlichen Rechtswidrigkeit jeder Beeinträchtigung eines subjektiven Rechts i. S. des § 823 I BGB *überhaupt* in Frage gestellt.

2. Den Anstoß in diese Richtung gab der *Große Senat des BGH*, als er in seiner berühmt gewordenen Entscheidung vom 4. 3. 1957[123]) aussprach, daß jedenfalls im Straßen- und Eisenbahnverkehr der Eingriff in die Rechte des § 823 I BGB dann nicht rechtswidrig sei, wenn der Verletzer seinen Verkehrspflichten genügt habe. Damit lenkte das Gericht, insoweit der finalen Handlungslehre *Welzels* folgend, ganz allgemein den die Rechtswidrigkeit beurteilenden Blick von der verursachten Beeinträchtigung auf das beeinträchtigende *Verhalten*: Der objektive Tatbestand des § 823 I BGB soll trotz des beeinträchtigenden Erfolgs erst dann gegeben sein, wenn dem Verletzer ein Verstoß gegen die Gebote eines ordnungsgemäßen Straßenverkehrs zur Last fällt.

Jedenfalls in einem Teilbereich der Rechtsverletzungen ist diese Auffassung inzwischen auch weitgehend anerkannt. Gemeint ist die Ausbildung der sogenannten *Verkehrspflichten*, die *v. Caemmerer* als die dritte große Generalklausel im Bereich des § 823 I BGB gekennzeichnet hat[124]). Diese Verkehrspflichten sind ursprünglich entwickelt worden, um auch solche Rechtsverletzungen mit § 823 I BGB erfassen zu können, die auf das *Unterlassen* gebotener Sorgfaltsmaßnahmen zurückzuführen sind. Der klassische Fall ist die Verkehrs*sicherungs*pflicht: Wer etwa bei Glatteis nicht streut und dadurch den Sturz eines Passanten verursacht, soll wegen Körperverletzung, gegebenenfalls aber auch wegen Verletzung des Eigentums und anderer Rechte, in Anspruch genommen werden können: Im Anschluß an *v. Caemmerer* setzt sich aber nunmehr die Auffassung durch, daß Verkehrspflichten auch durch *positives Tun* verletzt werden können, weil eine Gefährdung von Rechtsgütern ebenso wie durch Unterlassung gebotener, durch Vornahme verbotener Maßnahmen herbeigeführt werden kann[125]). Damit entscheiden jedenfalls in

---

[122]) Vgl. dazu z. B. *Larenz*, Schuldrecht Bd. II, § 66 I c bis e (S. 412 ff.).

[123]) BGHZ 24, 21 ff. = JZ 1957, S. 543 ff. = NJW 1957, S. 785 ff. = VRS 12 (1957), S. 409 = DAR 1957, S. 184 ff.

[124]) DJT-Festschrift Bd. II, S. 49 ff. (S. 71 ff.).

[125]) *Larenz*, Schuldrecht Bd. II, § 66 I f a. E. (S. 433 f.); *Lorenz*, Rechtsvergleichendes zur Haftung des Warenherstellers und Lieferanten gegenüber Dritten, Festschrift für Nottarp (1961), S. 59 ff. (S. 61 ff.); *Stoll* AcP 162, S. 203 ff. S. 229 ff.); *Deutsch*, Entwicklungstendenzen des Schadensrechts in Rechtspre-

diesem *Vorbereich gefährdender Handlungen* erst Verhaltensnormen über das Vorliegen der objektiven Voraussetzungen des § 823 I BGB. Der Erfolgseintritt in Gestalt der Beeinträchtigung des Rechtsguts genügt nicht mehr zur Begründung des Unrechtstatbestandes. Über sein Vorliegen muß von Fall zu Fall entschieden werden. Der Satz von der grundsätzlich generellen Rechtswidrigkeit jeden Eingriffs stimmt also nicht mehr. Das wird um so deutlicher, wenn man den Gegenpol ins Auge faßt, der der Anerkennung der Handlungsbezogenheit des Unrechts im Vorbereich gefährdender Handlungen gewöhnlich gegenübersteht: das Festhalten am rechtsgutbezogenen Unrecht in einem *„Kernbereich"* (*Stoll*). Differenziert man so zwischen unmittelbaren und mittelbaren Beeinträchtigungen der subjektiven Rechte, daß jede unmittelbare *per se* rechtswidrig ist, die mittelbare aber nur, wo gegen Verhaltenspflichten verstoßen ist, so gewährt man positiv gesehen dem subjektiven Recht in einem Teilbereich generellen Schutz, in einem anderen Teilbereich nicht. Daß man sich über die Abgrenzung dieser Teilbereiche dabei nicht einig ist, verschlägt im Ergebnis nichts: Ob man nun mit *v. Caemmerer* als unmittelbar nur vorsätzliche und solche Eingriffe ansieht, die „final auf die Verwendung von Gütern oder die Ausübung von Befugnissen abzielen, die durch das Herrschaftsrecht einem anderen zugewiesen sind"[126]), oder ob man unabhängig von der Finalität als („objektiv"-) unmittelbar jeden Eingriff betrachtet, welcher nach der Verkehrsauffassung noch zu dem äußeren Ablauf der Handlung selbst gehört und das Merkmal der Mittelbarkeit solchen Handlungen vorbehält, die für sich genommen nur abstrakte Gefährdungen darstellen, welche erst durch weitere Umstände zur Beeinträchtigung des Rechts führen[127]) — immer bleibt ein Bereich, in dem Schutz nur gegen ein als Unrecht zu bewertendes Verhalten gewährt und erst bei dessen Bejahung die Frage nach dem Verschulden angesetzt werden kann.

3. Ich halte sogar dafür, daß ganz unabhängig von der Frage der Vorsätzlichkeit, der Finalität, der Unmittelbarkeit oder Mittelbarkeit des Eingriffs der objektive Tatbestand des § 823 I BGB *immer nur dann* gegeben ist, wenn sich das Verhalten des Verletzers selbst als rechtswidrig bewerten läßt. Die Begründung für diesen Satz liegt, wie ich an anderer Stelle[128]) darzutun versucht habe, darin, daß dort, wo die Haftung des einzelnen von seinem Verschulden abhängig ist, die Rechtswidrigkeit nur von der Übereinstimmung

---

dung und Wissenschaft, JuS 1967, S. 152 (S. 157); die Abgrenzung ist oft schwierig, wie etwa das Beispiel *v. Caemmerers* zeigt, daß bei Kälte Wasser auf den Gehsteig geschüttet wird, welches zu Glatteis gefriert, auf dem der Passant stürzt: Es ist fraglich, ob das Schwergewicht auf dem Nichtstreuen trotz Glatteises oder dem Wasserausgießen bei Kälte liegt.

[126]) Die absoluten Rechte in § 823 Abs. 1 BGB, Karlsruher Forum 1961, S. 19 (S. 19 f.); ebenso DJT-Festschrift Bd. II, S. 77.

[127]) *Larenz*, Schuldrecht Bd. I, § 19 IV (S. 224 ff.), Bd. II § 66 I e (S. 424 ff.) und ausführlich Rechtswidrigkeit und Handlungsbegriff im Zivilrecht, Festschrift für Dölle (1963), Bd. I, S. 169 ff.; *Deutsch*, Fahrlässigkeit und erforderliche Sorgfalt, S. 229 f., 282 *Stoll*, AcP 162, S. 214 f.

[128]) Rechtswidrigkeit und Rechtfertigung von Forderungsverletzungen, AcP 165 (1965), S. 421 ff., insbes. S. 424 ff.

seines Verhaltens mit den Geboten und Verboten der Rechtsordnung, nicht aber vom Erfolg des Verhaltens her beurteilt werden kann. Der Schuldvorwurf besteht darin, daß der einzelne sein Verhalten nicht nach den Normen des rechtlichen Sollens eingerichtet und das rechtlich Verbotene gemieden hat[129]), setzt also voraus, daß ein Verstoß gegen die von der Rechtsordnung gegebenen Verhaltensrichtlinien festgestellt ist. Die Rechtsordnung muß also solche Verhaltensrichtlinien aufstellen, gewissermaßen, wie es *Zeuner* ausgedrückt hat[130]), das Verhalten des einzelnen *„vorplanen"*, um darauf die Vorwerfbarkeit beziehen zu können[131]).

Dieser Plan aber ist — ganz unbeschadet der Frage, ob mit der finalen Handlungslehre wirklich anzunehmen ist, daß die Verhaltensgebote durch die Erkennbarkeit des Verstoßes relativiert sind[132]) — stets unvollständig gesehen, wenn man ihn nur unter dem Aspekt der möglichen Rechtsgutverletzung betrachtet, wie es geschieht, wenn man etwa jedes eine Körperverletzung verursachende Verhalten als rechtswidrig ansieht. Es genügt nicht, pauschal zu sagen: „Du mußt, gleichgültig, was du tust, auf alle Fälle den und den verbotenen Erfolg vermeiden." Vielmehr muß das konkret zu messende Tun immer unter *allen* Aspekten gesehen werden, die eine Bewertung an dieses Verhalten herantragen, und es muß unter Berücksichtigung *aller* Aspekte das Endergebnis der Rechtswidrigkeit oder Rechtmäßigkeit gezogen werden[133]).

Bei den mittelbaren Rechtsverletzungen ist diese Notwendigkeit so deutlich, daß sich ihr kaum jemand mehr entzieht; der Aspekt der Bewegungsfreiheit im Verkehr, ja überhaupt im menschlichen Zusammenleben wird mit der Gefährdung anderer gemeinsam gesehen; das Verhalten wird einheitlich danach als rechtmäßig oder rechtswidrig beurteilt, ob es den im konkreten Fall zu beachtenden Geboten der Sorgfalt entsprach. Aber dieser Grundsatz gilt allgemein.

---

[129]) Vgl. BGH (Großer Senat für Strafsachen) BGHSt 2, 194 (200).

[130]) Bemerkungen zum Problem der Rechtswidrigkeit aus zivilrechtlicher Sicht, JZ 1961, S. 42 (S. 43); auch: Gedanken über Bedeutung und Stellung des Verschuldens im Zivilrecht, JZ 1966, S. 1 ff. (S. 4).

[131]) Der Gedanke an eine solche Vorplanung steht vielleicht auch hinter der Meinung von *Dulckeit, Pawlowski, Diederichsen* und *Fabricius*, die Einbeziehung eines Rechts in § 823 I BGB sei von seiner Erkennbarkeit abhängig; besonders bei *Diederichsen* ist der Bezug zum Schuldprinzip deutlich (vgl. die oben § 2 III 3, S. 36 zitierte Äußerung). Doch dürfte klargeworden sein, daß eine Vorplanung des *Verhaltens* nicht aus einer Eigenschaft des *Rechtsguts* erschlossen werden kann und daß sich das Merkmal der Erkennbarkeit wegen seiner weitgehenden Deckung mit dem Merkmal der Fahrlässigkeit kaum als Abgrenzungskriterium für Tatbestandsmäßigkeit und Rechtswidrigkeit eignet. Von letzterem rühren denn ja auch die Bedenken her, die Verhaltensgebote durch die Erkennbarkeit zu relativieren (vgl. die folgende Note).

[132]) Gewichtige Argumente hiergegen bei *Stoll* AcP 162, S. 209 ff.; *Lorenz*, Fortschritte der Schuldrechtsdogmatik, JZ 1961, S. 433 (S. 436 f.); *Zeuner* aaO. Ich habe selbst früher schon für die vertragliche Haftung eingeräumt, daß es dort auf die nach dem Vertrag erforderliche, nicht auf die verkehrserforderliche Sorgfalt ankomme (AcP 165, S. 429 f.), was bedingt, daß beim Vertragsverstoß die Erkennbarkeit fehlen kann.

[133]) Vgl. dazu und zum folgenden jetzt auch *Münzberg*, Verhalten und Erfolg als Grundlagen der Rechtswidrigkeit und Haftung, S. 141 ff., insbes. S. 259 ff.

Sicherlich ist manches Verhalten nur unter *einen* Bewertungsaspekt unterzuordnen, welcher häufig der der Rechtsgutverletzung sein wird. So liegt es regelmäßig bei der als ohne weiteres rechtswidrig angesehenen vorsätzlichen Verletzung, aber auch in den von *v. Caemmerer* angeführten Fällen des Gebrauchs oder Verbrauchs einer fremden Sache oder der Fruchtziehung aus ihr. Die Finalität auf den Einbruch ins Recht gibt dem Verhalten sein Gepräge als rechtswidrig. Doch gelten schon hier Ausnahmen: Wenn die Einwilligung die Rechtswidrigkeit der Körperverletzung beseitigt, so deshalb, weil an das Verhalten des Verletzers nunmehr als weiterer Bewertungsaspekt die Erlaubnis des Rechtsinhabers herantritt. Liegt eine Pflichten- oder Interessenkollision vor, so kann auch bei vorsätzlicher oder finaler Verletzung nur der Rang der Pflichten und Interessen entscheiden, ob das Verhalten von der Rechtsordnung verboten, bzw. geboten war: Wenn die Rechtsordnung den Vorwurf falschen Verhaltens machen will, so kann sie den Widerspruch zwischen dem Aspekt der Rechtsgutsverletzung und der Zulässigkeit der Pflichten- oder Interessenwahrnehmung nicht unaufgelöst lassen[134]).

Noch deutlicher wird diese Komplexität der Bewertungsaspekte bei den sogenannten objektiv-unmittelbaren Eingriffen. Das Verhalten, welches ungewollt zu Körperverletzung, Sachbeschädigung usw. führt, kann, auch wenn keine weiteren Ursachen dazwischentreten, unter mehreren Aspekten zu bewerten sein, etwa dem der Vermeidung von Körperverletzungen und der Erlaubnis des Straßenverkehrs unter Beachtung der Straßenverkehrsverbote und -gebote. Auch hier muß der Abwägung dieser Aspekte entnommen werden, welches Verhalten erlaubt war und welches nicht. Wer sich verkehrsrichtig verhält und damit im Rahmen der Rechtsordnung bleibt, verhält sich nicht so, daß ein Ansatzpunkt für einen Schuldvorwurf gegeben wäre.

4. Daß das Rechtswidrigkeitsurteil im Bereich des § 823 I BGB *heute* von einer allgemeinen Bewertung des Verhaltens des Verletzers abhängig gemacht wird, während man *früher* von einer nur von besonderen Rechtfertigungsgründen durchbrochenen generellen Rechtswidrigkeit jeder Beeinträchtigung ausging, kann nicht als bloße Fortentwicklung und Präzisierung dogmatischer Betrachtung verstanden werden. Dieser Wandel ist vielmehr nicht zuletzt legitimer Ausdruck einer einschneidenden Veränderung der zugrunde liegenden *rechtssoziologischen* Verhältnisse: In einer Zeit, der die Respektierung des Individuums als zureichender Ordnungsfaktor menschlichen Zusammenlebens erschien und in der es demzufolge auch der Rechtsordnung im wesentlichen um die Wahrung von Freiheitsräumen ging, genügte es, ein Verhalten nur unter dem Aspekt der Verwirklichung von Rechtsgutsverletzungen zu sehen, während andere Bewertungsgesichtspunkte (Notwehr, Einwilligung, Pflichtenkollision) als den generellen Schutz nicht beeinträchtigende Ausnahmefälle gelten konnten. Die heutige Gesellschaft verlangt schon auf Grund der Vervielfältigung der tatsächlichen Kontakte, nicht minder aber wegen des weitgehenden sozialen Aufeinanderangewiesenseins der Menschen

---

[134]) Vgl. zu diesen Fällen der Pflichts- und Interessenkollision vom Vertragsrecht her meine Ausführungen AcP 165, S. 447 f.

viel häufiger die Berücksichtigung auch anderer Aspekte. Das institutionelle Element der Rechtsordnung[135]) relativiert auch die Rechtswidrigkeit, indem es den Nachdruck von der Position des Berechtigten auf das konkret eingeschlagene Verhalten des mit ihm in Kontakt kommenden Rechtsgenossen und dessen Verboten- bzw. Gebotensein verlegt[136]).

II. Die Abstufung der tatbestandsmäßigen Verletzungen

Freilich haben wir mit dem Nachweis, daß es keine generelle Rechtswidrigkeit der Rechtsverletzungen gibt, erst eine Zwischenstation auf dem eingeschlagenen Weg zur Abstufung des Rechtsschutzes erreicht: Der Rechtsschutz ist vorerst nur *insgesamt* relativiert. Der Einbeziehung persönlicher Rechtsbeziehungen in den Schutz des § 823 I BGB scheint nach wie vor noch die Überlegung zu widerstreiten, daß ihnen auf alle Fälle nicht im gleichen Umfang Schutz zukommen kann wie den klassischen in § 823 I BGB genannten Rechten.

1. Hier gilt als erstes, einem Gedanken nachzugehen, auf dem *Stoll*[137]) in der Diskussion um die Rechtswidrigkeit seinen Standpunkt gegründet hat.

Differenziert man, wie das auch *Stoll* tut, für die Rechtswidrigkeit im Rahmen des § 823 I BGB zwischen unmittelbaren und mittelbaren Beeinträchtigungen der subjektiven Rechte in dem Sinne, daß jede unmittelbare Beeinträchtigung schon per se rechtswidrig ist, die mittelbare aber nur, wo sie gegen Verhaltenspflichten verstößt, so ist es ja nur noch ein weiterer Schritt zu der Frage, ob die Dinge nicht auch so liegen können, daß bei dem einen Recht *nur die unmittelbare*, bei dem anderen *auch die mittelbare Beeinträchtigung* rechtswidrig ist. Daß diese Frage zu bejahen ist, hat *Stoll* als so selbstverständlich angesehen, daß er einen dergestalt verschiedenen Schutzumfang der subjektiven Rechte geradezu zum Ausgangspunkt seiner Stellungnahme zur Rechtswidrigkeitsfrage gemacht hat.

Auf der Suche nach durch § 823 I BGB normierten *Verhaltensweisen* unterscheidet *Stoll* folgende „*Unrechtstypen*"[138]).

1. Den finalen Eingriff (für *Stoll* das Wollen des tatbestandmäßigen Erfolgs, ohne zu wissen oder wissen zu müssen, daß fremdes Recht verletzt wird) in der Form der rechtsgeschäftlich-finalen Handlung, also dem Herbeiführenwollen eines bestimmten tatsächlichen Erfolgs.

2. Den objektiv-unmittelbaren Eingriff, der — von der Finalität der Handlung unabhängig — einen bestimmten Erfolg unmittelbar herbeiführt.

---

135) Zu ihm vgl. noch ausführlich den § 9 unserer Untersuchung (S. 122 ff.).
136) Vgl. dazu auch *Horn* aaO. S. 51 ff. und die schon oben (S. 16 Note 53) zitierte Äußerung von *Kasper*.
137) AcP 162, S. 203 ff.
138) AaO. S. 212 ff.

3. Nur mittelbare Verletzungen, bei denen dargetan werden muß, „daß der Verursacher durch Verstoß gegen eine objektive Verkehrspflicht rechtswidrig das ... Recht gefährdete", das dann durch das Dazwischentreten weiterer vom Täter nicht beherrschter Umstände tatsächlich verletzt wird.

Diese Typenskala erschließt sich *Stoll* aus Beispielen subjektiver Rechte, die nach der Rechtsprechung bald nur in einer Richtung, bald in mehreren und zum größten Teil in allen geschützt seien. So dient ihm als Beispiel des Schutzes nur gegen rechtsgeschäftlich-finale Handlungen das subjektive Mitgliedschaftsrecht: Die Aktie könne nach der Rechtsprechung des Reichsgerichts[139]) nur dadurch verletzt werden, daß „der Aktionär um die Aktienrechte selbst ganz oder teilweise gebracht wird." *Nur* gegen tatsächlich-finale Handlungen sei die elterliche Gewalt geschützt: Nur wer willentlich das Kind dem Gewalthaber wegnehme oder vorenthalte oder mit ihm einen dem Willen des Gewalthabers widersprechenden Umgang pflege, hafte aus § 823 I BGB. Und gleiches gelte etwa für das nach § 1135 BGB das Hypothekenrecht verletzende unberechtigte Entfernen von Zubehörstücken vom Grundstück. Gegen rechtsgeschäftlich-finale *und* tatsächlich-finale Handlungen werde z. B. einer Grunddienstbarkeit, welche den Überbau des benachbarten Grundstücks untersagt, Schutz gewährt, nämlich sowohl gegen unberechtigte Verfügungen über das Recht wie gegen den tatsächlichen Akt des Überbaus.

Nicht nur gegen finale, sondern auch schon gegen objektiv-unmittelbare, andererseits aber noch nicht gegen nur mittelbare Eingriffe geschützt sieht *Stoll* die körperliche Bewegungsfreiheit, bei der wohl jede objektiv-unmittelbare Freiheitsberaubung zu Ansprüchen nach § 823 I BGB berechtige, nicht aber die nur mittelbare, etwa die fahrlässig-falsche Zeugenaussage, die zur Inhaftierung führt.

Die meisten klassischen Rechte des § 823 I BGB verfügen nach *Stoll* dagegen nicht nur in diesem Kernbereich über Schutz, sondern darüber hinaus auch über eine zusätzliche Abwehrzone gegen mittelbare Verletzungen. Diese Abwehrzone könne ihrerseits wieder von unterschiedlicher Dichte sein. So kenne die Rechtsprechung Schutz gegen mittelbare Patentverletzungen nur in Ausnahmefällen, etwa der Lieferung eines Mittels oder Geräts, welches die Benützung eines patentierten Verfahrens ermöglicht. Umfassend werde dagegen auch gegen mittelbare Verletzungen der räumlich-körperliche Herrschaftsbereich derjenigen absoluten Rechte verteidigt, die einen solchen Herrschaftsbereich haben, insbesondere der Sachenrechte, aber auch der Personenrechte.

2. Sieht man näher zu, so geht es bei den Unrechtstypen *Stolls* vom Unrechtstatbestand her gesehen eigentlich nicht um eine Frage der Rechtswidrigkeit, sondern um eine solche der *Tatbestandsmäßigkeit*: Die Unrechtstypen legen ja fest, welche Angriffe auf das subjektive Recht überhaupt einer Sanktion unterliegen können, ohne schon für den konkreten Fall auszusagen, ob als Voraussetzung des Eintritts der Sanktion auch tatsächlich Unrecht ge-

---

139) RGZ 158, 248 (255).

schehen ist. Daß wir von *Stoll* insoweit abweichen, als wir die Rechtswidrigkeit *jeder* Verletzung verhaltensbezogen verstehen, hindert uns deshalb nicht, seinem Ausgangspunkt zu folgen. Denn das verhaltensbezogene Rechtswidrigkeitsurteil kann immer noch gefällt werden, wenn an Hand der Unrechtstypen die Tatbestandsmäßigkeit festgestellt ist — wie ja auch *Stoll* selbst für den Unrechtstyp der mittelbaren Verletzung die Rechtswidrigkeit vom Verstoß gegen eine Verhaltenspflicht abhängig macht. Wir entgehen so, wie mir scheint, sogar dem von *Münzberg* gegen *Larenz, v. Caemmerer* und auch gegen *Stoll* erhobenen Vorwurf, daß sie die Unrechtsfeststellung willkürlich in verschiedene selbständige und unzusammenhängende Teilbereiche aufspalteten[140]). Die Trennung führt bei uns nicht zu einer — in der Tat unberechtigten — Differenzierung der Wertung des Verhaltens als rechtswidrig, sondern zu einer aus der Verschiedenartigkeit der geschützten Rechte abgeleiteten Differenzierung der Tatbestandsmäßigkeit.

Daß die Unrechtstypen die Tatbestandsmäßigkeit einer Rechtsbeeinträchtigung festlegen, zeigt aber auch, welche von *Stoll* nicht näher erörterte Frage noch zu beantworten ist, ehe die Möglichkeit abgestuften Schutzes der Rechte i. S. des § 823 I BGB endgültig bejaht werden kann: Es muß nachgewiesen werden, daß die Relativierung des Rechtsschutzes, und insbesondere seine Relativierung nach der Art der betroffenen Rechts, nicht nur bei der endgültigen Wertung eines Verhaltens als rechtmäßig oder rechtswidrig erfolgen kann, sondern auch schon bei der *Typologisierung* der Tatbestände der Rechtsverletzungen.

Für diesen Nachweis können uns zunächst noch einmal unsere Ausgangsüberlegungen zum Verhältnis von Tatbestandsmäßigkeit und Rechtswidrigkeit dienen: Ist der Übergang von der ersteren zur letzteren nur ein allmähliches Fortschreiten vom Typischen zum Individuellen, sind die beiden Wertungen also nicht qualitativ verschieden, sondern Bestandteile eines einheitlichen, in zwei Schritten gefällten Urteils, so ist der Rückschluß erlaubt, daß ebenso wie auf dem Felde der Rechtswidrigkeit auch auf dem der Tatbestandsmäßigkeit Einschränkungen des Satzes vom Schutz gegen jede Art von Beeinträchtigungen möglich sind, und zwar auch abgestuft nach verschiedenen Rechtstypen.

Bestätigen läßt sich dieser Schluß aber auch noch mit einer anderen Überlegung, die auf der Lehre vom sogenannten *Rechtswidrigkeitszusammenhang* basiert: Wohl ist deren Hauptanwendungsgebiet § 823 II BGB, in dessen Rahmen zu prüfen ist, ob das in Anspruch genommene, ja nicht als Haftungsnorm geschaffene, Schutzgesetz „den Geschädigten schützen, das geschädigte Rechtsgut vor Beschädigungen bewahren und seine Verletzung gerade auch in der Art, in der sie erfolgt ist, verhindern wollte"[141]). Sie gilt aber — im Unterschied zu den die Schädigungshandlungen genau bestimmenden §§ 824, 825 und 826 BGB — auch für § 823 I BGB — eben deshalb, weil sein jede Rechts- und Rechtsgutverletzung deckender Gesetzestatbestand zu weit ist

[140]) *Münzberg* aaO. S. 332 ff.
[141]) J. G. *Wolf*, der Normzweck im Deliktsrecht, S. 44.

und deshalb der Eingrenzung durch den Normzweck des § 823 I BGB bedarf[142]).

Ob man nun mit *Wolf*[143]) der Auffassung ist, unter den Normzweck des § 823 I BGB falle *die* Verletzung, die mit dem ursächlichen Verhalten des Inanspruchgenommenen notwendig verknüpft war oder doch mindestens eine Gefahr realisiert hat, die typisch mit seinem Verhalten verbunden war, oder ob man ein anderes Abgrenzungskriterium vertritt: es bleibt das Ergebnis, daß der Satz vom generellen Schutz der Rechte des § 823 I BGB von dessen Normzweck her schon auf dem Feld der tatbestandsmäßigen Handlungen relativiert ist.

Der Normzweck des § 823 I BGB läßt sich nun naturgemäß nur aus den dort geschützten Rechten erschließen. *Reinhardt* weist zutreffend darauf hin, daß der im subjektiven Recht gewährte „Dispositionsvorbehalt" zugunsten des einzelnen nur substantiiert werden könne aus der Funktion, die dem jeweiligen Schutzbereich im Rahmen der Sozialordnung zuerkannt wird[144]). Ist das aber so, so kann man auch nicht mehr daran vorbei, daß die Relativierung der Tatbestandsmäßigkeit nach dem Normzweck verschieden sein kann, je nachdem, was für ein Recht betroffen ist und wie weit seine Schutzbedürftigkeit und -würdigkeit reicht[145]). Mit anderen Worten: Auch die Lehre vom Rechtswidrigkeitszusammenhang ergibt die Möglichkeit, für verschiedene Rechte verschiedene Unrechtstypen der Tatbestandsmäßigkeit i. S. des § 823 I BGB zu bilden.

Die Möglichkeit zur Abstufung der i. S. des § 823 I BGB tatbestandsmäßigen Verletzungen nach der Art des betroffenen Rechts findet freilich ihre Grenze an der *Funktion des § 823 I BGB als Tatbestandes,* das heißt also an der Typologisierung der nach ihm verbotenen Rechtsverletzungen. Diese ist nur gewährleistet, wenn die Abstufung auf wenige festumrissene Typen von Verletzungshandlungen beschränkt bleibt und nicht etwa allgemein am Einzelfall orientiert wird[146]). Darauf wird bei der Suche nach den Typen der

---

[142]) J. G. *Wolf* aaO. S. 22 ff., auf dessen ausführliche Erörterungen für die weiteren Nachweise verwiesen werden kann.

[143]) AaO. S. 38 ff.

[144]) Das subjektive Recht in § 823 I BGB, JZ 1961, S. 713 ff. (S. 718 f.). *Reinhardt* selbst betont aus dieser Erkenntnis heraus einmal die immanenten Schranken der subjektiven Rechte, wie etwa die der ortsüblichen Immissionen bei Grundstücken oder der körperlichen Belästigung in der Straßenbahn. Zum anderen sieht er in ihr den Umstand begründet, daß in aller Regel in § 823 I BGB nur die Güter selbst geschützt sind, nicht aber die Handlungen, die mit ihnen vorgenommen werden, also etwa beim Körper lediglich die körperliche Integrität, nicht aber die körperliche Bewegungsfreiheit.

[145]) Ganz in diesem Sinne jetzt auch *Stoll,* Kausalzusammenhang und Normzweck im Deliktsrecht, S. 17: „Die Abgrenzung des Schutzbereichs eines Rechts oder Rechtsgutes weist den Weg für die Bildung der konkreten Verhaltensnormen, die der Täter im gegebenen Falle zu befolgen hatte."

[146]) Wie es etwa der Fall wäre, wenn man die Tatbestandsmäßigkeit als durch die — ja bei allen Handlungen mögliche und ganz vom konkreten Fall abhängige — „Sozialadäquanz" des Verhaltens ausgeschlossen ansähe. Mit Recht hat deshalb *Nipperdey* diese von ihm früher (Zeitungstreikgutachten S. 39 f. und *Enneccerus-Nipperdey,* 2. Halbb. 14. Aufl., §. 209 II S. 918) vertretene Auffassung aufgegeben und betrachtet die Sozialadäquanz nunmehr als eine Frage der Rechts-

Rechtsverletzungen, der wir uns im nun folgenden zweiten Teil der Untersuchung zuwenden, zu achten sein.

---

widrigkeit (Der Arbeitskampf als unerlaubte Handlung, Festschrift für Sitzler [1956], S. 79 ff. [S. 95] und *Enneccerus-Nipperdey,* 15. Aufl., § 209, V [S. 1299]). Im Interesse der Tatbestandsfunktion des § 823 I BGB geht er heute sogar so weit, eine unterschiedliche Behandlung der neuen generalklauselartigen Rechte (Recht am Gewerbebetrieb und allgemeine Persönlichkeitsrecht) und der „klassischen" Rechte des § 823 I BGB dergestalt zu empfehlen, daß bei den ersteren die Abhängigkeit der Rechtswidrigkeit von einer Güter- und Pflichtenabwägung besonders hervorgehoben wird, während bei den letzteren die Sozialadäquanz als einer unter anderen Rechtfertigungsgründen im Hintergrund bleiben soll (Tatbestandsaufbau und Systematik der deliktischen Grundtatbestände, NJW 1967, S. 1985 ff., insbes. S. 1993 f.).

2. Teil
DIE GRUNDTYPEN DER RECHTSVERLETZUNG

§ 5. Die gegen das Recht gerichtete Handlung (Grundlegung)

Die Ausführungen *Stolls* zu den Unrechtstypen enthalten weniger eine rechtsdogmatische und rechtspolitische Begründung, als vielmehr eine *Analyse* der Rechtsprechung, welche die Existenz unterschiedlicher Unrechtstypen aufzeigt. Dieser Nachweis ist bedeutsam genug. Dem Fortgang unserer Untersuchung stellt er allerdings die Aufgabe, die dogmatischen Grundlagen der Unterscheidungen aufzudecken. Von dort aus wird es dann auch erst möglich sein, die von *Stoll* vorgestellte Typenreihe zu bestätigen, vielleicht aber auch noch auszuweiten oder auf weniger Typen zurückzuführen.

I. Die Rechtsbeeinträchtigung als Zweck der Handlung

1. Den ersten Zugang zu einer Begründung des unterschiedlichen Schutzumfangs der subjektiven Rechte findet man, wenn man noch einmal den in der Einleitung herausgestellten[1]) praktischen Haupteinwand gegen eine Einbeziehung auch relativer Rechte in § 823 I BGB ins Auge faßt: die Uferlosigkeit der Haftungsfolgen für den Schädiger, der auch allen an einem Recht nur mittelbar Geschädigten vollen Ersatz zu leisten hätte. Es ist, wie wir dort gesehen haben, ein ins Auge springendes Gebot vernünftiger Auslegung, daß die Unterstellung neuer subjektiver Rechte unter § 823 I BGB solche Beeinträchtigungen eines Rechts aussparen muß, die bloß im Gefolge von Eingriffen in andere Rechte eintreten. Wie dieses Gebot befolgt werden kann, dafür vermögen uns die Motive zum BGB einen ersten Fingerzeig zu geben.

Wir haben bereits erwähnt[2]), daß die deliktische Generalklausel, wie sie vom Entwurf zum BGB vertreten worden ist, dieser Notwendigkeit wenigstens insoweit Rechnung trug, als sie Vorsatz und Fahrlässigkeit auf die Schadenszufügung selbst bezog. Dem § 704 I 1 Entw., der dies aussprach, schloß sich nun aber ein Absatz 2 an, nach dem, wer aus Vorsatz oder Fahrlässigkeit durch eine widerrechtliche Handlung das Recht eines anderen verletzte, zum Ersatz des durch die Rechtsverletzung dem anderen entstehenden Schadens verpflichtet sein sollte, „auch wenn die Entstehung eines Schadens

[1]) § 1 I 3 (S. 6 ff.).
[2]) Oben S. 7 Note 33.

nicht vorauszusehen war." Gerechtfertigt wurde diese, über den Rahmen des § 704 I Entw. hinausgehende, Haftung nach der Auffassung der Motive *„durch die unmittelbare Richtung der Handlung gegen das Recht* des Beschädigten und dem einem solchen zu gewährenden Schutz[3]). Offenbar sahen die Motive — anders ist der zitierte Satz nicht zu verstehen — bei den von ihnen in erster Linie ins Auge gefaßten Rechten und Rechtsgütern, neben den in § 704 II 2 genannten Persönlichkeitsgütern, also vor allem dem Eigentum und den anderen dinglichen Rechten, jede Beeinträchtigung als unmittelbar gegen das Recht gerichtet an.

Die aus dieser Überlegung der Verf. des Entw. abzuleitende Hypothese hätte zu lauten: Es müßte erstens möglich sein, festzustellen, worin die Eigenschaft der „unmittelbaren Richtung gegen das Recht" besteht. Dann könnten zweitens bei den Rechten, bei denen nicht jede Beeinträchtigung zur Anwendung des § 823 I BGB führen kann, diejenigen Handlungen, denen diese Eigenschaft zukommt, von den anderen abgehoben werden. Diese müßten drittens als geeignet angesehen werden können, die Schadensersatzpflicht des Handelnden auszulösen, während die anderen Handlungen, die die Beeinträchtigung eines Rechts nur zur Folge haben, nicht aber unmittelbar gegen das Recht gerichtet sind, dazu nicht imstande wären. Worin, so lautet unsere Frage also, kann die unmittelbare Richtung der Handlung gegen das Recht bestehen?

2. In den Motiven ist das Verständnis der unmittelbaren Richtung der Handlung gegen das Recht offenbar stark am *Erfolg* der Handlung orientiert. Es ist ja kein Zweifel, daß die Verfasser des Entwurfs z. B. *jede* Körperverletzung und jede Sachbeschädigung, wohl auch die Vorenthaltung der Sache, dem § 704 II unterstellen und damit diese Voraussetzung bejahen wollten. Das trifft von einem mehr objektiven Verständnis aus im großen und ganzen auch zu. Die Substanzverletzung etwa — mag sie nun an einem Menschen oder einer Sache eintreten — trägt für das natürliche Verständnis die Beeinträchtigung des Lebens oder des Körpers eines Menschen bzw. des Sachenrechts sozusagen auf der Stirn.

Freilich melden sich gegen ein solches objektives Verständnis bei uns heute schon Zweifel. Körperverletzungen oder Sachbeschädigungen, die nach unserer Auffassung nur wegen Verletzung einer Verkehrspflicht einem Schädiger zugerechnet werden können[4]), kann man kaum als durch eine Handlung verursacht ansehen, die gegen Körper oder Eigentum unmittelbar gerichtet war. Sie sind für uns Folgeeingriffe einer in ganz anderer Richtung gehenden Handlung des Schädigers. Und man geht wohl auch nicht fehl in der Annahme, daß die Väter des BGB bei Kenntnis gerade der Entwicklung der Verkehrspflichten, die ja letztlich der schadensersatzrechtliche Ausdruck veränderter Formen des menschlichen Zusammenlebens sind, den Satz von der unmittelbaren Richtung der Handlung gegen das Recht nicht in gleicher Weise formuliert hätten. Denn auch sie haben dabei mitgemeint, was wir

---

[3]) Vgl. die Motive bei *Mugdan* Bd. II, S. 406.
[4]) Vgl. oben § 4 I 2 (S. 50 f.).

unter der „Richtung" einer Handlung in erster Linie verstehen und gerade dort vermissen, wo eine Handlung lediglich wegen Verletzung einer Verkehrspflicht zurechenbar ist: nämlich den *mit der Handlung verfolgten Zweck*.

Man kann, glaube ich, nicht bestreiten, daß wir eher und weitreichendere Sanktionen an eine einen anderen beeinträchtigende Handlung zu knüpfen bereit sind, wenn wir den Zweck dieser Handlung auf das beeinträchtigende Gut gerichtet empfinden, als wenn nur eine Verursachungskette — mag sie nun „adäquat" sein oder nicht — von einer Handlung auf das Gut läuft. Daß das so ist, muß — man mag zu ihr stehen wie man will — der *finalen Handlungslehre* als Verdienst zugerechnet werden. Sie hat den Blick der Juristen auf das gelenkt, was in der Philosophie (insbesondere von *Hartmann* und *Scheler*) zuvor schon herausgestellt worden war, daß nämlich die menschliche Handlung nicht nur Ausgangspunkt einer Verursachungskette, sondern daß sie zweckhaftes Tun ist, welches nur derjenige richtig bewertet, der dieses Zweckmoment in die Betrachtung einbezieht.

Macht man sich die unbestrittene Erkenntnis bewußt, daß alles menschliche Handeln besteht in dem „Vorausprojizieren des Zwecks in die Zukunft", der „rückläufigen eigentlichen Finalbestimmung der Reihe der Mittel durch den Zweck" und schließlich der „Realisation des Zwecks durch dieselbe, jetzt umgekehrt ablaufende Reihe der Mittel"[5]), so liegt ja nichts näher als dasjenige menschliche Verhalten, dem die Zweckrichtung auf das in Frage stehende geschützte Recht anhaftet, zum *Ausgangsfall* der unerlaubten Handlung i. S. des § 823 I BGB zu nehmen. Gleich wie uns einleuchtet, daß ein Tun, dessen Zweck auf die Verwirklichung eines Straftatbestandes gerichtet ist, bestraft werden muß, leuchtet uns unmittelbar ein, daß die Sanktion des § 823 I BGB an eine das Recht eines anderen beeinträchtigende Handlung zu knüpfen ist, wenn diese Handlung ihrem Zweck nach gegen das Recht gerichtet ist (und Gründe, die diese Zweckrichtung rechtfertigen, fehlen). Wer kraft seiner Handlungsfreiheit seinem Handeln selbst die Richtung gegen das Recht eines anderen gibt, muß die Folgen seiner Handlung auch selbst verantworten und dem Beeinträchtigten dessen Schaden ersetzen.

3. Die Rechtswidrigkeit der Beeinträchtigung eines Rechts damit zu begründen, daß der Handelnde sie *bezweckt* hat, ist im Bereich des *Deliktsrechts* nicht ohne Vorbild. So ist es Ausdruck dieses Gedankens, wenn *v. Caemmerer* den *vorsätzlichen* Eingriff in eines der in § 823 I BGB genannten Güter und Rechte als unmittelbar rechtswidrig ansieht und es als bleibenden Gewinn der finalen Handlungslehre *Welzels* und der um sie entstandenen Diskussion bezeichnet, daß vorsätzliches Handeln auch als Tatbestand von fahrlässigen und schuldlosen Rechtsverletzungen abgehoben werde[6]), oder wenn *Larenz* bei der Erörterung des Rechts an Gewerbebetrieb[7]) die von der

---

[5]) *Hartmann*, Einführung in die Philosophie, S. 112; neuestens etwa *Watermann*, Die Ordnungsfunktion von Kausalität und Finalität im Recht, S. 129.

[6]) DJT-Festschrift II, S. 77 Note 115.

[7]) Anmerkung zum Urteil des OLG München vom 21. 3. 1956, NJW 1956, S. 1719 f. und Schuldrecht Bd. II, § 66 I d (S. 423).

Rechtsprechung geforderte Unmittelbarkeit des Eingriffs als Zweckrichtung interpretiert, die einer Handlung nach dem (aus bestimmten Kriterien erkennbaren) Willen ihres Urhebers innewohnt. Nur so ist es zu verstehen, wenn *Dietz*, wie in der Einleitung bereits erwähnt[8]), die Koalitionsfreiheit des einzelnen und das Recht der Koalition auf Dasein und Betätigung als sonstiges Recht i. S. des § 823 I BGB betrachten will, denn Art. 9 III 2 GG zieht eine Schutzlinie von vornherein nur gegenüber Maßnahmen, die auf die Einschränkung oder Behinderung dieser Rechte *gerichtet* sind und stellt damit eindeutig auf die Zweckrichtung der Verletzungshandlung ab[9]). Und auf der gleichen Linie dürfte etwa auch der Vorschlag von *Stoll* liegen[10]), in Fällen frivoler Rechtsverletzung, etwa mutwilliger Zerstörung oder mißbräuchlicher Benutzung einer fremden Sache, rücksichtsloser Verletzung der Grenzen eines fremden Grundstücks oder der gewissenlosen Ausnutzung einer fremden gewerblichen Leistung („sklavische Nachahmung"), frivolen Vertragsbruches u. ä. wegen der darin liegenden Mißachtung einer fremden Persönlichkeit eine besondere Genugtuung zu gewähren. In diesen Fällen, in denen die „Kränkung des Rechtsgefühls des Verletzten gewichtiger ist als der angerichtete Schaden", richtet sich die Verletzunghandlung nicht nur gegen das dem äußeren Erscheinungsbild nach betroffene Recht, sondern der inneren Einstellung des Täters nach auch gegen die Persönlichkeit des Verletzten; diese innere Einstellung (die in erster Linie in der Zielrichtung auf die Persönlichkeit des anderen besteht) weckt das Bedürfnis nach einer besonderen Genugtuung über den Ersatz des Schadens hinaus.

Vor allem aber gründet sich auf diesen Gedanken die in der Einleitung erwähnte Rechtsprechung, welche die *Verleitung zum Vertragsbruch* ohne Hinzutreten weiterer Umstände als sittenwidrige Vermögensschädigung i. S. des § 826 BGB ansieht: Ohne daß in diesem Zusammenhang schon die unten[11]) behandelte Frage entschieden werden müßte, ob diese Fälle nun mit § 826 oder mit § 823 I BGB zu lösen sind, kann jedenfalls festgestellt werden, daß sich die Verleitung zum Vertragsbruch von anderen Beeinträchtigungen eines Vertragsrechts, etwa der Beschädigung der geschuldeten Sache, regelmäßig gerade durch die Richtung gegen das Vertragsrecht des Dritten unterscheidet. Denn entweder bezweckt der Handelnde dessen Beeinträchtigung direkt oder er nimmt sie doch in Kauf, während im Gegenbeispiel die Beschädigung der geschuldeten Sache in aller Regel ohne Bezug auf das Vertragsrecht geschieht, nämlich nur fahrlässig herbeigeführt wird oder allenfalls mit dem Zweck, den Sacheigentümer zu beeinträchtigen.

---

[8]) Oben § 1 I 2 (S. 4 f.).

[9]) Auch sonst wird übrigens im Bereich der Grundrechte das Zweckmoment der Handlung als Anknüpfungspunkt rechtlicher Regelungen genommen. Ein Beispiel ist etwa die Auffassung, das Grundrecht der Gewissensfreiheit greife dort nicht ein, wo unter seiner Fahne *gezielte* Übergriffe in Rechte anderer stattfinden. (Vgl. die Nachweise bei *Dürig*, Art. 103 III GG und die „Zeugen Jehovas" JZ 1967, S. 426 [S. 428]). Geht es bei Art. 9 III 2 GG um die *Gewährung* eines Rechtsschutzes gegen *gezielte* Eingriffe anderer, so wird dort der Rechtsschutz versagt, wo man selbst gezielt in Rechte anderer eingreift.

[10]) Empfiehlt sich eine Neuregelung der Verpflichtung zum Geldersatz für immateriellen Schaden? Gutachten für den 45. Deutschen Juristentag, S. 149 ff.

[11]) § 9 III 2 (S. 137 ff.).

Daß das *Wissen um die Beeinträchtigung des Vertragsrechts* des Dritten die Verleitung zum oder die Mitwirkung am Vertragsbruch eines anderen zur unerlaubten und damit zum Schadenersatz verpflichtenden Handlung stempelt, ist noch deutlicher als in der deutschen in der *österreichischen höchstrichterlichen Rechtsprechung* zum Ausdruck gekommen. Dort hat der Oberste Gerichtshof (OGH) in bislang 4 Entscheidungen unter Abkehr von älteren Urteilen geradewegs als Leitsatz formuliert, daß die *wissentliche Beteiligung* eines Dritten an einer Vertragsverletzung auch bei Fehlen von Arglist nach §§ 1294, 1295, 1301 ABGB[12]) schadensersatzpflichtig machen könne.

In dem dem Urteil vom 23. 6. 1937[13]) zugrunde liegenden Fall hatte der Kläger einen Anspruch auf Überlassung eines zusammen mit anderen Räumen gemieteten WC zunächst nicht durchsetzen können, weil dieses zuvor schon an einen Dritten vermietet und übergeben worden war. Als der Dritte sein Mietverhältnis aufgab, ließ sich der Bekl. die von diesem gehaltenen Räume mit Einschluß des WC vom Hauseigentümer vermieten und übergeben, obwohl er von dem Anspruch des Klägers wußte.

Der OGH sah keinen Anlaß, zu der Frage Stellung zu nehmen, ob das „Bestandsrecht" des Klägers dinglich, quasidinglich oder absolut sei. Er verurteilte den Bekl. *im Wege des Schadensersatzes* zur Herausgabe des WC an den Kläger, weil der Bekl., indem er als Bewerber um dieses Mietrecht auftrat, dem Hauseigentümer die Möglichkeit zur Vertragsverletzung gegeben und an ihr mitgewirkt habe, wofür er nach §§ 1295, 1301 ABGB schadensersatzpflichtig sei: „Der Oberste Gerichtshof vertritt die in der Lehre nur von Wolff erwähnte und von der Rechtsprechung noch nicht übernommene Auffassung, daß ein wissentlicher Eingriff in bestehende Vertragsrechte einen Dritten schadensersatzpflichtig mache, selbst wenn keine Arglist erweislich ist."

---

12) Diese Bestimmungen lauten:

§ 1294: „Der Schade entspringt entweder aus einer widerrechtlichen Handlung, oder Unterlassung eines anderen; oder aus einem Zufalle. Die widerrechtliche Beschädigung wird entweder willkürlich, oder unwillkürlich zugefügt. Die willkürliche Beschädigung gründet sich teils in einer bösen Absicht, wenn der Schade mit Wissen und Willen; teils in einem Versehen, wenn er aus Mangel der gehörigen Aufmerksamkeit, oder des gehörigen Fleißes verursacht worden ist. Beides wird Verschulden genannt."

§ 1295: „Jedermann ist berechtigt, von dem Beschädiger den Ersatz des Schadens, welchen dieser ihm aus Verschulden zugefügt hat, zu fordern; der Schade mag durch Übertretung einer Vertragspflicht, oder ohne Beziehung auf einen Vertrag verursacht worden sein.
Auch wer in einer gegen die guten Sitten verstoßenden Weise absichtlich Schaden zufügt, ist dafür verantwortlich, jedoch falls dies in Ausübung eines Rechts geschah, nur dann, wenn die Ausübung des Rechts offenbar den Zweck hatte, den anderen zu schädigen."

§ 1301: „Für einen widerrechtlich zugefügten Schaden können mehrere Personen verantwortlich werden, indem sie gemeinschaftlich, unmittelbarer- oder mittelbarerweise, durch Verleiten, Drohen, Befehlen, Helfen, Verhehlen u. dgl.; oder auch nur durch Unterlassung der besonderen Verbindlichkeit das Übel zu verhindern, dazu beigetragen haben."

13) Entscheidungen des österreichischen Obersten Gerichtshofs in Zivil- und Justizverwaltungssachen (SZ) Bd. XIX Nr. 205 (S. 504 ff.).

Dem Urteil vom 8. 1. 1958[14]) lag ein vertraglicher Anspruch des Klägers auf ungestörte Unterhaltung von Bienenstöcken auf dem Grundstück seines Arbeitgebers zugrunde. Ein mit der Baumpflege betrauter anderer Angestellter des Grundeigentümers spritzte, ohne den Kläger zu benachrichtigen und ihm damit Gelegenheit zur Vorsorge zu geben, die Bäume zur Zeit des stärksten Bienenflugs mit einer giftigen Mischung, wodurch ein Großteil der Bienen zugrunde ging.

Der OGH sah weder eine Möglichkeit, dem Klagbegehren aufgrund Nachbarrechts gerecht zu werden, noch konnte er sich entschließen, die Grundsätze des zur Zeit des Vorfalls noch nicht in Kraft getretenen Steiermärkischen Bienenzuchtgesetzes, welches das Spritzen zur Zeit des Bienenflugs verbietet, heranzuziehen. Die das Urteil tragenden Sätze lauten vielmehr: „Der Beklagte hat durch sein Handeln wissentlich an der Vertragsverletzung mitgewirkt und ist dafür nach §§ 1295, 1301 ABGB ex delicto schadensersatzpflichtig. Denn die widerrechtliche Beschädigung (§ 1294) verpflichtet zum Schadensersatz auch, wenn der Schaden durch Übertretung einer Vertragspflicht und wissentliche Beteiligung an ihr durch einen Dritten verursacht wurde (§ 1295 ABGB; SZ XIX 205)."

Im Urteil vom 25. 6. 1958[15]) ging es um beschlagnahmtes Grundeigentum, dessen Rückgabe in Aussicht stand. Der frühere Eigentümer hatte sich im Scheidungsverfahren verpflichtet, es im Falle der Rückgewähr seiner Ehefrau, der Klägerin, zu übertragen. Noch bevor die Beschlagnahme des Vermögens des Ehemanns aufgehoben wurde, erwarb dessen Schwägerin, die Beklagte, das Grundstück vom Staat. Nach Aufhebung der Beschlagnahme forderte die Klägerin von der Schwägerin Übereignung des Grundstücks mit der Begründung, diese habe gewußt, daß durch ihren Erwerb das bedingte Forderungsrecht der Klägerin beeinträchtigt werde.

Nach dem Hinweis darauf, daß an sich bei Doppelverkauf gemäß §§ 430 und 440 ABGB die Sache demjenigen gebühre, dem sie zuerst übergeben worden sei, bzw. demjenigen, der früher um die „grundbücherliche Einverleibung" nachgesucht habe, führte der OGH aus, er halte an der in den beiden vorerwähnten Entscheidungen ausgesprochenen Ansicht fest, daß eine wissentliche Beteiligung an einer Vertragsverletzung i. S. des § 1301 ABGB schadensersatzpflichtig machen könne, auch wenn Arglist nicht erweislich sei. Daraus folgert er, „Sollte die Klägerin um die Forderung gebracht werden, so wird es keine Rolle spielen, daß die Beklagte vielleicht auch gewisse eigene Interessen hatte, den Liegenschaftsanteil billig zu erwerben, weil § 1295 II ABGB keineswegs fordert, daß die Rechtsausübung ausschließlich dem Zweck dient, einen anderen zu schädigen."

Das Urteil vom 15. 3. 1962[16]) hat diese Rechtsprechung erneut bestätigt: „Die Untergerichte haben die in Lehre und Rechtsprechung umstrittene Frage, ob ein Dritter, wenn er wissentlich in ein bestehendes Vertragsverhältnis ein-

---

[14]) SZ XXXI Nr. 3 (S. 7 ff.).

[15]) SZ XXXI Nr. 87 (S. 303 ff.).

[16]) Auszugsweise abgedruckt im Evidenzblatt der Rechtsmittelentscheidungen, seit 1946 in der Österreichischen Juristenzeitung, 1962 Nr. 310.

greift, schadensersatzpflichtig wird, i. S. der neueren Rechtsprechung richtig gelöst. In SZ XIX/205 hat der OGH die Schadensersatzpflicht des Dritten, der wissentlich ein Forderungsrecht beeinträchtigt, bejaht, womit er der Lehre Wolffs in Klang 2 VI 41 gefolgt ist. In SZ XXXI 3 und 87 hielt der OGH an dieser Rechtsansicht fest, und es besteht auch jetzt kein Anlaß, hiervon abzugehen."

Sicherlich bietet diese Rechtsprechung manchen Angriffspunkt: So kann man im Zweifel sein, ob man im Bienenfall nicht auch ohne den Umweg über die Mitwirkung an einer Forderungsverletzung zu einem Schadensersatzanspruch hätte gelangen können[17]). So trifft der Hinweis von *Koziol* zu, daß sich der OGH auf *Wolff* jedenfalls insofern zu Unrecht beruft, als er auf die *wissentliche* Beeinträchtigung des Vertragsrechts abstellt, da dieser gerade einen allgemeinen Schutz der Forderung befürworte und als Schranke dieses Schutzes nur ein überwiegendes Interesse des eingreifenden Dritten, wie etwa dessen Eigentum an der geschuldeten Sache, gelten lasse[18]). Und so wird nicht endgültig klar, ob der OGH sich wirklich auf § 1295 I ABGB stützen, also die Mitwirkung an der Vertragsverletzung als Haftungsgrund ansehen will, oder doch zur Annahme einer sittenwidrigen Schädigung neigt, wofür spricht, daß er in der Entscheidung SZ XXXI Nr. 87 § 1295 II ABGB heranzieht[19]). Aber das ändert nichts daran, daß der entscheidende Umstand, welcher in diesen Fällen zur Bejahung der Schadensersatzpflicht geführt hat, die *wissentliche* Beeinträchtigung des Vertragsrechts des Dritten gewesen ist.

Was liegt näher, als in diesem besonderen *subjektiven* Tatbestand auch die dogmatische Basis für die Rechtsprechung des OGH zu finden, die dann die Schadensersatzpflicht auch bei anderen Formen der Beeinträchtigung eines Forderungsrechtes trägt? Auch *Koziol* kommt ja letztlich nicht an der entscheidenden Bedeutung dieses Gesichtspunktes vorbei, wenn er vom Boden des von ihm angenommenen Rechts auf eine obligationsmäßige Willensrichtung des Schuldners aus dazu gelangt, die Kenntnis des Verletzers vom Vertragsrecht des Dritten zur Voraussetzung der Haftung zu machen[20]) und in diesem Zusammenhang ausdrücklich anerkennt, daß die Ergebnisse, zu denen der OGH gelangt ist, „durchaus überzeugen"[21]).

---

[17]) *Koziol* (aaO. S. 33 Note 85) meint, zur Begründung des Schadensersatzanspruchs hätte der Umstand völlig ausgereicht, daß der Beklagte den Gegenstand des klägerischen Eigentums, nämlich die Bienen, verletzt hatte. Demgegenüber ist es immerhin denkbar, daß sich *vor* Inkrafttreten des Steiermärkischen Bienenzuchtgesetzes das Spritzen der Bäume auch zur Zeit des Bienenfluges noch im Rahmen des Zulässigen hielt und vom Spritzen herrührende Schädigungen der Bienen deshalb als nicht widerrechtlich hinzunehmen waren.

[18]) *Koziol* aaO. S. 29 ff. zu *Klang-Wolff*, Kommentar zum ABGB, Anm. I 2 zu § 1295.

[19]) Auch *Tomandl*, Streik und Aussperrung als Mittel des Arbeitskampfes, scheint ein solches Verständnis der Rechtsprechung des OGH für möglich halten, denn er führt sie unter der Rubrik „Der Arbeitskampf als sittenwidrige Aktion" (S. 207 ff.) zustimmend an (S. 209 f.).

[20]) S. 174 ff.

[21]) S. 175.

4. Die Scheidung nach solchen Eingriffen, mit denen der Handelnde den *Zweck* der Beeinträchtigung des Rechts verfolgt, und solchen, denen dieses Zweckmoment fehlt, eignet sich als Kriterium für die Anwendbarkeit des § 823 I BGB. Von Handlungen, die den Zweck einer Beeinträchtigung des Rechts eines anderen an sich tragen, geht naturgemäß eine viel stärkere Gefährdung dieses Rechts aus. Ihnen vorzubeugen und sie mit den Geschädigten zufriedenstellenden Sanktionen zu versehen, fordert dessen Interesse viel gebieterischer, als es die Auslösung einer Verursachungskette tut, mag auch die Vorhersehbarkeit der Rechtsbeeinträchtigung (= Fahrlässigkeit) hinzukommen. Umgekehrt läßt sich dem Verkehr zumuten, Sanktionen für Handlungen zu tragen, deren Zweck die Rechtsbeeinträchtigung ist. Denn nach diesem Zweck wird der enge Rahmen abgesteckt, innerhalb dessen für die Folgen der Rechtsbeeinträchtigung einzustehen ist. Diejenige Handlung, deren Zweck in eine andere Richtung geht, bleibt sanktionslos, auch wenn als ihre Folge die Beeinträchtigung eines Rechts eintritt.

Mit diesem Kriterium paßt man den Schutz der verschiedenen subjektiven Rechte auch deren unterschiedlicher Rechtsmacht an. Denn eine Handlung richtet sich dann gegen ein Recht, wenn sie den Zweck verfolgt, den Inhaber in den Befugnissen zu stören, die das Recht ihm gewährt. Diese Befugnisse sind die Angriffspunkte, an denen die Handlung von ihrem Zweck her ansetzen muß.

Das trägt beim *Eigentum* als dem umfassendsten Herrschaftsrecht („nach Belieben mit der Sache verfahren") nicht soviel aus, weil der umfassenden Befugnis von der zweckhaften Handlung aus gesehen auch umfassende Angriffsflächen entsprechen, die von der Verletzung der Sachsubstanz bis zur Vorenthaltung der Gebrauchsmöglichkeit und Vereitelung der Verfügungsbefugnis reichen[22]). Schon bei den *beschränkt-dinglichen Rechten* liegen die Dinge anders. Was dem Zweck der Handlung nach gegen die Befugnis des Pfandgläubigers gerichtet ist, braucht nicht gegen die Befugnis des Nießbrauchers an der gleichen Sache gerichtet zu sein, selbst wenn es sich auf diese auswirkt. Deutlich ist das bei den *Immaterialgüterrechten*, die die einzelnen Gesetze ja selbst als genau umrissene Befugnis beschreiben. Nimmt man etwa das Patentrecht, welches nach § 6 PatG dem Patentinhaber die Befugnis gewährt, den Gegenstand der Erfindung gewerbsmäßig herzustellen, in Verkehr zu bringen, feilzuhalten oder zu gebrauchen, so heben sich diejenigen Handlungen, die gegen die Ausübung dieser Befugnis gerichtet sind, scharf von anderen Zweckhandlungen ab, als deren Begleiterscheinung eine Beeinträchtigung etwa des Gebrauchs des Patentrechts eintritt. Die *elterliche Gewalt* umfaßt die Befugnis, den Aufenthalt des Kindes zu bestimmen, es zu erziehen und festzulegen, mit wem es verkehrt. Selbst die beabsichtigte Verletzung des Kindes erscheint also nicht als Verletzung der elterlichen Gewalt, weil sie in aller Regel nicht deren Befugnisse anvisiert, sondern auf die kör-

---

[22]) Auf die Besonderheiten, die sich für das Eigentum wie für die anderen Rechte an Sachen als Herrschaft über die Sache ergeben, wird — ebenso wie auf ähnliche Probleme bei den Rechten an Personen — in § 7 (S. 95 ff.) noch eingegangen.

perliche Integrität des Kindes gerichtet ist[23]). Daß Ähnliches auch von der *schuldrechtlichen Forderung* als dem Recht gilt, die Leistung zu bekommen und zu behalten, ist oben unter 3. im Vergleich zur Verleitung zum Vertragsbruch bereits dargetan: Die Beeinträchtigung des Schuldgegenstandes, etwa die Beschädigung der Kaufsache, wird zumeist keine Zweckhandlung hinsichtlich der Forderung, etwa des Kaufanspruchs sein, sondern — sofern der Zweck nicht in ganz andere Richtung geht — hinsichtlich des Rechtes am Schuldgegenstand, etwa des Eigentums an der Sache.

5. Läßt man in der geschilderten Weise den Zweck der Handlung über die Haftung entscheiden, so sind für die Anwendung des § 823 I BGB die Strukturunterschiede der Rechte nur noch insofern von Bedeutung, als sich nach ihnen die unterschiedliche *Rechtsmacht* bestimmt: Wogegen sich die Handlung ihrem Zweck nach richten kann, hängt allein davon ab, *welche* Befugnisse das Recht gewährt, nicht davon, *wie* es sie gewährt. Damit tritt für den Deliktsschutz insbesondere *die Unterscheidung zwischen Ansprüchen und Gestaltungsrechten in den Hintergrund,* denn ob die Rechtsordnung dem Rechtsinhaber zur Durchsetzung seiner Rechtsmacht das eine oder das andere Instrument an die Hand gibt, ist für die Möglichkeit eines gegen das Recht gerichteten Eingriffs nicht entscheidend.

Wer etwa unbefugt ein Vorkaufs- oder ein Wiederkaufsrecht ausübt, richtet seine Handlung gegen dieses Recht, gleichgültig, ob man Vor- bzw. Wiederkauf als doppelt bedingten Kauf konstruiert[24]), und damit Objekt der Beeinträchtigung der relative bedingte Kaufanspruch ist, oder ob man von einem Gestaltungsrecht des Vorkaufsberechtigen ausgeht[25]), welches dann als Gegenstand des Eingriffs in Betracht kommt. Nichts anderes gilt dort, wo die Gestaltungsrechte, wie zumeist, als unselbständige Befugnisse in ein anderes Recht eingebettet sind: Zum Recht des Vertragsgläubigers gehören das Rücktrittsrecht oder die Aufrechnungsbefugnis ebenso wie der Leistungsanspruch, zu dem Recht des Mitglieds in einer Körperschaft die Stimmrechte gleichermaßen wie ein Dividendenanspruch und zum Recht des Arbeitgebers neben dem Anspruch auf die Arbeitsleistung auch das diesen Anspruch be-

---

[23]) Erst recht stellt die *fahrlässige* Verletzung des Kindes keinen Eingriff in die elterliche Gewalt dar, wie das LG Bremen fälschlicherweise angenommen hat (Urteil vom 3. 1. 1961, MDR 1961, S. 599). Bezeichnenderweise stützt *Weimar* (Zur Problematik der Schadensersatzpflicht bei Verletzung der elterlichen Gewalt, MDR 1962, S. 7 f.) seine Ablehnung des Urteils des LG Bremen auf die Erwägung, daß durch die Verletzung des Kindes das Personensorgerecht weder in seinem Bestand noch in einer seiner einzelnen Ausstrahlungen „objektiv mißachtet" werde, „wie das z. B. im Falle der Kindesentführung oder bei nachteiliger Beeinflussung des Kindes durch Dritte, also bei Tatbeständen, die den Inhalt des Sorgerechts gleichsam negieren", wohl unzweifelhaft zutreffe, stellt also ganz in unserem Sinne auf die fehlende Richtung der Handlung gegen das betroffene Recht ab. Gegen das Urteil auch *Stoll* AcP 162, S. 213 Note 45.

[24]) So die h. M. in Rechtsprechung und Literatur: Vgl. die Nachweise bei *Larenz,* Schuldrecht II, Noten 1 bis 3 auf S. 102 und Note 2 auf S. 105.

[25]) So *Larenz* aaO. § 40 II und III (S. 101 ff.) und *Böttícher,* Besinnung auf das Gestaltungsrecht und das Gestaltungsklagerecht, Festschrift für Dölle (1963) Bd. 1 S. 41 ff. (S. 45 ff.).

stimmende Weisungsrecht. Beeinträchtigungshandlungen können ihrem Zweck nach auf die einen wie auf die anderen Befugnisse gerichtete sein und müssen dann hier wie dort den Deliktsschutz auslösen[26]). Darauf wird im folgenden Paragaphen noch des näheren einzugehen sein.

II. Subjektive Zielrichtung und objektiver Sinngehalt der Handlung

Daß die vorstehend dargelegte Auffassung der finalen Handlungslehre folgend den Vorsatz zum Tatbestand rechne und damit für bestimmte subjektive Rechte die vorsätzliche und die fahrlässige Verletzung voneinander trenne, um entgegen dem klaren Wortlaut des § 823 I BGB nur die erstere zur Schadensersatzpflicht führen zu lassen, ist ein naheliegender Einwand[27]). Er träfe zu, wenn sich Richtung gegen das Recht in unserem Sinne und Vorsatz wirklich deckten.

1. Legt man die finale Handlungslehre, wie sie besonders von *Welzel* vertreten wird, zugrunde, so scheint das in der Tat so zu sein. Mit der auch von uns verwendeten Erkenntnis, daß die Handlung Ausübung von Zwecktätigkeit, vom Ziel her gelenkte planvolle Überdetermination von Kausalverläufen sei, verbindet sie ja ihre Grundthese, daß diese ontologische Struktur der Handlung dem Gesetzgeber vorgegeben sei: Wo der Gesetzgeber die Handlung regele, müsse er in seiner Regelung an diese Struktur anknüpfen, wenn er nicht das Regelungsobjekt verfehlen wolle. Deshalb gehöre bei der vorsätzlichen Tat der Tatbestandsvorsatz zur Handlung. Mit dem Straftatbestand schneide der Gesetzgeber aus der Vielzahl der finalen menschlichen Handlungen bestimmte heraus und unterstelle sie der Strafdrohung. Aber er könne sie eben nur herausschneiden und ihnen nicht durch einen anderen Vorsatzbegriff einen anderen Sinn geben[28]).

---

[26]) Freilich muß gerade bei der Beeinträchtigung von Gestaltungsbefugnissen die Zweckrichtung gegen das Recht von der Zweckrichtung gegen die — zur Ausübung der Befugnisse notwendige — Bewegungsfreiheit wohl unterschieden werden: Wer einen anderen einsperrt, so daß dieser die Frist für eine Kündigung versäumt, handelt nur dann mit Richtung gegen das die Kündigungsbefugnis beinhaltende Recht, wenn gerade dessen Beeinträchtigung der Zweckbestimmung seiner Handlung innewohnt. Fehlt es daran, so kommt ein Ersatzanspruch nur als Anspruch auf Ersatz des aus der Beeinträchtigung der Bewegungsfreiheit resultierenden Folgeschadens in Betracht, setzt also deren rechtswidrige und schuldhafte Verletzung voraus. Zum Deliktsschutz der Bewegungs- und Handlungsfreiheit, sowie zu dessen Abgrenzung vom Deliktsschutz anderer Rechte vgl. noch unten § 6 II 2 (S. 86 f.) und § 7 II 1 (S. 102 ff.).

[27]) Vgl. dazu die unten § 8 II (S. 114 ff.) behandelte Entscheidung BGHZ 45, 186 ff. auf S. 192.

[28]) *Roxin* hat in neuerer Zeit gegen die ontologische Vorgegebenheit des finalen Handlungsbegriffs eingewandt (Zur Kritik der finalen Handlungslehre, ZgStW 74 1962), S. 515 ff., insbes. S. 523 ff.): Der finale Handlungsbegriff müsse, wolle er leistungsfähig sein, die Sinndimension der Handlung mit einschließen. Die Beleidigung etwa sei als finale Handlung nicht eine auf Trommelfellerschütterungen abzielende finale Überdetermination von Schallwellen, sondern enthalte eine soziale Bedeutung, eben die der Beleidigung. Diese Sinndimension der

Für uns würde das bedeuten: Knüpften wir die Tatbestandserfüllung des § 823 I BGB — und „Tatbestand" i. S. dieser Vorschrift ist ja die Rechtsverletzung, nicht mehr — an die Richtung auf das Recht, so hätten wir in der Tat den Tatbestandsvorsatz als den finalen Handlungswillen, der auf die objektiven Merkmale eines Tatbestandes gerichtet ist[29]), zur Voraussetzung der Anwendung des § 823 I BGB gemacht. Daran ändert es nichts, wenn man mit *Welzel* davon ausgeht, daß der finale Handlungswille nicht nur das *Ziel* und die ausgewählten *Mittel* umfaßt, sondern ebenso die *Nebenfolgen*, von denen der Handelnde erkennt, daß sie mit dem Einsatz seiner Handlungsmittel oder mit dem Eintritt seines Ziels *notwendig* verknüpft sind, und weiter auch die nur für *möglich* gehaltenen Nebenfolgen, deren Eintritt der Handelnde einkalkuliert[30]). Wohl steht es dem Gesetz frei, diese verschiedenen „Stufen" finalen Handlungswillens zu unterschiedlichen Anknüpfungspunkten seiner Regelung zu machen, m. a. W.: Auch im Zivilrecht könnte wie im Strafrecht unter Vorsatz einmal nur zielgerichtetes Handeln (dolus directus I), das andere Mal auch Handeln bei Kenntnis des Eintritts notwendiger Nebenfolgen (dolus directus II) und das dritte Mal auch der dolus eventualis verstanden sein[31]). Aber es bliebe dennoch dabei, daß der Vorsatz in § 823 I BGB

Handlung lege erst der Gesetzgeber durch seine Tatbestandssetzung fest. Damit jedoch verliere die finale Handlung die behauptete ontologische Vorgegebenheit. Denn dem Gesetzgeber stehe es nun auch frei, soviel Sinnkenntnis beim Täter in den Tatbestand zu legen wie er wolle — etwa das Bewußtsein der Strafbarkeit oder nur des formellen Verbotenseins, oder nur die Kenntnis der Sozialschädlichkeit; er könne auch die Vorstellung der äußeren Tatumstände einschließlich ihres normativen Gehalts ausreichen lassen. M. a. W.: Man könne den Vorsatz völlig losgelöst vom Handlungsbegriff entwickeln.

Mir scheint *Welzel* dieser Argumentation mit Recht entgegengehalten zu haben, daß die Sinndimension (die natürlich zum finalen Handlungsbegriff gehöre) der Handlung ja nicht erst vom Strafgesetz verliehen, sondern ihr vom menschlichen Geist gegeben werde, der die äußere Handlung mit dem verfolgten Sinn verknüpfe. Die Beleidigung als Kundgebung der Mißachtung sei — ebenso wie die Trommelfellerschütterung als physikalisches Experiment oder die Ehrenbezeugung — schon vor dem Strafgesetz da, das an sie lediglich seine Sanktion knüpfe (Vom Bleibenden und vom Vergänglichen in der Strafrechtswissenschaft, S. 6 ff.). Man wird *Roxin* allenfalls zugestehen können, daß auch der menschliche Geist, der der Handlung einen Sinn gibt, diesen irgendwoher beziehen muß, nämlich aus der Wirklichkeit der realen und sozialen Welt. Um im Beispiel zu bleiben: Nur in einer Welt, die physikalische Experimente kennt, kann ich einer Handlung den Sinn des Experiments geben, und nur, wo es die Achtung der Persönlichkeit gibt, kann es eine Mißachtung der Person des anderen geben. Auf *diesem* Wege, nämlich der sozialen Wirklichkeit, die sie mitprägen, wirken dann auch die Strafgesetze letztlich auf die Sinngebung des Handelns ein. Direkt, wie es *Roxin* vorzuschweben scheint, jedoch nicht. Gegen *Roxin* jetzt auch *Watermann* aaO. S. 133 ff. Das alles hindert freilich nicht, daß wir *Roxin* in seinem Ergebnis, der Unabhängigkeit des Vorsatzes vom finalen Handlungswillen, in gewissem Umfang zuzustimmen haben. Darüber sogleich im Text.

29) *Welzel* aaO. S. 10 Anm. 20.

30) *Welzel* aaO. S. 9 Anm. 17.

31) Das Zivilrecht versteht allerdings im allgemeinen unter dem Vorsatz den dolus eventualis mit (die Ausnahmen: Arglist, Schädigungs-, Täuschungs-, Benachteiligungsabsicht: § 123, § 826 BGB, § 30 Nr. 2, § 31 Nr. 1 KO — vgl. *Esser*, Schuldrecht Bd. 1, [3. Aufl.], § 37 II 1 mit Note 1 [S. 240] — interessieren im Rahmen des § 823 I BGB nicht).

jedenfalls *eine* dieser Stufen finalen Handlungswillens wäre und damit im Bereich unserer subjektiv-zielgerichteten Handlungen kein Raum für eine Fahrlässigkeitshaftung in § 823 I BGB bliebe.

Das gilt allerdings nur unter einer Voraussetzung: Daß nämlich unter dem Begriff „Vorsatz", wie ihn der Gesetzgeber gebraucht, in der Tat nichts anderes verstanden werden kann als dieser finale Handlungswille. Das aber scheint mir — und darin gebe ich in der eben wiedergegebenen Kontroverse zwischen *Roxin* und *Welzel* dem ersteren jedenfalls im Ergebnis recht — keineswegs der Fall zu sein, schon gar nicht im Zivilrecht. Und ich glaube im übrigen auch gar nicht, daß *Welzel* das behaupten will.

2. Ganz deutlich ist das zunächst dort, wo der Gesetzgeber mit dem Begriff der „vorsätzlichen" Tat *mehr* verlangt als die sinnerfüllte Zwecktätigkeit auf die Tatbestandsverwirklichung hin. Man kann ernstlich nicht bestreiten, daß dem Gesetzgeber die Anordnung freisteht, der von ihm verwandte Begriff „Vorsatz" sei dahin zu verstehen, daß neben der Vorstellung des äußeren Tatbestands und dem Willen zu seiner Verwirklichung weitere Voraussetzungen notwendig seien, etwa — um bei den Beispielen *Roxins* zu bleiben — das Bewußtsein der Strafbarkeit, des formellen Verbotenseins oder der materiellen Rechtswidrigkeit i. S. der Sozialschädlichkeit. Dagegen kann *von der Sache her* auch *Welzel* nichts einwenden: Der Begriff „Vorsatz" umfaßt dann eben mehr als den eigentlichen „Tatbestandsvorsatz", z. B. etwa zusätzlich das — ja von *Welzel* für die Strafbarkeit der vorsätzlichen Tat geforderte — Bewußtsein des Unrechts oder dessen Fehlen infolge mangelnder Gewissensanspannung. Lediglich *terminologisch* kann man im Zweifel sein, ob der Gesetzgeber so richtig handelt.

Für unser zivilrechtliches Problem ist schon das von großer Bedeutung. Denn gerade hier ist man — fast einhellig — der Auffassung, daß der Vorsatz mit dem Wissen und Wollen der Tatumstände noch nicht gegeben ist, vielmehr in aller Regel zu seiner Bejahung das Bewußtsein der Rechtswidrigkeit beim Täter hinzugehört[32]). Daraus folgt mit aller Deutlichkeit, daß es Raum gibt für subjektiv zielgerichtete, aber (im Sinne des BGB) nicht vorsätzliche Handlungen, die — sofern das Fehlen des Rechtswidrigkeitsbewußtseins verschuldet ist — der Fahrlässigkeitshaftung nach § 823 I BGB unterliegen.

Ich sehe mich in dieser Auffassung bestätigt durch Überlegungen, die jüngst *Schmidhäuser* über „Vorsatzbegriff und Begriffsjurisprudenz im Strafrecht"[33]) angestellt hat: In einer gleichzeitigen Kritik von kausaler und finaler Handlungslehre tritt Schmidhäuser dafür ein, das Wollen überhaupt aus dem Begriff des Vorsatzes herauszulösen und unter diesem im Sinne einer der Fahrlässigkeit als Schuldmoment gegenübergestellten „Vorsätzlichkeit" nur mehr das Tat- und Unrechtsbewußtsein zu verstehen, das Wollen aber als Handlungsmerkmal dem Unrechtstatbestand zuzuordnen. *Schmidhäuser* verkennt dabei nicht, daß das Wollen als Bewußtseinserleben nicht möglich ist ohne

---

[32]) Vgl. *Esser*, Schuldrecht, Bd. 1 (3. Aufl.), § 37 III (S. 241 ff.); *Larenz*, Schuldrecht Bd. I, § 19 II (S. 218 ff.).

[33]) Recht und Staat, Heft 356/357 (Tübingen 1968).

Vorstellung, betont aber, daß beide in ihrer Beziehung auf das Tatgeschehen nicht übereinstimmen müssen: „Die Tatsituation als solche ist nicht Gegenstand des Wollens, sondern nur des Vorstellens; und das Wollen ist in eine mehr oder weniger weitreichende und zutreffende Vorstellung der Tatsituation eingebettet. Ferner kann die Vorstellung von künftigem Geschehen, von Wirkungen des eigenen Handelns, weit über das Gewollte hinausreichen. Nur soweit nun das Vorgestellte gewollt wird und das Gewollte hernach auch eintritt, ist in der Strafrechtsanwendung mit dem festgestellten Wollen beim Unrecht auch schon ein Teil der Vorsätzlichkeit bei der Schuld bejaht ... Die Tatvorstellung ist als Moment der Vorsätzlichkeit bei der Schuld soweit erfragt, als die Unrechtstat reicht; als Moment des Wollens dagegen ist die Vorstellung beim Unrecht nur so weit mit erfragt, als das Wollen reicht" (S. 26). Das Wollen (und damit die insoweit miterfragte Vorstellung) aber reicht bei den einzelnen Unrechtstatbeständen verschieden weit. *Schmidhäuser* unterscheidet hier die Typen des „Zielunrechts" und des „Gefährdungsunrechts". Zielunrecht bedeute, daß der Täter handelnd ein Ziel verfolge, das er schon als solches nicht verfolgen darf, und Gefährdungsunrecht: daß der Täter handelnd Gefahr für ein Objekt herbeiführe. Die Finalität des Täters sei in beiden Fällen verfehlt, beim Zielunrecht im Ziel als solchem, beim Gefährdungsunrecht dadurch, daß dieses Ziel unter den gegebenen Umständen nicht verfolgt werden darf (S. 25).

Mit dem Unrechtstyp der gegen ein Recht gerichteten Handlung haben wir im Sinne *Schmidhäusers* einen Fall des Zielunrechts vor uns, bei dem Vorstellung und Wollen nur noch insoweit auseinandergehen, als es um das Unrechtsbewußtsein geht. Indessen gilt auch das nur für die Regel. Auch der Unrechtstyp der gegen das Recht gerichteten Handlung erfaßt Fälle des Gefährdungsunrechts; dabei ist nicht nur an die Fälle zu denken, in denen der Eingriff in das Recht eine notwendige oder mögliche Nebenfolge ist, sondern vor allem daran, daß der Handlungsbegriff in bestimmten Fällen als von der Rechtsordnung *objektiviert* aufgefaßt werden muß:

3. Der Satz, der finale Handlungsbegriff sei ontisch vorgegeben und vom Gesetzgeber, der sein Regelungsobjekt nicht verfehlen wolle, nachzuvollziehen, geht ja von der Voraussetzung aus, daß der Handlungsbegriff der finalen Handlungslehre tatsächlich das anvisierte Regelungsobjekt des Gesetzgebers *ist*. Es wird zu wenig beachtet, daß auch *Welzel* seine Grundthese vom Nachvollzug der ontischen Vorgegebenheit nur für die Fälle vertritt, wo „das Recht in seinen Tatbeständen gerade solche Handlungsmuster herausschneidet, in denen die Finalität auf die Verwirklichung eines sozial unerwünschten Vorgangs oder Zustands gerichtet ist[34])." Mit anderen Worten: Dem Gesetzgeber steht es frei, dort, wo es ihm nicht um das Handlungsmuster der Finalität bezüglich der Verwirklichung eines sozial unerwünschten Zustands geht, andere Anknüpfungspunkte für seine Regelung zu wählen. Für die Fahrlässigkeit hat *Welzel* das längst selbst anerkannt, wenn hier der in eine andere Richtung als auf den tatbestandsmäßigen Erfolg gehende Wille es ist, der

[34]) AaO. S. 9.

— nach seiner Messung an dem verkehrserforderlichen Verhalten — das Unrecht ergibt[35]).

Für unsere zivilrechtliche Betrachtung aber ergibt diese Erkenntnis sehr wesentliche Konsequenzen. So sehr es nämlich für den strafrechtlichen Regeltatbestand des vorsätzlichen Delikts naheliegt, daß der Gesetzgeber die auf die Verwirklichung eines sozial unerwünschten Vorganges oder Zustandes subjektiv zielgerichtete Handlung treffen will (wobei auch hier Grenzen denkbar sind, darüber sogleich), so wenig ist ausgemacht, daß im Zivilrecht das gleiche zu gelten habe. Dazu ist die Verschiedenheit der Regelungsmaterien zu groß.

Da das Strafrecht scharf in Freiheit oder Eigentum des Bestraften eingreift, steht bei ihm der Gedanke, daß die Sanktion durch das Verhalten des Täters gedeckt sein muß, ganz im Vordergrund. Man formuliert das nur unvollkommen, wenn man in dem Bestreben, Vorsatz- und Fahrlässigkeitstaten zugleich zu erfassen, davon spricht, daß „Strafe Schuld voraussetze". Dahinter steht in noch ausgeprägterem Maße, als wir es oben für die unerlaubte Handlung i. S. des § 823 I BGB festgestellt haben, der Gedanke, daß die zielgerichtete Handlung vom Täter zu verantworten ist: Daß das Gesetz im Regelfalle das *vorsätzliche* Delikt unter Strafe stellt, hat seinen inneren Grund darin, daß unserem Rechtsempfinden nach jedenfalls der Strafe *verdient*, dessen Handeln von der Absicht der Verletzung eines wichtigen Rechtsguts oder einer wichtigen Pflicht getragen ist. Wer aus freien Stücken sein Handeln in eine verbotene Richtung lenkt, muß das verantworten und die angeordneten Sanktionen tragen. Das Strafgesetzbuch bringt diesen Gedanken, worauf *Oehler* zutreffend hinweist[36]), in den meisten Fällen dadurch selbst zum Ausdruck, daß es in der Tatbestandsbeschreibung sich nicht mit der Verursachung der Beeinträchtigung eines Rechtsguts begnügt, sondern eine finale Tätigkeit verlangt, etwa das „Wegnehmen" (§ 242), das „Sich Zueignen" (§ 246), das „Beschädigen", das „Vernichten", das „Beiseiteschaffen" (§§ 133 f., 136 f., 170 a), das „Nötigen" (§ 240), „Widerstand Leisten" (§ 113) oder das „Dem Wilde Nachstellen" (§ 292), während bei fahrlässigen Delikten, etwa in den §§ 222 und 230, vom „Verursachen" die Rede ist.

Damit schneidet das Gesetz bei den vorsätzlichen Delikten — um mit Welzel zu sprechen — solche Handlungsmuster heraus, in denen die Finalität auf die Verwirklichung eines sozial unerwünschten Vorgangs oder Zustands gerichtet ist. Und in der Tat wäre es nicht widerspruchsfrei, wenn Rechtsprechung oder Lehre im Bereich der vorsätzlichen Delikte mit einem Handlungsbegriff arbeiten wollten, der diese Finalität, auf die es dem Strafgesetzgeber gerade ankommt, nicht in sich aufnimmt[37]).

[35]) Vgl. z. B. Fahrlässigkeit und Verkehrsdelikte, bes. S. 12 ff. und dazu *Ordeig*, Finalität und Vorsatz, NJW 1966, S. 533 f. (S. 534).

[36]) Das objektive Zweckmoment in der rechtswidrigen Handlung, S. 65 ff., insbes. S. 75 ff.

[37]) Ob es auch beim typischen Fahrlässigkeitsdelikt sinnvoll ist, den Handlungsbegriff in diesem Sinne final zu verstehen, muß hier nicht entschieden werden. Dagegen spricht immerhin, daß der Gesetzgeber etwa bei § 222 und § 230 StGB mit der Formulierung „Verursachen" auf eine finale Komponente im Tatbestand verzichtet hat (in diesem Sinne *Watermann* aaO. S. 135).

Nun hat aber gerade *Oehler* bestritten, daß sich die Sinnrichtung der Handlung im Tatbestand der vorsätzlichen Delikte in einer tatsächlich *subjektiven* Zielrichtung des Täters niederschlagen muß. Seiner Auffassung nach genügt zur Begründung der Tatbestandsmäßigkeit, daß der *objektive Sinn* der Tätigkeitsworte im sozialen Zusammenleben die Tatbestandsbeschreibung deckt. Der nicht jagdberechtigte Bauer etwa, der auf seiner Wiese Fallen aufstelle, die üblicherweise von den Wilderern zum Nachstellen auf Rehe, Hasen usw. benutzt werden, ihm in seiner Einfalt aber allein zum Fangen von Ratten dienen sollen, erfülle das Tatbestandsmerkmal des „Dem Wilde Nachstellens". Den inneren Grund dafür, lediglich das objektive Erscheinungsbild des „Wegnehmens", „Nachstellens" usw. zur Erfüllung des Tatbestands zu fordern, sieht *Oehler* im Schutzbedürfnis des einzelnen begründet: Der Verletzte müsse sich schon gegen Handlungen wehren können, die ihrem objektiven Sinn nach eine Gefährdung seiner Rechtsgüter auf einem verbotenen Weg darstellen[38]).

Ob der Auffassung *Oehlers* für das Strafrecht zuzustimmen ist, ist nur schwer zu beantworten und hängt wohl vor allem davon ab, wie weit man bereit ist, das Strafrecht an der von *Oehler* zur Grundlage seiner Auffassung gemachten Notwendigkeit von Abwehrbefugnissen auszurichten. Sicher gewinnt sie aber große Bedeutung für den Bereich des Rechts der unerlaubten Handlungen. Wohl nimmt auch hier das Gesetz zum regelmäßigen Anknüpfungspunkt seiner Sanktion die subjektive Zielrichtung auf das Recht. Und wohl hat das seine innere Rechtfertigung ebenfalls darin, daß derjenige, der sein Handeln selbst auf eine Beeinträchtigung des Rechts eines anderen lenkt, auch selbst die Verantwortung für den angerichteten Schaden zu tragen hat. Aber dennoch ist es richtig, für § 823 I BGB den Satz aufzustellen, daß tatbestandsmäßig in seinem Sinne auch schon die Handlungen sind, deren eindeutiger *objektiver* Sinngehalt in der Richtung gegen das Recht besteht[39]).

Dafür sprechen Gründe der Praktikabilität: Die Anknüpfung an den objektiven Sinngehalt einer Handlung befreit von der Erforschung des subjektiven Willens des einzelnen, was den Verletzten vor ungerechtfertigten Beweisschwierigkeiten bewahrt. Dafür spricht das Interesse des Rechtsinhabers, die — ja an das Drohen eines objektiv rechtswidrigen Eingriffs gebundene — Unterlassungsklage schon gegen solche Handlungen eines potentiellen Verletzers richten zu können, die ihrem objektiven Erscheinungsbild nach gegen sein Recht gerichtet sind, ohne daß es auf den subjektiven Willen des

---

Auch *Schmidhäuser* bleibt insoweit noch unentschieden, wenn er (aaO. S. 29) nur sagt, daß die Fahrlässigkeit als solche nichts mit dem Unrecht, sondern in Zuordnung zur Vorsätzlichkeit nur etwas mit der Schuld zu tun habe, und daß die fahrlässige Straftat sich daher im Unrecht jedenfalls nicht notwendig von der vorsätzlichen unterscheide, also allenfalls das typische Fahrlässigkeitsdelikt auch im Unrecht anders strukturiert sei als das typische Vorsätzlichkeitsdelikt.

[38]) S. 77; zustimmend Horn aaO. S. 83 f.

[39]) Wie übrigens auch *Larenz* in seiner Stellungnahme zur Unmittelbarkeit des Eingriffs in den Gewerbebetrieb (siehe oben I 3) die Möglichkeit einräumt, nicht allein auf das subjektive Bewußtsein des Handelnden, sondern auch auf die objektive Möglichkeit einer derartigen Zwecksetzung abzustellen.

Verletzers ankäme. Und dafür spricht auch die Erwägung, daß dem Rechtsinhaber ein Schadensersatzanspruch dort kaum zu versagen ist, wo ein nach der Verkehrsauffassung unmittelbar gegen sein Recht gerichteter Eingriff ihn beeinträchtigt hat. Es kann aus seiner Sicht nicht darauf ankommen, ob hinter einer dem objektiven Sinne nach gegen sein Recht gerichteten Handlung auch eine subjektive Zielrichtung steht. Wo er nicht Schutz gegen jede verursachte Rechtsverletzung erhalten soll, darf er ihn jedenfalls gegenüber objektiv gegen sein Recht gerichteten Handlungen erwarten.

Interessen des Verletzers, insbesondere an der Bewahrung seiner Handlungsfreiheit, stehen dem nicht im Wege. Auf das objektive Erscheinungsbild der Richtung gegen das Recht abzustellen, bedingt weder ein Überhandnehmen möglicher Unterlassungsklagen noch ein Ausufern von Schadensersatzpflichten. Denn auch in dieser Gestalt unterscheiden sich die gegen ein Recht gerichteten Handlungen noch scharf von den bloß verursachten Rechtsverletzungen — was im folgenden Paragraphen noch deutlicher werden wird[40]).

Man sollte sich in diesem Zusammenhang auch nicht scheuen, eine Parallele von den unerlaubten zu den *erlaubten* rechtlich bedeutsamen Handlungen, insbesondere den Rechtsgeschäften, zu ziehen. Bei der Regelung des Rechtsgeschäfts stellt die Rechtsordnung ja auch auf die Finalität der Handlung ab, indem sie die Willenserklärung als die auf einen bestimmten Rechtserfolg gerichtete Willensäußerung zum Geltungsgrund von Rechtswirkungen macht. Hier ist uns selbstverständlich, daß sich die Rechtsordnung nicht damit begnügen kann, die Rechtsfolgen an das wirklich vom subjektiven Willen getragene Handeln, also die Äußerung eines tatsächlich vorhandenen (und von Willensmängeln freien) Willens zu knüpfen. Sie muß im Interesse des von der Erklärung Betroffenen den Erklärenden am objektiven Sinn seiner *nicht* — oder infolge von Willensmängeln *nicht so* — gewollten Erklärung festhalten, sofern sich der Betroffene auf sie verlassen hat (also nicht z. B. ein Fall der bloßen falsa demonstratio vorliegt).

Freilich bliebe der Hinweis noch an der Oberfläche, die Interessenlage des von unerlaubten oder erlaubten Handlungen eines anderen Betroffenen fordere hier wie dort, dem Handelnden den objektiven Sinn seiner Handlung anzurechnen — hier im Sinne des Eintritts der Rechtswirkungen, dort im Sinne der Begründung der Abwehrbefugnis und des Auslösens von Schadensersatzansprüchen. Überzeugungskraft erlangt die Parallele erst, wenn erkannt wird, daß hinter der Ähnlichkeit der Interessenlage in gewissem Umfang eine Übereinstimmung der Prinzipien steht.

Daß rechtsgeschäftliches Handeln finales Handeln ist, beruht auf dem institutionellen Sinn des Rechtsgeschäfts, dem einzelnen „die Gestaltung der Rechtsverhältnisse in Selbstbestimmung, d. h. nach dem Willen“[41]), m. a. W.: seine Privatautonomie, zu gewährleisten. Dieser Sinn des Rechtsgeschäfts ankert

---

[40]) Zur Unterlassungsklage vgl. auch noch unten § 11 III 1 (S. 164 ff.).

[41]) So die Formulierung von *Flume*, Rechtsgeschäft und Privatautonomie, DJT-Festschrift Bd. I, S. 135 ff. (S. 149). Den dort wiedergegebenen Ausführungen entsprechen im wesentlichen die der §§ 1 ff. (S. 1 ff.) des 1. Bandes des Allgemeinen Teils des bürgerlichen Rechts von *Flume*.

im allgemeinen Prinzip der Selbstbestimmung des Menschen[42]), man könnte sagen: er fügt der allgemeinen Handlungsfreiheit die — von der Rechtsordnung erst zu verleihende — *rechtliche* Handlungsfreiheit hinzu. Korrelat der Selbstbestimmung ist aber bei der allgemeinen Handlungsfreiheit wie bei der rechtlichen die *Selbstverantwortung* des Handelnden. Selbstverantwortung bedeutet dabei hier wie dort zunächst einmal Zurechnung der Folgen der subjektiv gewollten Handlungen: Dem Verletzer die subjektiv zielgerichtete Rechtsbeeinträchtigung zuzurechnen, beruht, wie wir gesehen haben, auf dem Gedanken, daß er sein Handeln selbst so bestimmt und damit auch zu verantworten hat. Wie er aber dort den Folgen seiner selbst gewollten beeinträchtigenden Handlungen ausgesetzt ist, so ist er im rechtsgeschäftlichen Bereich an die Folgen des Gebrauchs seiner Privatautonomie, nämlich an den Rechtserfolg seiner (von Willensmängeln freien) Willenserklärung gebunden.

Selbstverantwortung bedeutet aber auch, wie *Flume* für das Rechtsgeschäft nachdrücklich dargetan hat, in gewissem Umfang die Verantwortung für die zur Ausübung der Selbstbestimmung erforderlichen Mittel[43]). *Flume* beruft sich für dieses Verständnis der Selbstverantwortung auf den Satz von *Savigny:* „Nun beruht aber alle Rechtsordnung gerade auf der Zuverlässigkeit der Zeichen, wodurch allein Menschen mit Menschen in die Wechselwirkung treten können" und rechtfertigt mit ihm, Vertrauensschutz und Interessenausgleich zu gewähren, m. a. W.: vom subjektiven Willensinhalt abzusehen und auf den objektiven Sinngehalt einer Erklärung abzustellen. Es gehe, so meint *Flume* für den Fall des fehlenden Erklärungsbewußtseins, darum, „ob jemandem für sein Verhalten, welches den Anschein eines rechtsgeschäftlichen Aktes hervorruft, die Verantwortung zukommt, daß er den Schein-Akt gelten lassen muß ..." (S. 175 f.). Wie aber der Erklärungsempfänger denjenigen, von dem eine Erklärung ausgeht, an deren objektiven Sinn festhalten kann, weil es „zuverlässige Zeichen zwischen Menschen" geben muß, so kann der in seinen Rechten Beeinträchtigte denjenigen, von dem die Beeinträchtigung ausgeht, am objektiven Sinn der Handlung als gegen ihn gerichtet festhalten, weil dieser Sinn ein Zeichen ist, auf das man sich im Rahmen des Schutzes seiner Rechte verlassen können muß.

Flume selbst wendet sich freilich gegen eine Verkennung des grundsätzlichen Unterschieds zwischen rechtsgeschäftlicher Gestaltung auf der Grundlage der Privatautonomie und Verhaltenshaftung. Das ist richtig, soweit versucht wird, im Bereich der rechtsgeschäftlichen Gestaltung Verhaltenshaftung zum Tragen zu bringen, wie es nach seinen Darlegungen etwa mit der Lehre von der typisierten oder der fahrlässigen Willenserklärung oder der sogenannten Scheinvollmacht geschieht. Aber es darf darüber nicht verkannt werden, daß rechtsgeschäftliche Gestaltung wie außerrechtliches („unerlaubtes") Handeln in sich soweit gleichen Regeln folgen, als sie beide auf dem gleichen Prinzip, dem der Selbstbestimmung und Selbstverantwortung, beruhen. Daß es sich hier um die allgemeine natürliche Handlungsfreiheit handelt, dort um eine von der Rechtsordnung verliehene rechtliche, ändert an dieser Parallele nichts.

---

[42]) Flume aaO. S. 136.

[43]) AaO. S. 159 ff. Daß Selbstverantwortung zunächst einmal Bindung an die Folgen des Gewollten bedeutet, behandelt *Flume* in jenem Zusammenhang nicht.

4. Meint das Gesetz in § 823 I BGB nach aller Abwägung also nicht nur solche Handlungsmuster, in denen die Finalität auf die Rechtsbeeinträchtigung gerichtet ist, sondern auch solche, die ihrem objektiven Sinn nach als auf eine solche Rechtsbeeinträchtigung gerichtet *erscheinen*, so beantwortet sich die eingangs gestellte Frage eindeutig dahin, daß sich Vorsatz und Richtung gegen das Recht im hier entwickelten Sinne *nicht decken*. Vorsatz erfordert im Zivilrecht Rechtswidrigkeitsbewußtsein und subjektive Kenntnis der Tatumstände, d. h. hier Kenntnis der Richtung der Handlung gegen das Recht. Beides ist zur Tatbestandserfüllung des § 823 I BGB, für die der objektive Sinn der Richtung auf das Recht genügt, nicht erforderlich.

Daß der Fahrlässigkeitshaftung im Bereich der gegen das Recht gerichteten Eingriffe so auch praktisch ein weiter Anwendungsraum verbleibt, wird im folgenden Paragraphen deutlich werden. Hier sei vorab nur auf den sondergesetzlich geordneten Schutz der Immaterialgüterrechte verwiesen. Bei diesen stehen gegen das Recht gerichtete Verletzungshandlungen praktisch so im Vordergrund, daß in der Regel allein sie in den Gesetzen ausdrücklich benannt werden (so in § 47 PatG die „Benutzung" einer Erfindung den Vorschriften der §§ 6, 7, 8 PatG zuwider, in § 15 GebrMG das unbefugte „Benutzen" eines Gebrauchsmusters, in den §§ 24, 25 WZG das unberechtigte „Versehen" mit Namen, Firma, Warenzeichen und Ausstattung)[44]). Dennoch werden Vorsatzhaftung und Fahrlässigkeitshaftung jeweils ohne weiteres nebeneinandergestellt — aus dem einfachen Grund, daß auch diese konkret benannten Eingriffshandlungen das objektive Bild der Richtung gegen das Recht eines anderen bieten können, ohne deswegen vorsätzlich geschehen zu sein. Nichts anderes aber ist hier für die allgemeine Vorschrift des § 823 I BGB behauptet worden. Der gegen das Recht gerichtete Eingriff aber erweist sich so auch vor dem Hintergrund der Gleichordnung von Vorsatz und Fahrlässigkeit als systemgerechter Unrechtstyp i. S. des § 823 I BGB.

§ 6. Die gegen das Recht gerichtete Handlung (Ausführung)

Die im Vorstehenden gewonnene Erkenntnis, daß subjektiv oder ihrem objektiven Erscheinungsbild nach gegen das Recht eines anderen gerichtete Handlungen den Schutz des § 823 I BGB *bei jedem* Recht auslösen sollten, ist nun freilich kaum mehr als ein erster Ansatzpunkt für einen differenzierenden Schutz der subjektiven Rechte nach § 823 I BGB. Sie ist einmal gegen die übrigen, den Schutz der subjektiven Rechte direkt oder indirekt betreffenden Normen abzugrenzen. Und zum anderen muß geklärt werden, wieweit sie der Ergänzung durch andere Unrechtstypen bei den Rechten bedarf, für die der Schutz gegen solche Angriffe nicht ausreicht. Beides setzt aber voraus,

---

[44]) Wenn § 97 des neuen Urheberrechtsgesetzes auf die Benennung von Verletzungsformen verzichtet, so ändert das nichts daran, daß auch hier die Verletzung in aller Regel in Form einer Benutzungshandlung — und damit zielgerichtet — erfolgen wird. Vgl. zu § 97 UrhRG auch noch unten § 6 II 1 (S. 86).

den Satz vom Schutz gegen subjektiv oder objektiv gegen ein Recht gerichteten Handlungen an Hand der ganzen, von der Forderung bis zum Eigentum reichenden Reihe subjektiver Rechte näher auszuführen. Erst der Überblick über die Tragweite des Satzes im einzelnen macht die Grenzziehung zu anderen und die Ergänzung durch andere Rechtsinstitute möglich.

Bei der Gewinnung dieses Überblicks versagt uns § 823 I BGB insofern die Hilfe, als er nicht auf besondere Verhaltensweisen abstellt, sondern die rechtswidrige und vorsätzliche oder fahrlässige „Verletzung" des Rechts eines anderen überhaupt genügen läßt, um die Schadensersatzpflicht eintreten zu lassen. Man ist deshalb für die Orientierung darauf angewiesen, *selbst* die Handlungen zu gruppieren, die subjektiv oder dem objektiven Erscheinungsbild nach die Beeinträchtigung des Rechts eines anderen darstellen.

Als Arbeitsgrundlage für unsere Überlegungen eignet sich dabei die Zusammenfassung der Rechtsbeeinträchtigungen in die 3 Gruppen: „Unbefugte Rechtsausübungen" (unten I), „Rein negative Eingriffe in ein Recht" (unten II) und „Mittelbare Rechtsverletzungen" (unten III). Die erste Gruppe soll die Fälle bezeichnen, in denen der Verletzer sich sozusagen selbst an die Stelle des Rechtsinhabers setzt und von dessen Befugnissen Gebrauch macht, wie wenn sie ihm zuständen. Die Fälle der zweiten Gruppe heben sich von denen der ersten lediglich dadurch ab, daß ihnen das Merkmal der Rechts*ausübung* fehlt, also der Verletzer gleichsam außerhalb der Stellung des Rechtsinhabers bleibt und nur rein negativ in dessen Recht eingreift. Gesondert betrachtet werden schließlich die Fälle, in denen der Eingriff in das Recht auf dem *Umweg* über ein anderes Recht des Berechtigten oder eines Dritten, oder aber über die Handlungen einer anderen Person eintritt.

I. Unbefugte Rechtsausübungen

1. Daß die subjektiven Rechte ihrem Inhaber bestimmte, von Recht zu Recht verschiedene Befugnisse gewähren, haben wir oben genutzt, um die gegen diese Befugnisse und damit gegen das betreffende Recht gerichteten Handlungen von solchen abzuheben, die in andere Richtung, etwa gegen ein anderes Recht gehen. *Von Caemmerer* hat dieser Umstand dazu gedient, die Wahrnehmung der dem Rechtsinhaber zustehenden Befugnisse durch einen Unbefugten als diejenige Gruppe der Eingriffe in ein fremdes Recht herauszustellen, bei denen die Rechtswidrigkeit ohne weiteres gegeben sei[45]). Und in der Tat leuchtet ja, um wiederum beim *Eigentum* zu beginnen, ohne weiteres ein, daß derjenige, der eine fremde Sache veräußert, gebraucht, Nutzen aus ihr zieht oder sie verbraucht, dem Sinne seiner Handlung nach das Recht des anderen verletzt. Mag es sich nun um den Verkauf eines fremden Grundstücks, das Fahren mit einem fremden Auto, das Abernten eines fremden Ackers oder den Verbrauch fremder Kohle handeln: Für die Verkehrsauffassung schlüpft der Täter, gleichgültig was er sich dabei denkt, stets in die Rolle

[45]) DJT-Festschrift Bd. II, S. 77, 80, 131 f., sowie Karlsruher Forum 1961, S. 19 f.; ein ähnlicher Hinweis bei *Zeuner* JZ 1961, S. 41 (S. 41).

des Rechtsinhabers, gerät notwendig in Konflikt mit dessen Befugnissen und handelt deshalb (sofern keine Rechtfertigungsgründe eingreifen) rechtswidrig.

Gleiches kann man von der Zerstörung oder Beschädigung einer Sache in der Regel *nicht* sagen. Wohl darf der Eigentümer mit der Sache nach Belieben verfahren (§ 903 BGB) und sie deshalb auch zerstören und beschädigen. Daß er seine Eigentümerbefugnisse in dieser Weise ausübt, ist jedoch gegenüber der durch einen Zufall eintretenden Beschädigung oder Zerstörung der Sache ein solcher Ausnahmefall, daß man auch die Zerstörung oder Beschädigung durch einen Dritten nicht als unbefugte Ausübung der Eigentümerbefugnisse, sondern nur als negativen Eingriff in sie empfinden kann. Anders liegt es nur, wenn *besondere* Umstände das Zerstören oder Beschädigen als einen sinnvollen Akt erscheinen lassen, wie es etwa bei der Vernichtung von überschüssigem Gemüse und Obst oder der Beseitigung von Akten in einer Gefahrenlage der Fall ist.

Da die *beschränkt-dinglichen Rechte* keine Befugnis zur Zerstörung oder Beschädigung des Rechtsgegenstandes vermitteln, kann die Rechtsausübung bei Ihnen von vornherein nur positiven Charakter haben. Geschieht sie unbefugt, so liegt der Eingriff in das fremde Recht wiederum auf der Hand: Wer in einer Wohnung haust, an der ein anderer ein dingliches Wohnrecht hat, wer sich als Pfandgläubiger ausgebend eine Sache versteigert, an der ein anderer das Pfandrecht hat, dessen Handlung trägt die Verletzung dieser Rechte auf der Stirn.

Ihre große praktische Bedeutung gewinnt die unbefugte Rechtsausübung als Form der Verletzung vor allem bei den *Immaterialgüterrechten*. Bei ihnen steht die Nutzung des geistigen Gutes praktisch so im Vordergrund, daß sie das Gesetz selbst in der Regel als Nutzungsrechte konzipiert hat[46]), und dementsprechend erfolgt die Verletzung dieser Rechte vornehmlich dadurch, daß jemand die Nutzungsbefugnisse wahrnimmt, obwohl er dazu nicht berechtigt ist. Um das Patenrecht als Beispiel zu nehmen: Es wird in der Regel dadurch verletzt, daß der Täter mit dem Gegenstand der patentierten Erfindung seinerseits das tut, was § 6 PatG dem Patentinhaber vorbehält, nämlich ihn gewerbsmäßig herzustellen, in Verkehr zu bringen, feilzuhalten oder zu gebrauchen. Wer das aber tut, von dem ist evident, daß er das Patentrecht verletzt.

2. Es liegt in der Konsequnz dieses Gedankens, daß er nicht auf Sachen- und Immaterialgüterrechte beschränkt werden kann, sondern ebenso auf *relative* Rechte angewendet werden will. Auch diese gewähren ja, wie wir gesehen haben[47]), ihrem Inhaber bestimmte Befugnisse und haben so jenen Zuweisungsgehalt, auf den *v. Caemmerer* seine Auffassung abgestellt hat.

Das gilt zunächst einmal für diejenigen relativen Rechte, die dem Inhaber die Befugnis zu eigenem Handeln in bezug auf eine Sache geben, sobald er

---

[46]) Vgl. §§ 15 ff. UrhG, § 1 GeschmMG, § 6 PatG, § 5 GebrMG, § 15 WZG; anders aber für das Recht am eigenen Bild § 22 KunstUrhG.

[47]) Vgl. oben § 2 III 3 (S. 35 ff.).

diese Befugnis erworben hat[48]): Wer in einem Auto davonfährt, welches ein anderer gemietet und übergeben erhalten hatte, oder wer ein Grundstück aberntet, das ein anderer in Pacht hat, dessen Handlung richtet sich ihrem objektiven Sinn nach gegen Mieter bzw. Pächter, denn diese haben die Befugnis, die Sache zu gebrauchen bzw. zu nutzen, und gerade in diese Rolle schlüpft der Verletzer.

Es gilt weiter von dem einem anderen gegenüber bestehenden und damit im gleichen Sinne wie Miete und Pacht relativen Recht auf Nutzung eines Immaterialgüterrechtes, der Lizenz: Wer sich etwa vom Patentinhaber durch einen Lizenzvertrag das Recht verschaffen läßt, das Patent zu benutzen[49]), hat eine Befugnis erworben, in die dem objektiven Sinn seiner Handlung nach jemand eingreift, der seinerseits die Erfindung benutzt. Freilich wirft der Schutz der Lizenz, insbesondere der einfachen Lizenz, wegen des bei Immaterialgüterrechten möglichen vielfachen Nebeneinanders gleichartiger Nutzungsrechte an einem Recht Probleme auf, die hier zu behandeln den Fluß der Darstellung stören würde. Für sie sei auf den dem Unterlassungs- und Schadensersatzanspruch des einfachen Lizenznehmers gewidmeten Paragraphen des besonderen Teils verwiesen.

Die entwickelten Gedanken müssen weiter auch auf *Mitgliedschaftsrechte* angewandt werden. Nicht nur, wer über eine fremde Aktie oder einen fremden GmbH-Anteil verfügt, sondern auch wer sich sonst als Inhaber der Gesellschafterrechte geriert, etwa in der Gesellschafterversammlung unter dem Namen eines Aktionärs mitstimmt, Weisungen erteilt usw., greift, wie wir im letzten Paragraphen schon angedeutet haben[50]), dem Sinne seiner Handlung nach in das Recht des Mitgliedes ein und verletzt damit dieses Recht.

Wenn das Reichsgericht, worauf *Stoll* hinweist[51]), in RGZ 158, 248 ff. ausführt, daß eine Aktie nicht dadurch i. S. des § 823 I BGB widerrechtlich verletzt werden könne, daß ihr Wert durch Handlungen, die den Wert und die Ertragsfähigkeit der AG schmälern, gemindert wird, sondern nur dadurch, daß der Aktionär ganz oder teilweise um die Aktienrechte selbst gebracht werde, so bestätigt das eher die hier vertretene Auffassung. Man kann nämlich das RG kaum mit *Stoll* dahin interpretieren, daß nur unbefugte Verfügungen über das Aktienrecht als Eingriffe i. S. des § 823 I BGB zu werten seien. Worum es dem RG geht, ist doch dies, daß Handlungen, die sich objektiv gar nicht gegen das Mitgliedschaftsrecht Aktie, sondern gegen die AG als solche richten, sanktionslos bleiben sollen. Ob § 823 I BGB nicht auch eingreift, wenn die Aktie unberechtigt beschlagnahmt wird oder ein Unbefugter zum Schaden

---

[48]) Also nicht, wenn er erst einen Anspruch auf *Einräumung* dieser Befugnis hat. Dieser Anspruch gibt seinerseits nur die Befugnis, die Einräumung durchzusetzen, und an die Stelle des Anspruchsinhabers setzt sich daher nur der, der die Einräumung an sich durchsetzt, m. a. W. die Forderung einzieht. Auf diesen Fall wird sogleich noch einzugehen sein.

[49]) Wobei mit Abschluß des Linzenzvertrags die Benutzungsbefugnis entsteht und eine besondere Einräumung, wie sie bei Miete und Pacht als Gebrauchs- bzw. Nutzungsrechten an *körperlichen* Sachen erforderlich ist, entfällt.

[50]) Oben § 5 I 5 am Ende (S. 67 f.).

[51]) AcP 162, S. 212.

des wahren Inhabers die Gesellschafterrechte wahrnimmt, dazu äußert sich das RG nicht. Für den GmbH-Anteil aber hat es in RGZ 100, 274 ff. sogar ausdrücklich offengelassen, ob auch andere Verletzungshandlungen als unbefugte Veräußerungen für die Anwendung des § 823 I BGB in Betracht kommen, und sich darauf zurückgezogen, daß im konkreten Fall die unbefugte Ausübung der Gesellschafterrechte jedenfalls die Folge einer unberechtigten Versteigerung war. Ich sehe keine Bedenken, die Frage zu bejahen, da sich die unbefugte Ausübung jeder dem Gesellschafter zustehenden Befugnis schon ihrem objektiven Sinn nach gegen dessen Recht richtet.

Deutlich ist die Verletzungsform der unbefugten Rechtsausübung auch bei denjenigen Rechten, die bestimmte Befugnisse gegenüber anderen Personen gewähren, am deutlichsten bei der *elterlichen Gewalt*: Wer das tut, was nur deren Inhaber tun darf, etwa den Aufenthalt des Kindes und seinen persönlichen Verkehr bestimmt, es erzieht usw., verletzt offenbar das Recht der elterlichen Gewalt.

Aber auch bei den übrigen Typen von Rechtsverhältnissen, die man als Gewaltverhältnisse bezeichnen könnte, der Mitgliedschaft in einem Verein oder einer anderen Körperschaft und dem Arbeitsverhältnis, trifft das zu: Wer unbefugt — etwa als nicht mehr im Amt befindlicher Vorstand — Vereinsstrafen gegen Vereinsmitglieder verhängt oder diesen Anweisungen zur Befolgung von Mitgliedschaftspflichten gibt, greift in die Befugnisse ein, die dem Verein gegenüber den Mitgliedern zustehen, und ist gegebenenfalls nach § 823 I BGB zum Schadensersatz verpflichtet. Wer sich als Arbeitgeber aufspielend den Arbeitnehmern eines anderen Weisungen erteilt, sie beurlaubt oder sich anders dessen Rechte gegenüber den Arbeitnehmern anmaßt, hat dem wahren Dienstherrn den Schaden zu ersetzen.

Allerdings führen diese Fälle nun schon an die Grenze des Rechtsschutzes für Forderungen: Wer in den „Gewaltverhältnissen" mit *Nawiasky* nichts anderes sieht als besondere Formen von Forderungsverhältnissen[52]) und dazuhin beispielsweise das Weisungsrecht des Arbeitgebers als Leistungsbestimmungsrecht i. S. des § 315 BGB auffaßt[53]), wird in dem Recht auf die Arbeitsleistung keinen vom Lieferungsanspruch aus einem Kaufvertrag wesensverschiedenen Leistungsanspruch sehen. Welche Sicht man für richtig hält, ist für uns letztlich nicht entscheidend, da — wie im folgenden näher zu zeigen sein wird — auch der Eingriff in die Forderungen als eine Rechtsverletzung i. S. des § 823 I BGB zu betrachten ist.

3. *Forderungen*, welcher Art sie auch immer sein mögen, gewähren dem Inhaber die Befugnis, Erfüllung zu verlangen und entgegenzunehmen, diese gerichtlich oder außergerichtlich (etwa durch Aufrechnung) durchzusetzen, sowie (soweit das nicht im Einzelfall ausgeschlossen ist, vgl. § 399 BGB) über die Forderung anderweit zu verfügen. Wer diese dem Inhaber zustehenden Befugnisse als Unbefugter wahrnimmt und sich damit an dessen Stelle setzt, greift in das Forderungsrecht des Inhabers unmittelbar ein.

---

[52]) Vgl. dazu schon oben § 1 I 2 (S. 4).
[53]) So etwa *Söllner*, Einseitige Leistungsbestimmungen im Arbeitsverhältnis, S. 41 ff.

Im Grunde hat man gerade das ja auch immer wieder anerkannt, wenn man die *Verfügung* eines Nichtberechtigten über die Forderung dem § 823 I BGB unterstellt hat. Mag man nun der „Rechtszuständigkeit" Ausschließlichkeit beigemessen[54]) oder darauf hingewiesen haben, daß unter dem Schutz des Rechtsscheins erfolgende Eingriffe in fremde Forderungen interessenmäßig nicht anders zu bewerten seien als Verfügungen über fremdes Eigentum[55]): Die Empfindung, es müsse dem Rechtsinhaber gegen Eingriffe, wie sie eine unbefugte Abtretung, Einziehung oder Aufrechnung der Forderung darstellen, Schutz geboten werden, scheint mir stets darauf zurückzugehen, daß hier Handlungen vorgenommen werden, deren offenkundiger Sinngehalt es ist, das Recht des anderen zu verdrängen.

Sieht man, daß die *unbefugte Rechtsausübung* die Haftung für Eingriffe in die Rechtszuständigkeit trägt, so erledigt sich auch ein Einwand, den *Medicus* jüngst gegen den Schutz der Forderungszuständigkeit vorgebracht hat[56]). *Medicus* meint, dieser Schutz habe zur Folge, daß der an den Altgläubiger leistende Schuldner, der doch nach § 407 I BGB nur bei *Kenntnis* der Abtretung dem Neugläubiger verpflichtet bleiben solle, diesem schon bei leicht fahrlässiger Unkenntnis schadensersatzpflichtig werde, weil er durch die Leistung auf die Forderungszuständigkeit einwirke. Eine solche „Einwirkung" auf die Forderungszuständigkeit genügt nicht zur Auslösung der Haftung nach § 823 I BGB. Vielmehr muß der Verletzungshandlung die Richtung auf das Recht innewohnen, und das heißt hier: Sie muß eine Rechtsausübungshandlung sein, für die nur der die Erfüllung entgegennehmende Altgläubiger in Betracht kommt.

Gerade die Art, wie die Verfügung eines Nichtberechtigten über eine Forderung dem § 823 I BGB untergeordnet wird, zeigt aber auch, daß man sich über den tragenden Grund dieser Unterordnung, nämlich die Richtung der Handlung gegen das Recht, noch nicht recht klar geworden ist: Indem man die „Rechtszuständigkeit" oder die „Verfügung unter dem Schutz des Rechtsscheins" in den Vordergrund rückt, verknüpft man die Anwendung des § 823 I BGB mit der *rechtlichen Wirksamkeit* der Verletzungshandlung und meint, nur dort, wo durch die Handlung Dritter „die Wirkung der Rechtszuständigkeit zum bestimmten Gläubiger tatsächlich aufgehoben werden" könne, müsse man sich mit der Frage befassen, „ob diese Handlung eine Rechtsverletzung bedeute, und daher dem Gläubiger ein Rechtsschutz gegen Dritte gewährt werden solle"[57]). Das aber kann nicht richtig sein. Ob eine gegen das Recht eines anderen gerichtete Handlung eine Veränderung im rechtlichen Bestand dieses Rechts herbeiführt oder nicht, ist eine sekundäre Frage, die das Entstehen und die Höhe eines Schadens berührt, nicht aber über die Anwendung des § 823 I BGB überhaupt entscheiden kann.

---

[54]) So *Löbl*, AcP 129, S. 294 ff. und ihm folgend *Larenz*, Schuldrecht I, § 29 III (S. 342).

[55]) *v. Caemmerer*, Festschrift für Rabel Bd. I, S. 334 ff. (S. 335); *Raiser*, Dingliche Anwartschaften, S. 44, spricht geradezu von „rechtlichen Eingriffen".

[56]) Bürgerliches Recht, § 24 II 2 b (S. 242).

[57]) *Löbl* aaO. S. 296 f.

Nicht anders als das Strafrecht sanktionieren die §§ 823 ff. BGB ja widerrechtliche, also verbotene Handlungen. Für das Verbotensein einer in das Recht eines anderen eingreifenden Handlung kann aber nicht gut auf die Wirkung abgestellt werden, die der Eingriff in der Rechtswelt hervorruft — schon gar nicht in dem Sinne, daß derjenige Eingriff, dem die rechtliche Wirksamkeit versagt ist, milder behandelt wird als derjenige, dem — etwa im Interesse des Verkehrsschutzes — solche Wirksamkeit verliehen ist. So wenig es für die Anwendung z. B. des § 246 StGB (und damit ja auch des § 823 II BGB) darauf ankommt, ob die Veräußerung der fremden Sache nun wirksam war oder — etwa mangels Gutgläubigkeit des Erwerbers — nicht[58]), so wenig hängt davon die Bejahung eines Eingriffs in das Recht i. S. des § 823 I BGB ab.

Die Loslösung von der Wirksamkeit des Eingriffs hebt den *unerlaubten* Eingriff auch erst richtig ab *vom ungerechtfertigten* im Sinne des Bereicherungsrechts. Wo es ganz unabhängig vom rechtswidrigen und schuldhaften Handeln um den Ausgleich von Güterverschiebungen geht, die den Zuweisungsanordnungen des Gesetzes widersprechen, ist es am Platze, auf die Wirksamkeit der Verfügung (die ja restituiert werden soll) abzustellen, da dort, wo die Verfügung unwirksam ist, eine Verschiebung gar nicht eingetreten ist.

Gerade an dieser Stelle scheint mir auch die Gefahr eines Mißverständnisses zu liegen, das mit der Einbeziehung der Lehre vom „Zuweisungsgehalt" der Rechte in das Recht der unerlaubten Handlungen verbunden sein könnte. Es ist durchaus richtig, daß uns der Blick auf die Eingriffskondiktion des § 812 BGB lehren kann, welchen Inhalt ein bestimmtes Recht hat, und daß diese Belehrung auch für Schadensersatzansprüche aus § 823 I BGB von Bedeutung ist ,weil ein Eingriff eben nur insoweit in Frage kommt, als ein Rechtsinhalt, eine Befugnis, vorhanden ist. Aber die Anforderungen an die *Wirkungsweise* des Eingriffs in diesen Rechtsinhalt sind im Recht der unerlaubten Handlungen, welches für den Ersatz der aus dem Eingriff entstandenen Folgeschäden sorgt, andere als für § 812 BGB[59]). Einige Beispiele mögen das noch belegen:

Wer eine ihm nicht gehörende, nicht in seinem unmitelbaren Besitz befindliche Sache veräußert, greift in das Recht des Eigentümers ein gleichgültig, ob der Erwerber gemäß § 934 BGB neuer Eigentümer wird oder ob der gut-

---

[58]) Vgl. etwa *Schönke-Schröder,* Kommentar zum Strafgesetzbuch Anm. 11 a zu § 246: „Irgendeine aktuelle Verschlechterung der rechtlichen Position des Eigentümers ist nicht erforderlich. Auch rechtlich wirkungslose Maßnahmen (Veräußerung an Bösgläubigen) oder Handlungen, bei denen selbst die Besitzverhältnisse unverändert bleiben (Ableugnen des Besitzes, Verkaufsangebot) reichen aus."

[59]) Es verdient festgehalten zu werden, daß *v. Caemmerer* aus der Möglichkeit, die unwirksame Verfügung gem. § 185 BGB zu genehmigen und damit den Anspruch aus Eingriffskondiktion auszulösen, den Schluß zieht, für den Bereicherungsanspruch spiele — ebenso wie im anglo-amerikanischen Recht (waiver of tort) — die Wirksamkeit der Verfügung keine Rolle (aaO. S. 339). Trifft das zu, so leuchtet es nicht ein, für die Anwendung des § 823 I BGB auf Forderungsrechte den Eingriff unter dem Schutz des Rechtsscheins zu verlangen (aaO. S. 355). Drängt § 185 BGB die Bedeutung der Wirksamkeit schon für das Bereicherungsrecht in den Hintergrund, so kann sie für den Anspruch aus unerlaubter Handlung erst recht nicht entscheidend sein!

gläubige Erwerb am fehlenden guten Glauben oder an § 935 BGB scheitert. Gibt im letzteren Fall der Erwerber dem wahren Eigentümer die Sache nicht heraus, weil er glaubt, Eigentümer geworden zu sein, so müßte man sonst, um zu einer Ersatzpflicht des unbefugten Veräußerers zu kommen, dessen Verletzungshandlung darin sehen, daß er durch die Veräußerung mittelbar die Besitzvorenthaltung auf seiten des Erwerbers veranlaßt habe. Diesen Umweg braucht man nicht zu gehen. Die Veräußerung selbst ist der gegen das Eigentum gerichtete Eingriff, dessen Schadensfolgen der Verletzer zu tragen hat.

Gleiches gilt von Forderungen. Wer Verfügungshandlungen über eine fremde Forderung trifft, muß unabhängig davon, ob die Verfügung wirksam ist, den dem Rechtsinhaber entstandenen Schaden tragen. Ein Bedürfnis dafür besteht sowohl, wenn der Nichtberechtigte die fremde Forderung einzuziehen, als auch, wenn er sie abzutreten versucht. Das erstere wird an dem schon mehrfach erwähnten Prätendentenstreit deutlich: Angenommen, D glaubt fälschlicherweise, G habe ihm seine Forderung gegen S abgetreten, und verlangt nun von S Leistung: S gewährt sie ihm mit Rücksicht auf den anderen Prätendenten G nicht, sondern läßt sich von D verklagen, verkündet gemäß § 75 ZPO dem G den Streit und hinterlegt den Betrag, so daß G auf die Leistung solange warten muß, bis er den Prätendentenstreit gegen D gewonnen hat: Daß G gegen S keine Ansprüche wegen Verzugs erhält, weil dieser sich durch die Hinterlegung von der Leistungspflicht befreit hat (§ 372 Satz 2 BGB), ändert nichts daran, daß ihm durch die Verzögerung ein Schaden entstanden sein kann, er etwa einen teuren Bankkredit in Anspruch nehmen mußte. Warum soll ihm für diesen nicht der unbefugt sein Recht in Anspruch nehmende D im Falle des Verschuldens — er hätte wissen müssen, daß die Abtretung an ihn nicht wirksam war — Ersatz zu leisten verpflichtet sein — zumal im umgekehrten Falle — der Altgläubiger G nimmt fälschlicherweise an, die Abtretung sei *unwirksam* — eine Haftung aus dem der Abtretung zugrunde liegenden Vertrag eingreift[60]).

Gleiches gilt im Fall der unbefugten „Abtretung": Wer eine fremde Forderung abtritt oder eine Lizenz an einem Patentrecht einräumt, welches ihm gar nicht zusteht, vermag wohl dem Erwerber kein Recht zu verschaffen. Aber er wird häufig veranlassen, daß sich dieser als Inhaber der Forderung oder Lizenz geriert, etwa die Forderung einzieht oder seinerseits die Erfindung auswertet. Schadensersatzansprüche gegen den vermeintlichen Erwerber können an dessen mangelndem Verschulden scheitern, so daß das Bedürfnis für die Schadensersatzpflicht des unbefugt Handelnden unabweisbar ist[60a]).

---

60) Es nimmt wunder, daß selbst *Oertmann*, der zum Beweis der Drittwirkung der Forderung doch ausdrücklich auf den Prätendentenstreit hinweist, die Möglichkeit einer Ersatzpflicht des unberechtigten Prätendenten nicht in Betracht zieht, sondern § 823 I BGB ebenfalls nur auf die unbefugte *wirksame* Verfügung anwenden will (vgl. die oben S. 27 Note 40 zitierten Stellen).

60a) Ich meine, daß die hier entwickelte Auffassung auch den Einwänden standhält, die *Otte* in seiner erwähnten Abhandlung in JZ 1969, S. 253 ff. gegen die Anwendung des § 823 I BGB auf die Verletzung der „Forderungszuständigkeit"

II. Rein negative Eingriffe in ein Recht

1. Die soeben angestellten Überlegungen führen unmittelbar zu einer weiteren Erwägung: Wenn es im Unterschied zum Bereicherungsanspruch für den Anspruch aus unerlaubter Handlung auf die rechtliche Wirksamkeit des Eingriffs nicht ankommt, so ist es für diesen vielleicht überhaupt nicht angebracht, sich auf solche Eingriffe zu beschränken, bei denen sich der Verletzer an die Stelle des Rechtsinhabers setzt.

Das trifft in der Tat zu: § 823 I BGB unterscheidet nicht nach der Art der Eingriffshandlung, so daß *jede* Handlung, auch die rein negativ zerstörende oder hindernde, die von der subjektiven Zielrichtung auf das Recht getragen ist oder sich ihrem objektiven Sinne nach gegen das Recht richtet, eine unerlaubte Handlung ist. Man kann sich (wie die ungerechtfertigte Bereicherung für die Frage der Wirksamkeit des Eingriffs) für das Problem der nur negativen Eingriffe als Gegenbeispiel die unberechtige Eigengeschäftsführung i. S. des § 687 II BGB vor Augen halten. Kein Zweifel ja, daß das in § 687 II BGB gemeinte, bewußt geführte, objektiv oder subjektiv fremde Geschäft einen großen Teil der unmittelbar gegen das Recht gerichteten Handlungen erfaßt und damit nicht nur mit dem Gewinnherausgabeanspruch, sondern — über den gemäß § 687 II BGB gleichfalls anwendbaren § 678 BGB — auch mit Schadensersatzpflichten belegt. Aber als Unterschied bleibt neben der Voraussetzung positiver Kenntnis der Fremdheit doch das, daß die zu sanktionierende Handlung immer noch als *Wahrnehmung des Geschäfts eines anderen* muß bezeichnet werden können. Das ist bei rein negativ gegen das Recht gerichteten Handlungen nicht der Fall, weil hier die Vorstellung, daß der Handelnde etwas tut, was dem Rechtsinhaber zu tun zukommt, nicht mehr zu vollziehen ist. *Deliktsrechtlich* aber ist der Vollzug einer solchen Vorstellung auch nicht notwendig.

Bei einer Reihe von Rechten leuchtet das unmittelbar ein: Die Beschädigung oder Zerstörung einer Sache ist, darauf weist *Stoll* zu Recht hin, unabhängig von dem mit ihr verfolgten Zweck, ein gleich unmittelbarer Eingriff in das Eigentum wie ihr Verbrauch[61]). Wer den Zündschlüssel eines frem-

---

erhoben hat. Selbst wenn man mit *Otte* ein Bedürfnis nach Anwendung des § 823 I BGB im Falle *wirksamer* Verfügungen über die Forderung verneint, weil der Gesetzgeber in diesen Fällen den Interessen des Gläubigers durch Vorschriften wie §§ 275 ff., 687 II, 816 II, 823 II, 826, 987 ff. und 2018 ff. BGB Rechnung trägt, erweisen die Fälle *unwirksamer* Verfügungshandlungen das Interesse am Schutz durch § 823 I BGB. So gesehen ist dann die Konkurrenz von § 823 I BGB mit den von *Otte* genannten Vorschriften im Falle wirksamer Verfügung über eine Forderung nicht ungewöhnlicher als im Falle der Verfügung über eine Sache, auf die § 823 I BGB anzuwenden bislang noch niemand Bedenken getragen hat.

Im übrigen bleibt das Schutzbedürfnis der Forderung gegen *andere* als Verfügungshandlungen von den Einwänden *Ottes* unberührt. Vgl. dazu oben § 2 III 3 (S. 37 ff.), wo auf die Überlegungen *Koziols* eingegangen ist, sowie noch unten § 10 (S. 140 ff.).

[61]) AcP 162, S. 225 f. Daß sie auch eine Rechtsausübungshandlung sei, kann *Stoll* nach unseren unter I 1 angestellten Überlegungen freilich nicht zugegeben werden. *Stoll* wird an dieser Stelle übrigens auch *v. Caemmerer* nicht gerecht, wenn er meint, dieser führe als Beispiele für unmittelbare Eingriffe in das Eigentum

den Autos versteckt, greift in das Eigentum oder ein Mietrecht an ihm ebenso ein wie der, der mit dem fremden Auto davonfährt. Nicht nur wer fremde Gesellschafterrechte ausübt oder fremde Forderungen einzieht, sondern auch wer unberechtigterweise die Beschlagnahme des Gesellschafteranteils oder der Forderung veranlaßt, greift in das Recht des wahren Berechtigten ein. Aber es gibt auch Rechte, bei denen die Bewertung der rein negativen Eingriffe nicht so zweifelsfrei ist:

Bei den *Immaterialgüterrechten* neigt man dazu, andere als rechtsausübende Handlungen eines Unbefugten nicht als Rechtsverletzungen anzusehen, sondern den Rechtsinhaber auf institutionelle Schutzvorschriften wie §§ 1, 14 UWG oder §§ 824, 826 BGB, aber auch das nach § 823 I BGB als geschützt betrachtete Recht am Gewerbebetrieb zu verweisen[62]). Ihren Ausgangspunkt hat diese Meinung in dem Umstand, daß das Immaterialgüterrecht eigene Schutz- und insbesondere Schadensersatznormen kennt und daß diese wiederum bezug nehmen auf diejenigen Vorschriften, die den Inhalt der Immaterialgüterrechte als Nutzungsrechte umschreiben. So ordnet ja etwa § 47 PatG Unterlassungs- und Schadensersatzpflichten für denjenigen an, der „den §§ 6, 7, 8 zuwider eine Erfindung *benutzt*", was in der Tat den Schluß nahelegt, andere Patentstörungen, etwa mündliche oder schriftliche Äußerungen gegen das Patent, meine das Gesetz nicht; allenfalls eine über den Wortlaut hinausgehende Ausdehnung des § 6 PatG könne in Betracht gezogen werden, sei aber wegen des gewährten institutionellen Schutzes nicht notwendig[63]).

Letztlich dürfte eine solche Interpretation des Schutzbereichs der Immaterialgüterrechte aber doch zu eng sein. Das Schwergewicht des § 6 PatG (wie vergleichbarer Vorschriften des übrigen Immaterialgüterrechts) liegt ja doch darauf, daß dem Patentinhaber die Nutzung der Erfindung als *Recht* eingeräumt wird, welches dann auch ihm allein vorbehalten ist. Dieses Recht zum Herstellen, Inverkehrbringen usw. kann aber ebenso wie durch anderweite Nutzung auch durch rein negativ störende Handlungen verletzt wer-

---

nur den Gebrauch, die Benutzung und den Verbrauch einer fremden Sache an: An der von *Stoll* angezogenen Stelle (DJT-Festschrift Bd. II, S. 131) spricht *v. Caemmerer* ausdrücklich auch von der *Vernichtung* fremder Wertstücke.

[62]) Vgl. z. B. für das Patentrecht *Reimer-Nastelski*, Patentgesetz, Anm. 84 zu § 6, für das Verlagsrecht die in der Einleitung schon erwähnte Entscheidung BGH GRUR 1959, S. 331 ff. Allerdings befand sich der BGH bei dieser Entscheidung insofern in einer schwierigen Lage, als in dem ihm vorliegenden Falle der Beklagte bereits rechtskräftig zum Ersatz des aus unbefugter Vervielfältigung und Verbreitung entstandenen Schadens in bestimmter Höhe verurteilt war, und sich deshalb die Frage stellte, ob eine Verurteilung zum Ersatz des durch den unbefugten Abschluß eines weiteren Verlagsvertrages mit dem Autor entstandenen Verwirrungsschadens, stützte man sie auf die Verletzung des Verlagsrechts des Klägers, nicht an der Rechtskraft des Vorurteils scheitern mußte. Diese besondere Fallgestaltung hat *Pfennig* zum Anlaß genommen, in seiner Anmerkung zu dem Urteil (aaO. S. 335) darauf hinzuweisen, daß mit ihm „natürlich nicht etwa gesagt" sei, „daß ein Verletzer von Urheberrechten und urheberrechtlichen Nutzungsbefugnissen, der schuldhaft handelt, nicht auch auf Verwirrungsschaden in Anspruch genommen werden könnte, z. B. ein Autor, der seine Rechte zweimal veräußert und überträgt".

[63]) *Reimer-Nastelski* aaO.

den. Bezeichnenderweise spricht deshalb auch § 97 UrhG, die Unterlassungs- und Schadensersatznorm des neuen Urheberrechts, im Unterschied zu den entsprechenden Vorchriften des früheren LUG und des KUG nicht mehr von der unbefugten Nutzung des Urheberrechts, sondern allgemein davon, daß, wer das Urheberrecht oder ein anderes nach diesem Gesetz geschütztes Recht widerrechtlich verletze, auf Beseitigung, Unterlassung und Schadensersatz in Anspruch genommen werden könne. Die rein negativen Eingriffe auch bei den Immaterialgüterrechten als Rechtsverletzungen i. S. des § 823 I BGB aufzufassen, erscheint deshalb sinnvoller, als sie erst auf dem Umweg über institutionelle Schutzvorschriften aller Art doch dem gleichen Deliktsschutz zu unterstellen.

Das leuchtet vollends ein, wenn man an den Schutz der den Immaterialgüterrechten ja verwandten Persönlichkeitsrechte denkt[64]). Sicher kommt auch dort der Schutz gegen unbefugte Nutzungshandlungen in Betracht, wie die Veröffentlichung von Privatbriefen oder die kommerzielle Verwendung eines Bildes eines anderen. Aber rein negativ gegen ein Recht gerichtete Eingriffe, wie etwa die Herabsetzung der Ehre eines anderen in der Öffentlichkeit, sind dort ebenso wichtig, so daß auf ihre Einbeziehung in den Rechtsschutz des § 823 I BGB von vornherein nicht verzichtet werden kann. Es ist nicht gerechtfertigt, die negativen Eingriffe bei den Immaterialgüterrechten nur deshalb anders zu behandeln, weil sie praktisch weniger häufig vorkommen.

2. Obwohl demnach § 823 I BGB auf die rein negativen Eingriffe in ein Recht grundsätzlich in gleicher Weise anwendbar ist, wie auf unbefugte Rechtsausübungen, bleibt die Unterscheidung für die Rechtsanwendung dennoch aus zwei Gründen bedeutungsvoll. Der erste hängt mit der bereits erwähnten[65]), von *Reinhardt* herausgearbeiteten Unterscheidung abgegrenzter Schutzbereiche der Rechte i. S. des § 823 I BGB zusammen: Wo sich der Verletzer selbst als Rechtsinhaber geriert, bewegt er sich stets im Schutzbereich des wahren Berechtigten. Wo er nur negativ einwirkt, kann dies auch nur scheinbar ein Eingriff in den Schutzbereich des Rechts, in Wahrheit aber eine Beeinträchtigung der aus dem Schutzbereich des Rechts fallenden Handlungsfreiheit des Rechtsinhabers sein.

Wie fließend hier die Abgrenzungen sind, wird am Beispiel der Hinderung am Gebrauch einer Sache deutlich: Während wir oben etwa das Verstecken der Zündschlüssel als Eingriff in das Eigentumsrecht am Auto angesehen haben, ist für *Reinhardt*[66]) die Errichtung einer Sperre auf dem Weg, den der Autobesitzer benutzen will, kein Eingriff ins Eigentum mehr. Wohin etwa wäre die Wegnahme des Garagenschlüssels zu rechnen? Gleiches gilt aber auch für andere Rechte. Wird etwa ein Patent öffentlich als wertlos bezeichnet, so liegt darin wohl ein Eingriff in das Patentrecht. Anders liegt es schon,

---

[64]) Auf sie wird im folgenden Paragraphen noch ausführlicher eingegangen. Vgl. § 7 II 1 am Ende (S. 104 f.).

[65]) Vgl. oben § 4 II 2 (S. 57).

[66]) JZ 1961, S. 719.

wenn der Patentinhaber über den Wert getäuscht wird. Hindere ich den Inhaber der Forderung an deren Geltendmachung, indem ich seine Briefe abfange, so greife ich nicht in das Forderungsrecht ein. Lasse ich die Forderung gerichtlich beschlagnahmen, so richtet sich meine Handlung gegen das Recht. Wie, wenn ich den Patentinhaber oder den Gläubiger zum Verzicht auf sein Recht bewege?

Man wende dagegen nicht ein, die Abgrenzung könne dahinstehen, weil ja offenbar stets die Beeinträchtigung eines Rechts oder Guts bleibe und die Beeinträchtigung eines anderen Rechts dann jedenfalls als Folgeschaden zu ersetzen sei: Der Schutzbereich der Rechte ist, wie ebenfalls *Reinhardt* dargetan hat, auch unterschiedlich relativiert durch die Anforderungen des sozialen Zusammenlebens. Was man, ginge dessen Schutzbereich so weit, als rechtswidrige Verletzung des Eigentums ansehen würde, braucht deswegen keine rechtswidrige Verletzung der in Wahrheit betroffenen Handlungsfreiheit zu sein. Während also bei der unbefugten Rechtsausübung schon die Art der Verletzungshandlung bestätigt, daß ein Eingriff in den Schutzbereich des betroffenen Rechts vorliegt, bedarf dies bei den negativen Eingriffen stets besonderer Feststellung.

Zum anderen ist die Unterscheidung für die Frage bedeutsam, inwieweit eine Handlung ohne Rücksicht auf die subjektive Zielrichtung des Handelnden schon ihrem objektiven Sinn nach als gegen ein Recht gerichtet bezeichnet werden kann. Während das nämlich dort, wo der Verletzer in die Rolle des Rechtsinhabers schlüpft und von dessen Befugnissen Gebrauch macht, durchweg zutrifft, ist der objektive Sinn der Richtung gegen das Recht bei rein negativen Rechtsbeeinträchtigungen die Ausnahme. Man kann davon nur bei ganz bestimmten Maßnahmen, wie der Veranlassung der behördlichen Beschlagnahme eines Rechts oder der gerichtlichen Anordnung einer Freiheitsentziehung sprechen. Im allgemeinen aber können die Verletzung einer Person, die Zerstörung oder Beschädigung einer Sache, die Beeinträchtigung von Familien- oder Mitgliedschaftsrechten oder die Entwertung eines Leistungsanspruchs von so vielfach verschiedenen Handlungen herrühren, daß für keine von diesen die Richtung gegen das Recht des Betroffenen als typisch genug festgestellt werden kann.

Damit werden Umfang und Grenzen der nach unserer Auffassung bei *allen* subjektiven Rechten gegebenen Deliktshaftung für unmittelbar gegen das Recht gerichtete Handlungen deutlich: Eine Fahrlässigkeitshaftung läßt sich auf sie in aller Regel nur gründen, soweit die Verletzungshandlung in einer unbefugten Rechtsausübung besteht, da nur diese sich auch ihrem objektiven Sinn nach gegen das Recht des Betroffenen richtet. Bei rein negativen Eingriffen muß meist erst die subjektive Zielrichtung gegen das Recht und das heißt (sieht man von der Frage des Rechtswidrigkeitsbewußtseins ab): der Vorsatz diese unmittelbare Beziehung der Handlung zum betroffenen Recht herstellen.

III. Der mittelbare Eingriff

1. Unter den mittelbaren Eingriffen in dem eingangs dieses Paragraphen behandelten Sinne bereiten uns die Fälle nur wenig Schwierigkeiten, in denen die Rechtsbeeinträchtigung über ein *anderes Recht* des Betroffenen oder eines Dritten eintritt. Zu der Forderung, die Handlung müsse subjektiv oder ihrem objektiven Sinngehalt nach von der Richtung auf das Recht getragen sein, sind wir ja gerade durch die Überlegung gelangt, daß so eine unvernünftige Ausuferung der Schadensersatzpflichten bei Einbeziehung aller, auch der relativen Rechte, in den Schutz des § 823 I BGB verhindert werden könne[67]). Um nochmals das Beispiel der Beschädigung der Kaufsache ins Gedächtnis zu rufen: Nur dort, wo sich die Handlung in Wahrheit gegen den Kaufanspruch, nicht bloß gegen das Eigentum des Verkäufers richtet, liegt ein nach § 823 I BGB zu beurteilender Eingriff in das Recht des Käufers vor.

Auch hier wird nur die subjektive Zielrichtung gegen das Recht, nicht das objektive Erscheinungsbild die unmittelbare Beziehung der Handlung zum mittelbar betroffenen Recht herstellen können: Daß die Handlung zunächst auf ein anderes Recht läuft, prägt ihr äußeres Erscheinungsbild derart, daß die Beeinträchtigung eines anderen, erst mittelbar betroffenen Rechts als objektiver Sinngehalt nicht festzustellen sein wird.

Was allerdings die *subjektive* Zielrichtung angeht, so ist hier der Punkt, an dem man zweifeln kann, ob im Zivilrecht wirklich ausnahmslos das Einkalkulieren für möglich gehaltener Rechtsfolgen zur Erfüllung des Tatbestands des § 823 I BGB ausreichen soll. Der Standpunkt, dort, wo es um nur mittelbare, auf dem Umweg über ein anderes Recht erfolgende, Eingriffe gehe, genüge es, bei *direkter* Zielsetzung gegen das mittelbar betroffene Recht die Haftung aus § 823 I BGB eintreten zu lassen, hat manches für sich und wäre, wie wir oben gesehen haben[68]), jedenfalls eine systemgerechte Einschränkung des allgemeinen Grundsatzes, daß subjektiv zielgerichtete Eingriffe zu vertreten sind. Ich halte indessen dafür, es auch in diesem Fall dabei zu belassen, *jede Stufe* der subjektiv zielgerichteten Handlung als tatbestandsmäßig i. S. des § 823 I BGB anzusehen. Man muß sich nur davor hüten, das Einkalkulieren der für möglich gehaltenen Folgen beim konkreten Täter zu vorschnell zu unterstellen. Daß jede Sache verkauft sein kann, genügt nicht für die Annahme, derjenige, der sie vorsätzlich beschädige, kalkuliere auch die Beeinträchtigung etwaiger Käufer mit ein. Selbst wo die Sache vielleicht mit dem Schild „verkauft“ versehen ist, brauchen die Vorstellungen des Täters noch nicht soweit zu gehen. Wo er aber konkret ins Auge faßt, ein Käufer könne in seiner Forderung auf die Sache beeinträchtigt werden, da ist der Unterschied zu dem Fall, in dem er diese Beeinträchtigung beabsichtigt, nicht mehr groß genug, um eine unterschiedliche Behandlung zu rechtfertigen.

Komplexer als der mittelbare Eingriff auf dem Umweg über ein anderes Recht liegen nun freilich die Fälle, in denen Mittler der Rechtsbeeinträchtigung die Handlung einer anderen *Person* ist. Der Zugang zu ihrer Lösung

---

[67]) Vgl. oben § 5 I 4 (S. 66 f.).
[68]) § 5 II 1 (S. 68 ff.).

soll im folgenden zunächst an dem prägnanten Beispiel der mittelbaren Patentverletzung gesucht werden. Alsdann wird auf weitere Fälle einzugehen sein.

2. Wie bekannt hat die Rechtsprechung den Satz entwickelt, daß derjenige eine *mittelbare* Patentverletzung begehe, der ein ungeschütztes Mittel oder eine ungeschützte Vorrichtung liefert, mit welcher der unmittelbare Verletzer des Patents unbefugt ein geschütztes Verfahren ausübt[69]). Dabei werden nach der Art der gelieferten Gegenstände zwei Formen mittelbarer Patentverletzung unterschieden, nämlich 1. die Lieferung von Mitteln oder Vorrichtungen, die überhaupt *nur* patentverletzend benutzt werden können, und 2. die Lieferung solcher Mittel oder Vorrichtungen, die auch patentfrei zu verwenden sind. Im ersteren Fall kommt es nurmehr darauf an, ob der die Erfindung unmittelbar Nutzende rechtswidrig handelt. Ist das zu bejahen (also nicht etwa eine Lizenz für die Nutzung vorhanden), so kann daraus ohne weiteres auf eine rechtswidrige mittelbare Patentverletzung geschlossen werden. Ob der mittelbare Verletzer weiß oder damit rechnet, daß die Gegenstände zur Patentverletzung dienen werden, ist für Tatbestandsmäßigkeit und Rechtswidrigkeit seiner Handlung gleichgültig[70]). Anders im zweiten Fall: Hier fordert das Reichsgericht die Erkenntnis des Liefernden, daß der unmittelbare Verletzer möglicherweise die Absicht hat, die Mittel oder Geräte tatsächlich patentverletzend zu verwenden[71]).

Es bedarf kaum der näheren Darlegung, daß es im ersten Fall der *objektive Sinn* der Handlung des mittelbaren Verletzers ist, der diese als rechtswidrig erscheinen läßt. Die Lieferung von Waren oder Geräten, die nur patentverletzend benutzt werden können, hat ihrem objektiven Sinn nach unmittelbare Richtung gegen das Patentrecht. Umgekehrt kommt im zweiten Fall der Handlung des mittelbaren Verletzers ein objektiver Sinn der Richtung auf das Patentrecht nicht zu. Hier kann die unmittelbare Richtung der Handlung auf das Recht nur in der subjektiven Zielrichtung — eben in der Erkenntnis des möglichen patentverletzenden Gebrauchs — bestehen[72]).

Daß man dem Lieferanten auch patentfrei verwendbarer Waren und Geräte die Möglichkeit einräumt, sich durch geeignete Maßnahmen, die von einer Warnung des Abnehmers bis zur, durch Vertragsstrafe gesicherten, Vereinbarung mit diesem reichen können, von der patentrechtlichen Verantwortung freizustellen[73]), ändert an dieser Betrachtung nichts. Man könnte schon

---

[69]) Vgl. *Reimer-Nastelski,* Patentgesetz, Anm. 94 ff. zu § 6 mit Nachweisen.

[70]) *Reimer-Nastelski,* aaO., Anm. 97 zu § 6.

[71]) RGZ 146, 26 (28). Hierher gehört, wie *Reimer-Nastelski,* aaO. Anm. 100 zu § 6 mit Recht ausführen, auch der Fall der Lieferung sogen. „neutraler Ware". Denn entweder ist diese in Wahrheit gar nicht patentverletzend benutzbar — worauf die Ausführungen RGZ 141, 336 (339 f.) hinauslaufen dürften —, so daß es schon an der ersten Voraussetzung einer mittelbaren Patentverletzung fehlt, oder sie kann sowohl patentverletzend wie patentfrei verwendet werden und unterliegt damit den zuletzt geschilderten Grundsätzen.

[72]) Ich halte es daher für zu weitgehend, wenn der BGH (GRUR 1961, S. 627) im Gegensatz zum Reichsgericht schon das fahrlässige Nichterkennen des möglichen patentverletzenden Gebrauchs genügen lassen will.

[73]) Vgl. z. B. *Reimer-Nastelski,* aaO. Anm. 98 zu § 6.

daran zweifeln, ob hier nicht Maßstäbe aufgestellt werden, nach denen das Vorliegen der subjektiven Patentverletzung beim mittelbaren Patentverletzer — und das bedeutet hier das ernstliche Einkalkulieren der unmittelbaren Patentverletzung — beurteilt wird. Denn man stellt ja um so strengere Anforderungen, je näher die Gefahr einer unmittelbaren Patentverletzung — und damit auch ihr Einkalkulieren durch den mittelbaren Verletzer — liegt. Richtiger ist es aber wohl, in der befreienden Wirkung solcher Vorbeugemaßnahmen einen aus dem Prinzip der Sozialadäquanz folgenden Rechtfertigungsgrund zu sehen: Im Interesse des Verkehrsschutzes kann vom Teilnehmer am Verkehr mit Waren oder gewerblichen Leistungen nicht mehr verlangt werden, als die von der Verkehrsanschauung geforderten Maßnahmen zu ergreifen.

Diese Sicht von der *Sozialadäquanz* her bewährt sich in gleicher Weise bei der Lieferung neutraler *Teile* (nicht Ware), d. h. also solcher Teile, die mit dem Verfahren selbst gar nichts zu tun haben, etwa von Schrauben usw. Wenn die Lieferung dieser neutralen Teile nie mittelbare Patentverletzung sein kann, so drückt sich darin aus, daß der Handel mit solchen Dingen, die keinerlei Beziehung auf das Patentrecht haben, im Interesse der Leichtigkeit des Verkehrs als sozialadäquat angesehen werden muß, gleichgültig, was der Veräußerer von den Absichten weiß, die der Abnehmer verfolgt. Wenn *Reimer—Nastelski* hierzu anführen, daß die gegenteilige Meinung zu einer Überspannung des Patentschutzes führen würde[74]), so bezeichnet das deutlich die Grenze, die hier im Interesse des Verkehrsschutzes gezogen wird.

Wie hier geschehen, den Kern auch der mittelbaren Patentverletzung in der Richtung der Handlung auf das Patentrecht zu erblicken, deckt sich der Sache nach mit der Auffassung von *Stoll*, der insoweit von einem vorverlegten Schutzbereich des Patentrechts über den final verletzbaren Kernbereich hinaus spricht[75]). Auch *Stoll* räumt ja ein, daß es die „wirtschaftlich den dem Patentinhaber vorbehaltenen Verwertungshandlungen nahekommenden" Handlungen sind, die als mittelbare Patentverletzung gewertet werden. Darin manifestiert sich das Erfordernis entsprechender Zweckrichtung.

Die Gefährung des Patentrechts, in welcher *Stoll* den tragenden Grund dafür sieht, daß auch die mittelbare Patentverletzung zur Anwendung der §§ 6, 41 PatG führt, steht sicher im Hintergrund, aber doch auch nicht anders als bei jedem Recht. Das gilt um so mehr, als es sich mit dem Gedanken eines besonderen Gefährdungsunrechts kaum vereinbaren läßt, daß die mittelbare Patentverletzung nur dann unter die §§ 6, 41 PatG fallen soll, wenn eine unmittelbare Verletzung erfolgt oder doch als unmittelbar bevorstehend zu besorgen ist. Hier spielt wohl auch eine gewisse Unklarheit des Begriffs der mittelbaren Verletzung mit hinein: Gemeinhin bezeichnet er, wie wir gesehen haben[76]), ja solche Handlungen, die für sich genommen nur abstrakte Gefährdungen darstellen, welche erst durch weitere hinzutretende Umstände zur Beeinträchtigung des Rechts führen. Im Falle der mittelbaren Patentverletzung, welche sich aus der Beihilfe zur Patentverletzung entwickelt hat, han-

[74]) AaO. Anm. 100 zu § 6.
[75]) AcP 162, S. 215 ff.
[76]) Vgl. oben § 4 I 2 (S. 50 f.).

delt es sich dagegen im Grunde um einen Fall der mittelbaren Täterschaft, die durchaus unmittelbar auf das Recht gerichtet ist und ohne das Hinzutreten weiterer Umstände als den der unmittelbaren Patentverletzung ursächlich für die Rechtsverletzung wird. Auch im ersteren Sinne sind allerdings „mittelbare" Patentverletzungen denkbar, etwa wenn ein Angestellter des Patentinhabers Zeichnungen fahrlässig liegen läßt, welche sich ein anderer fotokopiert, um eine Patentverletzung zu begehen. Aber sie genügen nicht, um eine Haftung eintreten zu lassen, weil eben das Element der Richtung auf das Patentrecht fehlt.

3. Daß die Erwägungen, die zur mittelbaren Patentverletzung anzustellen waren, sinngemäß für vergleichbare Probleme bei anderen Immaterialgüterrechten gelten, braucht in einer Untersuchung, die vornehmlich den relativen Rechtsbeziehungen gilt, nur gesagt, nicht ausgeführt zu werden. Die relativen Rechtsbeziehungen selbst aber zeigen häufig die Konstellation, daß der Verletzer den Weg über eine andere Person, nämlich den Partner der Rechtsbeziehung, nimmt: Der Schuldner einer Geldforderung kann veranlaßt werden, die geschuldete Summe nicht zu bezahlen, der Verkäufer dazu, eine gekaufte Sache dem Käufer nicht zu übereignen und zu übergeben, ein Händler dazu, Preisvereinbarungen oder Vertriebsbindungen nicht einzuhalten, der Dienstverpflichtete dazu, Dienstleistungen nicht zu erbringen, das Mitglied einer Koalition dazu, den Anweisungen der Organe, etwa einem Streikbefehl, nicht zu folgen oder die Beiträge nicht zu zahlen, der Ehegatte dazu, seinen sich aus der ehelichen Lebensgemeinschaft ergebenden Pflichten nicht nachzukommen, und was der Beispiele mehr sind.

Es besteht kein Zweifel, daß alle diese Verleitungen oder Veranlassungen zum Bruch der aus den relativen Rechtsbeziehungen folgenden Pflichten nach der hier vertretenen Auffassung das Recht des Berechtigten verletzen und die Haftung aus § 823 I BGB auszulösen vermögen, sofern die Handlung des Verletzers die unmittelbare Richtung auf dieses Recht hatte. Hier sind auch durchaus wieder Handlungen denkbar, die dermaßen als Verleitungen zum Rechtsbruch typisiert sind, daß sie für die objektive Verkehrsauffassung diese Richtung auf das fremde Recht ohne weiteres an sich tragen: So liegt es offen zutage, daß die Aufforderung zu Streik oder Aussperrung (von dem seltenen Fall der Aufforderung zur bloßen fristgemäßen Kündigung abgesehen) zum Bruch der Arbeitsverhältnisse von seiten der Arbeitnehmer bzw. Arbeitgeber führt[77]). Und so bietet es das objektive Bild eines Eingriffs in die Ehe, wenn ein Dritter mit dem ungetreuen Ehegatten wie ein Ehepaar zusammenlebt, mag er auch nicht wissen, daß sein Partner verheiratet ist[78]). In anderen Fällen wird es an einer solchen objektiven Sinngebung fehlen und nur die subjektive Sinnrichtung des Täters entscheiden können: Wer etwa einem anderen eine Sache abkauft und sich übereignen läßt, die dieser andere schon einem Dritten verkauft hatte, verleitet dem äußeren Erscheinungsbild seiner Handlung nach den ersteren nicht zum Vertragsbruch. Die subjektive

---

[77]) Vgl. dazu noch unten vor § 11 (S. 151 f.).
[78]) Vgl. dazu noch unten § 12 IV 3 am Ende (S. 196).

Zielrichtung auf das Recht des Dritten erst kann der Handlung diese Bewertung geben[79]). Und gleiches gilt von dem Preisbrecher, der den Großhändler entgegen dessen Verpflichtungen veranlaßt, an ihn, den Preisbrecher zu liefern.

Dabei muß allerdings von vornherein festgehalten werden, daß ein subjektiv zielgerichteter Eingriff in das Vertragsrecht eines anderen naturgemäß nur dann vorliegt, wenn die Handlung des Schuldners *tatsächlich* den Vertragsbruch des Schuldners herbeigeführt hat. Wo es daran fehlt, kann die Zielrichtung auf das Recht gar nicht in eine ursächliche Beeinträchtigung des Rechts umgesetzt werden. Im Gegensatz zu *Koziol*[80]) meine ich aber, daß die danach notwendige Kausalitätsfeststellung im wesentlichen nach den Kriterien getroffen werden kann, welche die Rechtsprechung zur Unterscheidung von Verleitung zum Vertragsbruch und bloßer Ausnutzung eines Vertragsbruchs im Bereich des Wettbewerbsrechts für die Frage aufgestellt hat, ob ohne hinzutretende weitere Umstände ein sittenwidriges Verhalten i. S. des § 826 BGB angenommen werden kann oder ob dafür solche weiteren Umstände erforderlich sind.

Koziol ist freilich zuzugeben, daß sich die Rechtsprechung ziemlich mißverständlich ausdrückt, wenn sie durchweg die Formulierung des Reichsgerichts wiederholt, die Grenze zwischen der bloßen Ausnutzung fremden Vertragsbruchs und der Verleitung zum Vertragsbruch lasse sich nicht etwa so ziehen, daß der Begriff des Verleitens dem strafrechtlichen Begriff der Anstiftung i. S. des § 48 StGB gleichgesetzt werden könne mit der Folge, daß eine unzulässige Verleitung zum Vertragsbruch nicht gegeben sei, wenn der Vertragsbruch nicht durch die Verleitung ausgelöst worden ist, also strafrechtlich nur ein Versuch der Anstiftung gegeben wäre; es komme deshalb für die Feststellung einer wettbewerbswidrigen Verleitung zum Vertragsbruch nicht darauf an, ob der Verleitende insofern keinen Erfolg gehabt habe, als der andere schon zum Vertragsbruch entschlossen war; vielmehr genüge es, wenn der Täter bewußt darauf hinwirke, daß der andere einen Vertragsbruch begehe, wenn auch der Widerstand, den er dabei finde, noch so gering sei[81]). Das klingt in der Tat so, als solle auf die Kausalität zwischen Verleitung und Vertragsbruch gänzlich verzichtet werden. Aber die Folgerungen, die das Reichsgericht aus diesen Sätzen für den von ihm zu entscheidenden Fall gezogen hat[82]), sprechen eine andere Sprache.

---

[79]) Im Ergebnis richtig deshalb BGH LM Nr. 9 zu § 932 BGB = JZ 1956, S. 490 f., wonach der gutgläubige, aber immerhin leichtfahrlässig handelnde Erwerber einer dem Veräußerer nicht gehörenden Sache dem Eigentümer, der nach § 932 BGB sein Recht verliert, nicht nach § 823 I BGB schadensersatzpflichtig wird. Getragen wird diese Entscheidung allerdings nicht von einer Verdrängung des § 823 I BGB, sondern, wie *Stoll* AcP 162, S. 218, zurecht hervorgehoben hat, durch den Umstand, daß es an einer unter § 823 I BGB fallenden Unrechtsform fehlt — der hier vertretenen Auffassung nach eben am gegen das Recht gerichteten Eingriff.

[80]) AaO. S. 61 ff. und 76 ff.

[81]) RG GRUR 1939, S. 562 (S. 566); ebenso BGH GRUR 1960, S. 558 (S. 559); GRUR 1962, S. 426 (S. 427); BGHZ 37, 30 (33).

[82]) In den vom BGH entschiedenen Fällen war die Frage, ob eine Verleitung zum Vertragsbruch vorlag, durchweg nicht entscheidungserheblich.

Es ging darum, daß der Beklagte, ein Optiker, Brillengläser von einem anderen Optiker bezog, der mit der Lieferung an den Bekl. Preis- und Vertriebsbindungen seiner Lieferfirma brach. Das Reichsgericht schloß aus dem aufgestellten Satz nur, daß sich der Bekl. schon mit jeder neuen Bestellung der Verleitung zum Vertragsbruch schuldig gemacht habe, auch wenn der andere Optiker an sich zur Fortsetzung der Geschäftsverbindung unter den gegebenen Verhältnissen ohne weiteres bereit war. Damit aber hat es immer noch vorausgesetzt, daß der Bekl. durch seine Bestellung den anderen Optiker zum Bruch seiner Verpflichtungen *veranlaßte*, indem er bei ihm erneut bestellte und dieser auf diese Bestellung hin lieferte. Kausalität zwischen Verleitung und Vertragsbruch läßt sich hier nicht wohl verneinen, denn erst die Lieferung, nicht schon die Bereitschaft zu ihr, stellt diesen Vertragsbruch dar und zu ihr wäre es ohne die Bestellung des Bekl. nicht gekommen!

Das Urteil des Reichsgerichts trifft also noch nicht den Fall, den *Koziol* mit Recht als Beispiel für eine bloße Ausnutzung eines Vertragsbruchs anführt[83]), daß nämlich der zum Vertragsbruch schon *entschlossene* Schuldner — man denke an den prestigebundenen Großhändler, der regelmäßig vertragswidrig an Letztverbraucher verkauft — das vertragswidrige Geschäft *ohnehin* mit einer anderen Person abgeschlossen hätte. Erst bei dieser Konstellation wird der Vertragsbrüchige zum „omni modo facturus", der zur Vertragsverletzung nicht mehr „angestiftet" werden kann[84]), so daß die Handlung des Dritten keinen zielgerichteten Eingriff in das Recht des Gläubigers darstellt, sondern nurmehr die Ausnutzung einer günstigen Gelegenheit.

Nun kann allerdings, worauf wiederum *Koziol* hinweist[85]), auch diese Ausnutzung der Gelegenheit noch conditio sine qua non des Vertragsbruches sein, wenn ohne sie der *konkrete* Vertragsbruch nicht so geschehen wäre. Und da wir uns oben unter 1. dafür entschieden haben, auch bei mittelbaren Eingriffen das Einkalkulieren für möglich gehaltener Nebenfolgen als subjektive Zielrichtung gegen das Recht genügen zu lassen, mag es Fälle geben, in denen die Vorstellung des Täters konkret genug ist, um auch die Ausnutzung des Vertragsbruchs als i. S. des § 823 I BGB tatbestandsmäßig erscheinen zu lassen[86]). Aber eine Haftung ist auch in solchen Fällen auszuschließen.

Um das zu begründen, müssen wir nochmals zu der Überlegung zurückkehren, mit der wir oben unter 2. die Lieferung neutraler Teile aus dem Kreis der möglichen mittelbaren Patentverletzungen ausgeschlossen haben. Es war

---

[83]) AaO. S. 77 f.

[84]) Das Reichsgericht dürfte in seinem Urteil den strafrechtlichen Begriff der Anstiftung nicht ganz richtig gesehen haben. Strafrechtsprechung und -literatur haben sich einhellig dahin ausgesprochen, daß auch der nur allgemein zur Tat Bereite noch angestiftet werden kann, sofern er durch die Einwirkung zu einer konkreten Tat veranlaßt wird: RGSt 37, 172; RG JW 1939, S. 222; BGH bei Dallinger MDR 1957, S. 395; aus der Literatur etwa *Schönke-Schröder*, Kommentar zum Strafgesetzbuch, Anm. 4 zu § 48.

[85]) AaO. S. 78.

[86]) Keineswegs immer! Insbesondere wird dem Täter oft nicht zu widerlegen sein, daß er aus der leichten Gelegenheit geschlossen habe, daß das Preis- oder Vertriebsbindungssystem überhaupt lückenhaft und damit allgemeiner Meinung nach unwirksam gewesen sei.

der Gedanke, daß der Handel mit solchen Teilen in jedem Falle im Interesse der Leichtigkeit des Verkehrs als sozialadäquat angesehen werden müsse, gleichgültig, was der Lieferant bei der Lieferung von den Absichten des Kunden weiß. Hier ist die Situation ähnlich. Wer nur von einer Gelegenheit Gebrauch macht, die ein Händler unter Hintanstellung der von ihm eingegangenen Bindungen von sich aus einer Vielzahl von Personen bietet, hält sich, auch wenn er strenggenommen eine Ursache für den konkreten Fall des Vertragsbruchs setzt, noch im Rahmen dessen, was im Interesse der Freiheit des Verkehrs zulässig sein muß.

Dies gilt bei Preisbindungen, Vertriebsbindungen und ähnlichen *wettbewerbsbeschränkenden* Verträgen um so mehr, als diese sich, worauf besonders *Plaßmann* und jetzt auch *Koziol* hinweisen, von dem Normaltypus eines gegenseitigen Vertrages insofern unterscheiden, als sie nicht in erster Linie die Innenbeziehung zwischen den Vertragspartnern, sondern die *Außenbeziehung* des einen Partners zu Dritten und damit eben die Einschränkung der Leichtigkeit des Verkehrs mit Waren und gewerblichen Leistungen zum Ziel haben[87]): Wo Verträge sich auf die Regelungen des geschäftlichen Verkehrs richten, müssen sie sich auch Einschränkungen ihrer Wirksamkeit gefallen lassen, die im Interesse des geschäftlichen Verkehrs notwendig sind. Zu diesen Einschränkungen zählt aber ebenso wie der Satz von der Unbeachtlichkeit eines lückenhaften Preisbindungssystems auch der, daß die bloße Ausnutzung des Bruchs einer Wettbewerbsabsprache zulässig ist[88]).

Die Grundsätze der Sozialadäquanz finden so bei den mittelbaren Eingriffen in ein Recht ein verhältnismäßig weites Anwendungsfeld. Das kann uns nach unseren Überlegungen zur Relativierung der Rechtswidrigkeit durch das institutionelle Element der Rechtsordnung[89]) nicht überraschen: Die mittelbaren Eingriffe spannen den Boden der im Sinne des § 823 I BGB tatbestandsmäßigen Handlungen allgemein so weit, daß sie in erhöhtem Maß der grundsätzlich bei allen Rechten aus der Vielfältigkeit der sozialen Kontakte und dem Aufeinanderangewiesensein der Menschen herzuleitenden Korrektur im Sinne einer Rechtfertigung der an sich tatbestandsmäßigen Verletzungen bedürfen.

---

[87]) *Plaßmann*, Bündnisverträge gegen Wettbewerb, JZ 1964, S. 670 ff.; zuvor schon: Preisbindung durch die Gerichte? JZ 1962, S. 463 ff. (insbes. S. 469 ff.) und: Die Bindung des Außenseiters, JZ 1963, S. 273 ff. *Koziol* aaO., S. 191 ff.

[88]) Dagegen scheint mir jedenfalls für das deutsche Recht die Annahme zu weit zu gehen, solche wettbewerbsbeschränkenden Verträge müßten von den betroffenen Dritten überhaupt nicht respektiert werden, weil das Interesse der Dritten am freien geschäftlichen Verkehr das Interesse des Gläubigers an der Wettbewerbsbeschränkung überwiege, für die im Wirtschaftsverkehr keine zwingende Notwendigkeit gegeben sei (*Koziol* aaO., S. 195 f.): Die Entscheidung über die Zulässigkeit solcher Verträge wird auf dem Feld der Tatbestände des Wettbewerbsbeschränkungsrechts gefällt. Sie kann nur entweder positiv oder negativ lauten. Für eine vermittelnde Entscheidung, die nach Art einer „lex imperfecta" den wettbewerbsbeschränkenden Vertrag zwar zwischen den Beteiligten wirken läßt, aber als von Dritten nicht zu respektieren betrachtet, fehlt jedenfalls nach der derzeitigen Gesetzeslage die Möglichkeit. Kritisch gegenüber *Koziol* insoweit jetzt auch *Ostheim*, ZAS 1969, S. 39.

[89]) Vgl. oben § 4 I 4 (S. 53 f.).

§ 7. Die Beeinträchtigung körperlicher Güter

Die vorstehenden Überlegungen haben ergeben, daß bei einer Reihe von subjektiven Rechten der Schutz vor Eingriffen, die sich gegen das Recht richten, den Bereich der schutzwürdigen Beeinträchtigungen in vollem Umfang deckt. Das gilt von den schuldrechtlichen Forderungen, die uns eingangs des § 5 als Ausgangsbasis die Feststellung geliefert haben, daß es Rechte gibt, bei denen schon zur Vermeidung unabsehbarer Haftungsfolgen nur für unmittelbare Eingriffe, nicht aber für bloße Folgen von in anderer Richtung gehenden Eingriffen gehaftet werden kann. Es gilt von der elterlichen Gewalt, bei der wir so den gerade gegen sie gerichteten Eingriff von der Verletzung des Kindes abheben konnten: Es gilt ebenso von den anderen sogenannten Gewaltverhältnissen, wie dem Arbeitsverhältnis oder dem Recht des Vereins gegen ein Mitglied. Es trifft umgekehrt zu auf die Mitgliedschafts*rechte*, die hinsichtlich des Schutzes von der Beeinträchtigung des Vereins oder der Gesellschaft selbst zu scheiden sind. Es ist richtig bei den Immaterialgüterrechten, bei denen auf der einen Seite die rein negativen Eingriffe in das Recht den rechtsausübenden Handlungen eines Unbefugten gleichzustellen waren (vgl. § 6 II 1), und auf der anderen Seite an der mittelbaren Patentverletzung dargetan wurde (vgl. § 6 III 2), daß die Haftung für mittelbare Verletzungen eines Immaterialgüterrechtes sich ohne Rückgriff auf einen vorgelagerten Schutzbereich unter dem Gesichtspunkt des gegen das Recht gerichteten Eingriffs rechtfertigen läßt.

Auf der anderen Seite ist aber ebenso offenkundig, daß der Unrechtstyp der gegen ein Recht gerichteten Handlung den Anwendungsbereich des § 823 I BGB nicht erschöpfen kann. Um die plastischsten Beispiele zu nehmen: Wird ein Mensch verletzt oder eine Sache beschädigt, so muß die bloße Verursachung der Verletzung oder Beschädigung, sofern sie fahrlässig geschieht, genügen, um der verletzten Person oder dem Eigentümer der Sache einen Anspruch aus § 823 I BGB zu geben; eine auf das Recht zielgerichtete Handlung kann nicht verlangt werden.

Die Frage, was Grund und Kriterium dieses weitergehenden Schutzes ist, müssen wir beantworten, wenn wir zu einem vollständigen Bild der in § 823 I BGB gemeinten Unrechtstypen gelangen wollen.

I. Die Verletzbarkeit der Substanz als Grund des erhöhten Schutzes

1. Dabei ist zunächst ein Blick auf den historischen Hintergrund des § 823 I BGB von Interesse. Ihn bildet ohne Zweifel die ursprünglich der Sanktion von Sachbeschädigungen gewidmete lex Aquilia des Römischen Rechts, die im Unterschied zur dolus-Haftung und zur iniuria[90]) eine deliktische Fahrlässigkeitshaftung kannte: Im Anschluß an sie und beschränkt auf ihren Anwendungsbereich haben die Juristen der jüngeren Republik in die iniuria die culpa einbezogen und darunter neben dem Vorsatz auch die Fahrlässigkeit

[90]) Zur dolus-Haftung und zur iniuria vgl. noch unten § 9 III 1 (S. 135 ff.).

verstanden[91]). Aber es wäre verfehlt, anzunehmen, der Schutz der sogenannten absoluten Rechte, wie man ihn durch § 823 I BGB gewährt sieht, könne *pauschal* auf die lex Aquilia zurückgeführt werden. Das träfe nicht zu, soweit § 823 I BGB auf andere als dingliche Rechte (und allenfalls obligatorische Besitzrechte) an Sachen und die Lebensgüter der Person angewandt werden soll. Und es träfe auch nicht zu, soweit es um andere Eingriffe geht als die Beeinträchtigung der Substanz der Sache oder des menschlichen Körpers.

In § 2 I unserer Untersuchung ist des Näheren ausgeführt, wie sich das Begriffspaar „absolutes und relatives Recht", das der üblichen Auslegung des § 823 I BGB zugrunde liegt, in der zweiten Hälfte des 19. Jahrhunderts ausgebildet hat. Wie wir gesehen haben, hat diese Begriffsbildung nicht nur den Ausschluß der „relativen" Rechte aus dem deliktischen Rechtsschutz bekräftigt, sondern diesen auf der anderen Seite auch dadurch erweitert, daß über das dingliche Recht (das zum Unterfall des „absoluten" Rechts wurde) hinaus andere als absolut aufgefaßte Rechte, wie insbesondere die Immaterialgüterrechte, dem deliktischen Rechtsschutz unterstellt wurden[92]). Insoweit aber fehlt es an der Verbindungslinie zum Römischen Recht. Die lex Aquilia ist während der ganzen Geschichte des Römischen Zivilrechts bis hin zum Gemeinen Recht sowohl den verbotenen Handlungen wie den geschützten Gütern und dem aus ihr berechtigten Personenkreis nach verhältnismäßig eng begrenzt geblieben: Das vorklassische und das klassische Recht gingen über das in der lex genannte „urere, frangere, rumpere" nur insoweit hinaus, als sie jede Art von Verderben („corrumpere") genügen ließen, aber doch immer eine unmittelbare Einwirkung auf das zerstörte oder beschädigte Objekt forderten und die Beeinträchtigung durch Unterlassung ausdrücklich ausschlossen[93]). Dem gliederten sich kleinere Ausdehnungen durch actiones utiles und actiones in factum auf Fälle mittelbarer Sachbeschädigung, auf die vollständige Entziehung der Sache und auf Fälle der Vermögensbeschädigung durch Einwirkung auf eine Sache, ohne daß diese beschädigt wurde, an[94]), während erst das Gemeine Recht die lex Aquilia endgültig auch auf die nur zeitweise Sachentziehung anwandte[95]). Dem geschützten Gute nach war der Anwendungsbereich stets beschränkt auf *Sachen* mit der *einen*, in späterer Zeit gemachten, Ausnahme der Verletzung des Körpers eines freien Menschen[96]). Selbst diese

---

[91]) Vgl. *Kaser*, Römisches Privatrecht, 1. Abschnitt, § 118 II 2 (S. 421 f.). Daß sie dabei auch im weiteren Verlauf nicht scharf zwischen Rechtswidrigkeit und Schuldhaftigkeit unterschieden, weil sich noch den klassischen Juristen mit dem letzteren Begriff nicht nur die Qualität des Täters, sondern ebenso die der Tat verband (*Kunkel*, Exegetische Studien zur aquilischen Haftung, SavZeitschrift 49 [1929], S. 153 ff., S. 163), ändert daran nichts. Auch heute besteht ja, wie wir gesehen haben (vgl. oben § 3, 3 [S. 46 f.]), die Schwierigkeit der Abgrenzung.

[92]) Vgl. oben § 2 I 1 (S. 20 f.).

[93]) *Kaser* aaO., 1. Abschnitt, § 144 II (S. 518 f.).

[94]) *Kaser* aaO., 2. Abschnitt, § 273 I (S. 316 ff.); *Schulz-Schaeffer* aaO. S. 8.

[95]) Vgl. dazu *Schulz-Schaeffer* aaO., S. 8 f. unter Hinweis auf RGZ 22, 208 ff. (Beschlagnahme einer Ware verursacht durch unberechtigte Anzeige wegen Patentverletzung).

[96]) Ulp. D. 9, 2, 13 pr.: liber homo suo nomine utilem Aquiliae habet actionem: directam enim non habet, quoniam dominus membrorum suorum nemo videtur. Vgl. dazu *Kaser* aaO. 1. Abschnitt, § 144, Note 19 (S. 520) und *Schulz-Schaeffer* aaO. S. 10 f.

Ausdehnung war von den Römischen Juristen nur vereinzelt anerkannt[97]) und hat sich erst im Gemeinen Recht vollständig durchgesetzt, das ihr den Schadensersatzanspruch der Alimentationsberechtigten eines Getöteten anfügte[98]).

Berechtigt, die zivile actio legis Aquiliae geltend zu machen, war ursprünglich der quiritische Eigentümer. Ausgedehnt wurde der Kreis der Berechtigten im klassischen Recht auf die dinglich an der Sache Berechtigten und — einzige Ausnahme — auf den (obligatorisch) berechtigten Pächter[99]).

Die lex Aquilia hat es also, wie schon *Hasse* in dem ihr gewidmeten Teil seiner Untersuchung der Culpa des Römischen Rechts festgestellt hat[100]), mit *Sachen* zu tun oder doch mindestens, soweit es um den Schutz eines Freien geht, mit dessen Körper, also mit körperlichen Gegenständen. Sie wird weiter nur dem unmittelbar an dieser Sache oder an dem Körper Berechtigten gewährt. Und sie tritt schließlich nur an gegen „eine solche positive Handlung, wodurch die Substanz eines Körpers verletzt wird", wozu wenige Fälle kommen, „wo zwar nicht die eigentliche Substanz angegriffen" wird, „wo es aber doch offenbar ebensogut" ist, als wäre es geschehen[101]). Das aber bedeutet: Wie die durch die lex Aquilia geschützten Rechte durch ihre unmittelbare Sachbeziehung in Gegensatz zu den bloß relativen Rechten treten, so treten sie in ihren beiden anderen Charakteristika gerade in Gegensatz zu den Immaterialgüterrechten und Persönlichkeitsrechten: Diese sind Rechte an unkörperlichen Gegenständen, und ein Eingriff in die Substanz oder eine andere gleichermaßen schon äußerlich sinnfällige Verletzungshandlung ist bei ihnen nicht möglich.

Nun besagt diese Feststellung für uns freilich erst einmal so viel, daß es historisch gesehen nicht willkürlich ist, die Rechte an Sachen und den Körper des Menschen durch den Schutz gegen jede auch nur fahrlässig verursachte Beeinträchtigung aus den anderen Rechten herauszuheben. Es bleibt, diese Heraushebung auch sachlich zu rechtfertigen.

2. Knüpft man dabei an den eben festgestellten Unterschied an, daß die gewählten Beispiele des Rechtsguts der körperlichen Unversehrtheit und des Eigentumsrecht an einer Sache eine unmittelbare Beziehung zu einem in der Welt der Tatsachen sichtbar vorhandenen Gut aufweisen, die den erwähnten nur gegen zielgerichtete Eingriffe geschützten Rechten abgeht, so scheint man wieder bei der in § 3 behandelten These zu landen, der Schutz nach § 823 I BGB sei in der einen oder anderen Form von der *Kundbarkeit* des Rechtsgutes für den potentiellen Verletzer abhängig. Denn der Körper eines Menschen wie die Sachen sind für diesen stets sichtbar vorhanden und die von *Fabricius* herangezogene Gedankenreflexion auf das Personenrecht am Kör-

---

[97]) *Kaser* aaO. 2. Abschnitt, § 273 I (S. 317).

[98]) Vgl. *Windscheid*, Pandektenrecht Bd. II, § 455, Note 19 (S. 704), § 455; *Schulz-Schaeffer* aaO. S. 11. Auch im Gemeinen Recht haben sich Versuche, die Haftung für jede fahrlässige Vermögensbeschädigung aus der lex Aquilia zu entnehmen, nicht durchsetzen können. Vgl. dazu *Schulz-Schaeffer* aaO. S. 11 f.

[99]) *Kaser* aaO. 1. Abschnitt, § 144 II (S. 519); *Schulz-Schaeffer* aaO. S. 8.

[100]) *Hasse*, Die Culpa des Römischen Rechts, S. 28.

[101]) *Hasse* aaO.

per oder das Bestehen des Eigentums an der Sache ist geradezu selbstverständlich. Wir aber haben schon festgestellt, daß dieser Sicht vom potentiellen Verletzer her die Schwäche anhaftet, im Grunde nur eine Haftungsvoraussetzung zu wiederholen, die das Gesetz mit dem Maßstab der verkehrserforderlichen Sorgfalt der Fahrlässigkeit zugeordnet hat[102]) — was sich sofort auswirkt, wenn man an die Frage denkt, auf welche an der Sache Berechtigten der Schutz gegen Sachbeschädigungen ausgedehnt werden soll. Man wird dieses Kundbarkeitsargument deshalb nur insoweit gelten lassen können, als in ihm ein besonderes Interesse der Allgemeinheit an Sanktionen zum Ausdruck kommt: Auch der Rechtsschutz dient ja nicht nur dem Rechtsinhaber, sondern auch der Bewahrung der Rechtsordnung[103]). Und von hier aus gesehen, liegt es nahe, bei Gütern, deren Zugehörigkeit zu einem fremden Rechtskreis *offenkundig* ist, *jeden* Fall auch nur fahrlässiger Verletzung mit einer Ersatzpflicht zu belegen (wobei es auf die Anspruchsberechtigten erst in zweiter Linie ankommt). Letztlich zu überzeugen vermag aber auch dieses Argument nur, wenn sich der besondere Schutz dieser Rechte zugleich durch ein besonderes *Schutzbedürfnis* rechtfertigen läßt.

Für ein solches besonderes Schutzbedürfnis ließe sich nun schon ins Feld führen, daß sowohl die Lebensgüter einer Person wie ihre Rechte an körperlichen Sachen, insonderheit das Eigentum, den *festen Kern* ihrer Rechtssphäre bilden: Die Lebensgüter der Person und ihr Eigentum an körperlichen Sachen sind die Grundvoraussetzungen für ihre sinnvolle Entfaltung. Nur wessen Leben und körperliche Integrität gesichert ist, kann von seiner Freiheit als Person überhaupt Gebrauch machen. Und nur wer die Verfügungsmacht über eigene Sachen hat, kann von ihr einen menschengemäßen Gebrauch machen. Denn erst sie versetzt ihn in die Lage, auf seine Umwelt in einem über seine eigenen körperlichen Kräfte hinausgehenden Umfange einzuwirken[104]).

Diese Grundbedingungen der Existenz im Falle der Verletzung wiederherzustellen, mag schon einen umfassenden auch gegen fahrlässige Verursachungen gewährten Schadensersatzanspruch rechtfertigen. Letztlich überzeugend wird das Argument aber erst, wenn man es im Zusammenhang mit der *besonderen Art der Schädigung* sieht, die bei den Lebensgütern und den Sachgütern möglich ist: Im Unterschied zu den Immaterialgütern, zu denen man im jetzigen Zusammenhang auch die Leistungserwartung eines Gläubigers rechnen kann, ist bei ihnen eine Verletzung der *Substanz* möglich und sogar die im Vordergrund stehende Verletzungsform. Daß aber Körper- und Gesundheitsschäden stets und daß Verletzungen der Substanz einer Sache in der Regel repariert werden müssen, leuchtet schon wegen der Unsubstituierbarkeit jener und der immerhin regelmäßig gegebenen Knappheit dieser Güter unmittelbar ein. Die Kosten dafür dann dem auch nur fahrlässigen Verur-

---

102) Oben § 3, 3 (S. 46 f.).

103) Vgl. dazu noch § 9 II 3 (S. 131 f.). Schon O. Chr. *Fischer* hat in diesem Zusammenhang auf die Unrechtsbekämpfung als Funktion des Schadensersatzes hingewiesen und geltend gemacht, daß Körperverletzungen und Eigentumsverletzungen im Unterschied etwa zu einer Forderungsverletzung unter bestimmten Voraussetzungen strafbar sind (aaO. S. 84 ff.).

104) Das Eigentum gibt dem Menschen, wie es *Larenz*, Allg. Teil § 5 II (S. 61) formuliert, „Zuwachs an Freiheit".

sacher der Beschädigung aufzuerlegen, erscheint billiger als sie den Rechtsinhaber tragen zu lassen.

Man könnte auch sagen: Wo für die Betrachtung der Verletzung das beeinträchtigte *Gut* im Vordergrund steht, und die Rechtsbeziehung in den Hintergrund tritt, da ist der Schutz nicht bloß gegenüber Eingriffen, die sich gegen das Recht richten, sondern auch gegen bloße fahrlässige Rechtsbeeinträchtigungen angemessen. Dem widerspricht nicht, daß es auch bei Rechten an solchen körperlichen Gütern Beeinträchtigungen gibt, deren Sanktion die Richtung gegen das Recht voraussetzt, wie etwa die Beeinträchtigung des Eigentums durch Verfügungshandlungen: Hier rückt auch bei diesen Rechten der *rechtliche* Gehalt als Angriffspunkt in den Vordergrund, so daß das Charakteristikum der *Sach*bezogenheit des Rechts keine Rolle mehr spielt.

3. Erkennt man, daß die Verletzbarkeit der Substanz den erhöhten Schutz körperlicher Güter trägt, so erhält auch die Vorstellung der unmittelbaren Herrschaft über den Gegenstand als Eigenschaft eines Rechts, der wir oben[105]) eine allgemeine Bedeutung für den Deliktsschutz nicht abgewinnen konnten, die ihr zukommende Funktion bei der Ausdeutung des § 823 I BGB: sie entscheidet bei den Rechten an körperlichen Gütern darüber, *wem* der allein bei diesen Gütern angebrachte erhöhte Schutz zu gewähren ist, denn *anspruchsberechtigt* wegen eines solchen Eingriffs in die Substanz des Gutes kann nur der *unmittelbar* an ihr Berechtigte sein, da nur er in dem Sinne an dem Lebens- oder Sachgut teil hat, daß die Reparation der Substanzverletzung ihm zugute kommen muß. Wer nur ein mittelbares, durch einen anderen unmittelbar Berechtigten vermitteltes Interesse an dem Gut hat, wie etwa der Inhaber eines Leistungsanspruchs auf eine Sache (dessen Gegenstand, wie wir gesehen haben, die Erwartung ist, der Schuldner werde erfüllen), dem braucht auch dem Sinn des Reparationsgedankens nach ein Ersatzanspruch nicht zuzukommen. Die Ausnahme, die § 844 BGB in dieser Beziehung macht, wenn er bei Tötung einer Person den kraft Gesetzes Unterhaltsberechtigten einen Anspruch auf Ersatz des entgangenen Unterhalts und demjenigen, der sie zu tragen hat, einen Anspruch auf Erstattung der Beerdigungskosten gewährt, bestätigt diese Regel nur: Die Unterhaltsberechtigten sind diejenigen, die aus der körperlichen Existenz und Integrität einer Person familienrechtlich die Sicherung ihrer eigenen Existenz zu erwarten hatten, also gleichsam „Teilhaber" an jener Person waren. Und die Beerdigungskosten sind der unmittelbare Schade, der bei Tötung eines Menschen bleibt und deshalb demjenigen ersetzt werden muß, der ihn als an die Stelle des Getöteten Tretender bezahlen muß[106]).

4. Nun sind dies alles freilich erst grobe Abgrenzungen. *Welche* Beeinträchtigungen im einzelnen noch als Substanzverletzungen aufgefaßt werden können, inwieweit insbesondere die Vorenthaltung einer Sache und die Beeinträchtigung der Freiheit der Person wie anderer Persönlichkeitsgüter hierher zu rechnen sind, wird im folgenden noch ebenso erforscht werden müssen

[105]) § 2 III (S. 30 ff.).

[106]) Auf die Regelung des § 845 BGB, der ein anderer Gedanke zugrunde liegt, wird in § 10, 3 (S. 145) eingegangen.

wie die Frage, welche Rechtsinhaber als unmittelbar an dem Gut berechtigt anzusehen sind und welche nicht. Zuvor aber muß die hier vertretene Auffassung noch gegen einen Einwand abgesichert werden, der ihr daraus gemacht werden kann, daß nach unserem Recht bei Verwirklichung eines haftungsbegründenden Tatbestands grundsätzlich alle Schäden, auch alle *Folge*schäden zu ersetzen sind.

Man könnte nämlich sagen: Der Hinweis auf die Notwendigkeit, für Beeinträchtigung räumlich-körperlicher Güter Reparation zu leisten, vermöge eben auch nur den Ersatz der *Wiederherstellungskosten* i. S. der §§ 249, 250 BGB zu tragen. Nicht geklärt sei damit, wieso bei auch nur fahrlässig verursachter Beeinträchtigung entstehende *Vermögensschäden* ersatzpflichtig sein sollten. Das aber lasse die ganze Argumentation als fragwürdig erscheinen.

Demgegenüber ist einmal darauf hinzuweisen, daß die festgestellte erhöhte Schutzbedürftigkeit dieser den Kern der Rechtssphäre des einzelnen bildenden Güter auch eine erhöhte Präventionswirkung der einschlägigen Schadensersatznormen und damit das Einstehenmüssen des Verletzers für alle Folgeschäden als nicht unangemessen erscheinen läßt. Vor allem aber handelt es sich bei dem Grundsatz, daß alle Folgeschäden stets mitzuersetzen sind, nicht um eine zwingende Folgerung aus einem vorgegebenen Tatbestand, sondern um eine *freie* Entscheidung des Gesetzgebers. Das zeigt sich etwa darin, daß die Verfasser des BGB die Trennung zwischen unmittelbarem und mittelbarem Schaden durchaus erwogen, wenn auch (unter Ablehnung anderer gesetzlicher Vorbilder) verworfen haben[107]), und daß diese Frage im Referentenentwurf eines Gesetzes zur Änderung und Ergänzung schadensersatzrechtlicher Vorschriften jedenfalls bei unverhältnismäßig hohen Schäden eine andere Beurteilung erfahren hat[108]). Und es zeigt sich auch darin, daß die Unterscheidung mittelbarer und unmittelbarer Schäden dort durchgeführt wird, wo sachliche Gesichtspunkte sie fordern, wie etwa bei der Berücksichtigung hypothetischer Schadensursachen oder der Enteignungsentschädigung[109]).

Daß der Gesetzgeber die Entscheidung gegen eine Berücksichtigung des Unterschieds von mittelbaren und unmittelbaren Schäden getroffen hat, hat seine Ursache in deren mangelnder Praktikabilität[110]) und besagt deshalb nichts gegen die Gründe, mit denen hier der herausgehobene schadensersatzrechtliche Schutz vor Beeinträchtigungen körperlicher Güter gerechtfertigt worden ist.

II. Die Abgrenzung der Substanzverletzung im einzelnen

1. Die Frage, in welchen Bereichen das Recht nur gegen Eingriffe, die sich gegen das Recht richten, und in welchen es auch gegen nur fahrlässig verursachte Beeinträchtigungen geschützt ist, läßt sich bei den Sachenrechten

[107]) Vgl. die Motive bei *Mugdan*, Bd. II, S. 10.
[108]) Vgl. § 255 a des Entwurfes.
[109]) Vgl. dazu z. B. *Larenz*, Schuldrecht I, § 14 II b (S. 152) und III e (S. 170 ff.).
[110]) Vgl. die Motive aaO. und etwa *Esser* (3. Aufl.), § 41 II 2 (S. 273), der jetzt übrigens vorschlägt (aaO. § 41 I 2), statt von unmittelbaren und mittelbaren Schäden von „Substanzschäden" und „Vermögensfolgeschäden" zu sprechen.

verhältnismäßig leicht beantworten. Die Beeinträchtigung der Sachsubstanz selbst (Sachbeschädigung und Sachzerstörung) löst die Haftung nach § 823 I BGB aus, sofern sie nur fahrlässig verursacht ist, während ein Eingriff in die Verfügungsbefugnis beim Eigentum wie bei allen Rechten nur vorliegen kann, wenn der Handelnde sich selbst als Verfügender geriert. Es bleiben die Fälle der Vereitelung oder Störung des Besitzrechts des Eigentümers, soweit sie nicht bloße Folge eines Eingriffs in die Verfügungsbefugnis sind und damit den für diese geltenden Regeln unterstehen.

Daß es hier eine ganze Reihe von Fällen gibt, in denen man subjektiv oder objektiv gegen das Recht gerichtete Eingriffe feststellen kann — man denke nur an die unbefugte Benutzung der Sache — darf nicht über andere Fälle hinwegtäuschen, in denen eine Besitzentziehung oder -störung nur verursacht, aber nicht mit Richtung gegen das Recht herbeigeführt wird. *Stoll* hat für die Besitzentziehung auf das Beispiel verwiesen, daß eine frühere Hausangestellte durch eine arglose detaillierte Schilderung der Zugänge des Hauses, in dem sie tätig war, den Diebstahl eines Dritten ermöglicht[111]). Man kann dem etwa folgenden Fall hinzufügen: Ein Passant beobachtet, daß jemand auf der Straße den Schlüssel seines Wagens verliert, eilt hilfreich hinzu, um den Schlüssel aufzuheben, stößt dabei aber aus Unachtsamkeit mit dem Fuß an den Schlüsselbund, so daß dieser in den Abwasserkanal fällt. Der Eigentümer kann den Wagen — da er über einen zweiten Schlüssel nicht verfügt und über das Wochenende Handwerker in dem betreffenden Ort nicht zu bekommen sind — zwei Tage lang nicht benutzen: Hier ist der Besitz am Schlüsselbund vollständig, der am Wagen zeitweise entzogen (ohne daß das die Folge einer Beschädigung des Wagens wäre). Oder man denke für die Besitzstörung an den vom Reichsgericht entschiedenen Fall, daß durch ein Versehen Petroleum ausfließt, die Brandmauer zum Nachbarhaus durchtränkt und dort wegen des Geruchs und der Feuergefahr das Wohnen unmöglich macht[112]).

Mir scheint es richtig, auch in diesen Fällen der nur fahrlässig verursachten Besitzentziehung oder -störung die Haftung nach § 823 I BGB grundsätzlich eintreten zu lassen[113]). Denn der Besitz der Sache ist ebenso wie ihre Existenz und ihre Unversehrtheit ein sichtbares Faktum der Güterwelt und ebenso wie sie dem Kern der Eigentümerstellung zugehörig. Seinen Verlust oder seine Störung zu reparieren und deren Folgen zu tragen, kommt vor dem Eigentümer dem auch nur fahrlässig verursachenden Verletzer zu, ohne daß damit dessen Haftung unbillig ausgedehnt würde. Festzustellen, wie die Gren-

[111]) AcP 162, S. 220.

[112]) RGZ 59, 326 ff.

[113]) Eine andere Frage ist, wann an eine Besitzstörung die actio negatoria des § 1004 BGB zu knüpfen ist und gegen wen sie sich richtet. *Stoll* (aaO. S. 220 ff.) hat m. E. zu recht darauf hingewiesen, daß hier die Zustandshaftung des die Störung „beherrschenden" Rechtsinhabers im Vordergrund stehen muß und es auf die Verursachung der Störung erst in zweiter Linie ankommt. Aber das besagt nichts für den Schadensersatzanspruch aus § 823 I BGB und kann übrigens auch nichts daran ändern, daß außerhalb des eigentlichen Anwendungsbereichs des § 1004 BGB die deliktische Unterlassungsklage an das Drohen einer deliktischen Verletzungshandlung gebunden ist. Vgl. zur Unterlassungsklage noch unten § 11 III 1 (S. 164 ff.).

zen im einzelnen verlaufen, ist dabei nicht Aufgabe der vorliegenden Untersuchung. Zweifel wie der, ob und inwieweit die Störung des nur mittelbaren Besitzes nach § 823 I BGB geahndet werden soll, oder der, inwieweit der Schutz auf beschränkte dingliche Rechte zu erstrecken ist, auch wenn sie nicht mit dem Besitz an der Sache verbunden sind (gibt etwa die nur fahrlässig verursachte Besitzentziehung oder -störung auch dem Hypothekar oder dem Vermieterpfandgläubiger einen Anspruch aus § 823 I BGB?), sind deshalb hier nicht zu klären.

Schwieriger liegen die Dinge bei den Lebensgütern der Person. Der Schein, daß etwa Leben, Körper und Gesundheit einer anderen Beeinträchtigung als der Verletzung der Substanz oder der biologischen Funktion gar nicht zugänglich seien, trügt dadurch, daß er die Lebensgüter isoliert betrachtet. Nimmt man die Person als *ganze*, so zeigt sich alsbald, daß sie ihrer Natur nach auch anderen Beeinträchtigungen zugänglich ist. Insbesondere rückt dann das Gut der *Freiheit* in das Blickfeld, zu dem an dieser Stelle im Zusammenhang ausführlicher Stellung genommen werden muß.

Seit Inkrafttreten des BGB besteht eine Kontroverse darüber, ob unter der in § 823 I BGB genannten Freiheit *allgemein die Handlungsfreiheit* des einzelnen zu verstehen sei oder nur seine körperliche Bewegungsfreiheit. Während früher die herrschende Auffassung in die erste Richtung ging[114]), neigt die Mehrzahl der Autoren heute der zweiten Auffassung zu[115]). Die Begründung dafür lautet gewöhnlich, daß ein Schutz auch der allgemeinen Handlungsfreiheit das soziale Leben zu sehr hemmen würde[116]). Sie scheint von dem eingenommenen Standpunkt aus, daß manche Rechte und Rechtsgüter nur gegen zielgerichtete Eingriffe oder jedenfalls in bestimmten Beziehungen nur gegen solche geschützt sind, auf den ersten Blick nicht mehr recht überzeugend: Man könnte meinen, daß ein derart beschränkter Schutz der allgemeinen Handlungsfreiheit das soziale Zuammenleben nicht hemme, sondern ihm eine hier wie anderswo angemessene Grenze ziehe, zumal die Beschränkung des Schutzes auf gegen das Recht gerichtete Eingriffe dem Kern nach auch schon früher vertreten worden ist, wenn darauf abgestellt wurde, ob nach den Umständen — etwa nach Beugungsmittel und Beugungszweck — ein rechtlich mißbilligter Einfluß auf die fremde Willensbetätigung ausgeübt worden ist[117]).

Eine solche Argumentation ginge indessen daran vorbei, daß die allgemeine Handlungsfreiheit mit den subjektiven Rechten und den Lebensgütern der

---

[114]) Vgl. die Nachweise bei *Schulz-Schaeffer* aaO. S. 152 (Note 1).

[115]) Vgl. *Stoll* aaO. S. 214 mit Nachweisen in Note 49.

[116]) Vgl. *Stoll* aaO.

[117]) So etwa *Crome*, System Bd. II, § 325 I 4 (S. 1018). Deutlich in dieser Richtung auch die auf RGZ 58, 24 (28) fußende Formulierung von *Palandt-Gramm* (§ 823 Anm. 4 c), Verletzung der Freiheit sei „nicht jede die freie Willensbetätigung beeinflussende Einwirkung“, aber doch „die Nötigung zu einer Handlung durch Drohung, Zwang oder Täuschung“. Damit stimmt auch *Ernst Wolf*, Festschrift für *v. Hippel*, S. 665 ff. (683 ff.) überein, wenn er ein Recht auf Entscheidungsfreiheit anerkennt, in der ein Mensch durch vis absoluta und Täuschung *gehindert* und durch vis compulsiva und Drohung *behindert* werden könne; *Wolf* sieht dieses Recht auf Entscheidungsfreiheit durch das „vermeintliche“ Recht am eingerichteten und ausgeübten Gewerbebetrieb verdeckt, welches er ablehnt.

Person insofern nicht vergleichbar ist, als ihr deren *Begrenztheit* fehlt. Sie auch nur gegen bestimmte Handlungen zu schützen, heißt im Grunde eine neue schadensrechtliche Generalklausel schaffen, auf die jedenfalls dann zurückgegriffen werden kann, wenn es an der Beeinträchtigung eines anderen Rechtes fehlt[118]). Dazu aber besteht kein Anlaß. Wie wir noch sehen werden[119]), kommt dem Rechtsschutz nur die Aufgabe zu, den einzelnen in seinen natürlichen und seinen *erworbenen* Gütern zu schützen, während die *Entfaltung* der Persönlichkeit in wirtschaftlicher und anderer Hinsicht ihre Begrenzung nur an den von der Rechtsordnung für das soziale Zusammenleben ausgebildeten *Institutionen* findet, als welche im Zusammenhang mit der freien Betätigung des Menschen insbesondere § 823 II BGB in Vbdg. mit § 240 StGB in Betracht kommt.

Voreilig wäre aber auch der Schluß, daß bei der — doch offenbar allgemein als schutzwürdig empfundenen — *körperlichen Bewegungsfreiheit jede* auch nur fahrlässig verursachte Beeinträchtigung zum Schadensersatz nach § 823 I BGB führen müsse. Gerade am Gut der körperlichen Bewegungsfreiheit hat *Stoll* seinen Unrechtstyp des objektiv-unmittelbaren Eingriffs entwickelt, der wohl keine rechtliche oder tatsächliche Finalität voraussetzen, aber auch nicht jede mittelbare Verletzung erfassen soll[120]). *Stoll* zieht so die deliktische Verantwortung des Arztes, der durch ein nachlässiges Gutachten die Einweisung eines Gesunden in eine Irrenanstalt verursacht, ebenso in Zweifel wie diejenige des Zeugen oder Sachverständigen für fahrlässigfalsche Bekundungen, die zur Verhaftung und Inhaftierung eines Unschuldigen führen, oder die Haftung für die Einschließung in einen fahrlässig schlecht reparierten Lift, während er auf der anderen Seite das Versperren des einzigen Zugangs zu einem Raum, in dem sich ein Mensch befindet, als objektiv unmittelbare Freiheitsberaubung und damit für per se rechtswidrig ansieht.

Man kann m. A. nach nicht daran vorbei, daß die körperliche Bewegungsfreiheit ebenso wie Leben und Gesundheit zu den Grundlagen der Existenz der Person gehört. Auch die Vorstellung wäre falsch, daß die körperliche Bewegungsfreiheit stets leicht zurückzugeben sei, weswegen die Folgeschäden so im Vordergrund stünden, daß das Argument nicht mehr verfange, jedenfalls die Reparatur der Substanzverletzung müsse dem auch nur fahrlässig verursachenden Schädiger zufallen. Die versehentlich verschlossene Tür ist Schulbeispiel, aber nicht alleiniger Fall des Eingriffs in die körperliche Be-

---

118) Daran ändert auch nichts, wenn *Wolf* die Entscheidungsfreiheit des Menschen nur darauf erstrecken will, über ein unter bestimmten vorliegenden Bedingungen mögliches Ingangsetzen eines Kausalablaufs durch eigenes Handeln oder das Nichtingangsetzen dieses Kausalablaufs durch eigenes (Nicht-?)Handeln (Unterlassung) zu entscheiden, nicht aber auf die kausalen Wirkungsmöglichkeiten (Erfolgsmöglichkeiten), also die Möglichkeiten der Veränderung eines Gegenstandes durch Handeln einer Person (aaO. S. 648 f.). Gerade bei den relativen Rechten versagt dieser Vorrang der Gegenstandsbeeinträchtigung vor der Handlungsfreiheitsbeeinträchtigung dann, wenn der einzelne an der Verwirklichung seines relativen Rechts gehindert wird.

119) Unten § 9 II 1 bis 3 (S. 126 ff.).

120) AaO. S. 214 f.

wegungsfreiheit. Schon das Lösen des verklemmten Lifts, das nachts oder am Wochenende geschehen muß, kann erheblich höhere Kosten verursachen als eine gelegentliche, nicht unter Zeitdruck stehende Reparatur. Denkt man vollends an den Fall des Einschließens von Bergarbeitern durch Einsturz eines kunstwidrig angelegten, vielleicht jetzt gar nicht mehr benötigten Schachts[121]), so wird deutlich, daß auch die Wiederherstellungskosten erheblich sein können. Es dürfte deshalb richtig sein, auch bei der körperlichen Bewegungsfreiheit die nur fahrlässige Verursachung zur Auslösung der Haftung aus § 823 I BGB genügen zu lassen — wobei es entgegen der von *Stoll* aaO. angestellten Hilfserwägung nicht einmal richtig sein dürfte, die Anerkennung von Verkehrspflichten auf diesem Gebiet einzuschränken. Warum sollte derjenige, der in einem verklemmten Lift womöglich einen Tag lang festsitzt, sich nicht an den halten können, der den Lift schlecht repariert hat?

Lediglich eine Ausnahme ist zu erwägen: Soweit es um *gerichtlich* verfügte Freiheitsentziehungen geht, könnte man den Standpunkt vertreten, daß der Eingriff in die körperliche Bewegungsfreiheit nur eine Folge des Entzugs der *Befugnis* sei, sich ungehindert zu bewegen. Daraus könnte man folgern, daß insoweit nur der objektiv und subjektiv gegen die Freiheit gerichtete Eingriff zum Schadensersatz verpflichtet. Das würde bedeuten, daß fahrlässig falsch aussagende oder gutachtende Zeugen bzw. Sachverständige in aller Regel nicht nach § 823 I BGB in Anspruch genommen werden könnten ,während derjenige, der als Arzt oder Angehöriger zum *Zweck* einer Freiheitsentziehung ein Verfahren einleitet, wegen der objektiven Richtung seiner Handlung auch schon bei Fahrlässigkeit haften würde[122]).

Der Überblick über die nach § 823 I BGB geschützten Personenrechte wäre nicht vollständig, gedächte man nicht auch noch des heute weitgehend anerkannten *allgemeinen Persönlichkeitsrechts,* mit dem etwa die heimliche Aufnahme eines Bildes oder Tonbands, die unbefugte Veröffentlichung von Briefen oder Aufzeichnungen, die unbefugte Bekanntgabe einer ärztlichen Bescheinigung an Dritte, die unbefugte Erwähnung des Namens eines anderen in einer Werbeanzeige und Verletzungen der Ehre erfaßt worden sind[123]). Von dem hier eingenommenen Standpunkt aus, daß die Haftung für bloß fahrlässig verursachte Beeinträchtigungen an die körperlichen Substrate der Person und ihres Rechtskreises anknüpft, kann das allgemeine Persönlichkeitsrecht, dem ein solches Substrat fehlt, eigentlich nur zur Probe auf das Exempel werden: Es muß sich zeigen, ob es genügt, das allgemeine Persönlichkeitsrecht vor Eingriffen zu schützen, die sich gegen das Recht richten oder ob mit ihm zumindest eine weitere Kategorie umfassender geschützter Rechte zu eröffnen ist.

---

[121]) Den Fall bringt *Stoll* aaO. S. 215 unter Hinweis auf *Planck-Flad* (Kommentar zum BGB, 4. Aufl., Bd. II, Anm. 1 d zu § 823 BGB), wo er sich allerdings nicht findet.

[122]) Vgl. dazu jetzt auch BGH NJW 1968, S. 787 (S. 788), der eine Haftung des fahrlässig handelnden Sachverständigen mit dem Hinweis ablehnt, eine in einem gerichtlichen Verfahren ausgesprochene Freiheitsentziehung sei keine Freiheitsentziehung i. S. des § 823 I BGB.

[123]) Vgl. z. B. die Nachweise bei *Larenz,* Schuldrecht II, § 66 I c (S. 412 ff.).

Betrachtet man die in der Rechtsprechung anerkannten Fälle des Schutzes des allgemeinen Persönlichkeitsrechts, so fällt die Probe im ersteren Sinne aus: Wenn Briefe oder vertrauliche Aufzeichnungen, auch ohne daß ein Urheberrecht verletzt wird, nicht ohne Zustimmung des Verfassers und nur in der von ihm gebilligten Weise *veröffentlicht* werden dürfen[124]), so ist damit ebenso eine unbefugte Rechtsausübung gemeint wie bei der unbefugten *Bekanntgabe* einer ärztlichen Bescheinigung[125]), der *Verwendung* eines fremden Namens in einer Werbeanzeige[126]) oder der heimlichen Bild- oder Tonbandaufnahme[127]). Es kann, um ein Gegenbeispiel zu bilden, nicht angehen, jemanden wegen Verletzung des allgemeinen Persönlichkeitsrechts haftbar werden zu lassen, der vertrauliche Aufzeichnungen oder Bescheinigungen zu verwahren hat und aus Nachlässigkeit die Kenntnisnahme durch Unbefugte ermöglicht, die dann ihrerseits etwa zur Veröffentlichung schreiten.

Auch bei der *Ehre* dürfte die Richtung der Handlung gegen die Persönlichkeit des anderen Haftungsvoraussetzung sein. Wohl ist die Herabsetzung einer Person im Ansehen anderer nicht immer vom subjektiven Angriffswillen auf dieses Ansehen getragen[128]), sondern kann etwa auf Identitätsverwechslung von Personen oder einem technischen Versehen beruhen, welches zu einer mißverständlichen Aussage in einem Publikationsorgan führt[129]). Aber das hindert nicht, daß durch die, wenn auch fahrlässig erfolgte, *Publikation* die Persönlichkeit der betreffenden Person in die Diskussion der Leser, Zuhörer oder Zuschauer gebracht wird und damit — wenn das herabsetzend geschieht — dem objektiven Erscheinungsbild nach ein Angriff auf das Ansehen im Sinne der von uns gebildeten Kategorie der rein negativen Eingriffe in ein Recht vorliegt. Durch die Pubikationsabsicht unterscheiden sich diese Fälle von solchen, in denen die Ehrenminderung aus einer in ganz andere Richtung gehenden Handlung entspringt. Es kann insoweit auf die Rechtsprechung des BGH zu § 824 BGB verwiesen werden, für dessen Anwendung gefordert wird, daß die verbreitete Behauptung so, wie sie im Verkehr verstanden wird, sich mit dem Kläger befaßt oder doch in enger Beziehung zu seinen Verhältnissen, seiner Betätigung oder seiner gewerblichen Leistung steht, und es beispielsweise nicht genügen soll, wenn die spezifische Eignung des Systems eines unter anderen auch vom Kläger hergestellten Erzeugnisses kritisch gewürdigt wird[130]).

2. Liegt die Problematik bei den Personenrechten in der Frage, *wo* ein Schutz auch gegen nur fahrlässig verursachte Beeinträchtigungen eingreifen soll, so geht sie bei den Rechten an Sachen dahin, *wem* dieser Schutz zukom-

---

[124]) BGHZ 13, 334 ff. (Schacht-Brief); vgl. auch BGHZ 15, 249 ff. (Tagebücher von Cosima Wagner).

[125]) BGHZ 24, 72 ff.

[126]) BGHZ 30, 7 ff. (Catarina-Valente-Fall).

[127]) BGHZ 24, 200 ff. (Bildniserschleichung); BGHZ 27, 284 ff. (heimliche Tonbandaufnahme).

[128]) So liegt es allerdings oft. Vgl. etwa BGHZ 39, 124 ff. (Fernsehansagerin).

[129]) Vgl. den Mordreportagefall BGH NJW 1962, S. 1004 ff.

[130]) BGH NJW 63, S. 1871 f.; NJW 65, S. 36 f.

men soll, bei wem also von einer unmittelbaren Beziehung zur Sache in dem von uns oben skizzierten Sinne gesprochen werden kann.

Sicherlich ist das bei den beschränkt-dinglichen Rechten an Sachen[131]) nach dem Willen des Gesetzgebers der Fall. Denn den beschränkt-dinglichen Rechten sind als zur Nutzung, Verwertung oder Erwerb der Sache berechtigenden Belastungen des Eigentums die Sachen selbst ebenso als Rechtsobjekt zugeordnet wie dem Eigentum als dem umfassendsten Sachenrecht. Ist aber die Sache selbst Rechtsobjekt und nimmt das Recht nicht erst den Weg über eine andere Person, so liegt eine so unmittelbare Beziehung des Rechtsinhabers zur Sache vor, daß es gerechtfertigt ist, ihn, soweit er betroffen sit, schadensersatzrechtlich dem Eigentümer gleichzustellen. Dabei kommt es ebensowenig wie beim Schutz des Eigentums darauf an, ob der Rechtsinhaber Besitzer der Sache ist oder nicht, denn auch ohne Besitz ist die Sache Objekt seines Rechts. Wird also eine Sache zerstört oder beschädigt oder wird (dem besitzenden Eigentümer oder dem besitzenden Rechtsinhaber) der Besitz entzogen oder gestört, so genießt auch der Inhaber des beschränkt-dinglichen Rechts umfassenden Schutz nach § 823 I BGB.

Das gilt, wie mir scheint, auch bei Grunddienstbarkeiten und beschränkt-persönlichen Dienstbarkeiten, deren Inhalt es ist, daß der Eigentümer des Grundstücks bestimmte Handlungen auf seinem Grundstück nicht vornehmen darf: Wird durch eine auch nur fahrlässig verursachte Besitzstörung, etwa das Abrutschen von Erdmassen auf ein Grundstück, auch die Dienstbarkeit, die Erdanhäufungen auf dem Grundstück verbietet, beeinträchtigt, so kann der Inhaber der Dienstbarkeit wie der Eigentümer des Grundstücks aus § 823 I BGB vorgehen.

Nicht zu verwechseln ist die eben erwähnte Frage mit dem von *Stoll* angeführten[132]) Fall, daß der Eigentümer ein mit einer Dienstbarkeit belastetes Grundstück an eine Person veräußert, von der er weiß oder wissen muß, daß sie der Dienstbarkeit zuwider das Grundstück überbauen wird. Das Problem, ob der Veräußerer wegen Verletzung der Grunddienstbarkeit nach § 823 I BGB herangezogen werden kann, ist ein allgemeines, für alle beschränkt-dinglichen Rechte geltendes, wie man etwa an dem Fall sieht, daß der Eigentümer ein Grundstück an jemanden veräußert, von dem er weiß oder wissen muß, daß er es durch Abbruch von Gebäuden im Wert mindern und damit auch bestehende Hypotheken beeinträchtigen wird. Die Lösung dieser Fälle dürfte mit dem RG[133]) in der Überlegung zu suchen sein, daß es nicht Aufgabe des Veräußerers ist, dafür Sorge zu tragen, daß der Erwerber die dinglichen Rechte am Grundstück beachtet. Er handelt sozialadäquat, wenn er sein Grundstück verkauft, ohne dem Erwerber irgendwelche Sicherungen gegen die Beeinträchtigung der dinglich Berechtigten abzufordern. Eine so weitgehende Rücksichtnahme auf diese ist ihm nicht zuzumuten. Es

---

[131]) Naturgemäß nicht bei Rechten an Rechten, etwa dem Pfandrecht an einer Forderung, da hier die unmittelbare Beziehung zu einer Sache fehlt.

[132]) AaO. S. 214.

[133]) WarnRspr. 1911, Nr. 331 (S. 371 f.).

gilt im Prinzip nichts anderes als in den oben erörterten Fällen mittelbarer Rechtsverletzung[134]).

Kommt es bei den vom Gesetz benannten beschränkt-dinglichen Rechten auf den Besitz des Rechtsinhabers nicht an, so ist dieser doch geeignet, bei den obligatorischen Rechten die unmittelbare Beziehung zur Sache zu begründen, die erforderlich ist, um einen Schadensersatzanspruch nach § 823 I BGB auch bei Beschädigung, Zerstörung der Sache oder bei Besitzvorenthaltung oder -störung eintreten zu lassen. Mit der Einräumung des Besitzes erhalten Mieter oder Pächter — ganz unabhängig von der Frage, ob darin eine Verfügung i. S. des § 185 BGB gesehen werden kann[135]) — Befugnis und Möglichkeit, die Sache zu gebrauchen bzw. zu nutzen, dürfen und können also in einem bestimmten Rahmen auf die Sache selbst handelnd einwirken. Das rechtfertigt es, in den genannten Fällen der Substanzverletzung neben dem Eigentümer und den dinglich Berechtigten auch ihnen einen eigenen Anspruch zu gewähren. Die den obligatorischen Besitzrechten schon bislang eingeräumte, deliktsrechtliche Sonderstellung erweist sich damit insoweit als gerechtfertigt, als bei ihnen nicht nur der Unrechtstyp des gegen das Recht gerichteten Eingriffs, sondern ebenso auch der der Substanzverletzung zur Haftung nach § 823 I BGB[136]) führt.

Rechtsobjekt ist die Sache auch bei den Aneignungsrechten, wie dem Jagdrecht und dem Fischereirecht: Wer das Fischwasser verseucht, so daß die Fische sterben, verursacht eine Sachzerstörung, für die er im Falle der Fahrlässigkeit haftbar sein muß, und zwar haftbar dem Aneignungsberechtigten. Und auch dem nur obligatorisch Aneignungsberechtigten, etwa dem Jagdpächter, wird man diesen Schutz zubilligen müssen aus ähnlichen Erwägungen, wie sie bei den obligatorischen Besitzrechten angestellt worden sind. Mag der Jagdpächter auch nicht den Besitz der herrenlosen Tiere erhalten, so ist die räumliche Beziehung, die er durch den Besitz des Pachtgebietes auch zu den dort lebenden Tieren erlangt, doch so eng, daß man der Lebensanschauung nach eine genügend unmittelbare Beziehung des Pächters zu den Tieren annehmen und damit im Falle der Verletzung oder Tötung der Tiere einen Schadensersatzanspruch aus § 823 I BGB stets bejahen kann[137]).

---

[134]) Vgl. oben § 6 III 2 und 3 (S. 89 ff.).

[135]) So vor allem *Raape*, Gebrauchs- und Besitzüberlassung, JherJahrb. 71 (1922), S. 97 ff.

[136]) Der Frage, ob auch der Besitz *für sich* (ohne eine Berechtigung zum Besitz) den Anspruch aus § 823 I BGB gewährt, muß hier nicht nachgegangen werden, da sie das Problem betrifft, inwieweit andere Positionen als subjektive Rechte nach § 823 I BGB geschützt werden können. Verwiesen sei insoweit auf die schon erwähnte Untersuchung von *Medicus* (AcP 165, S. 115 ff.), der für die Anwendung des § 823 I BGB wohl kein Recht, aber eine „Befugnis" des Besitzers fordert, zu der er die Position des unverklagten redlichen Besitzers, solche aus Zurückbehaltungs- oder Wegnahmerechten, endgültigen Herausgabeansprüchen und die derjenigen zählt, die sich einer Haftung durch die Herausgabe der unversehrten Sache ohne Opfer aus dem eigenen Vermögen entledigen können (vgl. die Zusammenfassung auf S. 148).

[137]) Zur praktischen Notwendigkeit eines Ersatzanspruchs des Jagdpächters aus § 823 I BGB vgl. schon *Raape*, JherJahrb. 74, S. 179 ff. (S. 228 ff.).

3. Teil:

DER DELIKTSSCHUTZ RELATIVER RECHTE IM GELTENDEN RECHTSSYSTEM

§ 8. Deliktsschutz und Sachenrechtssystem

I. Das Delikt der gegen das Recht gerichteten Handlung: Wiederkehr des ius ad rem?

1. Das *ius ad rem*, dessen Nichtaufnahme in das BGB mit der hier vertretenen Auffassung konfrontiert werden soll, weckt gewöhnlich zwei Vorstellungen, eine deliktsrechtliche und eine sachenrechtliche. Nach der ersten entfaltet das ius ad rem insofern Außenwirkung, als es dem Inhaber bei Beeinträchtigungen durch Dritte, etwa der Zerstörung oder Beschädigung der Sache, einen selbständigen Schadensersatzanspruch gewährt. Die zweite Vorstellung meint die Frage, ob und unter welchen Umständen der Prätendent auf das Eigentum an einer Sache mit der Erlangung des ius ad rem einen Vorrang vor anderen Prätendenten auf die gleiche Sache erwirbt.

Sieht man näher hin, so gibt die erste Vorstellung keine Argumente für die Auffassung ab, wer sich für den Schutz auch obligatorischer Rechte gegen bestimmte Eingriffe nach § 823 I BGB einsetze, umgehe die Nichtaufnahme des ius ad rem in das BGB[1]). Es ist schon unklar, ob dem Preußischen ALR, welches die sachenrechtliche Seite des ius ad rem ausführlich regelte und deshalb als Modellfall dienen kann, eine solche Vorstellung überhaupt zu entnehmen ist. Das ALR ging bekanntlich deliktsrechtlich von einer Generalklausel aus (vgl. I 6 § 1: „Schade heißt jede Verschlechterung des Zustandes eines Menschen in Ansehung ... seines Vermögens" und I 6 § 8: Wer jemandem ohne Recht Schaden zufügt, der kränkt oder beleidigt denselben"), die allerdings einschränkend dahin verstanden wurde, daß ein Eingriff in die Rechtssphäre des Beschädigten stattgefunden haben müsse[2]). Zu dieser Rechtssphäre rechnete man nicht nur das dingliche Recht an einer Sache, sondern

---

[1]) Das Argument ist, soweit zu sehen, zum erstenmal von *Oertmann*, Der Schadensersatzanspruch des obligatorisch Berechtigten, Festschrift der Juristenfakultät der Universität Berlin für Dernburg (1900), S. 61 ff. (S. 80 ff.) gebraucht worden. Weitere Nachweise bei O. Chr. *Fischer* aaO. S. 159 ff. Auch das Reichsgericht hat sich seiner in RGZ 57, 353 (357 f.) bedient.

[2]) ROHG vom 9. 6. 1874, ROHGE XIII, S. 426 ff.

auch das persönliche Recht auf die Sache, so daß etwa der Käufer, der die Gefahr trug, gegen den Beschädiger der Sache einen Anspruch erhielt[3]). Ob man dazu nicht auch gekommen wäre, ohne das sachenrechtliche ius ad rem vor Augen zu haben, steht dahin. Das vom ROHG aaO. negativ beschiedene[4]) Entschädigungsverlangen eines Versicherers, dessen Verpflichtung durch die Tötung des Versicherten ausgelöst worden war und der sich direkt an den Täter halten wollte, hatte die Besonderheit, daß nicht ein irgendwie geartetes *Leistungsrecht* beeinträchtigt, sondern eben nur eine Verpflichtung ausgelöst wurde, also ein Fall mittelbarer Schädigung *ohne* Rechtsverletzung vorlag, bei dem auch unserer Auffassung nach § 823 I BGB keinesfalls Anwendung finden kann[5]). Wie sich das Gericht und wie sich auch die Literatur zu einem Fall gestellt hätten, in dem nicht ein Leistungsrecht auf eine Sache, sondern ein anderes obligatorisches Recht beeinträchtigt gewesen wäre, ist nicht auszumachen, so daß sehr wohl schon für das ALR der Leistungsanspruch auf eine Sache nur *ein* deliktsrechtlich geschütztes Recht unter vielen gewesen sein könnte. Auch die von den Motiven zum BGB in Aussicht genommene Regelung des Deliktsrechts schloß in ihrer Generalklausel ja den Ersatz des Schadens mit ein, der einem anderen infolge einer bei einem Dritten eingetretenen Rechtsverletzung entstanden war[6]) — ohne sich daran zu kehren, daß in den Motiven, wie gleich näher zu zeigen sein wird, das ius ad rem als sachenrechtliches Institut strikt abgelehnt wurde.

Man sieht: Sobald die Anknüpfungspunkte des Deliktsrechts über die speziellen Merkmale des ius ad rem hinausgreifen, geht dessen Schutz in dem weiteren Schutz auf. Und so liegt es gerade auch nach der hier vertretenen Auffassung, die *alle* gegen ein Recht gerichteten Eingriffe zum Anknüpfungspunkt des Deliktsschutzes machen will. Sie hat viel weniger den Zuschnitt eines Schutzes des ius ad rem, wie etwa die heute herrschende Auffassung, das Anwartschaftsrecht des besitzenden Vorbehaltskäufers sei ein nach § 823 I BGB geschütztes Recht, eine Auffassung, gegen die man die hier geprüften Einwände noch nie erhoben hat[7]).

2. Schwerwiegender ist der aus dem ius ad rem als *sachenrechtlichem* Institut abgeleitete Einwand, der vom BGB fallengelassene Vorrang des zeitlich ersten Prätendenten auf Übereignung einer Sache werde auf dem Umweg über das Deliktsrecht wieder eingeführt, wenn man jenem einen, nach § 249 BGB ja auf Naturalrestitution gehenden, Schadensersatzanspruch gegen andere Prätendenten einräume, die ihren Übereignungsanspruch später und in Kenntnis des ersten erlangt haben.

---

[3]) So *Dernburg*, Lehrbuch des Preußischen Privatrechts, 2. Bd. § 260, 4 (S. 695); *Förster-Eccius*, Preußisches Privatrecht I. Bd., § 89 a (S. 544).

[4]) Zustimmend *Förster-Eccius* aaO. Note 19.

[5]) Vgl. oben § 1 I 3 (S. 8 f.).

[6]) Wobei die Motive sogar so weit gehen wollten, den geschilderten Fall des Versicherers zu dessen Gunsten zu entscheiden (vgl. die Motive bei Mugdan Bd. II, S. 407).

[7]) Zu der Verwandtschaft, die im Hinblick auf § 161 BGB zwischen der Eigentumsanwartschaft des heutigen Rechts und dem ius ad rem besteht, vgl. sogleich noch unter 4 und II vor 1.

Dazu sei vorab bemerkt: Konfrontiert man die hier vertretene Auffassung mit dem ius ad rem als sachenrechtlichem Institut, so vergleicht man zwei verschiedenen Rechtsgebieten angehörende Institute, nämlich den dem Schuldrecht zuzurechnenden Schadensersatzanspruch mit der sachenrechtlichen Sicherung einer Forderung. Ein solcher Vergleich ist nicht unzulässig. Aber er setzt die Erkenntnis voraus, daß sich der Gesetzgeber keineswegs *a limine* widerspricht, wenn er die sachenrechtliche Sicherung ablehnt, den Schadensersatzanspruch aber gewährt. Die ganze Institution der ungerechtfertigten Bereicherung ist ja ein Beweis dafür, daß sachenrechtliche Gegebenheiten vom Schuldrecht wohl hinzunehmen sind, aber von ihm doch *ausgeglichen* werden können. So ist es nicht von vornherein ausgeschlossen, daß auch die „Wiederkehr des ius ad rem in Gestalt eines Schadensersatzanspruches" legitim ist. Ganz folgerichtig beschränkt sich ja auch die Ablehnung, die das ius ad rem in den Motiven erfahren hat, auf sachenrechtliche Erwägungen: Der Titel zur Erlangung des dinglichen Rechts sei, so heißt es dort, nichts anderes als der persönliche Anspruch auf Einräumung der Sache. Daher gehöre er nicht dem Sachenrecht an. Das Sachenrecht müsse, um seine Selbständigkeit zu wahren, die Entstehung der dinglichen Rechte nach Gesichtspunkten ordnen, die auf seinem Gebiet liegen. Es habe die Tatsachen, an welche die Erwerbung zu knüpfen ist, nicht minder als den Inhalt der einzelnen Rechte nach deren Wesen und Zweck zu bestimmen. Den Beteiligten könne es daher nicht freistehen, jedem beliebigen Recht, welches sich auf eine Sache bezieht, den Charakter des dinglichen zu verleihen. Der Grundsatz der Vertragsfreiheit habe im Sachenrecht keine Geltung[8]). — Konsequenzen für das Schuldrecht, insbesondere für das Schadensersatzrecht sind damit nicht einmal angedeutet.

Auf der anderen Seite sind solche Konsequenzen freilich auch nicht ausgeschlossen: Greift nämlich der schuldrechtliche Anspruch derart ins Sachenrecht über, daß er dessen Prinzipien und die hinter diesen stehenden Wertentscheidungen nicht hinnimmt und allenfalls durch eigene Entscheidungen repariert, sondern einfach aufhebt, so wäre in der Tat zu fragen, ob die schuldrechtlichen Überlegungen nicht vor diesen Prinzipien zurückzutreten haben[9]). Wir müssen also Klarheit gewinnen, ob von einer *solchen* Kollision zwischen der Ablehnung des ius ad rem und der Gewährung des Schadensersatzanspruchs bei gegen das Recht gerichteten Eingriffen gesprochen werden kann.

3. Ausgangspunkt des damit notwendigen Vergleichs soll wiederum die gesetzliche Regelung sein, die das ius ad rem im Preußischen ALR gefunden

---

[8]) Motive bei Mugdan Bd. III, S. 2.

[9]) Das Reichsgericht hat die bekannte Streitfrage, ob eine gemäß den §§ 937 ff. BGB ersessene Sache nach §§ 812 und 816 I 2 BGB kondiziert werden könne, bejaht, weil es eine solche Konstellation als nicht gegeben angesehen hat: Es hält für entscheidend, daß der Bereicherungsanspruch gegenüber dem rechtsgeschäftlich erworbenen Eigentum unstreitig innerhalb der allgemeinen Verjährungsfrist des § 195 BGB durchgreife, weswegen im Falle des durch Ersitzung erworbenen Eigentums nichts anderes gelten könne. Vgl. RGZ 130, 69 (73).

hatte. Das ALR kannte keine Trennung von Kaufvertrag und Übereignung. Auf der anderen Seite ließ es aber auch den Erwerbstitel allein für den Eigentumsübergang nicht genügen, sondern forderte dazuhin den realen Vollzugsakt der Übergabe (I 9, § 3; I 10, § 1). Die Konkurrenz mehrerer Prätendenten löste es unter Zuhilfenahme des ius ad rem: Unter mehreren Titeln entschied der frühere Zeitpunkt der Entstehung (I 10, § 22). Auch der frühere Titel wurde jedoch durch die Besitzeinräumung auf Grund eines anderen Titels ausgeschlossen (I 10, § 23; I 19, § 4). Das aber sollte wiederum nicht gelten, wenn derjenige, an den die Übergabe erfolgte, den früheren Titel des anderen kannte:

„Auch der, welcher *zur Zeit der Eintragung* (zu erg.: in das Grundbuch) oder *Übergabe* den früher entstandenen Titel eines anderen weiß, kann zum Nachteile desselben die früher erhaltene Eintragung oder Übergabe nicht vorschützen." (I 10, § 25), sowie:

„Kann aber der Besitznehmer überführt werden, daß ihm das zu derselben Sache erlangte persönliche Recht des Anderen zur Zeit der *Besitzergreifung* schon bekannt gewesen sei, so kann er sich seines durch die Übergabe entstandenen dinglichen Rechts gegen denselben nicht bedienen." (I 19, § 5)

Führt es, so lautet die Frage, zum gleichen Ergebnis, wenn man dem Inhaber eines „Erwerbstitels", also etwa einer Kaufforderung, einen Schadensersatzanspruch gegen denjenigen gewährt, der den Veräußerer, etwa den Verkäufer, verleitet, die Sache nicht an jenen zu übereignen, sondern ihm selbst das Eigentum oder ein anderes dingliches Recht an der Sache (Vorkaufsrecht, Pfandrecht) zu verschaffen?

Brandt hat in seiner Untersuchung von „Eigentumserwerb und Austauschgeschäft" die neun Reichsgerichtsurteile einer genauen Analyse unterzogen, die sich mit der Anwendung des § 826 BGB auf solche Fälle beschäftigen[10]. Er kommt dabei zu dem überraschenden Ergebnis, daß diese Urteile bis auf eine Ausnahme (in der es auf die Frage letztlich nicht ankam) die Sittenwidrigkeit der Vermögensbeschädigung ohne weiteres darin sahen, daß jemand einen anderen zur Übereignung an sich selbst veranlaßte, obwohl er wußte, daß ein Dritter schon einen Übereignungsanspruch hatte, daß sie mithin über die Verleitung zum Vertragsbruch hinaus *keine* zusätzlichen die Sittenwidrigkeit begründenden Umstände forderten. *Brandt* schließt daraus, daß das Reichsgericht das ius ad rem in Wahrheit in Gestalt des Anspruchs aus § 826 BGB doch anerkannt habe und nimmt das als Begründung für seine rechtspolitische Forderung, das ius ad rem auch „offiziell" wieder anzuerkennen.

Diese Folgerung *Brandts* hat keine Anhänger gefunden. Aber es wäre auch verfehlt, daraus nun die umgekehrte Folgerung zu ziehen, daß für das Schadensersatzrecht, insbesondere also für § 826 BGB eben doch besondere, über die bloße Verleitung zum Vertragsbruch hinausgehende Umstände hinzukommen müßten, um dem verletzten Käufer einen schadensersatzrechtlichen Anspruch auf Eigentumsübertragung vom Dritten (nach § 249 BGB)

[10]) S. 156 ff.

einzuräumen[11]). Vielmehr beachten sowohl die herrschende Meinung wie *Brandt* zu wenig, daß die Zuerkennung eines solchen Schadensersatzanspruchs in ihrer praktischen wie theoretischen Auswirkung *durchaus verschieden* von der Anerkennung eines ius ad rem ist. Sieht man nämlich das ius ad rem in seiner Ausprägung im ALR näher an, so zeigt sich, daß es die Beachtlichkeit der Kenntnis des Erwerbers von dem früheren Übereignungsanspruch auf den Zeitpunkt der *Eintragung* oder *Übergabe* abstellte[12]). Mit anderen Worten: Selbst wenn jemand in gutem Glauben eine Übereignungsforderung erwarb, konnte er diese nicht durchsetzen, wenn er vor dem realen Vollzugsakt Kenntnis von dem Titel eines anderen erhielt. Der frühere Titel setzte sich unter dieser Voraussetzung gegen seinen eigenen durch. Anders bei einem Schadensersatzanspruch wegen Verleitens zum Vertragsbruch, mag er nun aus § 826 oder § 823 I BGB begründet werden: *Hier* ist Voraussetzung, daß man sich den Übereignungsanspruch *einräumen läßt,* obwohl man weiß, daß ein anderer Übereignungsanspruch schon besteht, weil es ohne dieses Wissen am Schädigungsvorsatz i. S. des § 826 BGB bzw. an der nach unserer Auffassung für die Anwendung des § 823 I BGB notwendigen Richtung der Handlung gegen das Recht fehlt. *Hat* man seinen Übereignungsanspruch „gutgläubig“ begründet und erfährt man nun von dem Übereignunsanspruch eines anderen, so kann das nicht hindern, den eigenen Anspruch durchzusetzen. Denn es gibt im BGB im Unterschied zum ALR (vgl. den oben zitierten § 22 aus I 10) kein Rangverhältnis der Eigentumserwerbstitel; vielmehr stehen diese, gleichgültig, in welcher Zeitfolge sie begründet wurden, gleichberechtigt nebeneinander und jeder der Prätendenten ist gleichermaßen zur Durchsetzung des seinen befugt. Vom Recht der unerlaubten Handlungen und damit auch § 823 I BGB her gesehen ist der Eingriff in den Anspruch des anderen, der in der Durchsetzung des eigenen liegt, durch die Gleichrangigkeit der beiden Ansprüche gerechtfertigt.

4. Damit ist einmal der praktische Unterschied der Anerkennung des Schadensersatzanspruchs zum ius ad rem aufgedeckt: Nur wer bei *Begründung* des Übereignungsanspruchs schon weiß, daß ein anderer ebenfalls einen Anspruch auf Übereignung derselben Sache hat, kann schadensersatzpflichtig werden. Das ius ad rem dagegen würde ihm auch noch das Nachsehen geben, wenn er dies erst bei Besitzerlangung erkennt. Erst dann also, wenn man auch bei Kenntniserlangung nach Begründung der eigenen Forderung noch einen Schadensersatzanspruch gewähren würde, käme das praktisch einem ius ad rem gleich.

---

[11]) Zu der Eigentümlichkeit, daß die von *Brandt* behandelten Urteile die Verleitung zum Vertragsbruch ohne weiteres als sittenwidrig ansehen, schon oben § 5 I 3 (S. 62) und noch unten § 9 III (S. 134 ff.).

[12]) Vgl. die Hervorhebungen in der vorstehenden Wiedergabe von I 10, § 25 und I 19, § 5. Angesichts dieses eindeutigen Wortlautes ist es unhaltbar, wenn *Dernburg* (aaO. 1. Band § 184,2 [S. 380]) auf den Moment des Abschlusses des zweiten Veräußerungsvertrages abstellen will. Auf den Zeitpunkt der Begründung des *dinglichen* Rechts auf die Sache stellen denn auch das Preußische Obertribunal (Entscheidungen Bd. 76, 180 [199 f.]) und *Förster-Eccius* aaO. Bd. III § 156 (S. 7) ab.

Zum anderen zeigt sich aber auch in aller Deutlichkeit der dogmatische Unterschied: Wenn sich nach dem ALR der frühere Titel auch durchsetzte, wenn der spätere ohne Kenntnis vom früheren erworben war, so deshalb, weil in der Begründung des Erwerbstitels eine, wenn auch nur eingeschränkte, Verfügung über das Recht gesehen wurde. Gerade diese Anschauung, in der Begründung des Erwerbstitels liege schon eine Verfügung über das Recht, macht das ius ad rem aus[13]). Und gerade an dieser Anschauung und damit am ius ad rem fehlt es im BGB, welches die Erwerbstitel als gleichrangig ansieht, solange über das Recht nicht wenigstens aufschiebend bedingt verfügt ist (§ 161 BGB). Die Gewährung eines Schadensersatzanspruches bei zielgerichtetem Eingriff in den Erwerbstitel eines anderen respektiert aber, wie gezeigt, diese Gleichrangigkeit der Erwerbstitel und hebt damit die Ablehnung des ius ad rem nicht wieder auf.

Daraus ergibt sich zugleich, daß die sachenrechtliche Klarheit des Verfügungsakts und die Ablehnung von Mischformen zwischen Sachenrecht und Schuldrecht nicht berührt sind: Der Schadensersatzanspruch respektiert das sachenrechtliche Ergebnis als solches und repariert es lediglich unter eigenständigen Voraussetzungen in gewissen Fällen.

II. Der Schutz der Anwartschaft des Auflassungsempfängers

Wie bereits angedeutet, ist die dem ius ad rem am ehesten verwandte Erscheinung des geltenden Rechts die Anwartschaft aus *bedingter Verfügung:* Ist über einen Gegenstand aufschiebend bedingt verfügt, so setzt sich nach § 161 BGB derjenige, zu dessen Gunsten verfügt worden ist, gegenüber nachfolgenden Prätendenten auf den Gegenstand durch — wie sich unter der Geltung des ALR der früher begründete schuldrechtliche Übereignungsanspruch gegenüber später begründeten durchsetzte. Daß die wichtigste dieser Anwartschaften aus bedingter Verfügung, nämlich die Eigentumsanwartschaft des Vorbehaltskäufers heute Deliktsschutz genießt[14]), könnten wir als Bestätigung unserer Auffassung ansehen, wenn es nicht andere Anwartschaftsrechte gäbe, denen ein solcher Schutz von der h. M. versagt wird. So hat der BGH für die Anwartschaft des Auflassungsempfängers erst kürzlich ausgesprochen, daß sie dann kein sonstiges Recht i. S. des § 823 I BGB sei, wenn der Eintragungsantrag vom Grundbuchamt zurückgewiesen worden ist[15]). Gegen diese Beschränkung des Deliktsschutzes der Anwartschaftsrechte müssen wir unsere

---

[13]) Nicht liegt in ihm, wie *Dernburg* aaO. S. 397 meint, eine eigentümliche Spezies der Dolusklage, womit das ganze Institut dann dem Schuldrecht angehören würde. Zu dieser Auffassung kann man nur kommen, wenn man, wie das *Dernburg* tut, als entscheidend den Zeitpunkt des Abschlusses des Veräußerungsvertrages ansieht, was, wie wir dargetan haben, nicht angeht.

[14]) Für den besitzenden Vorbehaltskäufer RGZ 170, 1 (6); für den nichtbesitzenden BGH LM Nr. 1 zu § 823 Abs. 1 BGB Ad = BB 1957, S. 346 (insoweit dahingestellt gelassen im hier behandelten Urteil des BGH); *Raiser,* Dingliche Anwartschaften, S. 42 f.; *Forkel,* Anwartschaftsrecht, S. 203 ff. mit Nachweisen.

[15]) Urteil vom 25. 2. 1966 (BGHZ 45, 186 ff.); insoweit bestätigt im Urteil vom 18. 12. 1967 (BGHZ 49, 197 [201]).

These verteidigen, gegen zielgerichtete Eingriffe, sei *jedes* obligatorische Recht geschützt, gleichgültig, ob und inwieweit es zu einer Anwartschaft erstarkt ist. Das soll im folgenden anhand des *Urteils des BGH zur Auflassungsanwartschaft* geschehen.

1. Folgender Sachverhalt lag zugrunde:

K hatte zur Vermeidung der drohenden Zwangsversteigerung sein Grundstück in notarieller Urkunde vom 12. 11. 1958 für 25 000 DM an den Beklagten verkauft und es diesem gleichzeitig aufgelassen. Nachdem der Beklagte bei dem Grundbuchamt seine Eintragung als Eigentümer beantragt und den Kaufpreis entrichtet hatte, kam es zwischen den Vertragspartnern zum Streit über die Wirksamkeit des Kaufvertrags und der Auflassung. Am 28. 8. 1959 wies das Grundbuchamt den Antrag des Beklagten auf Eigentumsumschreibung mit der Begründung zurück, der den Veräußerer K vertretende Rechtsanwalt Dr. F. habe ein Schreiben seines Mandanten vorgelegt, aus dem sich ergebe, daß er von dem Kaufvertrag zurückgetreten sei. Der Beklagte legte dagegen Erinnerung ein, bat jedoch, hierüber einstweilen nicht zu entscheiden. Im April 1960 trat Rechtsanwalt Dr. F an K mit dem Wunsch nach Sicherstellung seiner noch offenen Gebührenforderungen und derjenigen verschiedener anderer Anwälte heran. K erklärte sich bereit, das Grundstück zugunsten des Klägers als Treuhänder der Anwälte mit einem Grundpfandrecht im Höhe von 6000 DM zu belasten. Daraufhin wurde am 6. Mai 1960 die streitige Grundschuld eingetragen. Am 29. 10. 1960 wies das Grundbuchamt den Umschreibungsantrag des Beklagten erneut zurück. Auf dem Beschwerdeweg erreichte der Beklagte jedoch am 11. 11. 1960 seine Eintragung als Eigentümer des Grundstücks.

Der Kläger verlangte vom Beklagten nun wegen der Grundschuld Duldung der Zwangsvollstreckung in das Grundstück, während der Beklagte der Meinung war, der Kläger sei wegen Verletzung seines, des Beklagten, Anwartschaftsrechtes als Auflassungsempfänger zur Löschung der Grundschuld verpflichtet.

Für uns ist die Lösung des Falles klar: Wußte oder rechnete Dr. F. damit, daß der Auflassungsanspruch des Beklagten doch bestand, als er den K veranlaßte, in die Bestellung einer Grundschuld an dem Grundstück einzuwilligen und diese dann später auch zu bestellen, so griff er subjektiv-zielgerichtet in den Übereignungsanspruch des Beklagten ein und es wäre nur noch die Frage, ob sich K diesen Eingriff als Treuhänder zurechnen lassen mußte. Der BGH jedoch lehnte die Auffassung des Beklagten, seine Auflassungsanwartschaft sei ein sonstiges Recht i. S. des § 823 I BGB, ab, wofür er im wesentlichen drei Gründe angab:

Es sei dem Berufungsgericht darin beizutreten, daß die Rechtsposition des Auflassungsempfängers weniger gesichert sei als die des die Sache besitzenden Vorbehaltskäufers einer beweglichen Sache. In diesem Fall hänge der Übergang des Anwartschaftsrechts in Volleigentum ausschließlich vom Eintritt der Bedingung, nämlich der Kaufpreiszahlung, ab; der Veräußerer habe auf den Eintritt keinerlei Einfluß, eine zweite Verfügung des Veräußerers sei wegen § 161 BGB wirkungslos, der gutgläubige Erwerb eines Dritten scheitere an dem hier anwendbaren § 936 III BGB. In jenem Fall sei der Veräußerer zwar nach § 873 II BGB an die Auflassung gebunden, aber doch nur mit Wirkung unter den Beteiligten; ein Dritter könne unbeschadet seiner Kenntnis von der ersten Auflassung das Eigentum erwerben; auf

§ 892 I 2 BGB komme es nicht an, so daß der Veräußerer auf diesem Wege die Rechtsstellung des Auflassungsempfängers wieder beseitigen könne. Anders werde es erst, wenn der Auflassungsempfänger den Eintragungsantrag selbst gestellt habe. Dann müsse nach § 17 GBO sein Antrag vor nachkommenden erledigt werden. Hier könne man der Meinung sein, es liege eine genügend gesicherte Position vor, wenn auf der anderen Seite auch nicht zu verkennen sei, daß § 17 GBO lediglich eine Ordnungsvorschrift sei[16]). Letztlich brauche das aber nicht entschieden zu werden, weil im konkreten Fall der Eintragungsantrag zurückgewiesen worden und deshalb bis zu einer abweichenden Entscheidung des Grundbuchamts oder des Beschwerdegerichts davon auszugehen gewesen sei, daß der Eintragungsantrag i. S. des § 17 GBO erledigt sei. Ohne Eintragungsantrag sei die Anwartschaft des Auflassungsempfängers aber keinesfalls ein sonstiges Recht i. S. des § 823 I BGB.

Der Vergleich mit dem nicht eingetragenen Eigentümer zeige, daß die Gewährung des Anspruchs aus § 823 I BGB den Auflassungsempfänger besser stelle als jenen. Denn der Eigentümer verliere sein Eigentum, wenn der Erwerber es nicht kenne (§ 892 BGB) und könne diesen Verlust nicht einmal bei einer grob fahrlässigen Verletzung seines Eigentums über § 823 I BGB wieder rückgängig machen. Dann könne auch nicht richtig sein, daß der Auflassungsempfänger schon bei fahrlässiger Entziehung oder Beeinträchtigung seines Eigentums einen Schadensersatzanspruch erhalte. Wenn man dieser Konsequenz dadurch ausweichen wolle, daß man den Anspruch aus § 823 I BGB dem Auflassungsempfänger nur dann zubillige, wenn der Erwerber positiv wisse, daß das Grundstück bereits an einen anderen aufgelassen war, so sei das eine nicht gerechtfertigte Beschränkung der Vorschrift des § 823 I BGB auf vorsätzliches Handeln des Schädigers.

Es bestehe kein sachliches Bedürfnis für einen Schutz des Anwartschaftsrechts des Auflassungsempfängers nach § 823 I BGB, da dieser die Möglichkeit habe, seinen schuldrechtlichen Anspruch auf Übertragung des Eigentums nach § 883 BGB durch Eintragung seiner Vormerkung sichern zu lassen.

2. Von diesen Argumenten des BGH scheint mir das letzte verhältnismäßig leicht widerlegt werden zu können. Um die Eintragung der Vormerkung zu erreichen, ist die Bewilligung des Betroffenen oder eine einstweilige Verfügung erforderlich (§ 885 I BGB). Der Erlaß einer einstweiligen Verfügung setzt zwar nicht Glaubhaftmachung des Verfügungs*grundes*, wohl aber des zu sichernden *Anspruchs* voraus. Und gerade der vom BGH entschiedene Fall zeigt, daß es hier Schwierigkeiten geben kann: Hätte Rechtsanwalt Dr. F. als Vertreter des K dessen Rücktrittsschreiben im Verfügungsverfahren vorgelegt, so hätte es sehr wohl sein können, daß so, wie das Grundbuchamt den Eintragungsantrag zurückwies, das Verfügungsgericht die Glaubhaftmachung des Anspruchs verneint hätte. Das Bedürfnis für einen Rechtsschutz nach § 823 I BGB aber im Hinblick auf die Möglichkeit einer *bewilligten* Vormerkung zu verneinen, heißt nichts anderes, als vom Grundstückskäufer zu verlangen, den Kaufvertrag nur abzuschließen, wenn ihm eine solche Vormerkung bewilligt wird. Das aber scheint mir nicht nur wegen möglicher Widerstände des Verkäufers, sondern vor allem wegen der von dem einen oder anderen Teil zu tragenden erheblichen Kosten einer solchen Vormerkung nicht praktikabel zu sein. Von der Eintragung einer Vormerkung aus

[16]) Diese Meinung vertritt jetzt in der Tat das Urteil vom 18. 12. 1967 (aaO. S. 201 f.), ohne aber weitere Argumente für sie anzuführen.

Ersparnisgründen abzusehen, ist legitim und kann nicht zur Abschneidung möglicher Schadensersatzansprüche führen.

Was das zweite Argument des BGH angeht, so kann hier im wesentlichen auf die Ausführungen in § 5, II verwiesen werden. Dort ist der Einwand widerlegt, die hier vertretene Auffassung trenne systemwidrig vorsätzliche und fahrlässige Rechtsverletzung. Wohl ist es richtig, daß der Schutz von Kaufansprüchen gemäß § 823 I BGB nur gegen subjektiv-zielgerichtete und damit, soweit nicht das Rechtswidrigkeitsbewußtsein fehlt, vorsätzliche Eingriffe in Betracht kommt, weil in diesem Bereich mangels Typizität der Sachverhalte ein objektives Erscheinungsbild der Richtung gegen das Recht nicht ausgemacht werden kann. Aber man muß sich nur von einer isolierten Betrachtung der Kaufansprüche lösen und diese in den Gesamtzusammenhang des Schutzes gegenüber zielgerichteten Eingriffen einordnen, um zu dem Ergebnis zu kommen, daß ein Widerspruch zur grundsätzlichen Gleichstellung von Vorsatz und Fahrlässigkeit in § 823 I BGB nicht gegeben ist.

Die hier vertretene Auffassung hebt auch den vom BGH angeführten Widerspruch zwischen dem Schutz des nichteingetragenen Eigentümers und dem des Auflassungsempfängers gegen anderweitige Verfügungen auf: In beiden Fällen können andere Erwerber des Grundstücks bei zielgerichteten Eingriffen in Anspruch genommen werden. Sachenrechtlich aber bleibt der Unterschied, daß der Eigentümer sein Eigentum nur nach § 892 BGB verlieren kann, während der nicht durch eine Vormerkung gesicherte Auflassungsempfänger stets gewärtig sein muß, daß ein anderer Auflassung und Eintragung erreicht.

Überlegt man sich aber den ersten Teil der Begründung, so fragt man sich sogleich, ob denn wirklich die Stellung des Eintragungsantrags darüber entscheiden kann, ob dem Inhaber eines Übereignungsanspruchs Schutz nach § 823 I BGB gewährt wird oder nicht. Wer den Antrag stellt, ob der Auflassungsempfänger oder der Auflassende, hängt ja oft von Zufälligkeiten oder Beweggründen ab, die mit dem Schutz der Anwartschaft nichts zu tun haben. Und soll denn ernstlich die Konsequenz gezogen werden, daß der Deliktsschutz nach § 823 I BGB dem Auf und Ab der jeweiligen Entscheidungen des Grundbuchamts oder der Gerichte über den Eintragungsantrag folgt?

Es wäre einleuchtender gewesen, wenn der BGH den Schutz der Auflassungsanwartschaft überhaupt abgelehnt hätte, anstatt diese Ablehnung so einzuschränken wie im Leitsatz. Aber man versteht auf der anderen Seite auch, daß sich der BGH gescheut hat, so konsequent vorzugehen. Denn er hätte sich damit selbst den Zugang zu den Schlüssen verbaut, die er aus dem Vergleich der Auflassungsanwartschaft mit der Anwartschaft des Vorbehaltskäufers zieht und die er allem Anschein nach für entscheidend hält: Der Schutz der Auflassungsanwartschaft wäre dann auch in Fällen versagt worden, in denen ihr Inhaber um sie ebensowenig gebracht werden kann wie der Vorbehaltskäufer um seine Anwartschaft.

Daß sich der BGH mit dieser Argumentation begnügt und nicht gefragt hat, ob es vielleicht nicht umgekehrt richtig sei, *jeder* Auflassungsanwartschaft den Schutz nach § 823 I BGB zu gewähren, hat, wenn ich recht sehe, wohl zwei Ursachen: Zum einen ist der BGH offenbar der Meinung, eine Anerkennung der Auflassungsanwartschaft als sonstiges Recht bedeutet einen *gleichen* Schutz wie er der Eigentumsanwartschaft des Vorbehaltskäufers gewährt wird, so daß also nicht nur gegen das Recht gerichtete Eingriffe, sondern etwa auch fahrlässige Beeinträchtigungen des Grundstücks, auf das die Anwartschaft geht, ersatzfähig wären. Das trifft nicht zu. Wir haben im vorhergehenden Paragraphen unserer Untersuchung gesehen, daß der Schutz gegen Beeinträchtigungen, die keine zielgerichteten Eingriffe sind, an eigenständige Voraussetzungen, nämlich die Verletzung der Substanz eines körperlichen Guts und die unmittelbare Berechtigung der Verletzten an diesem Gut, geknüpft ist. An der zweiten Voraussetzung fehlt es beim Auflassungsempfänger. Merkwürdigerweise geht der BGH auf den ins Auge springenden Unterschied zwischen dessen Anwartschaft und der des Vorbehaltskäufers nicht ein, daß nämlich der Vorbehaltskäufer in der Regel *Besitz* an der zu übereignenden Sache hat, der Auflassungsempfänger meist aber nicht. Das nimmt um so mehr wunder, als der BGH ausdrücklich vom Anwartschaftrecht des *„besitzenden"* Vorbehaltskäufers spricht und dessen Schutz nach § 936 III BGB erwägt, was ebenfalls den Besitz voraussetzt, und als in der Literatur ausdrücklich zwischen den Fällen unterschieden wird, in denen dem Auflassungsempfänger das Grundstück bereits übergeben ist, und denen, in denen es daran noch fehlt. *Raiser* etwa will nach Übergabe des verkauften Grundstücks den allgemeinen Deliktsschutz des § 823 I BGB sogar ohne Rücksicht darauf eingreifen lassen, ob die Auflassung schon stattgefunden hat, während er dem nicht besitzenden Auflassungsempfänger wie anderen Anwartschaftsberechtigten offenbar nur gegen „rechtliche Eingriffe", also unberechtigte Verfügungen einen Schutz aus § 823 I BGB geben will[17]). Immerhin hätte deshalb eine solche Differenzierung der Beeinträchtigungsformen auch vom BGH erwogen werden können.

Zum zweiten aber wird auch den BGH die Überlegung geleitet haben, daß mit der Zubilligung eines solchen Deliktsschutzes für jede Auflassungsanwartschaft womöglich die Grenze zur Anerkennung des ius ad rem überschritten sei. Daß das nicht der Fall ist, haben wir — und damit schließt sich der Ring zu dem vorher Gesagten — bereits dargetan. Daß die offensichtliche Suche des BGH nach einer Differenzierung zwischen (schon) mehr und (noch) weniger gesicherten Auflassunganwartschaften in einem engeren Bereich dennoch ihren berechtigten Kern hat, wird sich im folgenden ergeben.

III. Die Verfügung über ein Recht: Begründung einer Abwehrbefugnis des Verfügungsempfängers auch gegenüber obligatorisch Berechtigten

1. Wir müssen dazu nochmals zu unseren oben I, 4 getroffenen Feststellungen zurückkehren. Der Satz, daß dem Inhaber eines Anspruchs auf Übereignung einer Sache kein Deliktsschutz gegenüber demjenigen gewährt werden kann, der zeitlich später, aber „in gutem Glauben" einen Anspruch auf

---

[17]) Dingliche Anwartschaften, S. 41.

Übereignung derselben Sache erworben hat, weil dem BGB im Unterschied zum ALR die Anschauung fehlt, in der Begründung eines solchen Anspruchs liege schon eine Verfügung über das Eigentum der Sache, bedarf der Ergänzung: Wo auch nach unserem Recht eine Verfügung getroffen ist, hat derjenige, zu *dessen Gunsten* verfügt ist, das bessere Recht an der Sache und erwirbt damit deliktsrechtlichen Schutz auch gegenüber solchen Personen, die ohne Kenntnis seines Rechts einen bloß obligatorischen Anspruch auf dieselbe Sache erworben haben. Wer, um das naheliegendste Beispiel zu nehmen, ein dingliches Vorkaufsrecht an einem Grundstück hat, kann sich auch gegen Eingriffe solcher Personen wehren, die vor ihm oder ohne Kenntnis von seinem Recht nach ihm einen obligatorischen Übereignungsanspruch begründet haben[18]). Zu seinen Gunsten ist schon über die Sache verfügt, und die Verfügung gibt ihm das bessere Recht. Es liegt nicht anders als dort, wo derjenige, der das ranghöhere dingliche Recht hat, einen Eingriff desjenigen abwehrt, dem ein rangniedrigeres Recht zukommt.

Es ist dies neben der Vermittlung der für die Teilhabe am umfassenden Schutz körperlicher Güter notwendigen unmittelbaren Beziehung zu diesen Gütern[19]) die zweite Funktion, die der unmittelbaren Herrschaft über einen Gegenstand in unserem Deliktsrecht zukommt: Sie gewährt ihrem Inhaber in der Konkurrenz mit nur obligatorisch Berechtigten das bessere Recht und damit die Befugnis, auch deren Eingriffe in das eigene Recht abzuwehren.

2. Ihre praktische Bedeutung entfaltet die Erkenntnis, daß der Tatbestand der Verfügung über die Abwehrbefugnis gegen Inhaber obligatorischer Rechte entscheidet, nun weniger dort, wo ein Erwerbstatbestand *vollendet* ist, sei es, daß dem Erwerber das angestrebte dingliche Recht eingeräumt ist, sei es aber auch, daß er die Nutzungs- oder Gebrauchsbefugnis bereits innehat, die ihm zur Verfügung gestellt werden sollte. Wer Eigentümer geworden ist, braucht den Kaufanspruch eines anderen nicht mehr zu fürchten. Und ebenso eindeutig ist, daß derjenige Mieter oder Pächter, dem der Besitz der Sache übertragen wurde, Angriffe anderer Prätendenten auf die Sache abwehren kann.

Wohl ordnet das Gesetz einen solchen Vorrang des Miet- oder Pachtbesitzers nur für dingliche Rechte an, die nach Überlassung der Miet- oder Pachtsache an den Mieter bzw. Pächter begründet worden sind (vgl. für bewegliche Sachen §§ 986 II, 1032, 1205 II in Verbindung mit 870 BGB, für Grundstücke §§ 571, 577 BGB). Aber es wäre ganz verfehlt, daraus den Gegenschluß zu ziehen, ein anderer obligatorisch Berechtigter, etwa ein anderer Mieter, könne sich gegen den besitzenden obligatorisch Berechtigten durchsetzen: Das Gesetz gewährt weder ihm noch dem Vermieter einen Anspruch, auf Grund dessen sie von dem besitzenden Mieter vor Ablauf der Mietzeit die Sache herausverlangen könnten, und gegen gewaltsames Vorgehen werden dem Besitzer ja ganz unabhängig vom Recht zum Besitz die possessorischen

---

[18]) Im ersteren Fall natürlich dann nicht, wenn er selbst bei Begründung seines Rechts vom Bestehen des Forderungsrechts des anderen Kenntnis erlangt und den Veräußerer zum Bruch des ersten Vertrags verleitet hatte.

[19]) Vgl. oben § 7 I 3 und II 2 (S. 99 u. 105 ff.).

Ansprüche der §§ 861, 862 in Verbindung mit § 858 BGB eingeräumt. Es besteht kein Zweifel, daß ein solcher Eingriff, auch wenn er von einem anderen obligatorisch Berechtigten ausgeht, auch petitorisch nach § 823 I BGB abgewehrt werden kann. Was die §§ 986 II, 571 BGB usw. besagen, ist nur das, daß *auch dingliche* Rechte sich nicht gegen den besitzenden obligatorisch Berechtigten durchsetzen können, woraus zu schließen ist, daß dieser auch nach § 823 I BGB zur Abwehr berechtigt ist.

Wichtig ist der Satz vielmehr vor allem dort, wo der Erwerbstatbestand erst *teilweise* vollendet ist, also im Bereich der Anwartschaftsrechte. Hier ist es in der Tat die Frage, ob die Stellung des Anwartschaftsberechtigten schon so verfestigt ist, daß sie eine Abwehrbefugnis auch gegenüber anderen obligatorisch Berechtigten gewährt. Gerade der oben erwähnte vom BGH entschiedene Fall des Auflassungsempfängers zeigt dieses Problem deutlich: Wir sahen bereits: Daß der Kläger bzw. die hinter ihm stehenden Rechtsanwälte den K veranlaßten, in die Bestellung der Grundschuld an dem Grundstück einzuwilligen, konnte ein Eingriff in den Übereignungsanspruch sein, den der Beklagte gegen K hatte, sofern der Kläger bzw. die Rechtsanwälte zielgerichtet in Bezug auf das Recht des Beklagten handelten. War — und insoweit ist das Gesagte zu ergänzen — diese Zielrichtung schon bei der Kontaktaufnahme mit K vorhanden, so wäre der Ersatzanspruch des Beklagten in jedem Falle begründet gewesen. Wurde ihnen die Notwendigkeit des Konflikts mit dem Anspruch des Beklagten erst klar, nachdem sich K schuldrechtlich zur Bestellung der Grundschuld verpflichtet hatte (was formfrei möglich war), so wäre es darauf angekommen, ob die Position des Beklagten inzwischen schon dergestalt war, daß in ihrer Einräumung eine Verfügung zugunsten des Beklagten gesehen werden mußte und der Beklagte deshalb den schuldrechtlichen Anspruch des Klägers abwehren konnte.

Wie diese Frage bei den verschiedenen Formen der Anwartschaftsrechte zu beantworten ist, kann hier nicht im einzelnen untersucht werden. Immerhin wird man sagen können, daß die Stellung des besitzenden Vorbehaltskäufers wegen § 161 und § 936 III BGB so verfestigt ist, daß auch derjenige, der ohne Kenntnis dieses Anwartschaftsrechts einen obligatorischen Anspruch auf die Sache erworben hat, rechtswidrig handelt, wenn er in das erstere eingreift, was wegen §§ 161, 936 III BGB ohnehin nur ohne rechtliche Wirksamkeit möglich ist[20]). Dagegen scheint mir der Auflassungsempfänger, auch wenn die Einigung bindend geworden (§ 873 II BGB) und der Eintragungsantrag gestellt ist und damit auch nachträgliche Verfügungsbeschränkungen nichts mehr schaden (§ 878 BGB), einen solchen Vorrang nicht zu besitzen. Das Gesetz stellt in § 17 GBO nun einmal nur eine Ordnungsvorschrift auf und läßt dem Inhaber jedes Übereignungsanspruchs die Möglichkeit, diesen durchzusetzen, wenn etwa der 1. Eintragungsantrag zunächst zurückgewiesen wird oder dem Grundbuchamt ein Versehen unterläuft[21]). Darin drückt sich die Gleichrangigkeit der Ansprüche aus. Anders liegt es insoweit erst, wenn

[20]) Dazu, daß es für die Bejahung des deliktsrechtlichen Eingriffs auf die rechtliche Wirksamkeit der Eingriffshandlung nicht ankommt, vgl. oben § 6 I 3 (S. 81 ff.).

[21]) Vgl. dazu etwa *Raiser*, Dingliche Anwartschaften, S. 34 f. Auch das Urteil des BGH vom 18. 12. 1967 anerkennt das (aaO. S. 201 f.).

ein Anspruch durch eine Vormerkung gesichert ist. Hier soll auch materiell der durch die Vormerkung gesicherte Anspruch den Vorrang haben, und wer einen späteren Anspruch durchsetzt — man denke daran, daß die Vormerkung zu Unrecht gelöscht ist —, greift, wenn er um den durch die Vormerkung gesicherten *Anspruch* weiß, unbeschadet seiner Kenntnis von der Vormerkung selbst in diesen Anspruch rechtswidrig ein.

3. Daß für die Abwehrbefugnis gegenüber gleichgerichteten obligatorischen Rechten die Frage entscheidend ist, ob zugunsten des ersten Prätendenten schon verfügt war, spielt auch außerhalb des Vermögensrechtes eine Rolle, da der „Verfügung" im hier gebrauchten Sinne vergleichbare Tatbestände auch dort anzutreffen sind. Das gilt insbesondere für das *Arbeitsverhältnis*: Stellt man sich auf den Standpunkt, auch das Arbeitsverhältnis sei im wesentlichen ein obligatorisches Schuldverhältnis, so wird man die Verleitung zum Vertragsbruch nur dann als rechtswidrig ansehen können, wenn der Verleitende nicht schon selbst ohne Kenntnis von dem früheren Vertrag einen eigenen Anspruch auf die Arbeitsleistung erworben hatte, da er, sofern das letztere zutrifft, nur seinen eigenen Anspruch berechtigterweise durchsetzt.

Ist man dagegen der Meinung, in der Eingehung des Arbeitsvertrages sei eine Art „Verfügung" des Arbeitnehmers über seine Arbeitsleistung zu sehen, so liegt es nahe, demjenigen, der den Arbeitnehmer eingestellt hat, den Vorrang gegenüber anderen Arbeitgebern einzuräumen, mögen diese ihren Anspruch auf die Arbeitsleistung auch guten Glaubens erworben haben.

Die Gewerbeordnung hat, wie mir scheint, in dieser Hinsicht einen eigenartigen und für die Zwitterstellung des Arbeitsvertrages zwischen reinem Schuldvertrag und Verfügungsvertrag symptomatischen Mittelweg beschritten. Nach ihrem § 125 ist ein Arbeitgeber, welcher einen Gesellen oder Gehilfen verleitet, vor rechtmäßiger Beendigung des Arbeitsverhältnisses die Arbeit zu verlassen, dem früheren Arbeitgeber für den entstandenen Schaden oder die fixierte Entschädigung des § 124b GewO mitverhaftet (Abs. 1 Satz 1) — womit im Anwendungsbereich des § 125 GewO die Verleitung zum Vertragsbruch als zum Schadensersatz verpflichtende Handlung anerkannt ist[22]). Diese Mithaftung gilt auch, wo der Arbeitgeber den Gesellen oder Gehilfen, von dem er weiß, daß er einem anderen Arbeitgeber zur Arbeit noch verpflichtet ist, nur annimmt, ohne ihn zum Vertragsbruch zu verleiten (Abs. 1 Satz 2) — eine Erweiterung, die man schon kaum anders als damit erklären kann, daß dem alten Arbeitgeber ein gleichsam dingliches Anrecht auf die Arbeitsleistung zugesprochen wird, das jeder stört, der durch Gewährung von anderweiter Arbeit dazu beiträgt, daß der Arbeitnehmer nicht zu seinem alten Arbeitgeber zurückkehrt. Entscheidend aber ist in unserem Zusammenhang Absatz 2 dieser Vorschrift, nach dem zu Schadensersatz bzw. Entschädigung auch der Arbeitgeber verpflichtet ist, der einen Gesellen oder Gehilfen *behält*, von dem er weiß — d. h. also nachträglich *erfährt*[23])

---

[22]) Außerhalb dieses Anwendungsbereichs wird die Verleitung zum Bruch des Arbeitsvertrags nach § 826 BGB beurteilt. Vgl. dazu noch unten § 9 III 2 (S. 137 ff.).

[23]) Vgl. etwa *Landmann-Rohmer-Neumann*, Gewerbeordnung, Anm. 7 zu § 125.

—, daß er einem anderen Arbeitgeber noch zur Arbeit verpflichtet ist, sofern nicht bereits 14 Tage seit dem Arbeitsvertragsbruch verflossen sind. Hier wird dem alten Arbeitsvertrag mit einer bestimmten zeitlichen Beschränkung in unserem oben dargelegten Sinne der Vorrang vor dem neuen eingeräumt: Auch wenn der neue Arbeitgeber erst nach Vertragsschluß von dem Vertragsbruch des Arbeitnehmers erfährt, darf er diesen nicht weiterbeschäftigen, sofern er der Schadensersatzpflicht gegenüber dem alten Arbeitgeber entgehen will. Und es ist nur eine Konsequenz dieses Vorrangs, wenn man ihm, weil er dem älteren Arbeitsvertrag weichen muß, ein Recht zur sofortigen Kündigung des neuen Arbeitsvertrages gibt[24]).

Blickt man auf die Person des Arbeitnehmers, so mag man diese Priorität des alten Arbeitsvertrages durchaus mit der Notwendigkeit erklären können, ihn von leichtfertigem Vertragsbruch abzuhalten. Daß es das Gesetz aber für möglich hält, in diesen Zweck den neuen Arbeitgeber, der vom alten Vertrag nichts wußte, mit einzuspannen, läßt sich letztlich nur von der Anschauung her halten, daß durch den alten Arbeitsvertrag über die Arbeitsleistung des Arbeitnehmers jedenfalls für einen gewissen Zeitraum zugunsten des alten Arbeitgebers *verfügt* war.

Anerkennt man, daß diese Vorstellung die Regelung des § 125 GewO trägt, so spricht viel dafür, die Frage, ob unter „Verlassen" der Arbeit in § 124b und § 125 GewO nur das Verlassen der schon *angetretenen* Arbeit zu verstehen ist oder auch das vertragswidrige Nichtantreten der Arbeit, entgegen der herrschenden Meinung[25]) im ersteren Sinne zu entscheiden. Denn eine (etwa der Besitzeinräumung bei Miete und Pacht vergleichbare) „Verfügung" über die Arbeitsleistung kann man bei ungezwungener Betrachtung erst annehmen, wenn der Arbeitnehmer seine Arbeit für den Arbeitgeber aufgenommen hat.

§ 9. Rechtsschutz und Institutionenschutz

I. Subjektives Recht und Rechtsinstitut

Der Zweck des subjektiven Rechts, dem einzelnen durch Schutz seiner Interessen einen selbstverantwortlichen Herrschaftsbereich zu garantieren, weist schon darauf hin, daß dieser Rechtsfigur heute nicht mehr der gleiche zentrale Platz im Rechtssystem zukommen kann wie vor 50 oder 100 Jahren. Seine Zweckrelation macht das subjetive Recht ja gleichsam zum rechtlichen Spiegel der Stellung der einzelnen Person im menschlichen Zusammenleben. Das Individuum aber wird von der heutigen Zeit, im Unterschied zur vorangegangenen liberalistischen Epoche, nicht mehr für *das* Maß der sozialen

---

[24]) *Landmann-Rohmer-Neumann* aaO.; *Stahlhacke,* Das Arbeitsrecht in der Gewerbeordnung, Anm. III zu § 125.

[25]) BAG AP Nr. 1 zu § 124 b GewO; *Landmann-Rohmer-Neumann,* Anm. 4 zu § 124 b; *Stahlhacke,* Anm. II zu § 124 b; aber auch *Nikisch,* Arbeitsrecht I. Bd. § 26 II 3 (S. 276), der, soweit zu sehen, § 125 GewO im Zusammenhang mit der Eingliederungstheorie nie erwähnt hat.

Ordnung gehalten. Der Stellung des einzelnen als Individuum tritt vielmehr seine Einordnung in die Gemeinschaft zur Seite. Dieser ist er ebenso verpflichtet, wie er auf sie angewiesen ist.

So ist es nur die natürliche Folge eines gesellschaftlichen Tatbestandes, wenn in der Rechtsordnung und im speziellen auch im Privatrecht Gestaltungselemente in den Vordergrund drängen, die dieser Bindung des einzelnen an die Gemeinschaft Rechnung tragen. Das wirkt sich naturgemäß vor allem dort aus, wo die Gemeinschaftsbezogenheit des einzelnen sich in festen, mit einer gewissen Regelmäßigkeit wiederkehrenden Formen ausdrückt und so der rechtlichen Regelung den geeigneten Ansatzpunkt bietet. Diese Voraussetzung trifft besonders auf die in der Soziologie als „Institutionen" bezeichneten Kommunikationsformen zu, in denen die Glieder der Gesellschaft zueinander in die nach dem Gesetz menschlichen Zusammenlebens notwendigen Beziehungen zu treten pflegen. Aus dieser Sicht ist es zu verstehen, wenn dem subjektiven Recht vor allem das *Moment des Rechtsinstituts* gegenübergestellt wird, mit dem die Rechtsordnung die soziologischen Institutionen kanalisiert, regelt und entwickelt[26]).

1. Der nächstliegende Ausdruck dieses Institutionendenkens in der Rechtsanwendung ist dabei die schon im vorhergehenden berührte[27]) *Gemeinschaftsbezogenheit der subjektiven Rechte selbst.*

Daß letztere keine schrankenlose Macht gewähren, ist freilich keine neue Erkenntnis. Schon ihre Einordnung in ein System der Rechte bedingt ja die gegenseitige Abgrenzung, sei es, daß das eine Recht der Ausschnitt aus dem Bestand eines anderen ist (man vergleiche das Verhältnis von Eigentum und beschränkt dinglichem Recht), sei es, daß sich die Ausübung der Rechte im Raume stößt, wie etwa die Eigentumsrechte von Nachbarn. Der Bezug der subjektiven Rechte auf die Gemeinschaft besagt aber etwas anderes. Wenn wir heute etwa die Gewährleistung des Eigentums als der vollen Sachherrschaft des einzelnen ethisch rechtfertigen, so werden wir uns nicht wie vielleicht früher damit begnügen, auf das Ideal der Freiheit zu verweisen, die als Substrat ihrer Betätigung des Eigentums bedarf. Wir werden das Eigentum auch in seiner Einbettung in die Funktionszusammenhänge der Gesellschaft sehen. In diesem Sinne werden wir die Eigentums„*ordnung*" auch als eine Form der Güterzuteilung rechtfertigen, die andere Formen nicht nur im Hinblick auf die Gewährleistung der Freiheit übertrifft, sondern ihnen auch im Gerechtigkeitsgehalt — und das heißt in der Gleichbehandlung der Glieder

[26]) Diesen Gedanken hat in neuerer Zeit vor allem *Raiser* fortentwickelt: Vgl. Rechtsschutz und Institutionenschutz im Privatrecht in: Summum ius summa iniuria, S. 145 ff. mit — in N. 4 auf S. 147 — Hinweisen auf die soziologische Literatur zum Begriff der Institutionen; aber auch Vertragsfreiheit heute, JZ 1958, S. 1 ff. (S. 2); Vertragsfunktion und Vertragsfreiheit, DJT-Festschrift Bd. II, S. 101 ff.; sowie: Zum Stand der Lehre vom subjektiven Recht im Deutschen Zivilrecht, JZ 1961, S. 465 (S. 471 f.). Kritik am Institutionengedanken, insbesondere im Hinblick auf die Ehe, übt jetzt *Ernst Wolf*, Zwang zur Ehe, JZ 1967, S. 659 ff. und: Zur „Institution Ehe", JZ 1967, S. 749 ff. Gegen ihn wieder *Larenz*, Zur „Institution Ehe" (Eine Erwiderung), JZ 1968, S. 96 f.

[27]) Vgl. oben § 4 II 2 (S. 57).

der Gesellschaft — gleichwertig ist[28]). Das aber führt uns sogleich einen Schritt weiter: Soll die Gemeinschaftsbezogenheit nicht bloße Deklaration bleiben, sondern praktisch Gerechtigkeit verwirklichen, so muß sie in Inhalt und Ausübung der subjektiven Rechte ihren Niederschlag finden. Inhaltlich in der Auferlegung von Gemeinschaftspflichten auf den Rechtsinhaber und für die Ausübung in einem Verbot funktionswidrigen Gebrauchs[29]).

In unserem jetzigen Zusammenhang braucht auf dieses „Durchschlagen" des Rechtsinstituts in Inhalt und Ausübung des subjektiven Rechts nicht ausführlich eingegangen zu werden. Nachdrücklich festzuhalten ist aber noch eine andere Erkenntnis: Daß nämlich der Tendenz zunehmender Pflichten- und Rücksichtnahmebindung der subjektiven Rechte eine *andere Tendenz zur Ausdehnung ihres Schutzes* entspricht: Der einzelne, den die Gemeinschaft in Pflicht nimmt und zur Rücksichtnahme auf die Rechtsgenossen anhält, verstärkt auf der anderen Seite seinen Anspruch an die Gemeinschaft auf Schutz seiner Positionen. Die vielberufene „Ver"sicherung des einzelnen im Bereich sozialer Leistungen der Gemeinschaft hat ihre weniger beachtete Entsprechung auch im Privatrecht und insbesondere im Bereich der subjektiven Rechte. Wenn etwa immer weitere Bereiche der Gefährdungshaftung erschlossen werden — man denke nur daran, daß nunmehr die Ablösung des immerhin ein Auswahl- oder Überwachungs*verschulden* voraussetzenden § 831 BGB Wirklichkeit zu werden scheint[30]) —, so ist das ein Ausdruck dieses Sicherungsstrebens. Auch die Entwicklung des allgemeinen Persönlichkeitsrechts scheint nicht nur dem Gedanken zu entspringen, in der Vergangenheit auf dem Gebiet des Persönlichkeitsschutzes Versäumtes nachzuholen, sondern auch dem Gefühl, den in unserer Zeit verbliebenen Bereich des Individuums *effektiv* schützen zu müssen[31]). Gleiches läßt sich wohl von der schon geschilderten Entwicklung des Rechts am eingerichteten und ausgeübten Gewerbebetrieb vertreten, das ja letztlich dazu dient, den vermißten Schutz gegen fahrlässige Schädigungen jeder Art nach § 823 I BGB zu gewähren[32]). Und auch der den Anwartschaftsrechten in verschiedenem Umfang zuerkannte Deliktsschutz, mit dem wir uns im vorhergehenden Paragraphen befaßt haben, ist vor diesem Hintergrund zu sehen. Wir werden diese Ten-

---

[28]) Es genügt, insoweit an die — die heutige Wirtschaftspolitik mit tragenden — Gedanken der neoliberalen Freiburger Schule zu erinnern: Nach ihr läßt sich in der auf dem Eigentum beruhenden Marktwirtschaft das Ideal einer freiheitlichen Ordnung zugleich mit dem Ideal der sozialen Gerechtigkeit verwirklichen.

[29]) Siehe wiederum *Raiser,* zu ersterem JZ 1961, S. 471 f., zu letzterem Rechtsschutz und Institutionenschutz, S. 149 ff. Den Pflicht- und Verantwortungsgedanken der subjektiven Rechte betonen aber auch *Enneccerus-Nipperdey,* § 72 II a. E. (S. 438).

[30]) Vgl. die Neufassung des § 831 BGB im Referentenentwurf eines Gesetzes zur Änderung und Ergänzung schadensersatzrechtlicher Vorschriften.

[31]) Wohl so erklärt sich die mit der Anerkennung des allgemeinen Persönlichkeitsrechts ja nicht unbedingt vermachte Ausdehnung des Schmerzensgeldanspruchs auf den Fall seiner Verletzung: Vgl. etwa die Formulierung in BGHZ 35, 363 (367): „Die unter dem Einfluß der Wertentscheidung des Grundgesetzes erfolgte Ausbildung des zivilrechtlichen Persönlichkeitsschutzes wäre aber lückenhaft und unzureichend, wenn eine Verletzung des Persönlichkeitsrechts keine der ideellen Beeinträchtigung adäquate Sanktion auslösen würde."

[32]) Vgl. *v. Caemmerer,* DJT-Festschrift II, S. 81 ff.

denz bei der Untersuchung der Schutzmöglichkeiten persönlicher Rechtsbeziehungen nicht aus dem Auge lassen dürfen.

2. Nun wirkt der Institutionengedanke freilich nicht nur *in* den subjektiven Rechten. Er stellt diesen die Rechtsinstitute vielmehr auch als *selbständige*, nicht an subjektive Rechte gebundene Regelungsformen *gegenüber*, und zwar im wesentlichen auf zwei Weisen:

Einmal werden als Rechtsinstitute die Beziehungsformen gedacht, die gleichsam als ein Netz von Linien *alle* Rechtsgenossen miteinander verbinden. In diesem Sinne sind die Besitzordnung und die Wettbewerbsordnung, aber etwa auch die Ordnung, welche das im 4. Buch der ZPO, im Zwangsversteigerungsgesetz, im Anfechtungsgesetz, in der Konkursordnung und in der Vergleichsordnung niedergelegte Zwangsvollstreckungsrecht, und auch die §§ 419 und 2382 BGB sowie § 25 HGB für die Befriedigung der Ansprüche der Rechtsgenossen gegeneinander getroffen haben, als Rechtsinstitute anzusehen. Und hierher gehört auch der durch die Strafgesetze und die guten Sitten gezogene *allgemeine* Rahmen für den Verkehr der Menschen untereinander.

Zum anderen geht es um solche Rechtsverhältnisse, die eine gewisse *Organisation* erkennen lassen und damit eine bestimmte Gruppierung von Personen von anderen Gruppen abheben. Zu dieser Art Rechtsinstituten zählen etwa die Ehe, die Familie und in einem weiteren Sinne auch der privatrechtliche Vertrag, in dem die Rechtsgenossen ihre Beziehungen zueinander ordnen.

Diese Unterscheidung eines mehr *instrumentalen* und eines mehr *organisatorischen* Institutsbegriffs hat ihre Entsprechung ebenso bei der soziologischen Institution. *Hauriou* etwa, der zu den von der Rechtswissenschaft kommenden Begründern dieser Lehre zu rechnen ist, anerkennt, daß es neben den „institutions personnes", den Gruppen im oben geschilderten Sinne, „institutions choses" gibt, die keine eigene Gruppe hervorbringen, und zu denen er gerade die sozial verankerte Rechtsnorm zählt, die im sozialen Ganzen lebt[33]).

Im Grunde läßt sich ja die instrumentale Seite sowohl der soziologischen Institution wie des Rechtsinstituts letztlich auch auf das organisierte Lebensverhältnis übertragen. Das Verbot sittenwidriger Schädigung oder die Aufrechterhaltung der Besitzordnung etwa organisieren wohl keine solche *besondere* Gruppe, die sich von der Rechtsgemeinschaft als ganzer abhöbe. Aber sie organisieren diese Rechtsgemeinschaft selbst: auch die sich im Rahmen der guten Sitten haltende, den Besitzfrieden wahrende Privatrechtsgemeinschaft ist ein Rechtsinstitut im ersten gemeinten Sinne. Und auf der anderen Seite begegnen wir auch bei diesem organisatorischen Aspekt des Rechtsinstituts dem anderen, instrumentalen Aspekt: Auch das Rechtsinstitut als geregeltes besonderes Lebensverhältnis wird ja durch Rechtsinstitute im instrumentalen Sinne konstituiert. Dabei tritt die eine oder die andere Seite nach vorn, je nachdem, ob das Rechtsinstitut die engere oder eine weitere Gruppe umfaßt: Für die Ehe etwa oder einen Gesellschaftstyp steht die organisatorische Betrachtungsweise ganz im Vordergrund, während es bei den die ganze Rechts-

---

[33]) Maurice *Hauriou*, Die Theorie der Institution und zwei andere Aufsätze, S. 34 f.

gemeinschaft ansprechenden Rechtsinstituten die instrumentale ist. Rechtsinstitute wie die Wettbewerbsordnung stehen insoweit in der Mitte: Bei ihnen gewinnt bald die Betrachtung der Gruppe — etwa der Wettbewerber —, bald die Betrachtung des Instruments — etwa das Recht des unlauteren Wettbewerbs und das Wettbewerbsbeschränkungsrecht — die größere Bedeutung.

II. Das Nebeneinander von Rechtsschutz und Institutionenschutz

1. Für uns bedeutsame Konsequenz des Denkens in Rechtsinstituten ist das gleichbleibende *Nebeneinander von Rechtsschutz und Institutionenschutz* in unserer Privatrechtsordnung. Wenn nämlich der Gedanke der rechtlichen Regelung sozialer Institutionen neben dem Gedanken der Sicherung der Sphäre des einzelnen auf den Plan tritt, so brauchen auch die dem einzelnen zugebilligten Ansprüche, insbesondere seine Schadensersatz- und Unterlassungsansprüche, nicht in jedem Fall subjektiven Rechten zu entspringen, sondern können Reflex des Schutzes eines solchen Rechtsinstituts sein. Der einzelne, der aus dem Institutionenrecht einen Anspruch erhält, macht dieser Auffassung nach kein subjektives Recht geltend, sondern wird gewissermaßen als *„Funktionär der Gesamtrechtsordnung"*[34]) tätig: Sein Anspruch wird als Mittel eingesetzt, um das Institut zu schützen.

In diesem Sinne plädiert *Raiser* dafür, den Besitzschutz der § 859 ff. BGB als der Besitzordnung geltenden Institutionenschutz aufzufassen, und arbeitet als Sinn des Rechts gegen unlauteren Wettbewerb und des Wettbewerbsbeschränkungsrechts den Schutz des privatrechtlichen Instituts des Wettbewerbs heraus[35]). So kann man Ersatz- und Unterlassungsansprüche bei sittenwidriger oder strafbarer Schädigung (§§ 826, 823 II BGB) als Schutz des in jedem Falle zu beachtenden allgemeinen Rahmens für den Verkehr der Rechtsgenossen untereinander auffassen; so ist es möglich, den Schutz der Ehe gegen den Ehestörer als Schutz des Rechtsinstituts Ehe zu betrachten[36]) und etwa von einem Schutz des Rechtsinstituts des Vertrages sprechen, wenn dieser vermöge des § 281 BGB, der Geltendmachung des koinzidierenden Haftungsinteresses oder durch die Drittschadensliquidation in seiner Funktionsfähigkeit auch gegenüber Dritten verfestigt wird.

Allerdings rundet sich das Bild des von *Raiser* vorgeschlagenen Institutionenschutzes erst, wenn man erkennt, daß dieser dadurch verstärkt werden soll, daß die Rechtsinstitute selbst zum Gegenstand eines im Anwendungsbereich weiteren Rechtsinstituts gemacht werden. *Raiser* sucht so vor allem § 823 II BGB für den Institutionenschutz zu aktivieren, indem er die Rechtsinstitute des Privatrechts als Schutzgesetze in diesem Sinne ansieht[37]). Dabei geht es ihm um zwei Dinge: Einmal sollen die Rechtsinstitute des Privat-

---

[34]) *Raiser*, Rechtsschutz und Institutionenschutz, S. 159 mit dem Hinweis, daß *insoweit* die (von uns oben § 1 II 1 [S. 11 f.] behandelten) Vorstellungen der Reinen Rechtslehre am Platze seien.

[35]) AaO. S. 154 ff.

[36]) So insbes. *Raiser* aaO. S. 158 und JZ 1961, S. 470.

[37]) Rechtsschutz und Institutionenschutz, S. 158.

rechts um eine Schadenersatzpflicht *ergänzt* werden können, wenn sie selbst eine solche Pflicht noch nicht beinhalten. So soll etwa der der Besitzordnung geltende Besitzschutz um eine Schadensersatzpflicht nach § 823 II BGB erweitert[38]) und der Schutz des Unternehmens im Rahmen der Wettbewerbsordnung insoweit von dieser Vorschrift übernommen werden, als die betreffenden Spezialbestimmungen nicht ausreichen[39]). Zum zweiten ist mit dem Schutzgesetzcharakter der Rechtsinstitute bezweckt, diesen einen echten *Drittschutz* zu gewähren, d. h. einen Schutz gegen solche Personen, die der betreffenden Verbindung gar nicht angehören. Um einen solchen Drittschutz handelt es sich bei dem vorgeschlagenen Schutz der Ehe, den *Raiser* ebenfalls über § 823 II BGB für erreichbar hält[40]).

Werden die Rechtsinstitute dergestalt um eine Schadensersatzpflicht und um den Drittschutz ergänzt, so entfällt nach der Auffassung *Raisers* das Bedürfnis, die Positionen der an der betreffenden Beziehung Beteiligten als subjektive Rechte zu betrachten und zu schützen. Die Auffassung des Besitzes als eines subjektiven Rechts etwa kann ebenso abgelehnt werden wie ein Recht auf Fortbestand der ehelichen Lebensgemeinschaft oder eine ähnliche Umschreibung des mit dem Eheschutz gemeinten Rechtsgutes.

Nun will *Raiser* freilich nicht etwa den Rechtsschutz *insgesamt* durch den Institutionenschutz ersetzen. Die Aufwertung des Institutionenschutzes soll nur verhindern, daß durch eine Überdehnung des Begriffs des subjektiven Rechts dem Rechtschutz Gebiete erschlossen werden, in denen allein der Institutionenschutz am Platze ist. Im Vordergrund steht dabei für *Raiser* das Bestreben, das subjektive Recht auf das statisch-bewahrende Element, d. h. die Zuordnung und Verteidigung von Gütern zu beschränken. Ihm soll nicht auch das dynamisch-erwerbende Element, die Entfaltung der Persönlichkeit in wirtschaftlicher wie in anderer Hinsicht, zugeordnet werden, vielmehr sollen hier nur die Rechtsinstitute und ihr Schutz der Freiheit aller einen Rahmen geben. Nach der Auffassung *Raisers* läuft etwa ein Recht am Gewerbebetrieb, soweit es den einzelnen Wirtschaftssubjekten feste Tätigkeitsbereiche garantieren will, der marktwirtschaftlichen Ordnung zuwider, in der es nur die Aufforderung geben könne, sich den Tätigkeitsbereich nach den Spielregeln der Wettbewerbsordnung immer neu zu erobern. Und ebensowenig darf seiner Meinung nach das allgemeine Persönlichkeitsrecht dazu dienen, neben den erworbenen Persönlichkeitsgütern auch die freie Entfaltung der Persönlichkeit zu schützen, die vielmehr nur gebunden sei an die Verhaltensregeln der Rechtsordnung[41]).

2. Dem Gedanken, den Institutionenschutz aufzuwerten und dem Rechtsschutz gleichberechtigt zur Seite zu stellen, ist grundsätzlich beizupflichten. Diese Konzeption zieht nicht nur für das Schadensersatzrecht die zutreffenden Schlüsse aus der eingangs geschilderten soziologischen Grundsituation, sie vermag auch rechtliche Erscheinungen zu erklären, deren Einordnung in die

---

38) AaO. S. 155.
39) AaO. S. 158.
40) AaO. S. 158 und JZ 1961, S. 470.
41) *Raiser*, JZ 1961, S. 472 f.

Kategorie der subjektiven Rechte deren Begriff überspannen und damit in seiner Aussagekraft beeinträchtigen würde. So ist mit ihr die Auffassung abzulehnen, auch durch Schutzgesetze würden subjektive Rechte auf Unterlassung von Eingriffen geschaffen[42]): Mit der Anerkennung des Institutionenschutzes als einer Funktion, die der einzelne in der Gesamtrechtsordnung wahrnimmt, ist der Erscheinung dieser Ansprüche systematisch bedenkenfrei Rechnung getragen, wie sich an dieser Stelle auch zeigt, daß man § 826 BGB nicht als Beweis für die Verletzbarkeit von Forderungen heranziehen kann[43]), da die sich aus § 826 BGB ergebende Ersatzpflicht für an Forderungen eintretende Nachteile nur Bestandteil des Institutionenschutzes ist.

Und so kann insbesondere auch darauf verzichtet werden, die dem Forderungsgläubiger gewährten Befugnisse zur Inanspruchnahme des Vermögensübernehmers (§ 419 BGB), des Erbschaftskäufers (§ 2382 BGB) und des Übernehmers eines Handelsgeschäfts (§ 25 HGB), sowie zur Konkursanfechtung und zur Anfechtung nach dem Anfechtungsgesetz aus einem neben der Forderung einherlaufenden „Befriedigungsrecht" zu erklären, wie das im Gefolge von Fritz *Schulz*[44]) neuerdings wieder *Koziol* unternimmt[45]): Wenn das Gesetz mit diesen Vorschriften die Haftung für die Forderung ganz auf Dritte erstreckt (§§ 419, 2382 BGB, § 25 HGB) oder die Weggabe von Vermögensgegenständen an Dritte als für die Haftung des Schuldners gegenüber dem Gläubiger unwirksam ansieht und deren Rückgabe anordnet (Anfechtung), so verfolgt es damit den Zweck, eine billige „Befriedigungs*ordnung*" zu erhalten, bei der jeder Gläubiger sich wohl mit der normalen Veräußerung von Vermögensstücken an Dritte abzufinden hat, aber doch vor einer in ungewöhnlicher Weise erfolgenden Verminderung der ihm bei seinem Schuldner zur Verfügung stehenden Haftungsobjekte bewahrt wird.

Darin mehr zu sehen als den Schutz der „Befriedigungsordnung", ist um so weniger angebracht, als auch diejenigen, die von einem Befriedigungsrecht ausgehen, andere Rechtsfolgen als die, die sich aus den §§ 419, 2382 BGB, dem § 25 HGB und den Vorschriften des Anfechtungsgesetzes und der §§ 30 ff. KO ergeben, aus diesem Befriedigungsrecht gar nicht herleiten können[46]). Dem

---

[42]) Wie es *Enneccerus-Nipperdey*, § 72 I 3 a (S. 432) annehmen. Es fällt übrigens auf, daß die Auffassung, es gebe ein subjektives Recht auf Unterlassung eines als Verletzung eines Schutzgesetzes zu qualifizierenden Eingriffs, der formalen Betrachtungsweise des subjektiven Rechts, wie sie etwa bei *Bucher* begegnet, sehr nahe kommt: Auch *Bucher* neigt (aaO. S. 127 f.) der Auffassung zu, jede widerrechtliche Handlung, die als Sanktion eine Schadensersatzpflicht nach sich zieht, als Verletzung eines subjektiven Rechts zu betrachten, weil „die Norm, welche die Schadenszufügung grundsätzlich untersagt, dem vor Schaden Geschützten zugerechnet werden (muß), da ihre Geltung von dessen Willen abhängt", so daß das für *Bucher* entscheidende Merkmal des subjektiven Rechts, die Normsetzungsbefugnis, gegeben ist.

[43]) So *Fabricius* aaO. S. 284 f.

[44]) System der Rechte auf den Eingriffserwerb, AcP 105 (1909), S. 1 ff. (S. 227 ff.).

[45]) AaO. S. 165 ff.

[46]) Vgl. die wenig scharfen Ausführungen bei *Koziol* aaO. S. 207 ff., die auf S. 211 in die Schlußfeststellung einmünden, „daß eine Schadensersatzpflicht wegen Beeinträchtigung fremder Befriedigungsrechte nur in sehr geringem Umfange zur Entstehung gelangt."

Gesetz geht es hier nicht um die Schaffung eines besonderen Rechtes, welches dann auch den normalen Rechtsschutz auslösen müßte; es will sich vielmehr mit der Aufrechterhaltung der billigen Befriedigungsordnung begnügen — wie es sich bei den Schutzgesetzen eben mit dem diesen Normen entsprechenden Verhalten begnügt. Ein subjektives Recht aber, das nur die Linien eines Rechtsinstituts nachzeichnet, entbehrt des Sinnes.

Raiser ist des weiteren darin zu folgen, daß der statisch-bewahrende Rechtsschutz nicht zu der auf Dynamik angelegten Entfaltung der Persönlichkeit in wirtschaftlichen und anderen Bereichen paßt. Daß ein Rechtsschutz, der nicht nur den Grundlagen (Person, Vermögen) und dem erzielten Ergebnis der Betätigung des einzelnen, sondern auch *dieser Betätigung selbst* gelten soll, immer relativ bleiben muß im Hinblick auf die Betätigung der Rechtsgenossen, die den gleichen Anspruch auf Schutz erheben, wird niemand bestreiten.

Dieser Relativität tragen denn auch, wie *Raiser* mit Recht bemerkt[47]), diejenigen, die im allgemeinen Persönlichkeitsrecht und im Recht am Gewerbebetrieb ein Recht auf Entfaltung mitenthalten sehen, dadurch Rechnung, daß sie eine Güter- und Interessenabwägung zwischen Verletztem und Verletzer vornehmen, was nichts anderes bedeutet, als eine Handhabung von Verhaltensnormen[48]). Aber das praktische Ergebnis ist dennoch eine Ausweitung des Schutzbereichs, weil erfahrungsgemäß eine allgemeine Güter- und Interessenabwägung zu großzügigeren Lösungen führt als die Überprüfung eines Verhaltens an einer festgefügten, den Typus des Lebensverhältnisses erfassenden Verhaltensnorm, und weil vor allem der Rechtsschutz des § 823 I BGB sich hergebrachter Auffassung noch durch die stete Haftung für jede Fahrlässigkeit ohne besondere Voraussetzungen im subjektiven Bereich auszeichnet. Dagegen aber bestehen Bedenken nicht nur wegen der allgemeinen Einengung der freien Entfaltung anderer — sondern auch, weil als Effekt eine Einebnung der den Bedürfnissen der menschlichen Beziehungsformen angepaßten Rechtsinstitute droht, wenn sie durch einen an geringere Voraussetzungen geknüpften Rechtsschutz überhöht werden. Daß diese Gefahr gesehen wird, zeigen neuere Entscheidungen des Bundesgerichtshofs, die die bloß lückenfüllende Aufgabe des Rechts am eingerichteten und ausgeübten Gewerbebetrieb betonen, was auf der anderen Seite die Rechtsinstitute wieder stärker hervortreten läßt[49]). Und man fragt sich dann

[47]) JZ 1961, S. 469.
[48]) Vgl. dazu v. *Caemmerer*, DJT-Festschrift Bd. II, S. 91.
[49]) Besonders deutlich BGHZ 36, 252 (257): „Wenn auch nicht alle Tatbestände eines Wettbewerbsverstoßes sich mit dem bürgerlich-rechtlichen Tatbestand eines Eingriffs in das Recht am Gewerbebetrieb decken, so hat doch der Umstand, daß die meisten Wettbewerbshandlungen in den gewerblichen Tätigkeitsbereich anderer Unternehmen eingreifen (RGZ 163, 21, 32), zwangsläufig zur Folge, daß weitgehend eine Überschneidung dieser Sondervorschriften mit dem Schutzbereich des Rechts am eingerichteten und ausgeübten Gewerbebetrieb stattfindet. Bei solchen Überschneidungen aber sind bei Handlungen zu Zwecken des Wettbewerbs die Rechtsfolgen auf sachlich-rechtlichem Gebiet grundsätzlich den wettbewerbsrechtlichen Sondervorschriften zu entnehmen, denen gegenüber das Recht am eingerichteten Gewerbebetrieb nur lückenausfüllenden Charakters ist."

in der Tat, ob diese Lückenfüllungsfunktion nicht besser durch weitere, von Rechtsprechung und Rechtslehre herauszuarbeitende und unter § 823 II BGB zu subsumierende Verhaltensnormen wahrgenommen werden könnte, so daß auf diese generalklauselartigen subjektiven Rechte ganz verzichtet werden könnte[50]).

Dabei mag als konkretes Beispiel durchaus das Recht des Arbeitskampfes genannt werden. Die Haftung für rechtswidrige Arbeitskämpfe wird — wie wir in der Einleitung bereits gesehen haben[51]) — vom BAG und von der herrschenden Meinung über den Eingriff in den eingerichteten und ausgeübten Gewerbebetrieb bewältigt. Dabei tendiert man stark in Richtung auf eine institutionelle Ordnung des Arbeitskampfes, in dem man etwa die *Tarif*widrigkeit eines Arbeitskampfes als ausreichend für seine Rechtswidrigkeit i. S. des § 823 I BGB ansehen will[52]). Und auf der anderen Seite zeigen sich solche institutionellen Züge in den Schlichtungsvereinbarungen. Man denke hier insbesondere daran, daß das Urteil des BAG im schleswig-holsteinischen Metallarbeiterstreik[53]) den Präventionszweck der damaligen Schlichtungsordnung Metall heranzog, um aus dem Parteiwillen den Ersatz des *vollen* Streikschadens zu rechtfertigen[54]). In die Worte *Raisers* übersetzt steht hier der Schutz des vertraglichen Rechtsinstituts der Schlichtungsvereinbarung vor dem Schutz des Vermögens des aus der Schlichtungsvereinbarung Berechtigten im Vordergrund. Und folgerichtig haben die Tarifpartner der Metallindustrie denn ja auch die damalige Regelung dahin fortentwickelt, daß bei Verletzung der Schlichtungsvereinbarung von einem Schiedsgericht eine Vertragsstrafe bis zur Höhe von 1 Million DM zugunsten gemeinnütziger Zwecke festgesetzt werden kann, Schadensersatzansprüche aber ausgeschlossen sind[55]), womit auch der Nebeneffekt des Schadensersatzes noch ausgeschaltet ist[56]).

---

[50]) Man vergleiche die in diese Richtung gehenden Überlegungen von *Giesecke*, Recht am Unternehmen und Schutz des Unternehmens, GRUR 1950, S. 298 ff., S. 310 f., nach dem nicht einzusehen ist, „weshalb man nicht auch allgemeine Grundsätze, die unser soziales Leben beherrschen, als Schutzgesetze ansehen kann, selbst wenn sie nicht durch Bestimmungen des Grundgesetzes oder in anderer Weise fixiert sind, vielmehr erst erschlossen werden müssen." Kritisch zu *Giesecke Deutsch*, JZ 1963, S. 389.

[51]) Oben § 1 I 2 (S. 5).

[52]) Vgl. etwa *Hueck-Nipperdey*, Grundriß des Arbeitsrechts, 4. Aufl., § 70 V 2 a (S. 292) unter Aufgabe der früher im Lehrbuch vertretenen Auffassung, hier werde nur das obligatorische Recht des Tarifvertragspartners verletzt; *Brox-Rüthers*, Arbeitskampfrecht, § 8 A II 3 a (S. 133) mit weiteren Nachweisen. Vgl. zur institutionellen Ordnung des Arbeitskampfes noch ausführlich unten § 13 III (S. 211 ff.).

[53]) BAGE 6, 321 ff. = AP Nr. 2 zu § 1 TVG „Friedenspflicht".

[54]) AaO. unter V 2; dazu des näheren *Böttcher*, Die Ausrichtung der Sanktion nach dem Schutzzweck der verletzten Privatrechtsnorm, AcP 158 (1959/60), S. 385 ff.

[55]) § 16 Abs. 3 und 4 der Schlichtungsvereinbarung vom 12. 5. 64 — abgedruckt z. B. im Anhang bei *Hueck-Nipperdey-Stahlhacke*, Kommentar zum TVG.

[56]) Und sich freilich auch ein Widerspruch auftut zu der angestrebten institutionellen Ordnung der Haftung für rechtswidrige Arbeitskämpfe, welche im Ergebnis auf eine *Erweiterung* der Haftung hinausläuft. Vgl. dazu ausführlich unten § 13 III 2 (S. 216 f.).

3. Mit der Aufwertung des Institutionenschutzes können nun freilich nicht getrennte Felder von Rechtsschutz und Institutionenschutz in dem Sinne geschaffen werden, daß bei gleichem Tatbesand immer nur der eine oder der andere in Betracht käme. Das ließe sich schon von der Ausgestaltung des Institutionenschutzes her nicht verwirklichen. Dieser wählt ja, indem er sich des einzelnen als „Funktionär" bedient, d. h. ihm die Geltendmachung der Verletzung des Rechtsinstituts im Wege von Schadensersatzansprüchen überläßt, dessen Güter und damit *auch* dessen subjektive Rechte zum Anknüpfungspunkt: Der etwa nach § 823 II BGB zu ersetzende Schaden braucht zwar nicht an subjektiven Rechten eingetreten zu sein, er kann es aber und wird es sehr häufig. So ist von vornherein angelegt, daß ein Fall, in dem der Institutionenschutz eingreift, zugleich ein Fall des Rechtsschutzes sein kann. Man denke als Beispiel nur an das Nebeneinander von § 823 I BGB und § 823 II BGB oder von § 823 I BGB und der Bestimmungen des Rechts gegen den unlauteren Wettbewerb. Und zum anderen ist ja auch nicht zu verkennen, daß der bei einer Rechtsverletzung dem Inhaber gewährte Anspruch wohl in erster Linie, keineswegs aber allein der Restitution dient, sondern ebenso weitere Verstöße gegen die Rechtsordnung von seiten des Verletzers wie anderer hindern soll[57]). Lediglich das Rangverhältnis ist umgekehrt: Der Präventionszweck hält beim Rechtsschutz nur die zweite Stelle, während der Ausgleichsgedanke im Vordergrund steht.

Wir müssen diese Möglichkeit der *Konkurrenz* von Rechtsschutz und Institutionenschutz vor dem Hintergrund der oben von uns getroffenen Feststellung sehen, daß der Tendenz zunehmender Pflichten- und Rücksichtnahmebindung der subjektiven Rechte eine Tendenz zur Ausdehnung ihres Schutzes entspricht. Diese Feststellung legitimiert uns, auch außerhalb des Feldes der „klassischen und absoluten Rechte" dem Institutionenschutz den Rechtsschutz nach § 823 I BGB gegenüberzustellen. So steht nichts im Wege, hinter der Wertung des rechtswidrigen Arbeitskampfes als eines Eingriffs in den Gewerbebetrieb auch die Vorstellung zu sehen, daß hier in aller Regel Arbeitnehmer bzw. Arbeitgeber veranlaßt werden, den Arbeitsvertrag zu brechen und damit den Partner um sein *Recht* aus dem Vertrag zu bringen. Auch dem Schutz der Ehe kann man sich so legitimerweise nicht nur von der Frage nach einem besonderen, dem Schutz dieser Institution geltenden Gesetz her nähern, sondern ebenso von der Rechtsstellung her, die der Ehegatte durch die Eheschließung erwirbt. Ähnliches gilt vom Besitz. Denkt man an den *Besitz als solchen*, also an die tatsächliche Sachherrschaft, so rückt das institutionelle Element auch für den deliktischen Schutz in den Vordergrund. Denkt man an ein Recht, das zum Besitz berechtigt, etwa an das Mietrecht, so hat man eine Position im Auge, die auch als individuelles Recht schutzwürdig ist. Und schließlich kann man, auch wenn man ein die Regeln der Befriedigungsordnung nur nachzeichnendes „Befriedigungsrecht" ablehnt, die Beeinträchtigung der Forderung durch Wegnahme der Befriedigungsobjekte des Schuldners gleichwohl unter dem Blickwinkel des Rechtsschutzes, nämlich des allgemei-

---

[57]) Vgl. dazu besonders *Bötticher* aaO. S. 385; auch *Deutsch*, Fahrlässigkeit und erforderliche Sorgfalt, S. 202.

nen Schutzes der *Forderung selbst* betrachten und, unserer Grundanschauung folgend, zu dem Ergebnis kommen, derjenige, der sich Vermögensstücke des Schuldners gerade deshalb übertragen läßt, weil er die Befriedigung eines bestimmten Gläubigers verhindern will, müsse über die anfechtungsrechtliche Rückgewährpflicht hinaus wegen des gegen die Forderung gerichteten Eingriffs schadensersatzpflichtig sein — nicht anders als derjenige, welcher den Schuldner zur Nichterfüllung verleitet[58]).

Auf diese Weise neben dem Institutionenschutz auch den durch § 823 I BGB gewährten Rechtsschutz aufzuwerten (und damit zugleich noch von einer anderen Seite her zur Auflösung der Generalklauseln des Allgemeinen Persönlichkeitsrechts und des Rechts am Gewerbebetrieb beizutragen), liegt um so näher, als ja auch § 823 I BGB „institutionelle" Elemente in sich aufgenommen hat. Zu denken ist hier zunächst wieder an die Verkehrspflichten. Die Verwandtschaft dieser Verhaltensnormen mit den Schutzgesetzen des § 823 II BGB, die einen wichtigen Ausschnitt des Institutionenschutzes darstellen, liegt auf der Hand und wird dadurch verstärkt, daß auch bei Verletzung der Verkehrspflichten nicht der schädliche Erfolg, sondern nur die Möglichkeit von Schäden überhaupt voraussehbar sein muß[59]). Dennoch wäre es nicht richtig, diese Verkehrspflichten ganz dem § 823 II BGB zuordnen zu wollen[60]). Ihre Einbettung in § 823 I BGB bewirkt, daß sie nur bei Eingriffen in die *dort genannten* Güter und Rechte zur Ersatzpflicht führen, während die Schutzgesetze — soweit sich nicht aus ihnen selbst etwas anderes ergibt — *alle* Güter des Betroffenen erfassen. Die Verkehrspflichten gestalten diesen Güterschutz wohl aus. Aber der Akzent liegt doch auf der *Bewahrung bestimmter Positionen* des einzelnen, in deren Dienst das Gebot oder Verbot bestimmter Verhaltensweisen tritt. Nicht dient, wie es das Charakteristikum des Institutionenschutzes ist, umgekehrt der Schutz des einzelnen der Aufrechterhaltung bestimmter Verhaltensnormen. Es ist richtig, daß sich aus den Verkehrspflichten Schutzgesetze i. S. des § 823 II BGB entwickeln können und damit der Übergang zum Institutionenschutz vollzogen wird. Aber es hat seinen guten Sinn, einen Bereich anzuerkennen, in dem Verkehrspflichten zum Schutz von Rechten bestehen, ohne bei ihrer Verletzung zum Ersatz für jeglichen Schaden zu verpflichten.

Wenn in den vorangegangenen §§ 5 und 6 als allgemeiner in § 823 I BGB gemeinter Unrechtstyp die gegen das Recht gerichtete Handlung herausgearbeitet worden ist, so ist damit ein weiteres institutionelles Element in den Rechtsschutz eingeführt. Denn daß zielgerichtete Eingriffe in Rechte verboten sein sollen, ist keine weniger allgemeine Maxime für das menschliche Verhalten wie das Verbot vorsätzlicher sittenwidriger Schädigung. Gerade hier

---

[58]) Verleitung zum Vertragsbruch und Beeinträchtigung der Befriedigungsmöglichkeit werden sich, wie auch *Koziol* aaO. S. 207 bemerkt, oft nicht voneinander trennen lassen. Das spricht m. E. wiederum dafür, daß nicht einzelne Teilbefugnisse der Forderung — Recht auf obligationsmäßige Willensrichtung, Befriedigungsrecht, Rechtszuständigkeit — deliktisch geschützt werden, sondern die Forderung *insgesamt*, aber nur gegen bestimmte Verletzungs*handlungen*.

[59]) *v. Caemmerer*, Karlsruher Forum 1961, S. 22.

[60]) In diese Richtung deuten die Ausführungen von *Deutsch*, JuS 1967, S. 157.

stellt sich dann aber auch um so eindringlicher die Frage, ob mit der darin liegenden Erweiterung des Rechtsschutzes nicht ein Gebiet betreten wird, welches der überkommene Institutionenschutz in Gestalt des § 826 BGB schon befriedigend regelt. Auf diese Frage wird unter III ausführlich eingegangen werden. Zuvor sollen aber noch einige kritische Gedanken zu dem *Weg* vorgebracht werden, der insbesondere von *Raiser* für die Aufwertung des Institutionenschutzes in Aussicht genommen worden ist.

4 Dieser Weg besteht, wie wir gesehen haben, darin, daß die Rechtsinstitute selbst zum Gegenstand eines im Anwendungsbereich weiteren Rechtsinstituts, insbesondere des § 823 II BGB gemacht werden, sei es, daß dem Institut über § 823 II BGB eine Schadensersatzpflicht angelagert wird, sei es, daß das Rechtsinstitut *selbst* zum Gegenstand eines auf Dritte übergreifenden Schutzes gemacht wird.

Wenn man es recht bedenkt, wird man schon bei der Anwendung des § 823 II BGB zur Ergänzung vorhandener Institute durch die Anlagerung einer Schadensersatzpflicht Vorsicht walten lassen müssen. Wohl dienen die Rechtsnormen, welche ein Rechtsinstitut konstituieren, gegebenenfalls auch dem Schutz der an der betreffenden Beziehung Beteiligten. Aber es spricht die Vermutung dafür, daß die Normen des Rechtsinstituts, die ja gerade für diese Beziehung geschaffen worden sind, diesen Schutz erschöpfend regeln und durch andere Rechtsnormen in das Rechtsinstitut nicht eingegriffen werden soll. Gerade das ist ja, um ein naheliegendes Beispiel zu nehmen, der Grund, aus dem die Rechtsprechung bei dem Rechtsinstitut der Ehe eine deliktische Haftung der Ehegatten *gegeneinander* als ausgeschlossen angesehen und daraus die Folgerung gezogen hat, auch der Drittstörer könne nicht in Anspruch genommen werden, weil sonst dessen Regreß gegen den beteiligten Ehegatten drohe[61]).

Eine solche Ergänzung der einzelnen Rechtsinstitute durch eine Vorschrift wie § 823 II BGB kann nur dort in Betracht kommen, wo im Hinblick auf die Schadensersatzpflicht eine echte Lücke anerkannt werden muß, die durch die Beziehung des § 823 II BGB auf das Rechtsinstitut ausgefüllt werden kann. Dabei werden die Bedenken um so eher zurücktreten, je allgemeineren Charakter das Rechtsinstitut trägt, auf das § 823 II BGB angewandt werden soll. Eine Verwandtschaft zu den in § 823 II BGB in erster Linie gemeinten Straf- und Verwaltungsvorschriften ist dann auch eher faßbar.

Noch schwieriger ist der *Dritt*schutz der Rechtsinstitute, wie er von *Raiser* etwa für die Ehe erwogen wird, die er als Institut dem — dann gegen jedermann gerichteten — Schutz des § 823 II BGB unterstellen will. Nicht stutzig machen darf dabei freilich, daß § 823 II BGB von einem Gesetz spricht, welches den Schutz eines „anderen", also einer Person bezweckt, während hier Institute gesichert werden sollen, in die der einzelne nur als Funktionär der Rechtsordnung eingeschaltet ist, so daß ihm Ansprüche nur als Reflexe zukommen. Ein solcher Einwand — der letztlich alle Schutzgesetze träfe — verkennt, daß der Schutzzweck ja gerade das Mittel ist, mit dem die Rechts-

---

[61]) Vgl. dazu schon oben § 2 I 4 (S. 24 ff.).

ordnung den einzelnen zu ihrem „Funktionär" macht, was dann auch im Fall eines mittelbaren Schutzes des Rechtsinstituts geschehen könnte.

Aber es ist ein Unterschied in der *Qualität,* ob man § 823 II BGB gleichsam zur *Abrundung* der Privatrechtsinstitute hinzunimmt, indem man etwa dem in der Besitzordnung sich Bewegenden bei Verstoß gegen die von der Rechtsprechung hierfür ausgeprägten Normen nun auch noch Schadensersatzansprüche unterstellt, oder ob man den *außerhalb* der Beziehungsform Stehenden dieser auf dem Umweg über § 823 II BGB unterstellt. Ersteres kann im Einzelfall sinnvoll sein, letzteres geht kaum an. Es kann, um ein Beispiel zu nennen, nicht richtig sein, eine Zeitschrift, der bei Tests über bestimmte Waren ein Handeln zu Zwecken des Wettbewerbs nicht nachzuweisen ist, und welche deshalb den Vorschriften des UWG nicht unterliegt, auf dem Umwege über § 823 II BGB diesen doch zu unterstellen. Das würde dem Gedanken des Rechtsinstituts als einer gerade abgegrenzten Ordnung menschlicher Beziehungen widersprechen. Ein Schutz der Privatrechtsinstitute selbst setzt deshalb den Nachweis *besonderer* Schutzgesetze voraus, die erklärtermaßen die Beziehungen der an einem Rechtsinstitut Beteiligten auch einem Drittschutz unterstellen wollen.

Vorschriften, die den Rechtsinstituten in *diesem* Sinne einen umfassenden Schutz verleihen, wird man dabei freilich kaum auffinden können. Das Beispiel des Art. 6 GG, dem man einen solchen Schutz vielleicht bezüglich der Ehe entnehmen könnte[62]), zeigt ja schon das Exzeptionelle des Vorgangs. Auch darf nicht verkannt werden, daß die Rechtsinstitute *selbst* Vorschriften enthalten können, die sich auf nicht unmittelbar an der Rechtsbeziehung Beteiligte auswirken und dieser damit schon von sich aus eine insoweit verstärkte Wirkung gewähren. Als Beispiel sei nochmals an die Befriedigungsordnung und an das Rechtsinstitut des Vertrages erinnert: Wenn die Befriedigungsordnung durch die Anfechtungsrechte in und außerhalb des Konkurses sowie durch die §§ 419, 2382 BGB und § 25 HGB auch mit Wirkung gegenüber Dritten gesichert und die vertraglichen Ansprüche etwa durch § 281 BGB indirekt gegen Dritte abgeschirmt werden, so verbieten solche „Eigenleistungen" des Rechtsinstituts die Anlagerung eines anderen, insbesondere eines deliktischen Drittschutzes. Dieser ist nur möglich als *allgemeiner* Institutionenschutz, etwa nach § 823 II BGB in Verbindung mit den Strafgesetzen oder nach § 826 BGB, oder aber als *Rechts*schutz im Sinne des § 823 I BGB — wobei freilich auch der letztere noch der Abgrenzung zur Eigenregelung des Rechtsinstituts bedarf[63]).

III. Gegen das Recht gerichteter Eingriff im Sinne des § 823 Abs. 1 BGB und § 826 BGB

Die Konkurrenz von Institutionenschutz und Rechtsschutz stellt uns, wie schon angedeutet, noch vor die konkrete Frage, ob die Existenz des § 826 BGB als die vorsätzliche sittenwidrige Schädigungen betreffende Generalnorm nicht

---

[62]) Vgl. dazu aber unten § 12 II 3 (S. 182 f.).

[63]) Darauf ist für das Schuldverhältnis unten in § 10 (S. 140 ff.) eingegangen.

eine Auslegung des § 823 I BGB überflüssig macht, die jedes Recht gegen zielgerichtete Eingriffe schützen will. Sie zu verneinen und das Nebeneinander von Rechtsschutz und Institutionenschutz auch hier als sinnvoll anzuerkennen, ist m. A. nach sowohl aus historisch-dogmatischen wie praktischen Gesichtspunkten richtig.

1. Daß sich eine Generalklausel der Schadenshaftung bei arglistigem Verhalten und die Haftung für gegen das Recht gerichtete Eingriffe *ergänzen,* ist, wie eine genauere Betrachtung der Wurzeln des geltenden Schadensersatzrechtes ergibt, historisch nichts völlig Neues:

§ 826 BGB ist zurückzuführen auf die *actio doli* des Römischen und später des Gemeinen Rechts, mit der, um eine Formulierung von *Dernburg* zu gebrauchen, „jede widerrechtliche bösliche Vermögensbeschädigung, die nicht in anderer Weise ebensogut ausgleichbar ist", zu ersetzen war[64]). Der Entwurf des BGB ließ die actio doli in der von ihm vorgeschlagenen Generalklausel des § 704 in Vbdg. mit § 705 aufgehen: Nach § 705 sollte als widerrechtlich auch die kraft allgemeiner Freiheit an sich erlaubte Handlung gelten, sofern sie einem anderen zum Schaden gereichte und ihre Vornahme gegen die guten Sitten verstieß[65]). Die Kommission, welche ja mit der Vorstellung einer schadensersatzrechtlichen Generalklausel brach, verselbständigte die Haftung für illoyale Handlungen dann in § 705, dem § 826 des Gesetzes entspricht[66]).

§ 823 I BGB hat allgemeiner Meinung nach seine Wurzel in der *lex Aquilia,* die sich, wie wir oben gesehen haben[67]), von einer Schadensersatznorm für Verletzung dinglicher Rechte zu einer solchen auch für Personenrechte entwickelt hat, ohne jedoch die Grenze zu den obligatorischen Rechten zu überschreiten; der Grenzfall blieb der Anspruch des Pächters bei Beschädigung der Früchte des gepachteten Grundstücks[68]).

Als *nicht* in das BGB aufgenommen muß demgegenüber der letzte der drei Haupthaftungsgründe des gemeinen Rechts, die *actio iniuriarum* gelten, mit der schon seit dem Anfang der Klassik das Römische Recht über die tatsächliche Beleidigung hinaus jedes Verhalten sanktionierte, das bewußte Mißachtung der fremden Persönlichkeit und damit, wie die griechische Hybris, die Überhebung der eigenen Person enthielt[69]). Die Verfasser des BGB betrachteten den Strafklagencharakter der actio iniuriarum mit Recht als durch § 11 EGStPO beseitigt[70]). Soweit in ihr auch ein Schadensersatzanspruch steckte, versuchten die Motive dem durch die Aufnahme der Ehre unter die Rechte des § 704 II des Entwurfs Genüge zu leisten[71]). Und auch die Kommission beließ es wohl aus diesem Grunde in ihrer Neufassung des § 704 zu-

---

[64]) Pandekten, 2. Bd. (4. Aufl., § 136 [S. 369]; vgl. auch *Schulz-Schaeffer* aaO. S. 12 ff.; für das Röm. Recht *Kaser,* 1. Abschnitt § 146 IV (S. 524).
[65]) Vgl. die Motive bei *Mugdan* Bd. II, S. 421 ff.
[66]) Vgl. die Protokolle bei *Mugdan* Bd. II S. 1078 ff.
[67]) Oben § 7 I 1 (S. 95 ff.).
[68]) Vgl. die Protokolle bei *Mugdan* Bd. II S. 1078 ff.
[69]) Vgl. *Kaser,* 1. Abschnitt, § 145 II (S. 521) und *Schulz-Schaeffer* aaO. S. 20 ff.
[70]) Vgl. dazu das OLG Hamburg v. 26. 11. 1895, SeuffA 51 Nr. 179 (S. 280 ff.).
[71]) Vgl. die Motive bei *Mugdan,* S. 418 f.

nächst bei der Nennung der Ehre[72]). In der II. Lesung wurde dann aber eine neue, dem jetzigen § 823 I BGB entsprechende Fassung vorgeschlagen und angenommen, in der die Ehre fortgelassen war, ohne daß dafür eine andere als die den Sachverhalt mehr verschleiernde als erhellende Begründung angeführt wurde, bei der Neufassung handle es sich um einen Vorschlag von in der Hauptsache redaktioneller Natur[73]).

Hier soll nun freilich nicht von dieser Kehrtwendung in bezug auf den Schutz der Ehre die Rede sein. Im Gegenteil: Die Betrachtung der actio iniuriarum lediglich unter dem Blickwinkel der Ehrverletzung verdeckt nur, daß es im Gemeinen Recht Bestrebungen gegeben hat, dieser Schadensersatzklage ein *allgemeines* Anwendungsgebiet zu geben. Kein anderer als *Windscheid* hat die Auffassung vertreten, als Injurie sei *jede bewußte Rechtsverletzung* anzusehen[74]). Und auch *Jhering*, der dem Rechtsschutz gegen injuriöse Rechtsverletzungen eine ausführliche Abhandlung gewidmet hat[75]), stimmte *Windscheid* jedenfalls darin zu, daß an sich jedes Recht, auch die Obligation[76]) der actio iniuriarum zugänglich sei; er forderte nur, daß zur Rechtsverletzung die Hybris, die offene Mißachtung des Rechts des anderen, hinzukomme.

Daß die sich hier anbahnende Entwicklung durch das BGB abgebrochen scheint, ist ebenso wichtig wie die Eliminierung der Ehrverletzung aus § 823 I BGB. Und dieser Umstand wird noch wichtiger, wenn man sich klarmacht, daß auf die Dauer wohl die Ansicht *Windscheids* die größeren Erfolgsaussichten gehabt hätte, da der Gedanke der Hybris ein für zivilrechtliche Sanktionen zu wenig faßbarer Begriff ist[77]). Schon *Schulz-Schaeffer* hat ganz richtig darauf hingewiesen[78]), daß wir, wäre die Ansicht *Windscheids* zutreffend, berechtigt wären, „in der actio iniuriarum Elemente unseres modernen Deliktsbegriffs des § 823 I BGB festzustellen.

Den weiteren Schluß *Schulz-Schaeffers* freilich, § 823 I BGB unterscheide sich von der actio iniuriarum dann im wesentlichen nur noch durch die Ausdehnung der Haftung auf fahrlässige Rechtsverletzungen, wird man nicht billigen können. Es ist ja nicht zu verkennen, daß § 823 I BGB in jedem Falle *auch* die Tradition der lex Aquilia aufgenommen hat und sich damit die in § 7 behandelten Fälle der Beeinträchtigung körperlicher Güter unterstellen wollte. Mir scheint die actio iniuriarum ihrem Wesenskern nach vielmehr die bewußt *gegen das Recht gerichtete* Eingriffshandlung zu verkörpern, deren

[72]) Vgl. die Protokolle bei *Mugdan* Bd. II, S. 1072 f.

[73]) Vgl. die Protokolle bei *Mugdan* Bd. II, S. 1078.

[74]) Pandekten Bd. II, § 472 mit Note 1 (S. 767).

[75]) JheringsJahrb. 23 (1885), S. 155 ff.

[76]) Die er allerdings nicht in ihrem Schutzbedürfnis gegenüber Dritten sah: *Ihering* leugnete die praktische Bedeutung der actio iniuriarum für Obligationen, weil die Kontraktsklagen den nötigen Schutz zur Verfügung stellten (S. 211 ff.).

[77]) Vgl. den Einwand *Windscheids* gegen *Jhering* aaO. (8. Aufl.), Anm. 1 b (S. 988): „Aber ist derjenige, welcher lügnerischerweise ein Recht in Anspruch nimmt, von dem er weiß, daß es ihm nicht zusteht, anders zu beurteilen als derjenige, welcher sich auf ein Recht gar nicht beruft?" — Immerhin zeigt die neuerlich zu beobachtende Tendenz, bei schweren Rechtsverletzungen Genugtuung in Geld zu gewähren, die Virulenz auch des Hybrisgedankens. Vgl. oben § 5 I 3 (S. 62).

[78]) AaO. S. 23.

folgerichtige Fortentwicklung unter Beibehaltung dieses Wesenskerns nicht in Richtung auf die auch fahrlässige Rechtsbeeinträchtigung zu gehen hätte, sondern von der bewußten (= tatbestandsmäßig-vorsätzlichen) Rechtsverletzung auf die nur ihrem objektiven Erscheinungsbild nach gegen ein Recht gerichtete Handlung.

Das träfe sich dann letztlich wieder mit dem oben § 5 I 1 mitgeteilten Gedanken der Motive, daß die unmittelbar gegen ein Recht gerichtete Handlung billigerweise mit der Ersatzpflicht auch für nicht vorhersehbaren Schaden belastet werden könne. Ich sehe nicht, was entgegenstehen könnte, diesen über die Schaffung des BGB verlorenen Faden heute wieder aufzunehmen, nachdem sich das, was sich bei *Windscheid* erst angedeutet hatte, nämlich die entscheidendere Bewertung der Zweckrichtung einer Handlung, im Vollzug der Gedanken der finalen Handlungslehre mehr und mehr durchgesetzt hat. In jedem Fall zeigt sich aber, daß sich hier ein Haftungsgrund herausschälen läßt, der in seiner historischen Wurzel mit der Wurzel des § 826 BGB, nämlich der actio doli, nichts zu tun hat. Damit geschieht die Trennung der gegen ein *Recht* gerichteten Handlung von der vorsätzlichen *Schadens*zufügung nicht willkürlich, sondern in Fortentwicklung historisch angelegter Unterscheidungen.

2. Daß die Einbeziehung zielgerichteter Verletzungen auch obligatorischer Rechte in § 823 I BGB der Haftung aus § 826 BGB *im praktischen Ergebnis* nichts Überflüssiges hinzufügt, scheint mir vornehmlich an zwei Momenten deutlich zu werden. Das eine ist das *Moment des Vorsatzes*. Man kann nicht daran vorbei, daß § 826 BGB nun einmal die vorsätzliche sittenwidrige Schadenszufügung voraussetzt, d. h. das Bewußtsein fordert, daß das Handeln die in Frage stehenden Schadensfolgen haben wird und unter Umständen geschieht, die es als sittenwidrig erscheinen lassen. Das schränkt den Anwendungsbereich des § 826 BGB stark ein, und es ist bezeichnend, daß die herrschende Meinung zur Bejahung des Vorsatzes der Sittenwidrigkeit die Kenntnis der Tatumstände genügen läßt, die die Sittenwidrigkeit begründen, nicht aber das Bewußtsein der Sittenwidrigkeit verlangt[79]), während sie, wie wir gesehen haben[80]), im Zivilrecht sonst für den Vorsatz nahezu einhellig das Bewußtsein der Rechtswidrigkeit fordert.

Die Bewertung der gegen das Recht gerichteten Handlung als Rechtsverletzung i. S. des § 823 I BGB trägt dem hier sichtbar werdenden Schutzbedürfnis des Rechtsinhabers von vornherein Rechnung. Ihr genügt für die Bejahung des objektiven Tatbestandes des § 823 I BGB die — subjektive oder objektive — Richtung der Handlung auf das Recht, während die Bejahung des subjektiven Tatbestandes nach wie vor den Kriterien von Vorsatz *und* Fahrlässigkeit überlassen bleibt, so daß der Rechtsirrtum die Haftung dann nicht ausschließen kann, wenn er nur wenigstens fahrlässig verschuldet ist. Mir scheint das mehr einzuleuchten, als der von *Deutsch*[81]) gewiesene Ausweg, verfestigte „gute Sitten" als Schutzgesetze nach § 823 II BGB anzusehen

---

[79]) Vgl. *Esser*, Schuldrecht (2. Aufl.), § 202, 3 e (S. 853 f.).
[80]) Oben § 5 II 2 (S. 70).
[81]) JZ 1963, S. 385 (S. 390).

und damit der Fahrlässigkeitshaftung zu unterstellen, womit sehr rasch über den Eingriff in Rechte hinaus die Beeinträchtigung jedes Vermögensinteresses einer verschärften Haftung unterliegen würde.

Der andere Punkt betrifft die Bewertung der Eingriffshandlung als *sittenwidrig,* mit der wir uns im Verlauf unserer Untersuchung schon mehrfach beschäftigt haben[82]). Die Verschiedenartigkeit der Lebenssachverhalte, bei denen Rechtsprechung und Literatur schon die Verletzung als solche als sittenwidrig werten wollen, um sie § 826 BGB unterstellen zu können, zeigt, daß es nicht erst die besondere Art des gebrochenen Vertrages ist, die die Verleitung zum Vertragsbruch als sanktionswürdig erscheinen läßt[83]). Was die Sanktion fordert, ist die *Verleitung zum Vertragsbruch als solche*! Dann aber ist es nur ein weiterer Schritt zu der Erkenntnis, daß es von jeher der zielgerichtete Eingriff in das Recht des Gläubigers ist, dessentwegen die Verleitung zum Vertragsbruch von Natur aus rechtswidrig ist, sofern nicht andere Bewertungsaspekte die Rechtswidrigkeit ausschließen. § 823 I und nicht § 826 BGB gewährt den richtigen Ansatzpunkt zur Beurteilung der Verleitung zum Vertragsbruch. Erst dort, wo das *Recht* des Gläubigers aus dem Spiele bleibt und nur sein Interesse berührt wird, sei es, daß der Schuldner zu einem zulässigen Rücktritt oder einer zulässigen Kündigung veranlaßt, sei es, daß sein Vertragsbruch bloß ausgenutzt wird, beginnt der Anwendungsbereich des § 826 BGB. Hier müssen dann aber auch besondere Umstände das, was normalerweise zulässig ist, als im konkreten Falle unzulässig erscheinen lassen.

Mit dieser Unterscheidung befindet man sich dann letztlich auch wieder in Übereinstimmung mit dem Gesetzgeber des BGB. Denn gerade er sah die Bestimmung des § 826 BGB als für diejenigen Handlungen geschaffen an, die auf Grund der allgemeinen Freiheit an sich erlaubt sind, auf Grund besonderer Umstände aber als illoyal erscheinen[84]). Es ist richtiger, § 826 BGB auf diesen seinen angestammten Anwendungsbereich zu beschränken als den Versuch zu machen, über das an sich erlaubte, aber illoyale Verhalten hinaus auch Rechtsverletzungen in ihn einzubeziehen.

Deutlich ist das vor allem, wenn man, von dem traditionellen Satz ausgehend, Verträge bänden nach § 305 BGB nur die Partner und Eingriffe Dritter seien gar nicht denkbar, die Sittenwidrigkeit der Verleitung zum Vertragsbruch ernstlich zu *begründen* versucht[85]). Die Argumente, die von

---

[82]) Siehe oben § 5 I 3 (S. 61 ff.) und § 6 III 3 (S. 91 ff.).

[83]) Aus dem besonderen Charakter des Arbeitsverhältnisses als personenrechtlichem Gemeinschaftsverhältnis versucht *Monjau,* DB 1961, S. 99, die Sittenwidrigkeit der Abwerbung zu begründen.

[84]) Vgl. die Motive bei *Mugdan* Bd. II, S. 405 f., 421 f. und die Protokolle aaO. S. 1078 ff.

[85]) Weniger Schwierigkeiten mögen insoweit entstehen, als man in § 826 BGB auch den Schutz Dritter vor den Auswirkungen einer schon nach § 823 I BGB gegenüber einem anderen vorliegenden unerlaubten Handlung verwirklicht sieht und der Auffassung ist, insoweit müsse der Eventualdolus gegenüber dem Dritten genügen (so *Marschall v. Bieberstein,* Reflexschäden und Regreßrechte, S. 283 N. 18). Doch wird damit letztlich nur ein Randproblem der Erweiterung des § 826 BGB gelöst, nicht aber die aus der eingangs geschilderten Rechtsprechung sich ergebende Kernfrage der Verleitung zum Vertragsbruch.

diesem Ausgangspunkt her vor allem *Plaßmann*[86]) gegen die Meinung vorgebracht hat, die Verleitung des Großhändlers, unter Bruch eines Vertrages mit dem Hersteller an Kunden zu liefern, die die Preisbindung nicht einhalten, sei sittenwidrig, sind kaum zu widerlegen. Ist man nämlich der Meinung, daß ein Vertrag in jeder Beziehung nur inter partes Rechtswirkung äußert, so brauchen Dritte auf ihn auch keine Rücksicht zu nehmen und es kann für sich genommen dann auch nicht sittenwidrig sein, wenn sie den einen Vertragspartner zum Vertragsbruch veranlassen. In der Tat steht dann den wirtschaftlichen Zielen, die die Hersteller und Händler mit der Preisbindung verfolgen, nichts weiter als ein gleiches wirtschaftliches Ziel des Außenseiters gegenüber[87]). Und auch der Ausweg versagt, in der Spekulation auf die Vertragstreue der Mitbewerber und der Ausnutzung des auf diese Weise erlangten Vorsprungs unerlaubte Merkmale zu finden. Denn der freiwillige Verzicht auf Wettbewerb, von dem der „Nichtvorsprung" der Preisgebundenen herrührt, kann nicht das Verhalten desjenigen als sittenwidrig stempeln, der von seiner Wettbewerbsfreiheit einen anderen Gebrauch macht — was noch deutlicher daran wird, daß die Sittenwidrigkeit mit der Lückenlosigkeit des Preisbindungssystems dann entfällt, wenn sich eine genügende Zahl von „Sittenwidrigen" findet[88]).

Schramm hat gegenüber diesen Einwänden auf den Weg verwiesen[89]), die Verleitung des Großhändlers zum Vertragsbruch und Ausnutzung dieses Vertragsbruchs als Eingriffe in den eingerichteten und ausgeübten Gewerbebetrieb des Herstellers zu werten, zu dem der vertragsbrechende Großhändler und der Verleitende bewußt und gewollt zusammenwirkten: Der Großhändler verheimliche seinen Vertragsbruch und verschaffe sich so Ware, die er sonst nicht mehr bekäme, während der Außenseiter diese Situation ausnütze und dadurch fördere, daß er den Namen des liefernden Großhändlers geheimhalte. Mit Recht verweist *Plaßmann* darauf[90]), daß man damit, wenn man nicht die Preisbindung als gewissermaßen dingliches, gegen jedermann wirkendes Recht ansehen wolle, unter einem anderen Stichwort doch wieder zur Prüfung der Sittenwidrigkeit zurückkehre. Sittenwidrig sei aber auch das Verheimlichen nicht, weil es beim Außenseiter wie bei jedem Teilnehmer am Wettbewerb an der Pflicht fehle, seine Bezugsquellen zu nennen.

Angreifbar ist allein der Ausgangspunkt *Plaßmanns*, daß nämlich die Vertragsbeziehung des Herstellers zum Großhändler für den Außenseiter rechtlich indifferent sei. Wie wir gesehen haben, liegt im Gegenteil im Verleiten zum Vertragsbruch — und insofern steckt in den Gedanken *Schramms* ein richtiger Kern — ein rechtswidriger zielgerichteter Eingriff in das Recht des Vertragsgläubigers, der nach § 823 I BGB zum Schadensersatz führen kann. Das gilt auch für die Fälle der Preisbindung: Das Verleiten des Großhändlers, die Ware unter Vertragsbruch an den Außenseiter zu liefern, der die Preisbin-

---

86) JZ 1962, S. 463 ff.; JZ 1963, S. 273 ff.; übereinstimmend *Koziol* aaO. S. 68 f.
87) JZ 1962, S. 467.
88) *Plaßmann*, JZ 1962, S. 467 ff.; JZ 1963, S. 274 f.; ebenso *Koziol* aaO. S. 63.
89) Preisbindung durch die Gerichte, JZ 1963, S. 271 f. unter Berufung auf eigene frühere Arbeiten.
90) JZ 1963, S. 273 ff.

dung nicht einhält, ist ein Eingriff in den Unterlassungsanspruch des Lieferanten. Ob er die Voraussetzungen des § 823 I BGB tatsächlich erfüllt, hängt dann nurmehr von zwei Fragen ab. Einmal der, ob dieser Unterlassungsanspruch wirklich besteht — was sich danach richtet, ob und inwieweit die Rechtsordnung (Wettbewerbsrecht, Wettbewerbsbeschränkungsrecht) solche Vereinbarungen anerkennt oder sie (etwa bei Lückenhaftigkeit) als nicht bindend betrachtet. Zum anderen davon, ob die Rechtsordnung trotz des Bestehens des Unterlassungsanspruchs den Eingriff zuläßt, etwa weil sie einen minderen Schutz solcher Ansprüche für richtig hält — was wir im Gegensatz zu *Plaßmann* und *Koziol* oben bereits verneint haben[91]).

Ergibt sich also auch von hier aus, daß es richtig ist, die Verleitung zum Vertragsbruch dem § 823 I BGB zu unterstellen, so bleiben für die Anwendung des § 826 BGB die Fälle, in denen keine Verleitung zum Vertrags*bruch*, wohl aber eine Veranlassung des Schuldners zur ordnungsgemäßen Vertragsauflösung vorliegt. Dieses an sich erlaubte Verhalten kann unter besonderen Umständen gegen die guten Sitten verstoßen, mag es sich um die Aufforderung zur Auflösung eines Liefervertrages oder zum Arbeitsplatzwechsel handeln[92]).

§ 10. Deliktsschutz und Schuldverhältnis

1. Der Deliktsschutz relativer und damit auch obligatorischer Rechte bedarf an zwei Punkten der Abstimmung mit der Regelung, die das Schuldverhältnis im Gesetz gefunden hat: Es ist zu fragen, ob dem Gläubiger gegen den *Schuldner* neben dem Anspruch aus dem Schuldverhältnis auch noch ein Anspruch aus § 823 I BGB wegen eines gegen sein Recht gerichteten Eingriffs gewährt sein kann. Und es muß geklärt werden, ob sich dieser Deliktsschutz, soweit er sich gegen *Dritte* richtet, in Übereinstimmung damit bringen läßt, daß die Einwirkung Dritter auf den Ablauf der relativen Rechtsbeziehung in mehreren Richtungen schon in deren eigenem Gefüge berücksichtigt wird.

Die Stellungnahme zur ersten Frage ist uns schon vorgezeichnet. Einen Anspruch aus *§ 823 I* BGB gegen den Schuldner zu richten, träfe auf den Einwand, den wir selbst im vorhergehenden Paragraphen [93]) gegen die Verstärkung der Rechtsinstitute durch Anlagerung einer Schadensersatzpflicht nach *§ 823 II* BGB erhoben haben: daß nämlich in aller Regel die für ein Rechtsinstitut geschaffenen Normen dieses auch erschöpfend regeln, und eine Anlagerung anderer Vorschriften dort, wo keine echte Lücke besteht, nur zu einer Verfälschung des Rechtsinstituts führen würde. Das gilt in besonderem Maße für den Hauptfall des Schuldverhältnisses, den Vertrag. Für ihn hat ja

---

[91]) § 6 III 3 mit Note 88 auf S. 94.

[92]) Die Abgrenzung der Anwendungsbereiche der §§ 823 I und 826 BGB wird uns im besonderen Teil noch bei der Behandlung des Arbeitskampfes zu beschäftigen haben, der wohl in der Regel, aber nicht immer, zum Bruch der Arbeitsverhältnisse führt. Vgl. unten § 13, insbes. III 3 (S. 217 ff.).

[93]) Unter II, 4 (S. 133 f.).

nicht nur der Gesetzgeber im zweiten Buch des BGB eine eigenständige Regelung getroffen, vielmehr richtet sich seine Gestaltung auch nach dem speziellen Willen der konkreten Vertragsparteien, den man nicht deliktsrechtlich überlagern kann. Gerade die Bestrebungen zur Regulierung von Verträgen laufen ja auch dahin, den Gedanken des *Mißbrauchs des Rechtsinstituts selbst* zum Kriterium der Anerkennung oder Versagung vertraglicher Rechte zu machen[94]), und ziehen eine deliktsrechtliche Regulierung gar nicht in Betracht.

Daß die daraus zu folgernde Ablehnung des Deliktsschutzes des Gläubigers (oder des Inhabers eines anderen relativen Rechts) im Verhältnis zum Verpflichteten nicht in Widerspruch steht mit der Gewährung eines solchen Anspruchs gegen außenstehende Dritte, ist bei der Untersuchung des Begriffspaares „relatives und absolutes Recht" in § 2 der Untersuchung schon dargetan[95]). Der Problemkreis: Deliktsschutz und Schuldverhältnis verengt sich deshalb auf die zweite der genannten Fragen, die Vereinbarkeit des Deliktsschutzes mit der Berücksichtigung der Eingriffe Dritter im Schuldverhältnis selbst. Sie muß im folgenden näher erörtert werden, weil an ihr einige der Einwände ansetzen, die gegen den Deliktsschutz relativer Rechte vorgebracht werden: So der Hinweis, daß in manchen Fällen § 281 BGB den Gläubiger zufriedenstelle[96]), während ihn in anderen die Möglichkeit ausreichend schütze, das koinzidierende Haftungsinteresse geltend zu machen[97]). Oder die Meinung, mit dem Institut der Drittschadensliquidation habe man sich dafür entschieden, den Schutzbereich des einzelnen nicht durch Erstreckung des Normschutzes auf Dritte, sondern dadurch auszudehnen, daß das Drittinteresse zum Interesse des Verletzten gemacht werde[98]).

Die folgenden Ausführungen konzentrieren sich dabei auf den Fall, daß das Eingreifen des Dritten die Leistung des Schuldners ganz oder teilweise *unmöglich* macht. Wohl kann der Dritte auch nur eine Verzögerung der Leistung herbeiführen[99]), und sieht dafür das Recht der Schuldverhältnisse einen Ausgleich nicht vor, weil es in § 281 BGB nur auf die Unmöglichkeit abhebt. Aber daraus den Schluß zu ziehen, ein unmittelbar deliktischer Ersatzanspruch des Gläubigers gegen den Dritten müsse mit den Regeln über das Schuldverhältnis vereinbar sein, stieße auf die Gegenerwägung, daß das Gesetz eine Berücksichtigung des Eingriffs Dritter nur in dem schwerwiegenderen Fall der Unmöglichkeit für richtig halte. So verspricht es mehr Erfolg, zunächst zu fragen, ob sich die Annahme eines deliktischen Ersatzanspruchs des Gläubigers gegen den Dritten mit der Berücksichtigung der zur Unmöglichkeit führenden Eingriffe im Schuldverhältnis selbst verträgt. Ist das zu bejahen, so kann auch nichts mehr im Wege stehen, einen solchen Ersatz-

---

[94]) Vgl. dazu etwa *Raiser*, DJT-Festschrift Bd. II, S. 127 ff.
[95]) Vgl. oben § 2 I 3 und 4 (S. 23 ff.).
[96]) So schon *Oertmann*, Festschrift für Dernburg, S. 82; O. Chr. *Fischer* aaO. S. 140 ff.; RGZ 57, 353 (358); auch *Enneccerus-Lehmann*, § 234 I 1 d alpha (S. 943).
[97]) Vgl. *Marschall von Bieberstein*, Reflexschäden und Regreßrechte, S. 284 ff.
[98]) *Selb*, Schadensbegriff und Regreßmethoden, S. 43.
[99]) Ein Beispiel dieser Art haben wir oben § 6 I 3 (S. 83) bei der Erörterung der Schadensersatzpflicht beim Prätendentenstreit bereits kennengelernt.

anspruch auch bei von Dritten mit Richtung gegen das Recht des Gläubigers herbeigeführten Verzögerungen der Leistung anzunehmen.

2. Das Instrument, mit dem das Schuldverhältnis auf Einwirkungen Dritter zuerst reagiert, ist die *Verteilung von Leistungs- und Vergütungsgefahr* auf Gläubiger und Schuldner. Daß der Gläubiger einer Forderung die Leistungsgefahr trägt, bedeutet ja auch, daß er zunächst einmal den Nachteil des Eingreifens Dritter in die Abwicklung des Schuldverhältnisses zu tragen hat: Zerstören oder beschädigen diese den Leistungsgegenstand oder hindern sie den Schuldner an der Leistung, so wird dieser nach § 275 BGB von der Leistung frei, die Forderung des Gläubigers erlischt. Und bei einem gegenseitigen Vertrag trifft die andere Seite, den Schuldner, mit der Vergütungsgefahr der Nachteil, gemäß § 323 I BGB auch bei Eingriffen Dritter den Anspruch auf die Gegenleistung zu verlieren (ohne daß damit übrigens jeder Schaden des Gläubigers gedeckt wäre — man denke an entgangenen Gewinn, die Beeinträchtigung des Betriebes usw.). Und es liegt auch nicht anders, wenn Leistungs- oder Vergütungsgefahr vom Gesetz oder von den Parteien eines Vertrages anders verteilt sind: Hat etwa der Schuldner eine Garantie für die Leistung übernommen, so muß er für sie auch ohne Verschulden und damit auch bei Eingreifen eines Dritten einstehen. Trifft, wie nach § 447 BGB oder § 616 BGB, den Gläubiger die Vergütungsgefahr, so muß er auch bei Eingriff eines Dritten leisten, obwohl ihm nicht geleistet wird. Ebenso kann es nach § 324 II BGB liegen, denn auch der Annahmeverzug, für den ein Verschulden nicht erforderlich ist, kann auf das Eingreifen Dritter zurückzuführen sein. Und gleiches gilt (sofern man sie nicht schon unter § 324 II BGB einordnet) für die Unmöglichkeit der Arbeitsleistung aus betrieblichen Gründen: Das Betriebsrisiko und damit die Vergütungsgefahr trifft den Arbeitgeber auch, wenn die betrieblichen Umstände auf das Verhalten eines Dritten (der etwa die Betriebsanlagen beschädigt) zurückzuführen sind.

Das Gesetz begnügt sich nun aber — und das ist der zweite Schritt — nicht mit diesen Gefahrtragungsregeln. Es zieht den eingreifenden Dritten vielmehr auf unterschiedlichem Wege zur Deckung des Interesses heran, welches nach der Verteilung der Leistungs- und Vergütungsgefahr beim einen oder anderen Partner des Schuldverhältnisses offenbleibt: Trägt der *Schuldner* (entgegen der Regel des § 275 BGB) die *Leistungsgefahr,* so erwirbt er (etwa nach § 823 I BGB) einen Ersatzanspruch nicht nur in Höhe des Wertes eines etwaigen Leistungsgegenstandes, sondern, da es nach geltendem Recht grundsätzlich keine Unterscheidung von unmittelbarem und mittelbarem Schaden gibt, auch für den Schaden, der ihm aus der Deckungspflicht gegenüber dem Gläubiger erwächst. Nichts anderes gilt, wo die *Vergütungsgefahr* auf den *Schuldner* fällt: Wiederum kann er seinen Nachteil, etwa den entgangenen Gewinn, bei den ihm ersatzpflichtigen Dritten liquidieren.

Trägt der *Gläubiger* die *Leistungsgefahr,* so kann er unter den Voraussetzungen des § 281 BGB Abtretung des Ersatzanspruches seines Schuldners gegen den Dritten verlangen. Trifft ihn die *Vergütungsgefahr,* so ist zu unterscheiden: Hat er selbst einen Anspruch gegen den Dritten, wie es im Falle des § 324 II BGB und dort möglich ist, wo der Arbeitgeber infolge eines Ereignisses in *seiner* Sphäre den Arbeitnehmer nicht arbeiten lassen kann, so kann er das koinzidierende Haftungsinteresse als eigenen Schaden geltend machen[100]). Hat den Anspruch der Schuldner (Fälle der Schadensverlagerung, §§ 447 und 616 BGB), so hat dieser den Schadensersatzanspruch, dessen Abtretung der Gläubiger verlangen kann[101]).

3. Das Schuldverhältnis scheint so dem Gläubiger gegen Eingriffe Dritter vollständigen Schutz zu gewähren, sei es nun, daß der Nachteil auf den Schuldner abgewälzt wird, dem es überlassen ist, sich mit dem Dritten auseinanderzusetzen, sei es, daß dem Gläubiger der Ersatzanspruch des Schuldners nach § 281 BGB oder nach einer anders begründeten Abtretungsverpflichtung zur Verfügung steht. Bei näherem Vergleich mit einem Schadensersatzanspruch aus § 823 I BGB erweist sich dieser Schutz aber doch an verschiedenen Punkten als der schwächere.

Zunächst ist der im Anwendungsbereich des § 281 BGB dem Gläubiger gewährte Schutz insofern lückenhaft, als dort auf den geschuldeten *Gegenstand* abgestellt ist, für den der Ersatz oder Ersatzanspruch erlangt sein muß. Selbst wenn man (entgegen der ganz herrschenden Meinung) auch noch die geschuldete Arbeitsleistung — etwa, weil sie eine Widmung der Arbeitskraft des Arbeitnehmers an den Arbeitgeber beinhaltet — als Leistungsgegenstand i. S. des § 281 BGB ansähe[102]), so wäre doch sicher der Bereich dieser Vorschrift verlassen, wollte man ganz allgemein die Leistungs*handlung* zugleich als Leistungs*gegenstand* in ihrem Sinne betrachten und auf diesem Umweg dem Gläubiger einen Ersatzanspruch für den Fall einräumen, daß der Schuldner von einem Dritten an der Leistungshandlung gehindert wird. Die Nötigung oder Täuschung des Schuldners durch den Dritten etwa kann in § 281 BGB nicht eingefangen werden.

Eine weitere Lücke im Tatbestand des § 281 BGB kommt hinzu. Daß der Gläubiger der Gegenleistung, dem die eigene Leistung infolge eines bei seinem Partner eintretenden Umstands unmöglich wird, den Vergütungsanspruch behält, während es dem Partner überlassen bleibt, das koinzidierende Haftungsinteresse geltend zu machen, ist nur der Regelfall. Gerade das sogenannte Betriebsrisiko ist oft durch Arbeitsvertrag oder Tarifvertrag dem Arbeitnehmer auferlegt[103]), so daß dieser Weg nicht in Betracht kommt. Für

[100]) Vgl. dazu des näheren *Marschall von Bieberstein* aaO. S. 284 ff.

[101]) Wobei es auf die dogmatische Begründung des Ersatzanspruchs wie der Pflicht zu seiner Abtretung *hier* noch nicht ankommt. Auf sie wird in der nächsten Ziffer noch einzugehen sein.

[102]) So *Machleid*, Zum Vorteilsausgleich im Schadensersatzrecht, JZ 1952, S. 644 ff. (S. 645 f.) und *Selb* aaO. S. 69 f. Das RG lehnte die Annahme, eine Handlung könne Leistungsgegenstand i. S. des § 281 sein, entschieden ab (RGZ 97, 87 [90]). Vgl. auch BGHZ 25, 1 (8 ff.), wonach mangels besonderer Parteivereinbarung Abtretung des Ersatzes bzw. Ersatzanspruchs nur verlangt werden kann, wenn der beeinträchtigte Gegenstand selbst geschuldet, nicht wenn nur die Nutzung an ihm eingeräumt war.

[103]) Etwa durch die bekannte Klausel: „Bezahlt wird nur die wirklich geleistete Arbeit." — Umgekehrt ist es auch gar nicht ohne weiteres möglich, das Risiko des Eingriffs eines Dritten stets auf den Schuldner abzuwälzen, da eine solche Abwälzung einen Vertrag zu lasten des Dritten bedeuten kann; vgl. dazu *Marschall von Bieberstein* aaO. S. 289 ff.

den dem Gläubiger dann entgehenden Vergütungs-(= Geldzahlungs-) Anspruch aber kann § 281 BGB nicht gelten. Seine Erfüllung ist dem Schuldner nicht unmöglich, dieser ist vielmehr nur deshalb frei geworden, weil eine nach dem Schuldverhältnis notwendige Voraussetzung seiner Vergütungspflicht, die Erfüllung der Leistungspflicht des Gläubigers, nicht eingetreten ist.

Des weiteren sind auch dort, wo solche tatbestandlichen Lücken nicht bestehen, zwei andere Einchränkungen nicht zu übersehen, denen der über das Schuldverhältnis gewährte Schutz des Gläubigers unterliegt und die man mit den Stichworten: *Beschränkung des Ersatzumfangs* und *Aufdrängung des Schuldners als Ersatzpflichtigen* kennzeichnen kann.

Wird der Gläubiger nicht dadurch befriedigt, daß der Nachteil des Eingriffs des Dritten voll den Schuldner trifft, ist er also auf die Ersatzansprüche des Schuldners angewiesen, die dieser ihm abzutreten verpflichtet ist, so wird auch nur ein Teil seines möglichen Schadens ersetzt. Denn der Ersatzanspruch oder Ersatz, den der Schuldner erlangt, kann der Höhe nach nur am Schaden des Schuldners orientiert werden[104]), nicht aber am Schaden des Gläubigers. Für § 281 BGB folgt das schon aus dem klaren Wortlaut der Vorschrift. Es gilt aber auch in den anderen Fällen.

Dies nachzuweisen, bedarf allerdings einer Besinnung auf die einheitliche Funktion des § 281 BGB wie des Anspruchs des Gläubigers auf Abtretung des aufrechterhaltenen Ersatzanspruchs des Schuldners im Falle der Schadensverlagerung nach § 447 oder § 616 BGB. Diese Funktion besteht, wie *Selb* überzeugend dargetan hat[105]), in der Zuerkennung eines *Regreßrechts* des Gläubigers gegenüber dem eingreifenden Dritten. Der Gläubiger, den die Leistungsgefahr und dazuhin in manchen Fällen die Vergütungsgefahr treffen, deckt damit den infolge des Eingriffs des Dritten dem Schuldner an seinen Gütern entstehenden Schaden ab. Diesen Schaden zu tragen, ist der Dritte näher daran als der Gläubiger. Deshalb kann dieser beim Dritten Regreß nehmen, indem er die Abtretung des Ersatzanspruchs des Schuldners verlangt. Der Regreß gegen einen Mitersatzpflichtigen aber kann hier wie überall nur so weit gehen, wie der Regreßpflichtige dem Ersatzberechtigten selbst verpflichtet ist. Auf unsere Fälle angewandt: Der Dritte kann, da er nur zum Ersatz des Schadens des Schuldners verpflichtet ist, auch im Regreß dem Gläubiger nur bis zur Höhe dieses Schadens haften. Es liegt insoweit nicht anders als in § 255 BGB. Nur daß dort die Leistungspflicht des Partners eines Schuldverhältnisses (z. B. des Versicherers) nicht *trotz* des Eingriffs des

---

[104]) Bzw. im Falle der auch durch § 281 BGB erfaßten Versicherung oder des Verkaufs der Sache an der Abmachung, die der Schuldner mit dem Dritten getroffen hat.

[105]) AaO., bes. S. 42 ff. Gegen ihn allerdings *v. Caemmerer*, ZHR 127, S. 262 Note 44 a. Dessen These, die Zulassung der Drittschadensliquidation im Falle der Gefahrentlastung des Verkäufers bedeute die schadensersatzrechtliche Anerkennung einer „obligatorischen Eigentumszuweisung“, scheint mir angesichts der unserem Recht eigenen scharfen Trennung zwischen obligatorischem und Verfügungsgeschäft zu weit zu gehen — insbesondere auch in der Konsequenz, daß dann auch alle Folgeschäden des Käufers (entgangener Gewinn etwa) zu ersetzen wären.

Dritten aufrechterhalten, sondern *durch* den Eingriff des Dritten *ausgelöst* wird und er *dafür* Regreß nehmen kann, soweit der Dritte haftet.

Man hat dem Regreßcharakter dieser Ersatzabtretungsansprüche bislang zu wenig Beachtung geschenkt. Sieht man ihn, so öffnet sich auch ein Weg zum Verständnis des § 845 BGB, dessen Betrachtung hier in Paranthese nachzutragen ist. Wenn nach § 845 BGB der kraft Gesetzes Dienstberechtigte von demjenigen, der den Dienstpflichtigen durch Tötung, Verletzung oder Freiheitsberaubung an der Dienstleistung hindert, Ersatz für die entgangenen Dienste verlangen kann, so bedeutet das, wie der BGH festgestellt hat[106]), einen Ersatz des *Wertes* dieser Dienste, nicht einen Ersatz des dem Dienstberechtigten durch den Entgang der Dienste entstandenen Schadens. Mit anderen Worten: Nicht anders als in § 281 BGB kann der Berechtigte, der einen Anspruch infolge des Eingreifens des Dritten verliert, den Ersatz verlangen, den der Dritte an den Berechtigten zu leisten hätte, wenn dieser durch das Eingreifen nicht von seiner Verpflichtung entlastet wäre. Daß der Dienstherr nicht nur Abtretung dieses Ersatzes oder Ersatzanspruchs verlangen, sondern direkt gegen den Schädiger vorgehen kann, bedeutet also nicht viel mehr als eine praktische Erleichterung des Regresses des Dienstherrn, für die der familienrechtliche Charakter der gemeinten gesetzlichen Dienstleistungspflichten maßgeblich sein dürfte. — Als argumentum e contrario gegen einen Deliktsschutz relativen Rechts scheidet § 845 also, wie an dieser Stelle festgestellt werden darf, eindeutig aus.

Daß „Drittschadensliquidation" im Falle der Schadensverlagerung nach §447 BGB oder nach § 616 BGB nur Liquidation des *eigenen* Schadens im Interesse des Dritten, nicht Liquidation des Schadens des Dritten bedeuten kann, folgt auch noch aus einem Umkehrschluß. Wäre die Liquidation des eigenen Schadens möglich, so hätten wir ja in der Tat einen Fall *allgemeinen* Schutzes eines Gläubigerrechts gegen Eingriffe Dritter vor uns. Für einen solchen (über den Schutz gegen zielgerichtete Eingriffe weit hinausgehenden) Schritt aber kann die Schadensverlagerung allein keinen Anlaß bieten. Insbesondere dürfen in diesem Zusammenhang, worauf wiederum *Selb* aufmerksam macht[107]), die Unterschiede zwischen der Drittschadensliquidation im Falle der Gefahrverlagerung und der Drittschadensliquidation im Falle der mittelbaren Stellvertretung oder im Falle der Obhut für eine fremde Sache nicht übersehen werden. Bei der mittelbaren Stellvertretung ist das Interesse des Vertretenen (etwa des Kommittenten) das eigentliche Vertragsinteresse. Deshalb ist es gerechtfertigt, den Vertragspartner qua Drittschadensliquidation auf dieses Interesse haften zu lassen — wobei höchstens zweifelhaft sein kann, ob *daneben*, etwa im Falle der positiven Forderungsverletzung, auch das Interesse des Vertreters mitzuersetzen ist. Wenn im Falle der Obhut für eine fremde Sache der Besitzer, der einen vertraglichen Anspruch gegen den Dritten erworben hat, den Schaden des Eigentümers liquidieren kann, so deshalb, weil der Dritte in der Regel davon ausgehen muß, daß ein Eigentümerinteresse Schutzobjekt des Vertrages ist. Ebenso wie beim Vertrag mit

---

106) BGH NJW 1961, S. 2113 (S. 2114).
107) AaO. und Kritik formaler Drittschadensthesen, NJW 1964, S. 1765 ff.

Schutzwirkung für Dritte steht also eine „Drittwirkung *im* Schuldverhältnis"[108]) in Frage, weshalb die Forderung von *Selb*[109]) nicht unberechtigt erscheint, sich für den Vertragsschutz dritter Personen und Sachen einheitlich entweder für den Vertrag mit Schutzwirkung für Dritte oder die Drittschadensliquidation zu entscheiden. Solche besondere, die Einbeziehung des Drittinteresses in die Haftung des Vertragsschuldners fordernde Umstände sind in den Fällen der Gefahrverlagerung nicht gegeben; die Drittschadensliquidation trägt hier nur der auch § 255 BGB zugrunde liegende Gedanke, daß die Entlastung des Schuldners dem Schädiger nicht zugute kommen darf, dieser also zum Regreß verpflichtet bleiben muß.

Schließlich darf man auch nicht übersehen, daß die Konstruktion des Ersatzabtretungsanspruchs den Gläubiger nötigt, sich wegen des Ersatzes an den *Schuldner* zu halten. Das bringt, da der Schuldner nicht auf mehr haftet, als er selbst vom Dritten erhält oder zu fordern hat, dem Gläubiger keine Vorteile. Es birgt aber den Nachteil, daß der Gläubiger, der sich nicht direkt an den Dritten halten kann, allen Gefahren solchen „Durchgangserwerbs" (Zahlungsunfähigkeit des Schuldners, Zwangsvollstreckungsmaßnahmen gegen ihn) ausgesetzt ist.

4. Daß sich der über das Schuldverhältnis dem Gläubiger gewährte Schutz gegen Eingriffe Dritter auf — noch dazu nicht überall gewährte — Regreßrechte beschränkt, besagt nun freilich noch nicht mehr, als daß ein Deliktsschutz des Gläubigerrechts in einer ganzen Reihe von Fällen praktische Bedeutung entfalten könnte. Zu erwägen bleibt, ob sich das Gesetz nicht mit dem in mancher Beziehung unvollkommenen regreßrechtlichen Schutz über das Schuldverhältnis begnügen und einen weitergehenden Deliktsschutz ausschließen will.

Sicher ist zunächst, daß neben dem Schutz über das Schuldverhältnis ein *allgemeiner* Deliktsschutz des Gläubigerrechts gegen jede auch nur fahrlässig verursachte Beeinträchtigung *nicht* gewollt ist. Einmal wären dann die aus dem Schuldverhältnis folgenden Regreßrechte — von Nebenwirkungen wie der der Verjährung etwa abgesehen — überflüssig, weil sie im Endergebnis auch nicht mehr gewähren können als einen (abgetretenen) Anspruch gegen den eingreifenden Dritten. Und zum anderen zeigt, wie wir gesehen haben, § 281 BGB ja ganz deutlich, daß bei nur fahrlässig verursachten Beeinträchtigungen durch Dritte auch das Regreßrecht *lediglich in bestimmten Fällen* eingreifen soll, nämlich dann, wenn der *Gegenstand* der Leistung beeinträchtigt wird. Dem widerspräche es, wollte man *jegliche* Beeinträchtigung des Gläubigerrechts als von § 823 I BGB erfaßt ansehen.

Auf der anderen Seite wird aber gerade an dieser Beschränkung des § 281 BGB auch deutlich, daß sich die hier vertretene Auffassung, die subjektiv oder dem objektiven Erscheinungsbild nach *gegen ein Recht gerichtete Handlung* müsse *stets* Grundlage eines Ersatzanspruchs nach § 823 I BGB sein können, nicht zu dem über das Schuldverhältnis gewährten Regreßschutz

[108]) Vgl. den Titel der Abhandlung von *Gernhuber* in der Festschrift für Nikisch (1958), S. 249 ff.; „Drittwirkung im Schuldverhältnis kraft Leistungsnähe".

[109]) AaO. S. 44.

in Widerspruch setzt, ja daß für sie durchaus ein Bedürfnis besteht: Für die Bewertung des zielgerichteten Eingriffs ist es ebenso gleichgültig, ob Gegenstand der Leistung die Lieferung einer Sache, die Leistung von Diensten oder eine Geldzahlung ist, wie es nicht darauf ankommt, ob der Eingriff des Dritten überhaupt am Leistungsgegenstand oder aber an der Leistungshandlung ansetzt (etwa indem der Schuldner an der Leistung gehindert oder durch eine Täuschung von ihr abgehalten wird). Das bei der gegen das Recht gerichteten Handlung im Vordergrund stehende Zweckmoment läßt, wie in § 5 näher dargelegt ist, den *Angriffspunkt* in den Hintergrund treten, so daß er keine unterschiedliche Behandlung hinsichtlich des Ersatzes zu rechtfertigen vermag.

Darüber hinaus wäre es auch dort, wo ein Leistungsgegenstand beeinträchtigt wird, § 281 BGB also eingreifen kann, nicht sachgerecht, bei gegen das Recht gerichteten Eingriffen einen Schutz nur indirekt über ein Schuldverhältnis eintreten zu lassen. Die Richtung gegen das Recht bringt Rechtsinhaber und Verletzer in so unmittelbare Beziehung, daß auch auf der Ersatzseite der direkte Anspruch das Natürliche ist. Vom hier vertretenen Standpunkt aus gesehen, stellt § 281 BGB nur eine *Erweiterung* des Schutzes des Gläubigerrechts dar, indem er im Falle *nicht* zielgerichteter Eingriffe wenigstens bei Leistungs*gegenständen* eine Abtretung des Ersatzanspruchs anordnet.

Bei gegen das Recht gerichteten Eingriffen sind schließlich auch die beiden allgemeinen Einschränkungen nicht angebracht, denen die Regreßrechte mit der Aufdrängung des Schuldners als Ersatzpflichtigen und der Beschränkung des Ersatzumfangs auf den Schaden des Schuldners unterliegen: Wer mit seiner Handlung gerade das Gläubigerrecht treffen *will* oder doch eine typisch so zu verstehende Handlung vornimmt, der muß dem Gläubiger auch direkt haften; des Umwegs über die Haftung dem Schuldner gegenüber bedarf es nicht, auch nicht, wenn der Eingriff sich gegen den Leistungsgegenstand richtet. Und wo sich die Handlung unmittelbar gegen den Gläubiger richtet, muß dieser auch seinen *eigenen* Schaden ersetzt verlangen können, nicht darf er auf den Regreß gegen den Dritten wegen des Schadens des Schuldners beschränkt sein.

5. Daß der Deliktsschutz des Gläubigerrechts gegen zielgerichtete Eingriffe nicht mit der Berücksichtigung der Eingriffe Dritter durch das Schuldverhältnis selbst kollidiert, sondern sich sinnvoll mit dem Regreßrecht des den Schaden des Schuldners abdeckenden Gläubigers ergänzt, läßt sich schließlich auch noch durch eine andere Erwägung bestätigen.

Unsere bisherigen Überlegungen haben Fällen gegolten, in denen die Partner des Schuldverhältnisses an dem Eingriff des Dritten *kein* Verschulden trifft, infolgedessen Leistungs- und Vergütungsgefahr zu verteilen sind und die Frage ansteht, ob und in welcher Weise sich derjenige, den eine dieser Gefahren trifft, an den eingreifenden Dritten halten kann. Offengeblieben ist damit die Frage, wie es steht, wenn einer der Beteiligten den Eingriff des Dritten *mitverschuldet* hat. Sehen wir zunächst wieder, wie das Schuldverhältnis in diesen Fällen reagiert!

Trifft das Mitverschulden den *Gläubiger,* so bleibt er nach Maßgabe des § 324 I BGB zu seiner Leistung verpflichtet, obwohl er seine Forderung nach § 275 BGB verliert. Ihm ist nicht anders, als wenn er auf Grund der Gefahrverteilung zur Leistung verpflichtet bleibt, ein Anspruch auf das stellvertretende commodum nach § 281 BGB zuzubilligen[110]) — freilich mit der Maßgabe, daß der Gläubiger sich dort, wo er mit dem Dritten zusammen Gesamtschuldner des Schuldners ist (beide haben die Zerstörung der zu leistenden Sache verschuldet), den Gesamtschuldausgleichsanspruch des Dritten entgegenhalten lassen muß.

Trifft das Mitverschulden den *Schuldner,* so bleibt dieser dem Gläubiger verpflichtet und haftet ihm auf Schadensersatz (§§ 280, 325 BGB). Statt des Schadensersatzes (§ 325 II BGB) oder neben dem Schadensersatz (§§ 281 II, 281 I bzw. 325 I 1, 281 II, 281 I BGB) kann der Gläubiger wieder das stellvertretende commodum verlangen. Aber das kann natürlich *nur* gelten, wenn der Schuldner einen solchen Ersatzanspruch gegen den Dritten *hat.* Das aber wird häufig nicht der Fall sein, sei es, daß der Schadensersatzanspruch des Schuldners gegen den Dritten nach § 254 BGB gemindert ist, sei es, daß er ganz wegfällt, weil Schuldner und Dritter *einverständlich* die Unmöglichkeit der Leistung herbeigeführt haben.

Daß die Möglichkeit des Gläubigers, sich an den Dritten zu halten, derart von der Beziehung zwischen Schuldner und Dritten abhängig ist, leuchtet ein, solange der Dritte ohne Beziehung zum Recht des Gläubigers handelt: Hier kann von ihm nicht mehr verlangt werden, als sein Verhalten gegenüber dem am Schuldgegenstand Berechtigten zu verantworten. War dieser mit seinem Verhalten einverstanden, so muß ihn das befreien. Anders aber, wenn der Dritte mit Richtung gegen das Recht des Gläubigers handelt! Es wäre ungereimt, würde derjenige, der seiner Handlung die Richtung gegen das Recht des Gläubigers gibt, von diesem nur auf dem Umweg über § 281 BGB und auch nur dann in Anspruch genommen werden können, wenn der Schuldner von dieser Handlung nichts weiß, nicht aber dann, wenn er mit dem Schuldner einverständlich handelt. Die Gewährung eines direkten deliktischen Anspruchs des Gläubigers gegen den Dritten ist hier unabweislich und es spricht alles dafür, diesen auf den Schutz gegen zielgerichtete Eingriffe beschränkten Anspruch dann allgemein auch im Bereich der Forderungen anzuerkennen.

Mit den vorstehenden Erwägungen läßt sich zugleich auch noch ein weiteres Argument zu der von *Koziol* eingehend behandelten Frage beisteuern, ob, wenn der Schuldner dem Gläubiger verpflichtet bleibt, überhaupt unterstellt werden kann, daß diesem ein *Schaden entstanden* ist, den er bei dem Dritten liquidieren kann, oder ob das nur dann der Fall ist, wenn der Schuldner nicht leisten kann, etwa zahlungsunfähig ist[111]): Wollte man das

---

[110]) Vgl. RG WarnRspr. 1918 Nr. 160 (S. 240 ff.). Die Entscheidung betrifft einen Fall des Annahmeverzugs des Gläubigers, die Gründe lassen aber erkennen, daß das Gericht § 281 BGB *allgemein* im Bereich des § 324 BGB anwenden will.

[111]) *Koziol* aaO. S. 78 ff. und S. 188 ff. *Koziol* weist mit Recht darauf hin, daß dieses Problem auch von der Rechtsprechung und Lehre hätte beantwortet werden müssen, die die Verleitung zum Vertragsbruch als sittenwidrige Vermögens-

letztere annehmen, so wäre ohne ersichtlichen Grund wieder derjenige Gläubiger benachteiligt, dessen Forderung vom Dritten im *Einverständnis* mit dem Schuldner durch Zerstörung oder Beschädigung des Leistungsgegenstandes beeinträchtigt wird. Er könnte den Dritten nur in Anspruch nehmen, wenn der Schuldner keinen Ersatz leisten kann, während dort, wo der Eingriff des Dritten ohne Einverständnis des Schuldners erfolgt, der Gläubiger sich im Rahmen des § 281 BGB sogleich an den Dritten halten kann. Wie *Koziol* aaO. richtig ausführt, dienen sowohl der aus dem Schuldverhältnis fließende sekundäre Schadensersatzanspruch des Gläubigers gegen den Schuldner als auch der deliktische Schadensersatzanspruch des Gläubigers gegen den Dritten dazu, den aus dem Untergang des Anspruchs auf den primären Leistungsgegenstand entstehenden Schaden abzudecken. Sie können deshalb unabhängig voneinander geltend gemacht werden.

---

beschädigung im Sinne des § 826 BGB auffaßt, da in der Regel auch den Schuldner, der sich zum Vertragsbruch verleiten läßt, ein Verschulden trifft, so daß er dem Gläubiger ersatzpflichtig wird.

4. Teil:

DER DELIKTSSCHUTZ RELATIVER RECHTE IN BESONDEREN PROBLEMLAGEN

Sollte der vorangegangene dritte Teil unserer Untersuchung die Verträglichkeit des vorgeschlagenen Deliktsschutzes aller subjektiven Rechte gegenüber zielgerichteten Eingriffen mit der Systematik des geltenden bürgerlichen Rechts nachweisen, so bleibt uns jetzt noch die Aufgabe, die Tauglichkeit unserer These auch in *besonderern Problemlagen* zu überprüfen. Wir greifen dazu im folgenden aus dem Komplex des Deliktsschutzes relativer Rechte den Deliktsschutz der einfachen Lizenz, das Problem der Ehestörung, sowie die Bewertung von Streik und Aussperrung als gegen das Arbeitsverhältnis gerichtete Eingriffe heraus. Diese Fragenkreise sind nicht nur praktisch wichtig, sondern bieten auch jeder für sich besondere für den Deliktsschutz relevante dogmatische Aspekte:

Bei der *Lizenz*, der wir uns im folgenden § 11 zunächst zuwenden wollen, fordert die *Unsicherheit über den Rechtscharakter* der verschiedenen Lizenzformen in der zum Immaterialgüterrecht vorhandenen Spezialrechtsprechung und -literatur zur kritischen Erörterung der Folgerungen heraus, welche aus der jeweiligen Ansicht über diesen Rechtscharakter für die Bejahung oder Verneinung des Deliktsschutzes von ausschließlicher und einfacher Lizenz gezogen werden.

Das bis in die jüngste Vergangenheit hinein so heftig diskutierte Problem des *Deliktsschutzes gegen Ehestörungen*, dem der § 12 gewidmet ist, wird aus dem allgemeinen Fragenkreis des Deliktsschutzes der Ehe und der elterlichen Gewalt als der anderen insoweit wesentlichen familienrechtlichen Beziehung dadurch hervorgehoben, daß der Drittstörer bei der Verletzungshandlung *mit einem der Ehegatten zusammenwirkt*. Dieser verletzt durch seine Untreue seinerseits die ihm im Innenverhältnis gegenüber dem anderen Ehegatten obliegenden familienrechtlichen Verpflichtungen, so daß neben die von uns oben[1]) schon angeschnittene Frage, ob mit der Haftung aus der familienrechtlichen Beziehung eine Deliktshaftung des Ehegatten konkurrieren kann, die weitere Frage tritt, ob und gegebenenfalls welchen *Einfluß* es auf die Deliktshaftung des Drittstörers hat, daß die Haftung des Ehegatten materiell-rechtlich, aber auch prozessual (§§ 606 ff., 888 II ZPO) besonderen Regeln folgt.

Streik und Aussperrung endlich wirken nicht, wie es bei den gegen ein Recht gerichteten Eingriffen die Regel ist und auch bei dem anderen, von uns

---

[1]) § 2 I 4 (S. 24 ff.).

schon erwähnten[2]), praktisch wichtigen Fall des Eingriffs in das Arbeitsverhältnis, der Abwerbung, zutrifft, als Aktion eines einzelnen zu einem der betroffenen Rechtsbeziehung selbst fremden Zweck auf das relative Recht ein, sondern als *Kollektivaktion,* die eine Vielzahl von Rechtsverhältnissen erfaßt und in der Regel zugleich *diese* Rechtsverhältnisse neu gestalten soll. Das veranlaßt die in § 13 vorgenommene Erörterung, ob unsere, ja gerade auf den Schutz des *einzelnen* relativen Rechts ausgerichtete Auffassung auch dieses kollektive Phänomen zu bewältigen vermag.

§ 11. Der Deliktsschutz der einfachen Lizenz

I. Ausschließliche, einfache und negative Lizenz

1. „Die ausschließliche Lizenz gibt dem Lizenznehmer das Recht zur alleinigen Benutzung des Patents. Der Lizenznehmer kann gegen jeden, der sein alleiniges Benutzungsrecht verletzt, aus eigenem Recht klagen ... und kann sein alleiniges Benutzungsrecht auch dem Rechtsnachfolger des Patentinhabers entgegenhalten ... Mit Rücksicht hierauf nimmt die in Rspr. und Schrifttum herrschende Lehre mit Recht an, daß die ausschließliche Lizenz ein dingliches Recht ist. Manchmal wird, was praktisch auf dasselbe hinausläuft, die ausschließliche Lizenz auch als „quasidingliches Benutzungsrecht" (RG 16. 1. 1904, RGZ 57, 38 [40] = GRUR 1904, 344 = Bl. 1904, 220 = JW 1904, 154 Nr. 32) oder als „absolutes Recht" (RG 5. 5. 1911, RGZ 76, 235 [236] = JW 1911, 668 Nr. 54; 20. 6. 1913, RGZ 82, 431 [432] bezeichnet ...)

Durch die Bestellung einer einfachen Lizenz gewährt der Patentinhaber dem Lizenzinhaber die Befugnis zur Benutzung, behält sich aber — im Gegensatz zur ausschließlichen Lizenz ... das Recht vor, weitere Lizenzen zu erteilen und das Patent selbst zu benutzen. Bei der einfachen Lizenz hat der Lizenznehmer kein Klagerecht gegen den Patentverletzer ..., dagegen kann er sein Benutzungsrecht dem Rechtsnachfolger des Patentinhabers entgegenhalten; ... Daß die einfache Lizenz nicht nur dem Erben des Patentinhabers, sondern auch dem Erwerber des Patents gegenüber wirksam ist, ist aber, wie sich aus einem Vergleich mit der Vorschrift des § 571 BGB ergibt, kein Beweis dafür, daß die einfache Lizenz ein dingliches Recht ist. Vielmehr wird man der Meinung *Pietzckers,* § 6 Anm. 18, zustimmen müssen, „der Mangel an Rechten gegen den Verletzer spreche mit entscheidender Wirkung gegen den dinglichen Charakter der einfachen Lizenz".

Die einfache Lizenz ist also ein obligatorisches Recht (abw. *Behrendt,* GRUR 1933, 199 [200] und *Pinzger,* GRUR 1938, 148 [150]). Aber sie erschöpft sich nach der im Schrifttum herrschenden Lehre nicht darin, daß der Patentinhaber dem Lizenznehmer lediglich verspricht, ihm gegenüber von seinem Verbietungsrecht keinen Gebrauch zu machen, sondern sie gewährt dem Lizenznehmer ein positives Benutzungsrecht; *Isay,* § 6 Anm. 31; *Pietzcker,* § 6 Anm. 16 und 18; *Klauer-Möhring,* § 9 Anm. 7; *Lindenmaier,* § 9 Anm. 21; *Tetzner,* § 9 Anm. 39; *Busse,* S. 226; *Kisch,* S. 215; *Rasch,* S. 56. Während das RG früher in einer ganzen Reihe von Entsch. die gegenteilige Ansicht vertrat (RG 5./19. 12. 1893, RGZ 33, 103 =

[2]) Vgl. oben § 6 III 3 (S. 91) und § 8 III 3 (S. 121 f.).

JW 1894, 67 Nr. 25; 16. 1. 1904, RGZ 57, 38 [39] = GRUR 1904, 344 = Bl. 1904, 220 = JW 1904, 154 Nr. 32; 1. 3. 1911, RGZ 75, 400 [404] = Bl. 1911, 270; 5. 5. 1911, RGZ 76, 235 = JW 1911, 668 Nr. 54; 20. 6. 1913, RGZ 82, 431 [432]; 14. 3. 1923, RGZ 106, 362 [366] = MuW XXIII, 53 [54] = JW 1923, 992 Nr. 14), hat es neuerdings in Übereinstimmung mit der im Schrifttum herrschenden Lehre ausgeführt, „die Einräumung der einfachen Lizenz erschöpfe sich ihrer rechtlichen Bedeutung nach nicht in dem bloßen dem Lizenznehmer gegenüber erklärten Verzicht auf die aus dem Patent fließende Verbietungsmacht. Sie sei vielmehr darauf gerichtet, dem Lizenznehmer ein positives Benutzungsrecht zu verschaffen und ihn während der Vertragsdauer in dem Genusse dieses Rechtes zu erhalten, mit anderen Worten: ihm während der Vertragsdauer die Benutzung derjenigen erfinderischen technischen Lehren zu ermöglichen, deren Ausnutzung an sich dem Schutzrechtsinhaber vorbehalten ist"; RG 18. 8. 1937, RGZ 155, 306 (313) = GRUR 1937, 1086 (1088) = MuW 1938, 56 (57) = JW 1937, 2992 Nr. 39.

Diesen Ausführungen ist zuzustimmen. Denn wäre die einfache Lizenz weiter nichts als ein Verzicht des Patentinhabers, von seinem Verbietungsrecht keinen Gebrauch zu machen, so ließe sich nicht erklären, warum der Patentinhaber auch bei der einfachen Lizenz in gewissem Umfang für Rechts- und Sachmängel haftet... und warum auch die einfache Lizenz dem Erwerber des Patents entgegengehalten werden kann; vgl. hierzu die Ausführungen der vorgenannten Entsch., RGZ 75, 402 und 76, 235/36.

Natürlich kann auch ein Vertrag geschlossen werden, in dem sich der Patentinhaber dem Vertragspartner gegenüber lediglich verpflichtet, von seinem ihm auf Grund des Patents zustehenden Verbietungsrecht keinen Gebrauch zu machen (negative Lizenz). Aber ein solcher Vertrag ist eben etwas ganz anderes als ein Vertrag auf Einräumung einer einfachen Lizenz; ebenso *Klauer-Möhring*, § 9 Anm. 7. Er wirkt, im Gegensatz zum Lizenzvertrag, nicht gegen den Erwerber des Patents und begründet keine Haftung des Patentinhabers für Rechts- und Sachmängel..."

Diese Schilderung des Unterschieds von ausschließlicher, einfacher und negativer Lizenz im Kommentar zum Patentgesetz von *Reimer*[3]), der entsprechende Äußerungen zum Urheberrecht zur Seite gestellt werden könnten[4]), läßt erkennen, daß die herrschende Meinung wohl ein festes Urteil über die *Wirkungen* der drei Formen der Lizenz gebildet hat, *nicht* aber über deren *Rechtscharakter:* Man erkennt leicht, daß die ausschließliche Lizenz für den Bereich, für den sie erteilt ist[5]), zur alleinigen Nutzung des Immaterialgutes berechtigen und in diesem Rahmen Drittschutz und Sukzessionsschutz[6]) genießen, daß die einfache Lizenz ohne Ausschluß anderer zur

[3]) Anm. 6 und 7 zu § 9.

[4]) Wobei man dort allerdings von ausschließlicher und einfacher „Berechtigung", sowie einem „bloßen Verpflichtungsvertrag" redet: Vgl. *Ulmer*, Urheber- und Verlagsrecht, § 67 (S. 294 ff.).

[5]) Auch die ausschließliche Lizenz kann — der Zeit, dem Gebiet oder der Nutzungsart nach — beschränkt sein, ohne ihren Charakter als ausschließliche Lizenz zu verlieren, solange sie nur dem Inhaber die Befugnis gibt, das Immaterialgut innerhalb eines sicher umgrenzten Bereichs auf einem bestimmten Marktgebiet unter Ausschluß anderer Wettbewerber allein zu nutzen. Vgl. RGZ 83, 93 (94/95).

[6]) Gegen den hier auch kein gutgläubiger Erwerb etwas vermag: Es sind die Übertragungsvorschriften der §§ 413, 398 ff. BGB anzuwenden, die die Möglichkeit eines gutgläubig-lastenfreien Erwerbs nicht kennen.

Nutzung berechtigen und keinen Drittschutz, wohl aber Sukzessionsschutz erhalten und daß die negative Lizenz nur dem Rechtsinhaber gegenüber zur Nutzung berechtigen und von Dritt- und Sukzessionsschutz ausgeschlossen sein soll. Man erkennt hingegen nicht, um was für Rechte es sich der herrschenden Meinung nach handelt. Auch hier werden die Formulierungen gebraucht, deren mangelnden Aussagewert jedenfalls für die Frage des Deliktsschutzes wir schon im § 2 unserer Untersuchung festgestellt haben.

So wird von manchen die ausschließliche Lizenz als dingliches, quasi-dingliches oder absolutes Recht bezeichnet, weil ihr Drittschutz *und* Sukzessionsschutz gewährt ist, während wegen des Fehlens von Drittschutz der dingliche Charakter der einfachen Lizenz verneint wird. Andere wieder bejahen die Dinglichkeit der einfachen Lizenz schon gerade wegen des Sukzessionsschutzes. Soweit die einfache Lizenz als obligatorisches Recht aufgefaßt wird, meint man aber doch, sie sei kein reiner Verpflichtungsvertrag, sondern gewähre dem Lizenznehmer ein positives Benutzungsrecht[7]). Was aus dieser Eigenschaft eines positiven Nutzungsrechts, mit der die einfache Lizenz von der negativen Lizenz abgehoben wird, zu folgern ist, bleibt aber wiederum offen. Die in Bezug genommene Entscheidung des Reichsgerichts (RGZ 155, 306 ff.) leitet daraus nur ab, daß die Leistung des Lizenzgebers bei der einfachen Lizenz als teilbar i. S. des § 36 II VerglO anzusehen sei. *Reimer* versteht sie hingegen offenbar so, daß daraus die Haftung für Rechts- und Sachmängel, aber auch die Wirkung gegen den Rechtsnachfolger abzuleiten sei — wenn er auch an anderer Stelle[8]) wiederum einräumt, daß in Ausnahmefällen auch bei der negativen Lizenz eine Rechts- und Sachmängelhaftung in Betracht komme.

2. Für unsere auf den Deliktsschutz ausgerichtete Untersuchung stehen in diesem Streit um die dogmatische Auffassung der Lizenz nach den bisherigen Überlegungen zwei Positionen fest: Wir wissen zunächst, daß sich aus dem Gegenüber „absoluter“ und „relativer“ Rechte nicht ableiten läßt, daß die letzteren keinen Deliktsschutz genießen könnten, so daß auch aus der Existenz der zweifelsfrei gegen jedermann wirkenden ausschließlichen Lizenz nicht darauf geschlossen werden kann, der einfachen und der negativen Lizenz könne kein solcher Schutz zukommen[9]).

Dieser Satz behält seine Geltung insbesondere auch gegenüber der Vorstellung, mit der *Hubmann* die Wirkung gegen jedermann auf die ausschließliche Lizenz zu beschränken sucht. *Hubmann* meint[10]), die technischen Schutzrechte könnten in ihren positiven und negativen Inhalt „zerlegt“ werden mit der Folge, daß dem Lizenznehmer entweder nur das positive Benutzungsrecht ohne das Verbotsrecht (einfache Lizenz) oder aber beide zusammen (ausschließliche Lizenz) übertragen werden könne. Diese Vorstellung beruht

[7]) Was an die Vorstellung „relativer Herrschaftsrechte“ bei *Diederichsen* erinnert, der allerdings die Lizenz nicht in den Kreis seiner Betrachtungen einbezogen hat. Vgl. oben § 2 III 2 (S. 34 f.).

[8]) Anm. 45 zu § 9.

[9]) Vgl. oben § 2 I (S. 17 ff.).

[10]) Gewerblicher Rechtsschutz, § 22 II 2 a (S. 140 f.).

auf der Annahme, Wirkung gegen jedermann sei bestimmten Rechten (zu denen *Hubmann* die technischen Schutzrechte offenbar zählt) vorbehalten. Diese Annahme aber trifft, wie wir gesehen haben, nicht zu, vielmehr ist *jedes* „positive" Recht begrifflich fähig, Drittschutz zu genießen, so daß sich jeweils nur noch die Frage stellt, wie weit das Gesetz in der Verleihung solchen Drittschutzes gehen will. Selbst wenn also gegen die zweite Annahme, die *Hubmanns* Vorstellung zugrunde liegt, daß nämlich eine Trennung von positivem und negativem Gehalt eines Rechts möglich sei, keine Bedenken zu erheben wären[11]), enthöbe uns das nicht der Notwendigkeit, selbständig zu prüfen, ob nicht mit der Übertragung nur des positiven Inhalts beim neuen Rechtsinhaber in dessen Person ein eigenes Verbietungsrecht entsteht.

Zum anderen wissen wir, daß sich aus der Gewährung oder Nichtgewährung von Sukzessionsschutz ebenfalls nicht ableiten läßt, ob ein Recht Drittschutz genießt oder nicht[12]). Der Tatsache, daß auch die einfache Lizenz unbestrittenermaßen solchen Sukzessionsschutz genießt, können wir deshalb nichts für ihren Deliktsschutz entnehmen.

Dennoch ist die Frage nach dem Rechtscharakter der Lizenz für unsere Untersuchung von Bedeutung. Wir sind zu dem Ergebnis gekommen, daß, abgesehen von den Lebensgütern der Person und den Rechten an körperlichen Sachen, der Deliktsschutz eine gegen das betreffende Recht gerichtete Handlung voraussetzt. Ob eine Handlung Richtung gegen ein Recht hat, kann aber, wie wir gesehen haben, nur an der Rechtsmacht gemessen werden, die die einzelnen Rechte gewähren. Diese aber kann wiederum nicht ohne Klarheit über das Wesen des betreffenden Rechts bestimmt werden. Gerade das Problem des Deliktsschutzes der einfachen Lizenz zeigt das deutlich: Es ist für die Feststellung der Richtung einer Handlung gegen die einfache Lizenz ein Unterschied, ob man einen rein obligatorischen Unterlassungsanspruch gegen den verbietungsberechtigten Rechtsinhaber vor sich hat oder ein positives Benutzungsrecht. Ob und bejahendenfalls in welchem Sinne die einfache Lizenz als solches Benutzungsrecht aufgefaßt werden kann, bedarf deshalb der Überprüfung.

3. Seit den Anfängen des Immaterialgüterrechts bis zum Ausgang des vergangenen Jahrhunderts sahen patentrechtliche Rechtsprechung und Literatur

---

[11]) Sie widerspricht der Rechtsprechung des Reichsgerichts, welches in RGZ 148, 146 ff. für das Patentrecht ausgesprochen hat, daß eine Abspaltung des Verbietungsrechts durch Abtretung nicht möglich sei, da es sich nicht, wie etwa beim Recht auf Schadensersatz, um eine aus einer Verletzung des Patentrechts sich ergebende Forderung handele, sondern um einen begriffswesentlichen Bestandteil des Rechtes selbst. Die Übertragung des Verbietungsrechts könne daher nur in Verbindung mit der Übertragung des Patentrechts erfolgen. Die Einräumung einer — auch ausschließlichen — Lizenz genügt dafür also nicht (vgl. G. *Pinzger*, Der Schadensersatz des einfachen Lizenznehmers, GRUR 1938, S. 148 ff. [S. 151]), was ja auch daraus erhellt, daß in diesem Falle der Patentinhaber selbst ein Verbietungsrecht behält (vgl. *Reimer*, Anm. 65 zu § 9 PatG). Der Unterlassungsanspruch des Lizenznehmers kann also nur in seiner eigenen Person, dann aber als solcher sowohl bei der ausschließlichen *wie* bei der einfachen Lizenz entstehen.

[12]) Oben § 2 III 1 (S. 30 ff.).

die Lizenz in der Tat als ein rein obligatorisches Verhältnis i. S. dessen an, was man heute als „negative“ Lizenz bezeichnet, nämlich als einen Vertrag, durch den sich der Patentinhaber lediglich verpflichtete, von seinem sich aus dem Recht ergebenden Unterlassungs- und Schadensersatzanspruch gegen anderweite Verwertung der Erfindung keinen Gebrauch zu machen[13]).

Daß derart die *schuldrechtliche* Sicht im Vordergrund stand, nimmt nicht wunder, wenn man sich vergegenwärtigt, daß das Immaterialgüterrecht damals ein junges Rechtsgebiet war, in dem sich der Gesetzgeber naturgemäß zurückhielt und die Entwicklung dogmatischer Vorstellungen Rechtsprechung und Rechtslehre überließ: Für diese lag nichts näher, als die Entwicklung am Vertragsrecht zu orientieren, nachdem sich seit der Zeit des Naturrechts der Grundsatz der vertraglichen Inhaltsfreiheit durchgesetzt hatte[14]), während im Sachenrecht die Tendenz umgekehrt zum, durch das BGB dann allgemein eingeführten, numerus clausus ging[15]).

Dennoch hat man ausgangs des 19. Jahrhunderts begonnen, die Lizenz auch sachenrechtlich zu sehen. So zog *Kohler* wohl als erster in seinem 1878 erschienen Deutschen Patentrecht für die Lizenz eine Parallele zu den Servituten des Sachenrechts[16]) und hob *Bolze* in seiner außerordentlich ertragreichen Abhandlung „Übertragung der Ausübung eines Patentrechts“[17]) aus den Jahren 1894/95 die ausschließliche, aber auch die einfache Lizenz von dem rein obligatorischen Anspruch auf Nichtausübung des Verbietungsrechts ab, indem er sie mit Wege- und Fischereirechten verglich.

Die Ursachen dieser Neuorientierung im Verständnis der Lizenz, die ja für die ausschließliche Lizenz heute allgemeine Meinung ist, lassen sich naturgemäß nur vermuten. Zwei Überlegungen drängen sich freilich auf: Das Immaterialgüterrecht hat die wesentlichen Impulse für seine Entwicklung aus dem Gedanken des *„geistigen Eigentums“* i. S. der Herrschaft über ein unkörperliches Gut gewonnen[18]). Mag diese naturrechtlich fundierte Assoziation in erster Linie auch als materiale Begründung für die Verrechtlichung der Immaterialgüter überhaupt gedacht gewesen sein, so gibt sie doch zugleich auch die *Form* an, in der man diese Verrechtlichung für durchführbar hielt: als ein dem Eigentum an Sachen ähnliches Herrschaftsrecht. Man kann sich deshalb auch beschränkte Rechte an unkörperlichen Gegenständen nach der Art von „Eigentumssplittern“ vorstellen, die damit nicht obligatorischen, sondern dinglichen Rechten gleichen.

Die zweite, damit in Zusammenhang stehende Überlegung knüpft an die Wirkung der Lizenz gegen den Rechtsnachfolger an. Will man diese nicht aus einer Analogie zu § 571 BGB herleiten, was — wie gegenüber *Reimer*[19])

---

[13]) Nachweise dazu bei *Dumme-Lutter*, Das Deutsche Patentrecht, S. 490.

[14]) Vgl. etwa *Blomeyer*, Schuldrecht, § 18 I 2 (S. 74) und *Raiser*, Vertragsfreiheit heute, JZ 1958, S. 1 ff. (S. 1 f.) mit weiteren Nachweisen.

[15]) Vgl. dazu etwa *Planck-Strecker*, Kommentar zum Sachenrecht, Vorbem. vor §§ 854 ff. Anm. II 2 a.

[16]) S. 157 (zitiert nach *Munk*, Die Patentrechtliche Lizenz, S. 20); vgl. auch *Kohler*, Handbuch des Deutschen Patentrechts, § 201 (S. 508).

[17]) Gruchots Beiträge 38 (1894) S. 75 ff. und 39 (1895) S. 1 ff.

[18]) Vom „geistigen Eigentum“ spricht heute noch BGHZ 17, 266 (278).

[19]) AaO. Anm. 7 zu § 9 PatG.

betont werden muß — angesichts des besonderen sozialen Zwecks der Ausnahmevorschrift des § 571 BGB äußerst zweifelhaft ist, so ist sie bei einem obligatorischen Verständnis der Lizenz nur denkbar als eine zwischen Rechtsinhaber und Lizenznehmer getroffene Abrede des Inhalts, daß der erstere über das Recht nur verfügen darf, wenn dabei das Recht des letzteren erhalten bleibt. Eine solche Abrede aber wäre als rechtsgeschäftliches Verfügungsverbot gemäß § 137 S. 1 BGB unwirksam[20]).

Diese Schwierigkeit, der nur obligatorisch verstandenen Lizenz die Wirkung gegen den Rechtsnachfolger zu verschaffen, war in der Zeit der Beratungen des BGB eher noch größer, weil einerseits der heute in § 137 BGB niedergelegte Grundsatz der Unwirksamkeit vertraglicher Verfügungsbeschränkungen nach gemeinem Recht und im Bereich des Sächs. BGB auch schon damals galt[21]) und andererseits jedenfalls bis zu den Beratungen der II. Kommission nicht abzusehen war, daß eine Vorschrift nach Art des § 571 BGB Eingang in das BGB finden würde. So konnte und kann man die angesichts der wachsenden wirtschaftlichen Bedeutung der Lizenz notwendige

---

[20]) Ihr kann auch nicht etwa auf dem Umweg über die §§ 413, 399 BGB zur Wirksamkeit verholfen werden, wie das *v. Staudinger-Coing*, Kommentar zum BGB, Anm. 10 zu § 137 anzunehmen scheinen: Bei dem in § 399 BGB geregelten Ausschluß der Abtretbarkeit einer Forderung handelt es sich in Wahrheit nicht um eine rechtsgeschäftliche Beschränkung der Verfügungsbefugnis und damit um eine in Vollzug des § 413 BGB auf andere Rechte anwendbare Ausnahme von § 137 BGB sondern um die Inhaltsbestimmung der Forderung selbst, die zu einer nichtabtretbaren gemacht wird (vgl. *Flume*, Allg. Teil Bd. 2 § 17, 7 [S. 363]; *Soergel-Hefermehl*, Kommentar zum BGB, Anm. 3 zu § 137). Die Inhaltsbestimmung durch Vertrag ist aber nur dort möglich, wo eine Rechtsbeziehung zwischen zwei Personen besteht, also ein „Schuldner", mit dem eine Vereinbarung nach § 399 BGB getroffen werden kann, überhaupt vorhanden ist. Daran fehlt es bei den den relativen Rechten nicht zugehörigen Immaterialgüterrechten (vgl. für das Recht an einem Gebrauchsmuster RGZ 127, 197 [205]).
Daß die §§ 413, 399 2. Alt. BGB im Unterschied zur Lizenz, bei der man Lizenzgeber und Lizenznehmer dem Schuldner und dem Gläubiger einer Forderung vergleichen mag, auf die Immaterialgüterrechte *selbst* nicht angewandt werden können, bestätigt auch *Raible* in seinem jetzt erschienenen Buch über die „Vertragliche Beschränkung der Übertragung von Rechten" (S. 212 f.). Wenn *Raible*, ohne sich allerdings letztlich festzulegen, dennoch dazu neigt, die einfache Lizenz als „ein sich auch gegen den Rechtsnachfolger richtendes Forderungsrecht auf Unterlassen der Nutzungsverbietung" zu betrachten (S. 213), so beruht das wohl darauf, daß er unter den Fällen vertraglicher Verfügungsbeschränkungen die Abrede, daß eine Lizenz gegen den Rechtsnachfolger in das Immaterialgüterrecht wirken solle, nicht mit im Blick hat (vgl. die Fallgruppenbildung auf den S. 2 ff.).

[21]) Vgl. zur Vorgeschichte des aus § 796 des Entw. 1. Lesung hervorgegangenen § 137 BGB die Motive bei *Mugdan* Bd. III, S. 42 und etwa *Schott*, Über Veräußerungsverbote und Resolutivbedingungen im bürgerlichen Recht, Festgabe für Dahn (1905), III. Teil, S. 305 ff., S. 309 ff. Daß die Vorschrift ursprünglich im Sachenrecht stand und erst in der II. Kommission (vgl. Prot. bei *Mugdan* Bd. III, S. 500 f.) als für alle veräußerlichen Rechte sinnvoll in den Allg. Teil übernommen wurde, zeigt nur, daß dieser Grundsatz sich voll erst herauszubilden begann und macht damit verständlich, daß man die Frage der Verfügungsbeschränkung nicht von vornherein als Argument für die sachenrechtliche Schau der Lizenz verwendet hat.

Wirkung gegen den Rechtsnachfolger nur dann auf sichere Füße stellen, wenn man in sachenrechtliche Figuren, denen die Wirkung gegen den Rechtsnachfolger ja eigentümlich ist, umdenkt[22]).

Die zweite Überlegung spricht wohl unmittelbar dafür, auch in der einfachen Lizenz ein gegenständliches Recht zu sehen, das vom „Mutterrecht" abgespalten ist; denn der Sukzessionsschutz ist gerade die allgemein anerkannte Wirkung, durch die sich die einfache von der negativen Lizenz unterscheidet. Sieht man näher hin, so führt aber auch die erste Überlegung zu dem gleichen Schluß: *Nicht* die *Ausschließlichkeit*, sondern die Vorstellung der *Abspaltung eines Rechtssplitters überhaupt* begründet die Verwandtschaft zum dinglichen Recht. Auch unter den beschränkt-dinglichen Nutzungsrechten an Sachen ist ja die in dem Sinne „einfache" Berechtigung, daß weitere Berechtigungen gleichen Inhalts nicht ausgeschlossen sind, die *eine* und die ausschließliche Berechtigung nur die *andere* von zwei möglichen Formen. Das tritt dort im Unterschied zu den Immaterialgüterrechten freilich um deswillen nicht so deutlich hervor, weil die Nutzung einer körperlichen Sache nicht beliebig vervielfältigt werden kann, sondern an die Substanz gebunden ist. Deswegen ist etwa der Nießbrauch nach dem Wortlaut des § 1030 BGB als Recht zur alleinigen Nutzung der Sache konzipiert, woran auch die Möglichkeit der Beschränkung auf einzelne Nutzungs*formen* in § 1030 II BGB (die insoweit an die beschränkte Lizenz erinnert) nichts ändert. Aber anders liegen die Dinge bei den Dienstbarkeiten. Das Recht, ein Grundstück in bestimmten Beziehungen zu benutzen, etwa darüber zu gehen oder zu fahren, oder — ein heute praktisch häufiger Fall — dort ein Gewerbe, z. B. eine Tankstelle, zu betreiben, schließt nicht aus, daß andere an dem Grundstück das gleiche Recht eingeräumt bekommen, also mehrere Nutzungsrechte gleichen Inhalts bestehen. Erst eine besondere Ausgestaltung, die sich zunutze macht, daß Inhalt der Dienstbarkeit nach §§ 1018, 1090 BGB auch ein „non facere" sein kann, und dem jeweiligen Grundstückseigentümer verbietet, gleiche Handlungen wie der Inhaber der Dienstbarkeit vorzunehmen, was dann auch gegenüber Rechtsnachfolgern, etwa Inhabern später bestellter und damit rangschlechterer Dienstbarkeiten wirkt, kann die Dienstbarkeit zum der ausschließlichen Lizenz vergleichbaren *ausschließlichen* Recht machen.

---

[22]) Eine solche sachenrechtliche Vorstellung scheint mir letztlich auch der (sich mit der oben unter 2 behandelten Auffassung *Hubmanns* berührenden) Meinung von *Lichtenstein* zugrunde zu liegen, nach der der Lizenzvertrag unmittelbar nur bewirke, daß die von der Willenserklärung der Parteien gefaßten und umschriebenen Benutzungshandlungen nicht Verletzungen, sondern rechtmäßige Benutzung des Vertragsschutzrechtes sind, er also lediglich die Rechtswidrigkeit des Eingriffs beseitige, aber nichts darüber sage, ob dem Lizenznehmer ein dingliches oder obligatorisches Nutzungsrecht eingeräumt werde (*Lichtenstein*, Der Lizenzvertrag im engeren Sinne, NJW 1965, S. 1839 ff.): Daß die Rechtfertigung des Eingriffs auch gegen den Rechtsnachfolger wirkt, kann, wie *Lichtenstein* richtig erkennt (aaO. S. 1843), nur damit erklärt werden, daß die Befugnisse, die der Patentinhaber an seinen Rechtsnachfolger weitergibt, durch den Lizenzvertrag schon *beschränkt* sind — womit man doch bei einer *Verfügung* zugunsten des Lizenznehmers landet, mag diese sich nach der Vorstellung *Lichtensteins* auch nur auf die Verbotswirkung erstrecken. Treffend insoweit *Lüdecke*, Zur rechtlichen Natur der Lizenz, NJW 1966, S. 815 ff. (S. 817).

Dennoch hegt niemand Zweifel, daß auch die nicht in diesem Sinne ausschließliche Dienstbarkeit ein dingliches, am Grundstück bestehendes und damit von bloßen obligatorischen Ansprüchen zu unterscheidendes Recht ist. Ein weiteres Beispiel, auf das *Bolze* aaO. hingewiesen hat, ist das Fischereirecht, das sowohl als „ausschließliches" wie als „einfaches", Nebenrechte zulassendes, Nutzungsrecht konzipiert sein, aber doch von bloßen obligatorischen Ansprüchen unterschieden werden kann[23]).

Im gleichen Sinne aber sind die beiden Formen der Lizenz dingliche oder quasi-dingliche Rechte. Der Unterschied ist lediglich der, daß infolge der größeren Möglichkeit der Vervielfältigung der Nutzungsrechte die einfache Berechtigung auch praktisch ebenso häufig vorkommt wie die ausschließliche.

Strenggenommen fällt die einfache Lizenz also aus dem Rahmen unserer Untersuchung, die ja den relativen, also Rechtsbeziehungen von Person zu Person herstellenden Rechten gewidmet ist, heraus. Die Frage ihres Deliktsschutzes hier weiterzuverfolgen, ist dennoch gerechtfertigt — nicht allein deshalb, weil sie nun einmal von den meisten als relatives Recht angesehen zu werden pflegt, sondern vor allem, weil nach unserer Auffassung der gegen das Recht gerichtete Eingriff stets die deliktische Haftung begründet, so daß uns zur Erprobung dieser Auffassung auch jedes Recht dienen kann, bei dem die Frage des Deliktsschutzes von Bedeutung ist.

II. Der Eingriff in die einfache Lizenz

Mit der Erkenntnis, daß die einfache Lizenz ebenso wie die ausschließliche ein den dinglichen Rechten vergleichbares positives Nutzungsrecht an dem betreffenden Immaterialgut ist, haben wir die Grundlage für die Beurteilung der Frage gewonnen, welche Handlungen deliktische Ansprüche des einfachen Lizenznehmers auszulösen vermögen: Sie müssen gegen diese, sich aus der Lizenz ergebende positive Benutzungsbefugnis gerichtet sein, d. h. entweder subjektiv solche Beeinträchtigung bezwecken oder ihrem objektiven Bild nach als auf diese gerichtet erscheinen.

Zugleich steht unsere Auffassung damit aber auch vor dem ersten Einwand: Es fragt sich, ob eine unbefugte Verwertung des Immaterialgutes, wenn sie nicht gerade auf die Beeinträchtigung eines bestimmten Lizenznehmers zielt, überhaupt als Eingriff in bestehende einfache Lizenzen aufgefaßt werden kann oder ob nicht das mögliche Nebeneinander mehrerer einfacher Lizenzen eine solche Feststellung ausschließt. In diese Richtung zielt, wie mir

---

[23]) Angesichts dieser möglichen Parallelen vermag ich *Lichtenstein* nicht zuzustimmen, wenn er (aaO. S. 1841 f.) um der Harmonie des Lizenzrechts mit dem unserer Rechtsordnung eigenen System des Sachenrechts und Schuldrechts willen den Kreis der dinglichen Lizenzen auf die nach § 1068 II in Vbdg. mit § 1030 I und II BGB möglichen Fälle des Nießbrauchs beschränkt. Es muß möglich sein, auf dem Felde des Immaterialgüterrechts jedenfalls auch *die* Formen von Nutzungsrechten zu entwickeln, die es in anderen Bereichen, wie im Sachenrecht und bei den Aneignungsrechten gibt. Wie hier wiederum *Lüdecke* aaO. S. 815 f.

scheint, das Reichsgericht, wenn es in der grundlegenden Entscheidung vom 17. 9. 1913 gegen den Deliktsschutz der einfachen Lizenz vorbringt[24]), die Patentverletzer griffen in das Patent ein, nicht in die gewöhnlichen Lizenzrechte; daß die Erwerbsverhältnisse der gewöhnlichen Lizenznehmer durch diese Eingriffe beeinflußt werden könnten, sei zwar unbestreitbar; dies genüge jedoch nicht zur Begründung eines selbständigen Klagerechts der Lizenznehmer gegen die Patentverletzer. Offenbar sieht das Reichsgericht das Patentrecht als gegenüber der einfachen Lizenz so im Vordergrund stehend an, daß ihm die unbefugte Verwertung der Erfindung nur als Verletzung der ersteren, nicht auch der letzteren erscheinen will.

Unsere Auffassung bedarf hier in der Tat der Präzisierung. Wir haben darauf abgestellt[25]), daß es in aller Regel die unbefugte Rechtsausübung, das Aufspielen als Inhaber eines fremden Rechtes ist, die das objektive Bild der Richtung der Handlung gegen das Recht hervorruft. Dabei haben wir gerade unter den Immaterialgüterrechten nur solche im Auge gehabt, bei denen der Verletzte *allein* zur Ausübung befugt ist, so daß kein Zweifel an der Beeinträchtigung seines Rechts aufkommen konnte. Nun stehen wir vor der Situation, daß an dem Immaterialgut, dessen unbefugte Nutzung deliktsrechtlich geahndet werden soll, viele nebeneinander berechtigt sind und demzufolge auch benachteiligt werden können. Die Frage ist also: Liegt in der unbefugten Nutzung des Immaterialgutes die Ausübung nur der Befugnisse des ursprünglichen Rechts- (etwa Patent-)inhabers und eines etwaigen ausschließlichen Lizenznehmers oder aber auch derjenigen etwaiger einfacher Lizenznehmer? Zwei Erwägungen scheinen mir zu einer Antwort im letzteren Sinne zu drängen:

Die erste knüpft an das an, was wir über die Rechtsnatur der einfachen Lizenz festgestellt haben: Ist sie nämlich ein *„Splitter"* des Immaterialgüterrechts, vergleichbar den beschränkt-dinglichen Rechten an einer Sache, so muß die unbefugte Ausübung der aus dem Immaterialgüterrecht fließenden Befugnisse, wenn sie nicht gerade speziell gegen einen bestimmten Rechtsinhaber gerichtet ist, notwendig *auch* Ausübung aller Splitter-Nutzungsrechte sein. Diese sind ebenso betroffen wie der beim Rechtsinhaber verbleibende Rest des Immaterialgüterrechts oder die (nach der einfachen Lizenz bestellte und diese deshalb unberührt lassende) ausschließliche Lizenz. Es liegt bei einer solchen Aufteilung des Immaterialgüterrechts im ganzen nicht anders als bei der nicht „ausschließlichen", gleiche Nebenrechte zulassenden, Dienstbarkeit, der noch niemand den Deliktsschutz hat versagen wollen.

Mit dem Ergebnis dieser rechtsdogmatischen Überlegung stimmt die *Wertung der Interessenlage* überein. Wenn das Reichsgericht davon spricht, „eine Beeinflussung der Erwerbsverhältnisse" der gewöhnlichen Lizenznehmer sei nicht zu bestreiten, so läßt diese Formulierung das dingliche Interesse des einfachen Lizenznehmers, einen Verletzer auf Unterlassung in Anspruch nehmen und gegebenenfalls Schadensersatz erlangen zu können, nicht genügend deutlich werden.

---

[24]) RGZ 83, 93 (96 unten).
[25]) Vgl. oben § 6 I (S. 77 ff.).

Schon *Bolze* hat das in seiner erwähnten Abhandlung klar gesehen. Er knüpft[26]) daran an, daß die Rechtsprechung des Reichsgerichts wohl einerseits dem nicht ausschließlich Wegeberechtigten den Schadensersatz versagt, diesen aber andererseits dem nicht ausschließlich Fischereiberechtigten zuerkannt habe, und vergleicht die einfache Lizenz mit diesen Fällen: Es komme, so meint er, alles darauf an, ob durch das, was sich als Ausübung eines konkurrierenden Rechts darstelle, ein Recht des jeweiligen Klägers verletzt werde. Nun lasse sich für die Regel annehmen, daß das Recht des Wegeberechtigten dadurch, daß ein Dritter auch dort gehe, weder gestört noch verletzt werde. Aber die Fische in einem Binnengewässer würden dadurch weniger, daß außer dem Berechtigten noch andere Nichtberechtigte fischten. Und jedenfalls würden die zum Kauf angebotenen Fische billiger. Deshalb liege es in der Natur der Sache, daß ein Dritter, der kein Fischereirecht habe, das Recht des Fischereiberechtigten verletze, wenn er da, wo dieser, wenn schon nicht ausschließlich, zu fischen berechtigt sei, Fische fange. Aus der Beschränktheit der Nutzung, welche durch den Gegenstand gegeben sei, ergebe sich die nicht zu vermeidende Konsequenz, daß durch die Konkurrenz auch das Nutzungsrecht verletzt sei. Eben das aber sei bei Ausübung des Gewerbes der Fall. Jeder Konkurrent drücke den Preis und nehme Kundschaft weg. Deshalb erscheine auch die gewerbliche Benutzung einer Erfindung durch einen Nichtberechtigten als eine Verletzung des Rechts, welches durch eine dingliche Lizenz auf die Benutzung in demselben örtlichen Bezirke erwachsen sei. So wenig in dem vom Reichsgericht abgeurteilten Falle das Untersagungsrecht des Fischereiberechtigten dem Nichtberechtigten gegenüber als dadurch ausgeschlossen erachtet werde, daß der Fischereiberechtigte dem Staate, von welchem er sein Recht ableitete, und denjenigen gegenüber, welchen der Staat später weitere Fischereiberechtigungen einräumte, kein Untersagungsrecht hatte, so wenig könne die dem Lizenzgeber verbliebene Möglichkeit eigener Benutzung und weiterer Lizenzerteilung dem Lizenz*nehmer* die Klage auf Unterlassung und Schadensersatz gegen den nun einmal Nichtberechtigten rauben.

Ähnlich verweist *Isay*[27]) darauf, daß der Verletzer nach der Natur der Sache vor dem Lizenzträger stets einen beträchtlichen Vorsprung habe: Er zahle für die Benutzung der Erfindung keine Gebühr, so daß seine Generalkosten niedriger seien als die des Lizenzträgers. Dieser wiederum sei häufig einer Kontrolle des Patentinhabers unterworfen oder dürfe die patentierten Gegenstände nicht unter einem angemessenen Mindestpreis verkaufen, wogegen der Verletzer durch solche Schranken nicht behindert sei. Mitunter werde es auch vorkommen, daß der Lizenzträger noch kostspielige Versuche habe anstellen müssen, bis er die günstigste Ausführungsform der Erfindung entdeckt habe, während der Verletzer die Erfindung schon in vollendeter Gestalt vorgefunden habe. Oder der Lizenzträger habe in den ersten Jahren mit Verlust gearbeitet, bis das Publikum an die Neuheit gewöhnt war, und müsse diesen Verlust jetzt einbringen, während der Verletzer vielleicht schon bei

---

[26]) Gruchots Beitr. 39, S. 10 ff.
[27]) Der Rechtsschutz des Lizenzträgers, GRUR 1909, S. 58 ff. (S. 60).

Beginn seines Betriebes einen aufnahmefähigen Markt vorgefunden habe. Gehe man davon aus, daß der Patentinhaber selbst gegen die Verletzung oft nicht einschreiten werde, sei es, weil er den Antrag auf Nichtigerklärung des Patents von seiten des Verletzers oder Zeitverlust und Widerwärtigkeiten einer Klage scheue, oder besorge, vom Gegner die Prozeßkosten nicht beitreiben zu können, so sei das Bedürfnis nach einem Schutz des einfachen Lizenznehmers unabweisbar.

Während sich aber *Bolze* mit dieser Herausstellung der Interessenlage begnügt, vertieft *Isay* seine Erwägungen noch: Er stellt in Frage[28]), ob die durch die unbefugte Nutzung der Erfindung dem Lizenzträger entzogenen Vorteile solche sind, die mit der Lizenz ihrer Bestimmung gemäß verbunden seien, oder solche, welche bloß zufällig und nebenbei aus der Lizenz folgten. Nur im ersteren Falle könne man von einer Verletzung des Rechts des Lizenzträgers sprechen. Damit hat *Isay* für den Schutz der einfachen Lizenz im Grunde das Problem vorweggenommen, welches man heute ins allgemeine gewendet unter dem Stichwort des *„Rechtswidrigkeitszusammenhangs"* behandelt und das auch uns oben[29]) schon mit dazu gedient hat, die Möglichkeit einer Relativierung des Deliktsschutzes entsprechend der Verschiedenheit der jeweils betroffenen Rechte zu begründen: ob nämlich der Normzweck des § 823 I BGB (dem die Schadensersatznormen des Immaterialgüterrechts insoweit gleichgestellt werden können) die in Frage stehende Form der Beeinträchtigung erfaßt.

Wir haben an der eben erwähnten Stelle gesehen, daß der Normzweck einer Deliktsvorschrift, die dem Schutz subjektiver Rechte dient, aus den geschützten Rechten selbst erschlossen werden muß, indem man nach dem Schutzbereich fragt, der dem betreffenden Recht im Rahmen der geltenden Sozialordnung zukommt. Die demnach zu stellende Frage nach dem Schutzbereich der einfachen Lizenz aber mündet, darauf weist *Isay* mit vollem Recht hin, ein in die Frage nach den Zwecken, die die *Parteien* des Lizenzvertrages mit der Einräumung der Lizenz verfolgen[30]). Dabei kommen, auch darin ist *Isay* zu folgen, zwei Möglichkeiten in Betracht. Entweder geht es dem Lizenznehmer nur darum, die Erfindung zu benutzen, also einfach den natürlichen Vorteil auszuwerten, den der neue Gedanke bietet. Oder es geht ihm auch darum, an der *Vorzugsstellung*, die der Patentschutz dem an der Erfindung Berechtigten gewährt, teilzuhaben. Ist nur das erstere der Fall, so mag der Lizenzinhaber davon, daß ein anderer die Erfindung ebenfalls benutzt, einen Nachteil haben, aber die Verhinderung dieses Nachteils fällt aus

---

[28]) AaO. S. 61 ff.

[29]) § 4 II 2 (S. 56 f.).

[30]) Wobei man gar nicht so weit gehen muß, mit *Isay* (aaO. S. 62) anzunehmen, § 6 PatG gewähre „jedem logisch und sittlich möglichen Parteiwillen seine Sanktion" und gestatte den Parteien, aus dem Vollinhalt des Patents, dem vollen Rechtsgut der Erfindung, jedes beliebige Teilgut auszuscheiden und zu einem selbständigen Recht zu gestalten: Auch wenn man der Auffassung ist, daß sich der Parteiwillen an bestimmte, dem Katalog der Sachenrechte vergleichbare, in der Zwischenzeit herausgebildete Typen der Lizenz halten müsse, kann gefragt werden, was die Parteien mit der Wahl gerade eines bestimmten Typs, etwa des der einfachen Lizenz, bezwecken.

dem Schutzbereich seiner Lizenz heraus. Ist dagegen das letztere richtig, so sind solche Nachteile eine Beeinträchtigung der Vorzugsstellung, die er sich mit der Lizenz gerade verschaffen wollte.

In aller Regel geht es nun aber dem einfachen Lizenznehmer auch um die Teilhabe an der Vorzugsstellung. *Isay* verweist zum Beweis dafür auf das Phänomen, daß Lizenzen an einem Patent nicht unbeschränkt abzusetzen sind, vielmehr einmal der Punkt erreicht wird, an dem der Markt gesättigt und niemand mehr eine Gebühr für die Benutzung der Erfindung zu zahlen bereit ist, während umgekehrt um so höhere Gebühren bezahlt werden, je weniger weit die Sättigung des Marktes fortgeschritten ist. Diese Erscheinung läßt sich nur so erklären, daß der Lizenznehmer zur Zahlung von Gebühren, die sein Produkt ja mit zusätzlichen Kosten belasten, nur in dem Maße bereit ist, als er sich damit einen Vorsprung vor der Konkurrenz verschaffen kann, die vielleicht eine alte Herstellungsmethode befolgt. Besonders deutlich wird das nach *Isay* an der Überlegung, daß viele Erfindungen ohne die Einräumung der genannten Vorzugsstellung gar nicht in Benutzung genommen werden würden, weil sie erst auf Kosten des Erwerbers ausprobiert und am Markt eingeführt werden müssen. Das könne man sich nur leisten, wenn man nicht gewärtig sein müsse, daß nach getaner Arbeit andere, ohne die Gebühr zu zahlen, den gleichen Gedanken nutzen.

Nun wohnt allerdings dieser Vorzugsstellung beim einfachen Lizenzinhaber die Schwäche inne, daß sie der Rechtsinhaber durch die Erteilung weiterer Lizenzen im Wert mindern und theoretisch sogar ganz zum Verschwinden bringen kann — ein Umstand, welcher offenbar auch das Reichsgericht beeindruckt hat, wenn es meint[31]), Ansprüche gewöhnlicher Lizenznehmer entbehrten im Hinblick auf das Recht des Patentinhabers, weitere Lizenzen ausdrücklich oder stillschweigend zu erteilen, von anfang an aller sicheren Grundlage. Indes: Diese Schwäche mindert den Wert der Vorzugsstellung in der Praxis eben doch nur bis zu einem bestimmten Grad. Denn der Patentinhaber wird neue Lizenzen gegen eine angemessene Lizenzgebühr nur in einem begrenzten Umfang erteilen können, nämlich nur, wenn und solange sich die neuen Lizenznehmer ebenfalls eine Vorzugsstellung versprechen können, die dann aber auch dem älteren einfachen Lizenznehmer bleibt. Anders gewendet: Der Vorzug, den der einfache Lizenznehmer vor den Konkurrenten genießt, wird, wenn er über eine gewisse Marge ansteigt, durch die Erteilung neuer Lizenzen wieder auf eine mittlere Marge zurückgeschraubt, bleibt aber andererseits in dieser Höhe stets erhalten[32]). Zur ungewissen Aussicht wird die Vorzugsstellung nur dann, wenn die Lizenz durch eine Verfügung des Rechtsinhabers (Veräußerung des Patents, Einräumung einer ausschließlichen Lizenz) gänzlich entwertet werden kann. Das aber ist nur bei der negativen Lizenz der Fall, die im Gegensatz zur einfachen Lizenz nicht gegen den Rechtsnachfolger wirkt.

Sprechen so die dogmatische Überlegung wie die Abwägung der Interessen der Beteiligten dafür, auch dem einfachen Lizenznehmer Deliktsschutz

[31]) AaO. S. 95.
[32]) *Isay* aaO. S. 64.

zuzugestehen, so muß sich diese Auffassung doch in ihrer praktischen Durchführbarkeit bewähren, ehe sie endgültig als richtig anerkannt werden kann. Im folgenden müssen daher die hauptsächlichen Folgen solchen Deliktsschutzes, nämlich das Recht auf Schadensersatz und die Befugnis zur Unterlassungsklage, noch näher erörtert werden.

III. Unterlassungsklage und Schadensersatzanspruch des einfachen Lizenznehmers

1. Die Verletzung eines Immaterialgüterrechts pflegt kein einmaliger Akt zu sein, sondern eine fortdauernde Aktion, denn der Verletzer nutzt für gewöhnlich das Immaterialgut in einem laufenden Geschäftsbetrieb und reiht damit eine Verletzungshandlung an die andere. Dem Interesse des Verletzten an der Verhinderung weiterer Eingriffe kommt so oft noch größere Bedeutung zu als dem Schadensersatzinteresse, so daß unter den Schutzmitteln die *Unterlassungsklage* an praktischer Bedeutung oft vor der Schadensersatzklage rangiert. Für die einfache Lizenz gilt nichts anderes. Nicht zu Unrecht haben Literatur und Rechtsprechung in der Auseinandersetzung um den Deliktsschutz der einfachen Lizenz deshalb großes Gewicht auf die Problematik der Unterlassungsklage des einfachen Lizenznehmers gelegt.

Zu Bedenken gibt ihnen dabei hauptsächlich die Lage des angeblichen Patentverletzers Anlaß. Schon das Reichsgericht hat dessen schutzwürdiges Interesse bejaht, nicht von allen einzelnen Inhabern einer gewöhnlichen Lizenz mit Unterlassungsklagen überzogen zu werden[33]), und die herrschende Meinung ist ihm darin gefolgt. Insbesondere *Bueb* hat diesen Gesichtspunkt weiter vertieft[34]). Könne, so meint er, jeder Lizenznehmer selbständig auf Unterlassung klagen, so würde es der angebliche Verletzer in Kauf nehmen müssen, daß er u. U. wegen ein und derselben Verletzungsform von mehreren Lizenznehmern je aus eigenem Recht nebeneinander bei Gericht verklagt werde. Ergingen dann noch widersprechende Entscheidungen, so wisse der angebliche Verletzer überhaupt nicht mehr, was Rechtens sei. Zur Erreichung einer jedenfalls gewissen Klarstellung müsse notwendig in jedem ersten Prozeß wegen einer bestimmten Verletzungsform eine Entscheidung des Reichsgerichts herbeigeführt werden. Die Möglichkeit, sich durch eine negative Feststellungsklage eine allseitig maßgebende Entscheidung über das Vorliegen einer Patentverletzung zu verschaffen, wäre dem etwaigen Verletzer in unerträglicher Weise erschwert. Klage er z. B. gegen den Patentinhaber selbst und gewönne er wirklich den Rechtsstreit, so würde damit für ihn nicht allzuviel erreicht sein. Eine Rechtskraftwirkung gegenüber dem Lizenznehmer bestehe nach den allgemeinen Regeln des Prozeßrechts nicht. Infolgedessen müsse er nicht nur mit *einem* weiteren Rechtsstreit gegen den ausschließlichen Lizenznehmer, sondern mit einer ganzen Reihe weiterer Prozesse wegen stets ein und derselben Ausführungsform rechnen.

---

[33]) RGZ 83, 96.
[34]) Zur Stellung des einfachen Lizenznehmers gegenüber dem Patentverletzer, GRUR 1938, S. 470 ff. (S. 470).

Und in der Tat hat auch *Pinzger*, dessen Abhandlung[35]) der Anlaß für die Stellungnahme *Buebs* war, diese Bedenken nicht ausgeräumt: Sein Vorschlag ist, zwischen dem materiellen Unterlassungsanspruch und der Klagebefugnis zu unterscheiden und die letztere dem einfachen Lizenznehmer zu versagen. *Pinzger* stützt sich dabei auf den Umstand, daß allein der Patentinhaber in die Patentrolle eingetragen wird und, solange eine Änderung in seiner Person nicht eingetragen ist, nach Maßgabe des PatG berechtigt und verpflichtet bleibt[36]). Er meint, daraus schließen zu können, daß das Gesetz die Prozeßführungsbefugnis an die Eintragung in die Rolle knüpfe, es aber andererseits zulässig sei, daß der eingetragene Patentinhaber das Prozeßführungsrecht auf die Lizenznehmer übertrage — was bei der ausschließlichen Lizenz in aller Regel anzunehmen sei, bei der einfachen Lizenz aber nur im Falle ausdrücklicher Vereinbarung.

Aber abgesehen von der Frage, ob mit dieser Auslegung die Bedeutung der Eintragung in die Patentrolle nicht überschätzt wird — das Reichsgericht ist der Auffassung, der ausschließliche Lizenznehmer habe die Klagebefugnis, auch wenn der Patentinhaber, von dem er sein Recht ableitet, nicht in der Rolle eingetragen ist[37]) — schlägt gegen sie der Hinweis von *Bueb* durch, daß auch nach ihr jeder einfache Lizenznehmer seinen *eigenen* Unterlassungsanspruch geltend mache und deshalb nach wie vor zahlreiche Parallelprozesse mit verschiedenen Entscheidungen möglich wären.

Der Versuch *Pinzgers*, des Problems mit einer Trennung von materiellem Unterlassungsanspruch und Klagebefugnis Herr zu werden, bedarf aber noch unter einem anderen Gesichtspunkt der Erörterung. Es ist in der Rechtsdogmatik ja gar nicht ausgemacht, daß der Unterlassungs*klage* überhaupt ein Unterlassungs*anspruch* zugrunde liegt. Seit langem steht der Auffassung, die Unterlassungsklage sei eine Leistungsklage, mit der materiellrechtliche Ansprüche auf Unterlassung geltend gemacht würden, eine andere gegenüber, die besagt, daß es sich bei der Unterlassungsklage um ein von materiellen Ansprüchen unabhängiges rein prozessuales Rechtsschutzmittel handele[38]). Hätte die letztere Auffassung recht, so wäre die Gewährung dieses prozessualen Rechtsschutzes lediglich vom Vorliegen des unter prozessualen Gesichtspunkten zu beurteilenden Rechtsschutzbedürfnisses abhängig[39]), und es scheint der Argumentation der Weg bereitet, das Bedürfnis für einen Schutz durch Unterlassungsklage sei nur bei Patentinhaber und ausschließlichem Lizenznehmer als legitim anzuerkennen, während es Gründe der Prozeßökonomie, vor allem das Streben nach rascher Rechtsklarheit, ver-

---

[35]) GRUR 1938, S. 148 ff.

[36]) § 24 PatG. Wohl kann nach § 25 auch die Einräumung eines ausschließlichen Benutzungsrechts in der Rolle vermerkt werden. Doch wird dabei die Angabe, wem das Recht eingeräumt ist, nicht mit in die Rolle aufgenommen.

[37]) RGZ 89, 81 ff. gegen das KG als Vorinstanz (GRUR 1916, S. 180 f.). Wie das KG auch *Reimer*, aaO. Anm. 63 zu § 9 PatG.

[38]) Für den Stand der Meinungen sei verwiesen auf *Zeuner*, Gedanken zur Unterlassungs- und negativen Feststellungsklage, Festschrift für Dölle I (1963) S. 295 ff. (S. 301 ff.) und *Münzberg*, Bemerkungen zum Haftungsgrund der Unterlassungsklage, JZ 1967, S. 689 ff.

[39]) Vgl. *Zeuner* aaO. S. 303.

böten, auch dem einfachen Lizenznehmer diese Klage zuzubilligen. Damit wäre dann das Bedenken gegen die Auffassung *Pinzgers* ausgeräumt: Der einfache Lizenznehmer könnte vom Patentinhaber allenfalls im Wege gewillkürter Prozeßstandschaft ermächtigt werden, dessen Klage geltend zu machen, nicht aber dazu, seine eigenen Ansprüche einzuklagen, so daß auch Parallelprozesse nicht denkbar wären.

Letztlich ist aber auch diese Überlegung nicht haltbar. Auch diejenigen, die die Unterlassungsklage als ein prozessuales Rechtsschutzmittel ansehen, können doch nicht bestreiten, daß sie, wie *Zeuner* es formuliert hat[40]), der „Klärung und Durchsetzung materieller Rechtslagen dient“: Die Unterlassungsklage habe ich, wenn mir von einem anderen eine Handlung droht, die ein widerrechtlicher Eingriff in mein Recht oder ein Verstoß gegen ein zu meinen Gunsten bestehendes Schutzgesetz wäre. Mit anderen Worten: Ihr liegt die *Verpflichtung* des anderen zugrunde, die rechtswidrige Beeinträchtigung zu unterlassen, und mein *Recht,* diese zu verhindern[41]). Die Rechtsordnung zieht also mit der Eröffnung der Unterlassungsklage nur die Konsequenz aus der materiellen Rechtslage; sie gewährt mir ein Mittel zur Wahrnehmung meiner Rechte. Daraus aber folgt für unseren Zusammenhang: Unter dem prozessualen Gesichtspunkt des Rechtsschutzbedürfnisses kann die Gewährung der Unterlassungsklage nur insoweit beurteilt werden, als es um die Feststellung geht, ob meine Rechte *schon so bedroht sind,* daß ich auch vor Eintreten einer Verletzung Rechtsschutz erhalten muß. Das Rechtsschutzbedürfnis auch von der Art der *materiellen Berechtigung* des Klagenden abhängig zu machen, hieße nichts anderes, als den Betroffenen, der ja nach der materiellen Rechtslage zur Abwehr befugt ist, gegenüber drohenden Eingriffen auf die Selbsthilfe verweisen zu wollen. Das aber wäre eine Verkehrung unseres Rechtsschutzsystems, für die um so weniger spricht, als selbst für die vorläufigen und die materielle Rechtslage deshalb nur kursorisch prüfenden Sicherungsmittel des Arrests und der einstweiligen Verfügung angenommen wird, daß sie zur Sicherung *jedes* Rechts des Antragstellers eingesetzt werden *müssen,* wenn nur dessen Gefährdung derart ist, wie sie das Gesetz in den §§ 916 ff. ZPO voraussetzt[42]).

Wenn wir also einen materiellrechtlichen Deliktsschutz des einfachen Lizenznehmers anerkennen, so führt kein Weg daran vorbei, ihm ebenso wie den Inhabern anderer deliktisch geschützter Rechte auch die Unterlassungsklage zu gewähren. Blickt man dieser Konsequenz aber erst einmal ins Auge, so merkt man, daß sie weder mit so ungewöhnlichen noch mit so unerträglichen Folgen verbunden ist, wie die h. M. glauben machen will:

---

[40]) AaO. S. 307.

[41]) *Zeuner* aaO. S. 305 ff. und — ausgehend von der Meinung, es handle sich bei der Unterlassungsklage um ein prozessuales Gestaltungsmittel — *Larenz,* Schuldrecht, II, § 70 II Anm. 9. auf S. 481 f. Vgl. auch *Münzberg* aaO. S. 691 f., der in der Gewährung der Unterlassungsklage die Klagbarmachung allgemeiner, sonst nicht erzwingbarer Verhaltenspflichten sieht.

[42]) Vgl. dazu K. *Blomeyer,* Arrest und einstweilige Verfügung, ZZP 65 (1952), S. 52 ff., der sich (S. 55) gegen die Meinung wendet, daß es hier kein Recht der Partei auf eine bestimmte Entscheidung gebe und alles auf eine freie Abwägung der Interessen der Beteiligten ankomme.

Zunächst ist wiederum zu bedenken, daß der Rechtsinhaber auch für einfache Lizenzen immer nur eine begrenzte Zahl von Interessenten am Markt finden kann, so daß deren Zahl sich jedenfalls nicht in völlig anderen Größenordnungen bewegen wird, wie sie entstehen, wenn ein Rechtsinhaber nur ausschließliche Lizenzen vergibt, diese aber nach allen zulässigen Gesichtspunkten (Zeitdauer, Gebiet, Nutzungsart) aufteilt. Muß man sich hier mit der Möglichkeit verschiedener nebeneinander erhobener Unterlassungsklagen abfinden, so kann man es auch dort tun.

Vor allem aber ist die Gefahr divergierender Entscheidungen in den danach noch möglichen Parallelprozessen keineswegs so groß wie man anzunehmen geneigt ist. Nicht erst der Bundesgerichtshof kann für eine einheitliche Rechtsprechung sorgen. Vielmehr sind für die Unterlassungsklagen der verschiedenen einfachen Lizenznehmer in aller Regel die gleichen Gerichtsstände gegeben und kann umgekehrt der angebliche Patentverletzer jedenfalls die negative Feststellungsklage gegen alle angeblich Verletzten im selben Gerichtsstand erheben.

Daß für die Unterlassungsklagen der Verletzten sowohl der allgemeine Gerichtsstand des angeblichen Patentverletzers, also sein Wohnsitz (§ 12 ZPO) oder bei Gesellschaften deren Sitz (§ 17 ZPO), als auch der besondere Gerichtsstand der Niederlassung (§ 21 ZPO) jeweils der gleiche ist, bedarf keiner näheren Begründung. Das gilt aber auch für den weiter in Betracht kommenden Gerichtsstand der unerlaubten Handlung (§ 32 ZPO). Dieser ist dort begründet, wo ein Stück des Tatbestands der unerlaubten Handlung verwirklicht ist[43]). Das aber ist bei Verletzung der einfachen Lizenz nur der Ort, wo der Verletzer das Immaterialgut unbefugt in Benutzung nimmt: Da der einfache Lizenznehmer keine Unterlizenzen zu vergeben hat, ist es nicht möglich, die Verletzung auch in der Unterlassung der Einholung einer Lizenz zu sehen[44]). Und ebensowenig kann als sog. „Erfolgsort" der Sitz des Gewerbebetriebs des verletzten Lizenznehmers angesehen werden; denn es geht nicht um eine Verletzung seines Gewerbebetriebs (bei dem der endgültige Schaden eintreten mag)[45]), sondern um die Verletzung der Lizenz, die als Immaterialgut nicht örtlich fixiert werden kann, vielmehr eben dort, wo sie unbefugt genutzt wird, auch verletzt wird, so daß Tat- und Erfolgsort zusammenfallen. Auch der Gerichtsstand der unerlaubten Handlung ist also für alle einfachen Lizenznehmer der gleiche, so daß sich die Gefahr divergierender Entscheidungen auf die Fälle reduziert, in denen die Gerichtsstände der §§ 12 bzw. 17, 21 und 32 ZPO auseinanderfallen und in denen verschiedene Kammern oder Senate desselben Gerichts verschiedene Urteile fällen,

---

43) Vgl. BGH LM Nr. 5 zu § 32 ZPO.

44) Wie das *Bötticher*, Gutachten über die Frage, ob für Klagen der GEMA wegen Urheberrechtsverletzungen der Gerichtsstand des § 32 ZPO auch am Sitz der GEMA begründet ist, abgedruckt bei Schulze, Recht und Unrecht, eine Studie zur Urheberrechtsreform, S. 220 (S. 225 ff.) und ihm folgend *Baumbach-Lauterbach*, Kommentar, Anm. 3 zu § 32 ZPO bei Immaterialgüterrechten für möglich halten.

45) Was der ganz h. M. nach zur Begründung des Gerichtsstandes des § 32 ZPO nicht genügt. Vgl. OLG Karlsruhe MDR 1960, S. 56 f. mit Nachweisen der Literatur; ebenso mit eingehender Begründung *Bötticher* aaO. S. 222 ff.

was kaum eintreten wird, zumal die Streitigkeiten aus Immaterialgüterrechten bei wenigen Kammern und Senaten konzentriert zu sein pflegen[46]). Die allenfalls verbleibende geringe Gefahr divergierender Entscheidungen muß man hinnehmen. Sie hat ihren Grund darin, daß der Zivilprozeß (von der Ausnahme des § 856 III — V ZPO abgesehen) im Unterschied etwa zum Verwaltungsgerichtsverfahren (vgl. §§ 65, 121 VwGO) *keine Beiladung* in dem Sinne kennt, daß Dritte aufgefordert werden, dem Rechtsstreit auf der Seite des Prozeß*gegners* beizutreten[47]), und ein Urteil dann ihnen gegenüber Rechtskraftwirkung erlangt.

Will auf der anderen Seite der angebliche Verletzer eine negative Feststellungsklage des Inhalts erheben, daß er durch seine Handlung nicht in die Rechte einfacher Lizenznehmer eingreife, so kann er diese sogar stets bei *einem* Gericht konzentrieren: Man ist sich einig darüber — und der Gesichtspunkt der Sachnähe des Gerichts, der den besonderen Gerichtsstand des § 32 ZPO trägt, bestätigt das —, daß auch die negative Feststellungsklage des angeblich unerlaubt Handelnden im Gerichtsstand der unerlaubten Handlung erhoben werden kann[48]), so daß der angebliche Verletzer alle negativen Feststellungsklagen bei dem Gericht erheben kann, in dessen Bezirk er angeblich das Immaterialgut unbefugt genutzt hat[49]).

Inwieweit der Gerichtsstand des § 32 ZPO für ein Unterlassungsbegehren und damit auch für die gegen dieses gerichtete negative Feststellungsklage in Betracht kommt, ist freilich nicht unbestritten. Das Reichsgericht beschränkte die Anwendung auf sog. „repressive" Unterlassungsbegehren, die Fälle also, in denen eine rechtswidrige *und* schuldhafte unerlaubte Handlung bereits begangen und weitere solche Handlungen zu befürchten waren[50]). Demgegenüber neigt die Rechtsprechung heute dazu, es auch für den Gerichtsstand des § 32 ZPO genügen zu lassen, daß ein i. S. des § 823 I BGB rechtswidriger Eingriff so unmittelbar bevorsteht, daß die Voraussetzungen für eine vor-

---

[46]) Vgl. auch § 51 II PatG, der den Landesregierungen gestattet, Patentstreitsachen durch Rechtsverordnung für die Bezirke mehrerer Landgerichte einem von diesen zuzuweisen; entsprechende Regelungen enthalten § 32 WZG und § 105 UrhG.

[47]) Anders, wo der Dritte aufgefordert werden soll, dem Rechtsstreit auf der Seite des Auffordernden beizutreten: Das ist der Fall der in den §§ 72 ff. ZPO geregelten Streitverkündung.

[48]) OLG Celle, SeuffArch 70 Nr. 203 (S. 374 ff.); auch OLG Stuttgart, SeuffArch 63 Nr. 121 (S. 207 ff.). Zustimmend *Stein—Jonas—Pohle*, Kommentar zur ZPO, Anm. III 2 zu § 32.

[49]) Ob dies für die dem angeblichen Schutzrechtsverletzer auch zustehende Klage auf Unterlassung unberechtigter Schutzrechtsverwarnung ebenfalls gilt, ist zweifelhaft: Wenn man mit der vorliegenden Untersuchung ein Recht am Gewerbebetrieb ablehnt, bleibt, da auch ein anderes Recht des angeblichen Verletzers als beeinträchtigt nicht in Betracht kommt, nur die Verletzung der nach § 823 II BGB als Schutzgesetz zu behandelnden Institution geordneten Wettbewerbs (vgl. dazu oben § 9 II, S. 126 ff.). Ob diese aber auch dort geschieht, wo der durch das Schutzgesetz Begünstigte seinen Gewerbebetrieb hat, oder ob dort nur der Schaden eintritt, kann ohne eine nähere Stellungnahme zur Verwarnungsklage, für die hier Raum und Notwendigkeit fehlen, nicht entschieden werden.

[50]) RGZ 78, 256 ff.; RGZ 95, 268 ff.; ihm folgend *Stein—Jonas—Pohle*, Anm. III 1 zu § 32.

beugende Unterlassungsklage gegeben sind[51]). Selbst wenn man sich aber der engeren Auffassung anschließt, ist für das Gros der Fälle negativer Feststellungsklagen des angeblichen Patentverletzers doch der Gerichtsstand des § 32 ZPO gegeben. Denn in der Regel wird er keinen Anlaß zur Erhebung negativer Feststellungsklagen haben, bevor ihm nicht eine rechtswidrige und dann meist auch schuldhafte Verletzung des Immaterialgüterrechts und der Lizenzen zur Last gelegt wird.

Schließlich bleibt dem angeblichen Verletzer aber auch dort, wo der Gerichtsstand des § 32 ZPO nicht gegeben sein sollte, gemäß § 36 Nr. 3 ZPO immer noch die Möglichkeit, für negative Feststellungsklagen oder Klagen auf Unterlassung unberechtigter Schutzrechtsverwarnung gegen mehrere einfache Lizenznehmer aus deren allgemeinen Gerichtsständen *ein* zuständiges Gericht durch das im Rechtszug zunächst höhere Gericht bestimmen zu lassen: Sowohl bei der im Wege der negativen Feststellungsklage zur Entscheidung gestellten Unterlassungsverpflichtung des angeblichen Verletzers, wie bei dem Unterlassungsbegehren wegen unberechtigter Schutzrechtsverwarnung geht es gegenüber *allen* einfachen Lizenznehmern um die *gleiche* angebliche Schutzrechtsverletzung. Die Ansprüche bzw. Verpflichtungen, um die es geht, beruhen also „auf einem im wesentlichen gleichartigen tatsächlichen und rechtlichen Grunde", so daß alle einfachen Lizenznehmer als Streitgenossen verklagt werden können (§ 60 ZPO).

2. Gegen die Gewährung eines *Schadensersatzanspruchs* an den einfachen Lizenznehmer bringt man vor allem vor, in der Praxis seien Schwierigkeiten davon zu erwarten, daß als Geschädigte regelmäßig alle Nutzungsberechtigten (und zwar, wie ergänzt werden kann, einschließlich des Rechtsinhabers) in Betracht zu ziehen seien und deshalb der Umfang des dem einzelnen Lizenznehmer erwachsenen Schadens nicht sicher abgegrenzt werden könne[52]). Will man diese Befürchtung widerlegen, so muß man die besondere Schwierigkeit im Auge haben, die sich daraus ergibt, daß dem Inhaber eines Immaterialgüterrechts im Falle der Verletzung drei Arten der Schadensberechnung gestattet werden: Er kann seinen tatsächlichen Schaden geltend machen, er kann den Gewinn herausverlangen, den der Verletzer aus der Verletzung gezogen hat, und er kann von diesem die Bezahlung einer angemessenen Lizenzgebühr fordern[53]): Es leuchtet ein, daß sich die Abgrenzung der Ansprüche der einzelnen Lizenznehmer und des Rechtsinhabers voneinander dadurch kompliziert. Indessen ist auch dieses Problem lösbar:

a) Zunächst entfällt bei der einfachen Lizenz die Schadensberechnung auf der Grundlage einer angemessenen Lizenzgebühr. Diese beruht auf der Erwägung, daß der Verletzer sich so behandeln lassen müsse, als ob er mit

---

51) LG Düsseldorf GRUR 1950, S. 381 (S. 382); LG Hamburg GRUR 1951, S. 39; *Baumbach-Lauterbach*, Anm. 3 zu § 32 ZPO; *Rosenberg*, Lehrbuch des deutschen Zivilprozeßrechts, § 35 II 5 (S. 143).

52) RGZ 83, 96.

53) Vgl. *Reimer-Nastelski*, Anm. 31 zu § 47 PatG mit weiteren Nachweisen.

dem Berechtigten einen Lizenzvertrag abgeschlossen hätte, weil er in dieser Hinsicht nicht besser gestellt sein dürfe als ein redlicher Lizenznehmer[54]). Dieser Gesichtspunkt aber kann nur zugunsten derjenigen durchgreifen, die dem Verletzer eine Lizenz wirklich hätten erteilen *können*, denn nur ihnen kann ein Geschäft mit einem redlichen Lizenznehmer entgangen sein[55]). Mögliche Lizenzgeber aber sind nur der Rechtsinhaber selbst und, sofern ihm die Befugnis dazu eingeräumt ist, ein ausschließlicher Lizenznehmer, nicht aber der einfache Lizenznehmer[56]).

Das führt auch nicht etwa zu einer ungerechtfertigten Vermehrung der Schadensersatzpflichten des Verletzers in der Weise, daß er den Schaden des Lizenznehmers einmal diesem selbst im Wege des Ersatzes echten Schadens und das andere Mal dem Rechtsinhaber im Wege der Lizenzgebühr erstatten müßte. Die Lizenzgebühr richtet sich in der Höhe nach der Gebühr, die ein redlicher Lizenznehmer dem Rechtsinhaber hätte bezahlen müssen. Diese aber ist, wie wir oben gesehen haben[57]), um so niedriger, je mehr und je umfangreichere Lizenzen schon anderweit erteilt sind. Mit anderen Worten: Der Verletzer ersetzt auf diese Weise dem einfachen Lizenznehmer und dem Rechtsinhaber gesondert den jedem von ihnen entstandenen Schaden, lediglich kann der einfache Lizenznehmer seinen Schaden nicht nach der angemessenen Lizenzgebühr berechnen.

b) Auf der anderen Seite kann der einfache Lizenznehmer, billigt man ihm überhaupt Deliktsschutz zu, jedenfalls seinen wirklichen Schaden, der in aller Regel entgangener Gewinn sein wird, ersetzt verlangen. Daß dabei statt eines Rechtsinhabers oder weniger ausschließlicher Lizenznehmer eine Reihe einfacher Lizenznehmer als Geschädigte auftreten können, gibt von der Höhe des zu leistenden Ersatzes her sicher zu keinen Bedenken Anlaß. Denn ob der Rechtsinhaber oder wenige ausschließliche Lizenznehmer das Immaterialgut — vielleicht im Rahmen eines Großbetriebes — bis zum äußersten nutzen und deshalb bei Verletzung den Entgang eines entsprechend hohen Gewinns zu verzeichnen haben, oder ob diese, ihre Grenze letztlich ja erst in den Marktverhältnissen findende, vollständige Nutzung von mehreren einfachen Lizenznehmern betrieben wird und der Gewinnentgang bei ihnen eintritt, spielt keine Rolle.

Die Aufteilung der Schadensersatzberechtigung auf mehrere Personen kann zu einer Mehrzahl von Schadensersatzprozessen führen. Daß davon gleichwohl keine Unzuträglichkeiten zu erwarten sind, insbesondere auch nicht,

---

[54]) Vgl. *Reimer-Nastelski*, Anm. 36 zu § 17 PatG mit Nachweisen aus der Rechtsprechung.

[55]) So auch *Bueb*, GRUR 1938, S. 470.

[56]) Vgl. *Reimer*, Anm. 86 ff. zu § 9 PatG. Hat der Patentinhaber eine ausschließliche Lizenz erteilt, so kann er in ihrem Bereich ebenfalls keine weiteren Lizenzen mehr erteilen und infolgedessen insoweit seinen Schaden auch nicht mehr nach der angemessenen Lizenzgebühr berechnen, es sei denn, er hat gegen den ausschließlichen Lizenznehmer Anspruch auf Teile der Gebühren, die dieser durch die Vergabe von Unterlizenzen einnimmt. So RGZ 144, 187 ff.

[57]) Unter II am Ende.

was die Gefahr divergierender Entscheidungen anlangt, ist im Zusammenhang mit der Unterlassungsklage oben schon ausführlich erörtert. Auf das dort Gesagte kann hier verwiesen werden.

In dieser Aufteilung steckt aber noch eine andere Frage, die auch den Anlaß zu der erwähnten Abhandlung von *Pinzger* gebildet hat. Es kann unklar sein, *welchem* der möglichen Ersatzberechtigten der als eingetreten festgestellte Schaden nun wirklich erwachsen ist, ob also der dem Patentverletzer erteilte Auftrag dem Patentinhaber, dem ausschließlichen Lizenznehmer oder einem der einfachen Lizenznehmer entgangen ist.

Dabei handelt es sich um ein allgemeines Problem, wie folgendes Beispiel zeigen mag: Angenommen, eine Gemeinde hat im Rahmen eines Schulneubaus den Auftrag für eine Plastik zu vergeben. Sie hat dafür zwei Künstler in die engere Wahl gezogen, von denen einer den Auftrag erhalten soll. Beide fahren im selben Wagen zu der Abschlußverhandlung und erleiden unterwegs durch das Verschulden eines anderen einen Unfall, der sie für viele Monate arbeitsunfähig werden läßt. Erhält nun, weil die Gemeinde so lange nicht warten will, ein dritter Künstler den Auftrag, so ist den beiden anderen der Gewinn entgangen. Er war einem von ihnen sicher, aber es stand nicht fest, welchem von ihnen.

Man kann kaum einen Zweifel hegen, daß in derartigen Fällen die Ungewißheit über die Person des Geschädigten bei Gewißheit über den Eintritt des Schadens nach Möglichkeit nicht zum Vorteil des Schädigers ausschlagen darf. Wenn das Gesetz sich im Falle der Beteiligung mehrerer an einer unerlaubten Handlung sogar auf der Schädigerseite damit begnügt, daß der Schaden von einem der möglichen mehreren Schädiger herbeigeführt wird (§ 830 I 2 BGB), so muß es zum Ausgleich auch kommen können, wenn man nicht weiß, welche von mehreren Personen geschädigt ist. Die Frage ist nur, auf welchem Wege man zu einem solchen Ausgleich gelangt.

Sicher müssen sich, wie *Pinzger* das als ohne weiteres zulässig voraussetzt, die potentiell Geschädigten dahin *einigen* können, ihre Ansprüche — gegebenenfalls gegen ein entsprechendes Entgelt — auf einen von ihnen zu übertragen, der dann, alle Ansprüche in einer Hand haltend, sagen kann, daß jedenfalls einer dieser Ansprüche begründet ist. Ebenso wie in unserem Beispielsfall sich die beiden Künstler schon vor dem Unfall geeinigt haben könnten, den Gewinn, der einem von ihnen auf alle Fälle zufallen würde, zu teilen, gleichgültig, wer den Auftrag letztlich bekäme — womit keinem von ihnen der Schadensersatzanspruch auf den halben Gewinn hätte mehr streitig gemacht werden können, da dieser für jeden von ihnen nach dem gewöhnlichen Lauf der Dinge zu erwarten war (vgl. § 252 BGB), muß es auch möglich sein, die Ansprüche *nachträglich* durch Abtretung zusammenzuführen.

Man könnte auch daran denken, solchenfalls eine gemeinschaftliche Forderungsberechtigung der potentiell Geschädigten im Sinne des § 432 BGB anzunehmen mit der Folge, daß jeder nur Leistung an alle verlangen könnte. Man müßte dann den Schadensersatzanspruch gegen den Verletzer um deswillen als unteilbare Leistung ansehen, weil nicht festgestellt werden kann, wem und in welcher Höhe Teile des Gesamtschadens entstanden sind — wofür sich ja gerade bei mehreren Lizenzen auch noch geltend machen ließe, daß sie immerhin von einem einheitlichen Recht abgeleitet sind[58]).

Indessen bestehen gegen eine solche Lösung doch zu große Bedenken. Einmal ist ihr Ziel ja die Aufteilung der Schadensersatzforderung auf die einzelnen potentiell Geschädigten, für die, wo keine Einigung der Beteiligten vorliegt, die Maßstäbe fehlen. Und zum anderen könnte die gemeinschaftliche Forderung nur auf *einer* Art der Schadensberechnung beruhen, die dann der Klagende zu wählen hätte, mit dessen Wahl aber die anderen Berechtigten — man denke an den Rechtsinhaber, der die Lizenzgebühr geltend machen will — nicht einverstanden sein werden[59]). So muß es bei der Notwendigkeit für die potentiell Geschädigten bleiben, die möglichen Ansprüche *vor ihrer Geltendmachung* in einer Hand zu vereinigen.

c) Daß der Verletzte statt des Schadensersatzes die Herausgabe des vom Verletzer gemachten Gewinns verlangen kann, beruht, wie die Anlehnung dieses Anspruchs an den Herausgabeanspruch aus unechter Geschäftsführung ohne Auftrag (§§ 687 II, 667 BGB) durch die Rechtsprechung[60]) zeigt, auf der Erwägung, daß der Verletzer durch die Nutzung des Immaterialgutes auf Kosten des wahren Berechtigten einen Gewinn erzielt. Dieser kann billigerweise nicht ihm selbst, sondern nur dem wahren Berechtigten zustehen.

---

[58]) In diese Richtung gehen Ausführungen von *Bueb*, GRUR 1938, S. 473 f., der eine Schadensgemeinschaft der einfachen Lizenznehmer als gegeben ansieht, weil sie ihr Recht aus einem gemeinsamen Stammrecht ableiteten.

[59]) Diese Bedenken bestehen auch gegen den Weg, den *Reimer* von seinem anderen Ausgangspunkt her gehen will: *Reimer* folgt an sich dem Reichsgericht in der Ablehnung eines Schadensersatzanspruches des einfachen Lizenznehmers, macht aber die Einschränkung, daß der Patentinhaber berechtigt sein müsse, in solchen Fällen, in denen durch die von einem Dritten begangene Patentverletzung dem einfachen Lizenznehmer ein Auftrag entgangen ist oder festgestellt wird, daß entweder der Patentinhaber oder der einfache Lizenznehmer durch die Patentverletzung eine Absatzminderung erlitten hat, den Schadensersatz unter dem Gesichtspunkt des entgangenen Gewinns zu berechnen, und dann — je nach den Umständen des Einzelfalles — verpflichtet sei, einen Teil des vom Verletzer gezahlten Schadensersatzbetrags oder eventuell sogar den ganzen Betrag an den einfachen Lizenznehmer abzuführen (Anm. 71 zu § 9). Das führt zu Schwierigkeiten nicht nur bei der Feststellung des Betrages, den der Patentinhaber an den Lizenznehmer abzuführen hat, sondern auch dann, wenn der Patentinhaber eine andere Art der Schadensberechnung, etwa die Forderung der Lizenzgebühr, wählen will: Soll sich der Lizenznehmer damit abfinden müssen oder hat er aus dem Lizenzvertrag auch einen Anspruch darauf, daß der Patentinhaber seinen Anteil am Schadensersatzanspruch nicht auf diese Weise zunichte macht? — Übrigens vermeidet die Auffassung von *Reimer* auch keineswegs die Gefahr von Parallelprozessen. Denn die Feststellung des Schadens wird nur in das Innenverhältnis zwischen Patentinhaber und einzelnem Lizenznehmer verlagert. Damit aber ist der Lizenzinhaber auch befugt, sich für seinen Ausgleichsanspruch gegen den Patentinhaber dessen Anspruch gegen den Patentverletzer abtreten und notfalls sogar pfänden und überweisen zu lassen.

[60]) Vgl. die Nachweise aus der RGRspr. bei *Reimer-Nastelski*, Anm. 39 zu § 47 PatG, sowie jetzt BGHZ 34, 320 ff. Auch wenn man, wie *Nastelski*, der Anlehnung an § 687 II BGB nicht folgen will (Bedenken insoweit auch in BGH GRUR 1962, S. 507 ff. [S. 511 f.]), bleibt, wie er selbst sagt, die Erwägung, warum die Gewährung dieser Schadensberechnung billig ist, doch die gleiche.

Diese Überlegung trifft auf den einfachen Lizenznehmer genauso zu wie auf den Rechtsinhaber und den ausschließlichen Lizenznehmer. Denn wenn, wovon wir ja ausgehen, sein Recht ebenfalls ein „Splitter" des Immaterialgüterrechts ist, so macht der Verletzer seinen Gewinn zum Teil auch auf Kosten des einfachen Lizenznehmers, dem zu diesem Teil dann der Gewinn des Verletzers ebenso zusteht wie zu den anderen Teilen dem ausschließlichen Lizenznehmer oder dem Rechtsinhaber. Praktisch kommt diese Art der Schadensberechnung für die einfachen Lizenznehmer wohl sogar am ehesten in Betracht. Denn sie setzt im Unterschied zur zweiten nicht voraus, daß der Verletzte den Gewinn auch tatsächlich selbst gemacht hätte.

Ich sehe insoweit auch keine besonderen Berechnungsschwierigkeiten. Es muß ermittelt werden, in welchem Wertverhältnis zueinander Lizenzen und ursprüngliches Recht stehen und danach jedem sein Anteil am Gewinnherausgabeanspruch zuerkannt werden. Diese Aufgabe, bei der dem Richter § 287 ZPO zu Hilfe kommt, ist jedenfalls nicht schwieriger zu bewältigen als diejenige, die in dem von *Reimer* angeführten[61]) Fall zu lösen ist, daß eine Vorrichtung zwei oder mehr Patente verschiedener Patentinhaber verletzt und ermittelt werden muß, in welchem Umfang der Gewinn auf die Benutzung jedes einzelnen der verletzten Patente zurückzuführen ist, weil dieser nur insoweit dem jeweils klagenden verletzten Patentinhaber herauszugeben ist.

3. Fassen wir zusammen: Die genaue Analyse der Auswirkungen des Deliktsschutzes der einfachen Lizenz ergibt, daß die gegen diesen angeführten praktischen Bedenken unbegründet sind. Weder belastet die Möglichkeit der Unterlassungsklage den Lizenzverletzer in ungewöhnlicher oder unerträglicher Weise, noch erweisen sich die Schwierigkeiten als unüberwindbar, die sich bei der Abgrenzung der Schadensersatzansprüche der einfachen Lizenznehmer untereinander und von den Schadensersatzansprüchen des Rechtsinhabers zunächst aufzutürmen scheinen. Es steht also nichts im Wege, der Konsequenz, die sich aus unseren über das Wesen der einfachen Lizenz gewonnenen Erkenntnissen für unsere Frage ergab, endgültig zu folgen und den Deliktsschutz der einfachen Lizenz anzuerkennen.

§ 12. Die Ehestörung

Ob und in welchem Umfang ein Deliktsschutz gegen Ehestörungen anzuerkennen sei, zählt zu den umstrittensten Fragen unseres bürgerlichen Rechts. Kaum anderswo werden in Ergebnissen und dogmatischen Begründungen so verschiedenartige Auffassungen vertreten und kaum anderswo hat die Rechtsprechung des Reichsgerichts und des Bundesgerichtshofs so entschiedenen, ja heftigen Widerspruch erfahren wie hier. Die zu dieser Frage erwachsene Literatur und Judikatur, hier insbesondere der Instanzgerichte, in aller Breite auszuwerten, reicht der Rahmen der vorliegenden Arbeit nicht

---

[61]) Anm. 40 zu § 47 PatG.

aus. Andererseits ist eine Stellungnahme ohne Eingehen auf die wesentlichsten kontroversen Auffassungen nicht möglich. In dieser Situation dürfte es am besten sein, einleitend die höchstrichterliche Rechtsprechung und die Hauptzüge der an ihr geübten Kritik darzustellen, um alsdann zu den wesentlichsten kontroversen Fragen vom hier entwickelten Standpunkt aus Stellung zu beziehen und diesen damit zugleich auf seine Richtigkeit zu überprüfen.

I. Die höchstrichterliche Rechtsprechung und ihre Kritik

1. Schon in seinem Urteil vom 22. 4. 1909[62]) lehnte es das *Reichsgericht* ab, einen Ehestörer zur *Unterlassung* jedes ferneren unsittlichen Verkehrs mit der Ehefrau des Klägers zu verurteilen. Wohl betonte es die sich aus § 1353 I BGB ergebenden Pflichten der *Ehegatten* zum Zusammenleben, zur gegenseitigen Unterstützung und zur ehelichen Treue ebenso wie die Verpflichtung jedes *Dritten*, das eheliche Verhältnis anderer als ein unantastbares Gut zu achten und zu ehren. Aber es folgert aus der Existenz des besonderen Eheprozesses der §§ 606 ff. ZPO, durch die der Staat sein hohes Interesse an der ehelichen Lebensgemeinschaft bekunde, daß dem verletzten Ehegatten während bestehender Ehe eine Klage auf Unterlassung von Ehestörungen gegen den ungetreuen Gatten versagt sei und ihm nur die Wahl bleibe, entweder die Ehescheidung zu betreiben und danach auf Bestrafung nach § 172 StGB anzutragen, oder durch gütliche Mittel auf den anderen einzuwirken und ihn so der Versuchung zum Bruch der ehelichen Treue zu entziehen[63]). Das aber müsse dann, schließt das Reichsgericht weiter, auch für den dritten Ehestörer gelten. Die inneren Verhältnisse des Ehelebens in einen bürgerlichen Rechtsstreit außerhalb des besonders geordneten Eheprozesses hineinzuziehen, widerstreite dem sittlichen Wesen der Ehe, wie es durch die Rechtsordnung anerkannt sei.

Im Urteil vom 23. 4. 1936[64]), wo es sich einem Antrag gegenübersah, dem ungetreuen Ehegatten und dem Drittstörer zu verbieten, miteinander zu verkehren, miteinander in häuslicher Gemeinschaft zu leben und Dritten gegenüber sich als miteinander verheiratet auszugeben, folgte das Reichsgericht ähnlichen Gedankengängen. Es sei der Wille des Gesetzes, Klagen auf Erfüllung der aus dem persönlichen Verhältnis der Ehegatten sich ergebenden Pflichten nur in dem besonderen Verfahren der §§ 606 ff. ZPO und gemäß § 888 II ZPO ohne Zwangsvollstreckung zuzulassen. Der verletzte Ehegatte könne im Falle des Ehebruchs nicht im gewöhnlichen Rechtsstreit auf Unterlassung klagen, sondern sei auf die Herstellungsklage angewiesen. Auch diese

---

[62]) RGZ 71, 85 ff.

[63]) *Magis* bemerkt in seiner 1935 erschienenen Schrift „Schadensersatz- und Unterlassungsanspruch bei Verletzung der ehelichen Treue", S. 104 ff. mit Recht, daß das Reichsgericht beim Setzen dieser Alternative die Herstellungsklage übersehen habe. Da diese von der späteren Rechtsprechung jedoch in den Kreis der Betrachtungen einbezogen worden ist, kann daraus heute nichts mehr hergeleitet werden.

[64]) RGZ 151, 159 ff.

könne er aber nicht mit dem Antrag auf Unterlassung weiteren ehebrecherischen Verkehrs erheben. Inhalt des Herstellungsurteils könne nur eine wirkliche Handlung sein. Denn § 888 II ZPO beziehe sich lediglich auf die Erwirkung von *Handlungen,* so daß bei *Unterlassungen* eine Zwangsvollstreckung nach § 890 ZPO zulässig wäre, was dem Willen des Gesetzes widerspreche. Was die Klage gegen den Drittstörer anlange, so schlage der Hinweis nicht durch, daß das Eheleben ohnehin oft in Prozessen um Vermögen und Unterhalt zur Debatte stehe. Das sei unvermeidlich. Wo das Hineinziehen des Ehelebens in Prozesse aber zu vermeiden sei, dort müsse man es auch vermeiden. Den Ausschlag gebe aber die Erwägung, daß, wenn kein Zwang gegen den Ehegatten zulässig sei, es auch keinen Zwang gegen den Mitschuldigen geben könne, der sich als mittelbarer Zwang gegen den Ehegatten auswirken müßte. So seien auch die Hinweise von *Mitteis*[65]) und *Kipp-Wolff*[66]) zu verstehen, daß der verletzte Ehegatte nicht mehr Rechte gegen den Dritten als gegen den ungetreuen Ehegatten haben könne. Das Reichsgericht erörtert in diesem Urteil schließlich noch, ob dem Unterlassungsbegehren der Klägerin nicht auf Grund des § 823 II BGB in Vbdg. mit § 185 StGB stattgegeben werden müsse. Das Gericht räumt ein, daß eine von einem Ehegatten dem anderen zugefügte Beleidigung „an sich" nicht nur einen Verstoß gegen die durch die Ehe begründeten persönlichen Pflichten bedeute, sondern zugleich eine unter § 823 II BGB fallende unerlaubte Handlung darstelle, „wie sie von jedem begangen werden" könne, und daß noch weniger Zweifel am Vorliegen einer unerlaubten Handlung des an der Beleidigung beteiligten Dritten bestehen könnten. Aber es verneint ein Rechtsschutzinteresse an der Unterlassungsklage, weil dem verletzten Ehegatten einerseits die Ehescheidungsklage und der Strafantrag nach § 172 StGB und andererseits die Herstellungsklage, sowie dazuhin noch die Privatklage wegen Beleidigung gegen den treulosen Ehegatten und den Dritten offenstehe. Damit sei seinem Rechtsschutzbedürfnis genügt.

Der *Bundesgerichtshof* ist dieser Rechtsprechung im Grundsatz gefolgt. In mehreren Urteilen vom 26. 6. 1952[67]) findet er den inneren Grund der §§ 606 ff. ZPO und des § 888 II ZPO darin, daß die Ehe als ein vorwiegend im Sittlichen, also in der Freiheit, wurzelndes Lebensverhältnis ihrem Wesen nach, wenn überhaupt, Gegenstand eines Rechtsstreits nur in einem mit besonderen Garantien ausgestatteten Verfahren sein könne und in jedem Falle mit der Ausübung staatlichen Zwangs gegen einen der Ehegatten unvereinbar sei. Daraus ergebe sich, daß die Erfüllung der persönlichen Pflichten, die aus dem Wesen der ehelichen Lebensgemeinschaft flössen, nur gewährleistet werden könne durch die auf der freien sittlichen Entscheidung beruhende eheliche Gesinnung. Sie könne nicht ersetzt werden durch staatliche Zwangsgewalt, deren Anerkennung die Zerstörung der sittlichen Grundlage der Ehe bedeuten würde.

---

[65]) Die Ehe in der Rechtsprechung des Reichsgerichts in: Reichsgerichts-Praxis Bd. III, S. 180 ff. (S. 202).

[66]) Familienrecht, § 31 Note 9 (S. 104).

[67]) BGHZ 6, 360 ff. = LM Nr. 1 a zu § 823 (Af) BGB; BGH LM Nr. 1 b und 2 zu § 823 (Af) BGB.

Immerhin macht der BGH aber doch eine ganz wesentliche Einschränkung: Der Ausschluß staatlicher Zwangsgewalt, so meint er, könne nach seinem inneren Sinn und Zweck Geltung nur insoweit beanspruchen, als es sich um die rein persönlichen Beziehungen der Ehegatten zueinander handele. Diese im sittlichen Bereich wurzelnden persönlichen Beziehungen entfalteten sich aber ihrerseits in einem räumlich und gegenständlich begrenzten Bereich, der die sachliche Grundlage für das Gedeihen des Ehe- und Familienlebens bilde und den Familienmitgliedern die Entfaltung ihrer Persönlichkeit ermöglichen solle, worin der wesentliche Inhalt der Familiengemeinschaft bestehe. Dieser *räumlich-gegenständliche Bereich*, zu dem in jedem Falle und vor allem die Ehe- und Familienwohnung gehöre, sei dem verletzten Ehegatten sowohl dem Drittstörer wie dem ungetreuen Ehegatten gegenüber durch eine den allgemeinen Regeln folgende Unterlassungsklage zu schützen. „Das Recht auf den äußeren Lebensbereich", führt der BGH aus, „ist insoweit ein sich aus dem Familienverhältnis ergebendes absolutes Recht der Ehegatten, mindestens aber ein durch Art. 6 GG in Verbindung mit § 823 II BGB geschütztes Rechtsgut."

Daß für die persönlichen Verpflichtungen des *ungetreuen Ehegatten* nur die Herstellungsklage im besonderen Eheverfahren mit dem Ausschluß der Zwangsvollstreckung nach § 888 II ZPO gegeben ist, *bestreitet* die *Kritik* der Rechtsprechung des RG und des BGH *nicht*. Man stellt lediglich in Frage, ob nicht doch auch ein Unterlassungsverlangen Gegenstand der Herstellungsklage sein könne: § 888 II ZPO lasse sich trotz seines Wortlautes („Handlungen") dahin auslegen, daß er auch die Vollstreckung von Unterlassungsurteilen zwischen Ehegatten verbiete, so daß eine Umgehung des § 888 II ZPO ausgeschlossen werden könne[68]). Ebenso folgt man der Rechtsprechung darin, daß dem verletzten Ehegatten bei Störung des räumlich-gegenständlichen Bereichs der Ehe auch gegen den ungetreuen Ehegatten eine im gewöhnlichen Streitverfahren zu erhebende Unterlassungsklage zuzubilligen sei. Hier steht man lediglich dem „Recht auf den äußeren Lebensbereich" skeptisch gegenüber, sei es, daß man statt dessen das allgemeine Persönlichkeitsrecht oder den Mitbesitz an der Ehewohnung als verletzt ansieht[69]), sei es, daß man der vom BGH ebenfalls ins Auge gefaßten und uns aus dem § 9 unserer Untersuchung schon geläufigen Vorstellung folgend Art. 6 I GG als Schutzgesetz i. S. des § 823 II BGB betrachten will[70]).

Anders steht es mit dem *Drittstörer*. An der Frage seiner Haftung hat sich die Kritik der Rechtsprechung des RG wie des BGH vor allem entzündet. Dabei steht im Brennpunkt die von der Rechtsprechung mit Unterstützung von *Mitteis* und *Wolff* behauptete „Akzessorietät", nach der der Drittstörer

---

[68]) *Staudinger-Hübner*, Kommentar zum BGB, Vorbem. vor § 1353 BGB, Anm. 44 mit weit. Nachweisen.

[69]) Für das allgemeine Persönlichkeitsrecht: *Coing*, Anm. zum Urteil des BGH vom 26. 6. 1952 (BGHZ 6, 360 ff.), JZ 1952, S. 689 f. (S. 690); *Boehmer*, Zur Ehestörungsklage, AcP 155 (1956), S. 181 (S. 203 f.); für Mitbesitz: *Berg*, Ehestörungsklage und Schadensersatzansprüche wegen Ehestörung, JuS 1961, S. 137 ff. (S. 138 f.).

[70]) Vgl. oben § 9 II 1 (S. 127).

nicht soll stärker haften können als der ungetreue Ehegatte. Das Feld, von dem aus diese Kritik operiert, haben wir im Rahmen unserer dem Gegensatz von absoluten und relativen Rechten gewidmeten Überlegungen[71]) schon des näheren beschrieben. Es ist die These, daß keine dogmatischen Gründe daran hindern, auch eine relative Rechtsbeziehung, die im Innenverhältnis ihren eigenen Gesetzen folgt, nach außen deliktisch zu schützen. Von ihr ausgehend hat man die Behauptung, daß vom Drittstörer nicht mehr verlangt werden könne als von dem Ehegatten, als eine unbewiesene petitio principii bezeichnet und geltend gemacht, § 888 II ZPO, der den Willensbeugungszwang nur gegen den *Ehegatten selbst* verbiete, dürfe als evidente *Ausnahmevorschrift* von dem Grundsatz des § 888 I ZPO nicht den frechen Eindringling in den ehelichen Frieden schützen, vielmehr sei es sittlich und rechtlich wünschenswert, wenn de facto die Strafdrohung des § 890 ZPO den Ehestörer zur Aufgabe seines unsittlichen Verhaltens motiviere und damit auch dem fehlbaren Ehegatten die Gelegenheit zur Fortsetzung seiner Ehewidrigkeiten verbaue[72]).

2. In seinem Urteil vom 26. 10. 1909[73]) hat das RG einen Klagantrag abgewiesen, den Drittstörer zum *Ersatz* der Mehrkosten zu verurteilen, die dem verletzten Ehegatten infolge der Auflösung der Ehe bei der Erziehung der Kinder entstanden. Ein Anspruch aus § 823 II BGB in Vbdg. mit § 172 StGB hielt es nicht für gegeben, weil wirtschaftliche Interessen nicht mehr unter den Schutzzweck des § 172 StGB fielen. Für § 823 I BGB sei zwar zuzugeben, daß das Recht der Ehegatten auf Fortbestand der ehelichen Lebensgemeinschaft zu den absoluten Rechten gehöre. Aber bereits früher habe das RG ausgesprochen, daß eine Frau, die sich den gesetzlichen Vorschriften zuwider der ehelichen Lebensgemeinschaft, der Leitung des Hauswesens und der Mitarbeit im Hause und im Geschäft des Mannes entziehe, dadurch allein dem Manne gegenüber nicht schadensersatzpflichtig werde. Der Drittstörer nehme an dem Ehevergehen der Frau nur teil. Ihn könne lediglich wegen dieser Teilnahme noch weniger eine Ersatzpflicht für die aus der Scheidung infolge des Ehevergehens sich entwickelnde ungünstige Verschiebung der Vermögenslage des unschuldigen Ehegatten treffen. Das Bürgerliche Gesetzbuch habe mit der Ablehnung der Ehescheidungsstrafe den Gedanken an einen privatrechtlichen Ersatzanspruch des unschuldigen Ehegatten abgelehnt. Die Folgen der auf ehewidrigem Verhalten beruhenden Scheidung seien gesetzlich geregelt. Daneben sei kein Raum für Entschädigungsansprüche, die einen Ersatz für das Aufhören der aus der Ehe fließenden geldwerten Vorteile bezweckten. Wolle der verletzte Ehegatte die günstige Vermögenslage, die ihm die Ehe gewähre, nicht aufgeben, so müsse er von der Scheidung absehen.

Sein Standpunkt hat das RG aber nicht gehindert, bei solchen Handlungen, die zugleich mit den ehelichen Verpflichtungen ein *anderes* allgemeines

---

[71]) Oben § 2 I (S. 17 ff.).
[72]) Vgl. vor allem *Boehmer*, AcP 155, S. 206.
[73]) RGZ 72, 128 ff.

Rechtsgut des betroffenen Ehegatten verletzen oder den Tatbestand des § 826 BGB erfüllen, einen Schadensersatzanspruch anzuerkennen. So hat das Urteil vom 5. 10. 1914[74]) der geschiedenen Ehefrau einen Anspruch auf Ersatz des Schadens zugebilligt, der dadurch entstanden war, daß das ehewidrige Verhalten ihres früheren Ehemanns bei ihr eine Gesundheitsbeschädigung zur Folge gehabt hatte: Es sei nur zu fordern, daß ein in § 823 I BGB geschütztes Rechtsgut verletzt werde. Und so hielt es das Urteil vom 23. 11. 1936[75]) für möglich, daß der Ehemann für den Unterhalt eines im Ehebruch der Frau erzeugten, während der Ehe geborenen Kindes, dessen Ehelichkeit nicht mehr anfechtbar ist, von dem Ehebrecher aus § 826 BGB Ersatz verlangen könne, wenn dessen Voraussetzungen, insbesondere wenigstens bedingter Schädigungsvorsatz, gegeben seien[76]).

Der *BGH* hat im Urteil vom 30. 1. 1957[77]) einen Anspruch des Ehemanns gegen die *Ehefrau* auf Ersatz der durch die Anfechtung der Ehelichkeit eines von der Frau im Ehebruch erzeugten Kindes abgelehnt: Wohl habe die Eingehung einer Ehe sowohl familienrechtliche wie vermögensrechtliche Folgen. Diese müßten aber unterschieden werden. Die rein familienrechtlichen, wie z. B. die Pflicht zur Herstellung der ehelichen Lebensgemeinschaft und die Treupflicht erschöpften sich in einem diesen Pflichten entsprechenden Verhalten, und wenn aus der Verletzung solcher Pflichten Folgerungen zu ziehen seien, so nicht aus dem Schuldrecht, sondern dem Wesen der Ehe entsprechend aus den für solche Verletzungen vom Familienrecht selbst gegebenen Vorschriften. Es entspreche nicht dem Wesen der Ehe und auch nicht dem heutigen sittlichen Empfinden, die Ehe einem vermögensrechtlichen Geschäft gleichzustellen. Die Ausdehnung der Schadensersatzbestimmungen des Schuldrechts auf ehewidriges Verhalten würde auch nicht erstrebenswerte Ergebnisse zeitigen: Praktisch könne die Verurteilung zu Schadensersatz der Verhängung einer Strafe gleichkommen; wenn Schadensersatz gegeben werde, so müsse er nach dem Prinzip des § 249 BGB ganz gegeben werden mit Folgen, die über den nach dem EheG vorgesehenen Unterhalt weit hinausgingen; der Scheidungsgrund könne aus niedrigen Beweggründen zum Zweck der eigenen Bereicherung ausgenützt werden; die Zahl der Prozesse zwischen Ehegatten werde vermehrt; häufig würde erst im Schadensersatzprozeß sich die Notwendigkeit ergeben, über den Verlauf der Ehe und das Verhalten der Ehegatten genaue Feststellungen zu treffen; abgesehen davon, daß solche Prozesse wenig erfreulich seien, böten sie mit ihrem reinen Parteibetrieb auch nicht die Sicherheit wie die Durchführung eines Ehescheidungsverfahrens.

In einem nur eine Woche später ergangenen Urteil vom 6. 2. 1957[78]) und in einem Urteil vom 8. 1. 1958[79]) hat der BGH dann auch Schadensersatz-

---

[74]) RGZ 85, 335 ff.

[75]) RGZ 152, 397 ff.

[76]) Wobei das RG im Unterschied zur heutigen Rechtsprechung auch in § 1593 BGB kein Hindernis sah. Vgl. dazu noch unten III 2 am Ende (S. 190 f.).

[77]) BGHZ 23, 215 ff.

[78]) BGHZ 23, 279 ff.

[79]) BGHZ 26, 217 ff.

ansprüche gegen den *Drittstörer* insoweit verneint, als sie aus der Zerstörung der Ehe hergeleitet würden. In diesen Urteilen lehnt er im Gegensatz zur Rechtsprechung des Reichsgerichts und auch zu eigenen früheren Äußerungen[80]) eine Außenwirkung der Ehe ab: Die durch die Eingehung einer Ehe begründeten Pflichten seien dem Wesen der Ehe entsprechend persönliche Verpflichtungen der Ehegatten. Ihre Beachtung, insbesondere die Wahrung der Treupflicht, liege den Ehegatten persönlich ob. Infolgedessen könnten diese persönlichen Verpflichtungen gegenüber dem anderen Ehegatten auch nur durch den Ehegatten selbst verletzt werden. Diesen allein könnten deshalb auch nur die Folgen der Verletzung treffen. Eine Ersatzpflicht des Drittstörers nach §§ 823 ff. BGB verbiete sich auch deshalb, weil dieser dann von dem schuldigen Ehegatten als Mittäter bei der unerlaubten Handlung Ausgleich verlangen könne: Zwar setze eine Ausgleichspflicht grundsätzlich eine Schadensersatzpflicht auch auf seiten des Ausgleichspflichtigen voraus. Aber der Grundsatz des § 242 BGB erfordere, daß dem an einer Ehestörung beteiligten Dritten, wenn er wegen des aus der Ehestörung dem anderen Ehegatten entstehenden Schadens in Anspruch genommen werden könne, nicht allein der Ersatz dieser Schäden auferlegt werden dürfe, sondern daß auch sein Mittäter, nämlich der andere Ehegatte, den ja in der Regel die Hauptschuld treffe, an dem Schaden beteiligt werden müsse. Im Urteil vom 6. 2. 1957 hat es der BGH, ohne auf die erwähnte Entscheidung RGZ 85, 335 ff. einzugehen, darüber hinaus auch abgelehnt, dem verletzten Ehegatten einen Anspruch auf Ersatz einer *Gesundheitsbeschädigung* gegen den Drittstörer zu gewähren, wenn diese im Gefolge einer Ehewidrigkeit eingetreten ist. Es liege dann, meint das Gericht, eine über den Verstoß gegen die durch die Ehe begründeten Pflichten hinausgehende unerlaubte Handlung im Sinne der § 823 ff. BGB nicht vor.

Immerhin hilft der BGH dem verletzten Ehe*mann* wenigstens teilweise auf anderen Wegen. So billigt er ihm Ersatz der Kosten für die Entbindung seiner Frau von einem unehelichen Kind gegen dessen Vater nach § 812 in Vbdg. mit § 1715 BGB, sowie im Rahmen der §§ 1708, 1710 BGB Ersatz der Aufwendungen für den Unterhalt des unehelichen Kindes und gemäß § 1709 II Ersatz eines an das Kind geleisteten Kostenvorschusses für den Ehelichkeitsanfechtungsprozeß zu. Ihm auch die eigenen, durch die Anfechtung der Ehelichkeit entstandenen Kosten vom Vater des Kindes ersetzen zu lassen, hält er dagegen nicht für möglich: Das nicht befriedigende Kostenergebnis, meint er[81]), beruhe auf dem nicht passenden kostenrechtlichen Unterlegenheitsgrundsatz.

Die *Kritik* dieser Rechtsprechung bestreitet vor allem, daß sich der Schutzzweck der ehelichen Rechte und Pflichten im Idealen erschöpfe. Richtig sei nur — und insoweit treffe die Entscheidung RGZ 72, 128 ff. im Ergebnis zu —, daß die mit der Auflösung der Ehe dem verletzten Ehegatten *entgehenden Vorteile*, also sein materielles Interesse am *Bestand* der Ehe, aus deren Schutzbereich herausfielen. Von diesem Bestandsinteresse sei aber das Interesse des Ehegatten am Ersatz der aus der Verletzung der ehelichen Pflichten

---

80) BGHZ 6, 360 (366) und LM Nr. 3 zu § 823 (Af) BGB, Bl. 2.
81) FamRZ 1964, S. 558 ff. (S. 560 f.).

sich ergebenden *Nachteile,* insbesondere der Kosten der Scheidung und einer Ehelichkeitsanfechtungsklage, des dem Ehebruchskind gewährten Unterhalts und des aus der Ehestörung erwachsenen Gesundheitsschadens zu unterscheiden[82]). Diese leicht festzustellenden und auch im Umfang begrenzten Kosten dem betroffenen Ehegatten aufzubürden, heiße Pflichterfüllung statt Pflichtverletzung mit Einbuße an Vermögen zu belasten[83]). Mit der Ablehnung der Ehescheidungsstrafe habe der Gesetzgeber nur jene entgehenden Vorteile, nicht aber diese Nachteile im Auge gehabt. Den Ersatz der letzteren habe man bei den Beratungen der ZPO sogar als angemessenen Ausgleich für den infolge § 888 II ZPO eintretenden Wegfall der Zwangsmöglichkeiten angesehen[84]). So entfalle auch die behauptete Umgehung des § 888 II ZPO, wie ja umgekehrt § 893 ZPO die Möglichkeit eines Interesseersatzes auch dort ins Auge fasse, wo eine Vollstreckung nicht möglich sei[85]).

Während man sich unter den Befürwortern eines gegen den ungetreuen Ehegatten gerichteten Ersatzanspruchs auf das „Abwicklungsinteresse" allerdings uneins ist, ob dieser erst nach Auflösung der Ehe oder auch schon vorher soll geltend gemacht werden können[86]), stimmen alle Kritiker darin überein, daß der Schadenersatzanspruch gegen den Drittstörer auch schon während bestehender Ehe gewährt werden müsse. Die Vorstellung einer Akzessorietät wird mit den gleichen Argumenten wie bei der Unterlassungsklage abgelehnt, der Satz des BGH, die Verpflichtungen aus der Ehe träfen nur den Ehegatten und könnten deshalb nur von diesem, nicht aber von Dritten verletzt werden, als Rückfall in eine überwundene relativistische Eheauffassung gekennzeichnet[87]), und das Argument, jedenfalls Treu und Glauben geböten eine Ausgleichspflicht, so daß indirekt doch der Ehegatte herangezogen werde, damit bekämpft, daß erstens ja auch der Ehegatte auf das Abwicklungsinteresse hafte[88]) und zweitens, wenn man das nicht annehme, wenigstens hier den Interessen des verletzten Ehegatten der Vorrang gebühre mit der Folge, daß dann eben der Drittstörer allein haften müsse[89]).

II. Das geschützte Recht

Die vorstehende Darstellung ergibt, daß schon die Grundfrage eines Deliktsschutzes gegen Ehestörungen, nämlich die Frage nach dem als geschützt in Betracht kommenden *Rechtsgut* kontrovers ist.

---

82) Soweit zu sehen, hat diese Unterscheidung zuerst *Magis* aaO. S. 64 ff. getroffen.

83) Vgl. dazu besonders *Gernhuber,* Familienrecht § 17 III (S. 141 ff.) und *v. Hippel,* Schadensersatz bei Ehestörung, NJW 1965, S. 664 ff. (S. 666 ff.).

84) Vgl. dazu unter sorgfältiger Auswertung der Motive zur Civilprozeßordnung von 1877 vor allem *Fabricius,* AcP 160, S. 322 ff.

85) *Boehmer,* AcP 155, S. 190 in Vbdg. mit: Die neueste Rechtsprechung zur Ehestörungsklage, FamRZ 1957, S. 196 ff. (S. 197); *Fabricius* aaO. S. 326.

86) Vgl. dazu etwa *Boehmer,* AcP 155, S. 190 ff. einerseits und *Gernhuber* aaO. S. 144 Note 2 andererseits.

87) *Boehmer,* FamRZ 1957, S. 198 f.

88) *Gernhuber* aaO. § 17 III 3 am Ende (S. 144).

89) *v. Hippel,* NJW 1965, S. 668.

1. Die von uns in der Einleitung erwähnte Auffassung[90]), die die Ehe in Abkehr von früheren herrschaftsrechtlichen Vorstellungen als relative Rechtsbeziehung zwischen den Ehegatten mit zugleich absoluter Wirkung nach außen charakterisiert, teilt der BGH in dem hier entscheidenden Punkt nicht mehr. Wirkung soll den aus der Ehe entspringenden Rechten und Pflichten der Ehegatten nur zwischen diesen selbst zukommen.

Unsere Auffassung dazu ist in den oben § 2 I angestellten Überlegungen bereits zum Ausdruck gekommen: Wir halten es nicht für richtig, daß der Charakter der Ehe als einer *persönlichen* Rechtsbeziehung von vornherein ausschließen soll, ihr gleichzeitig Deliktsschutz gegenüber Dritten zuzuerkennen. Wie für jedes subjektive Recht ist vielmehr auch für sie selbständig zu beurteilen, in welchem Umfang ein Deliktsschutz in Betracht kommt, wobei der von uns im weiteren Verlauf der Untersuchung entwickelte Satz zur Überprüfung ansteht, daß alle gegen ein Recht *gerichteten* Handlungen als Delikt i. S. des § 823 I BGB aufzufassen sind.

2. Dieser Ausgangspunkt ist gegenüber Überlegungen festzuhalten, die als nach § 823 I BGB geschütztes Recht an die Stelle der aus der Ehe fließenden relativen Rechte ein „Recht am äußeren Lebensbereich" oder das allgemeine Persönlichkeitsrecht des betroffenen Ehegatten setzen wollen.

Die Heranziehung des allgemeinen Persönlichkeitsrechts begegnet dem von uns schon oben (§ 9 II, S. 126 ff.) herausgestellten, in anderen Fällen auch gegen die Heranziehung des Rechts am Gewerbebetrieb begründeten Bedenken, daß eine solche Generalklausel als Recht i. S. des § 823 I BGB der Sachnähe entbehrt, der einer speziellen Rechtsbeziehung zukommt. Es liegt nicht in Funktion und Schutzbereich des allgemeinen Persönlichkeitsrechts, sondern in Funktion und Schutzbereich der durch die Eheschließung begründeten Rechtsbeziehung der Ehe, den Ehegatten gegen Störungen in dieser Sphäre zu schützen, mag es sich nun um einen Ehebruch oder um die Störung des räumlich-gegenständlichen Bereichs der Ehe handeln.

Das „Recht auf den äußeren Lebensbereich" der Ehegatten aber stellt nicht mehr dar als eine Bezeichnung für den Ausschnitt der relativen Rechtsbeziehung der Ehe, in dem der BGH einen Deliktsschutz für richtig hält. Daß mit seiner Geltendmachung nicht einmal mittelbar die Herstellung des ehelichen Lebens selbst verlangt werde, wie der BGH meint, kann nicht zugegeben werden. Die Verpflichtung, die Geliebte aus der ehelichen Wohnung zu entfernen und von dort in Zukunft fernzuhalten, ist bei ungezwungener Betrachtung unmittelbarer Ausfluß der ehelichen Treuepflicht, und der Anspruch des anderen Ehegatten darauf demnach ein aus der Rechtsbeziehung der Ehegatten sich ergebendes Recht. In einer anderen Entscheidung, in der er der Ehefrau einen Anspruch gegen den Ehemann auf Entfernung einer Haushälterin zubilligte, die wohl keine geschlechtlichen Beziehungen zum Ehemann unterhielt, aber sich gegenüber der Ehefrau herausfordernd und frech benahm[91]), hat der BGH das im Grunde selbst eingeräumt, wenn er davon spricht, daß der Ehemann durch die Unterhaltung eines Liebesverhältnisses

[90]) Oben § 1 I 2 (S. 3 f.).
[91]) LM Nr. 3 zu Art. 6 GG.

mit einer anderen Frau die eheliche Treue und durch die Aufnahme einer Haushälterin in die eheliche Wohnung gegen den Willen der Ehefrau deren Recht auf Leitung des Hauswesens verletze. Vollends deutlich geworden ist der Charakter dieses Rechts als eines Bestandteils der sich aus § 1353 I BGB ergebenden Ansprüche, nachdem der BGH in einem weiteren Urteil[92]) es zur Voraussetzung des Anspruchs auf Entfernung der Geliebten aus der Ehewohnung gemacht hat, daß die Ehefrau, wenn sie ihrerseits die Ehewohnung bereits verlassen hat, zur Rückkehr und Wiederherstellung der ehelichen Lebensgemeinschaft bereit ist: Dieser notwendig „positive Zug" ist typisch für das Herstellungsverlangen[93]).

3. Die Frage, inwieweit die Ehe Deliktsschutz gegen Störungen genießen soll, gewinnt auch nicht an Schärfe, wenn man statt an einen Rechtsschutz nach § 823 I BGB an einen *Institutionenschutz* nach § 823 II BGB in Vbdg. mit Art. 6 I GG denkt. Die speziellen Probleme des Eheschutzes können, wie *Boehmer* mit Recht betont hat[94]), nicht unterschiedlich gelöst werden, je nachdem, ob man § 823 II oder § 823 I BGB zugrunde legt. Man müßte die aus dem besonderen Charakter der Ehe für die Rechte der Ehegatten sich ergebenden Folgerungen auf dem Umweg über die Institution Ehe doch wieder in die Problematik des Deliktsschutzes einbringen, so daß es näherliegt, diesen Besonderheiten sogleich im Rahmen des § 823 I BGB Rechnung zu tragen[95]).

Und man gewinnt für die hier anstehende Frage auch nichts, wenn man den Institutionengedanken für die Ehe in der Weise zu aktivieren sucht, daß man sie unter einem *genossenschaftlichen Aspekt* betrachtet, wie das in neuerer Zeit *Scheffler*[96]) und *Hübner*[97]) getan haben. Das zeigen schon die entgegengesetzten Ergebnisse, zu denen die Vertreter dieser Auffassung gelangen: Für *Hübner* ergibt sich aus der Überlegung, daß die Ehe als soziologischer Typ eine Körperschaft sei, nur die Konsequenz, daß der gegen Dritte klagende Ehegatte als *Sachwalter* der konkretisierten Institution Ehe seine eigenen subjektiven Rechte (und darüber hinaus auch die des ungetreuen Ehegatten) nur *mittelbar* wahrnimmt, dazu aber auch befugt ist, während umgekehrt *Scheffler* aus dem genossenschaftlichen Zug der Ehe folgert, daß diese lediglich mit *der* Maßgabe als absolutes Rechtsverhältnis und damit als Recht i. S. des § 823 I BGB anzusehen sei, daß nur die Ehegatten *gemeinsam* sich gegen jede störende Einwirkung Dritter zur Wehr setzen könnten, womit einer Ehestörungsklage des einzelnen Ehegatten der Boden entzogen ist. Abgesehen davon bestehen für die Vorstellung der Ehe als einer Genossenschaft

---

[92]) FamRZ 1963, S. 553 ff.

[93]) Vgl. die Nachweise bei *Staudinger-Hübner*, Anm. 48 zu § 1353.

[94]) AcP 155, S. 193 f.

[95]) Für die Einzelheiten kann insoweit auf das oben § 9 II (S. 126 ff.) Gesagte und auf die kritischen Ausführungen *Gernhubers* zur Frage des Institutionenschutzes (Familienrecht, § 17 I 1 [S. 137 f.]) verwiesen werden.

[96]) Ehe und Familie in: *Bettermann—Nipperdey—Scheuner*, Die Grundrechte IV/1, S. 245 ff. (S. 305).

[97]) Eheschließung und allgemeine Wirkungen der Ehe als dogmatisches Problem, FamRZ 1962, S. 1 ff. (S. 6 ff.) und *Staudinger—Hübner*, Anm. 59 vor § 1353.

im heutigen Recht nicht mehr genügend Anhaltspunkte. Die Entwicklung des Eherechts zeigt im Gegenteil einen steten Zerfall dieser Vorstellung[98]), an deren Stelle heute die Polarität eines geregelten Rechte- und Pflichtenverhältnisses zweier gleichberechtigter Partner getreten ist.

4. Ist unseren weiteren Überlegungen so die persönliche Rechtsbeziehung der Ehegatten als gegen Ehestörungen geschütztes Recht zugrunde zu legen, so muß auf der anderen Seite doch klargestellt werden, daß eine Verletzungshandlung, mag sie nun vom ungetreuen Ehegatten, vom Drittstörer oder von beiden ausgehen, *zugleich* mit dem relativen aus der Ehe fließenden Recht ein *anderes* allgemein geschütztes Rechtsgut, insbesondere die Gesundheit, aber auch anerkannte Ausstrahlungen des allgemeinen Persönlichkeitsrechts wie die Ehre verletzen oder den Tatbestand einer Schutzgesetzverletzung i. S. des § 823 II BGB oder den des § 826 BGB erfüllen kann. Die Auffassung des BGH, eine Gesundheitsbeschädigung, die im Gefolge einer Ehewidrigkeit eintritt, sei keine unerlaubte Handlung i. S. des § 823 I BGB[99]), ist nicht haltbar. Das zeigt als Beispiel etwa die infolge einer Sachbeschädigung — man denke an den Schock über den Tod eines geliebten Haustiers — oder einer Verleumdung eintretende Gesundheitsbeschädigung: Wenn diese adäquat-kausal herbeigeführt ist und auch vorhersehbar war, so ist sie als selbständige unerlaubte Handlung aufzufassen und kann als solche den Anspruch auf Zahlung eines Schmerzensgeldes auslösen[100]), was bei der Auffassung als Folgeschaden der Sachbeschädigung oder der Verleumdung wegen § 253 BGB nicht der Fall wäre[101]).

Die *richtige* Frage hat das RG für die auf § 823 II BGB in Vbdg. mit § 185 StGB gegründete Unterlassungsklage gestellt: Es kommt darauf an, ob die Regelung, welche die Rechtsbeziehung der Ehegatten im Familienrecht und den zugehörigen Vorschriften der ZPO gefunden hat, *übergreifend* die Sanktion von im Gefolge der Verletzung ehelicher Pflichten eintretenden Rechts- oder Schutzgesetzverletzungen ausschließen will. Darauf wird zurückzukommen sein.

III. Die Ansprüche gegen den ungetreuen Ehegatten

1. Der Erfüllungsanspruch. Erkennt man, daß es die den einen Ehegatten mit dem anderen verbindende Rechtsbeziehung ist, welche als gegen Ehestörungen geschütztes Recht in Betracht kommt, so rückt sogleich die Frage in das richtige Licht, in welchem Umfang ein Rechtschutz der *Ehe-*

---

[98]) Kritisch zum Genossenschaftsgedanken vor allem *Dölle*, Familienrecht I, § 32 I (S. 370 ff.), aber auch schon *Kipp—Wolff* aaO. § 31 I vor 1 und 1 (S. 102) gegen *v. Gierke*, Das Deutsche Genossenschaftsrecht Bd. II, § 36 I (S. 931 f.).

[99]) BGHZ 23, 279 (282).

[100]) Vgl. für den Fall der Verleumdung RGZ 142, 116 (122 f.); dazu *Bötticher*, Die Einschränkung des Ersatzes immateriellen Schadens und der Genugtuungsanspruch wegen Persönlichkeitsminderung, MDR 1963, S. 353 ff. (S. 354 Note 8).

[101]) Sieht man allerdings, wie etwa *Stoll* in seinem erwähnten Gutachten für den 45. Deutschen Juristentag (S. 49 ff.), § 253 BGB als nicht mehr länger zu respektierende „legislative Fehlleistung" an, so ist das Schmerzensgeld auch als Folgeschaden der Sachbeschädigung bzw. Verleumdung zu gewähren. Vgl. *Stoll* aaO. S. 130.

gatten gegeneinander mit dem besonderen Charakter des familienrechtlichen Verhältnisses der Ehe überhaupt vereinbar ist. Denn alle Hinweise auf den vorwiegend sittlichen Charakter der Ehe einerseits und auf die Ehe als eine auch wirtschaftliche Lebensgemeinschaft andererseits vermögen über deren Schutzbereich weniger auszusagen als die konkrete rechtliche Ausgestaltung der Rechte und Pflichten von Mann und Frau. Das gilt um so mehr, als diese rechtliche Ausgestaltung gekennzeichnet ist durch ein sonst nicht geläufiges Hereinspielen *prozessualer Elemente*, nämlich des besonderen Eheprozesses der §§ 606 ff. ZPO und des Zwangsvollstreckungsverbots des § 888 II ZPO.

Es besteht ja kein Zweifel, daß die aus der Generalklausel des § 1353 I BGB abzuleitenden einzelnen Pflichten der Ehegatten, wie die Pflicht zum Zusammenleben, die Treupflicht (die insbesondere eine Pflicht ist, ehewidrige Beziehungen zu anderen zu unterlassen) und die Unterstützungspflicht, *echte Rechts*pflichten und keineswegs nur sittliche Pflichten sind. Ihnen entspricht infolgedessen auch ein *materiellrechtlicher* Erfüllungs*anspruch* des anderen Ehegatten. Dieser muß sich nach dem Sinn des § 1353 I BGB auf alle Maßnahmen erstrecken, die zur Wiederherstellung erforderlich sind, also auf die Beseitigung eingetretener und die Unterlassung weiterer Störungen ebenso wie auf positive Maßnahmen, die die eheliche Lebensgemeinschaft verlangt. Als einzige auf materiellrechtlichem Gebiet liegende besondere Einschränkung dieses Erfüllungsanspruchs könnte man den schon erwähnten Umstand bezeichnen, daß der Ehegatte, der Erfüllung der ehelichen Pflichten verlangt, selbst zur Herstellung der ehelichen Lebensgemeinschaft bereit sein muß.

Einschneidende *Beschränkungen* muß sich dieser materiellrechtliche Erfüllungsanspruch erst auf der *Ebene des Prozeßrechts* gefallen lassen, wo das Gesetz für die Herstellungsklage den Eheprozeß der §§ 606 ff. ZPO und das Zwangsvollstreckungsverbot des § 888 II ZPO bereithält.

Daß der Gesetzgeber die Herstellungsklage in den besonderen Eheprozeß einbezogen hat, bedeutet, wie die Vorschriften der §§ 606 ff. ZPO ergeben, vornehmlich, daß er die Verurteilung zur Erfüllung der den Ehegatten obliegenden persönlichen Pflichten bei einem Gericht konzentrieren (§ 606 I ZPO), der Mitwirkung des Staatsanwalts (§ 607 ZPO) und dem Untersuchungsgrundsatz (§§ 617, 622 ZPO) aussetzen, nicht dem Versäumnisurteil gegen den Beklagten anheimgeben (§ 618 IV ZPO) und vor allem vom Vorangehen eines Sühneversuchs (§§ 608 ff. ZPO) abhängig machen will. Ohne daß es hier schon darauf ankäme, welche Beweggründe den Gesetzgeber im einzelnen zu diesen Sicherungen des Herstellungsprozesses veranlaßt haben und inwieweit diese auch heute noch sinnvoll sind[102]), muß gesagt werden, daß sie jedenfalls für *alle* persönlichen Pflichten der Ehegatten *gleich* sinnvoll sind, denn man vermag nicht zu sehen, warum eine Klage aus der Treupflicht weniger der Verfahrenssicherung bedarf als eine Klage aus der Pflicht zum Zusammenleben oder aus der Unterstützungspflicht und umgekehrt. Es würde deshalb in der Tat nicht einleuchten, wollte man für manche dieser Pflichten neben dem besonderen Eheprozeß oder an dessen Stelle das gewöhnliche Streitverfahren vorsehen, und zwar

[102]) Vgl. dazu noch ausführlich unten IV 2 (S. 194 ff.).

auch dann nicht, wenn der Anspruch auf ihre Erfüllung im Gewande einer auf § 823 I BGB oder § 823 II BGB in Vbdg. mit § 172 StGB oder Art. 6 I GG gestützten Unterlassungsklage aufträte.

Das bestätigt uns zunächst unser allgemeines und unter II für den Bereich der Ehestörung erneut festgestelltes Prinzip, daß es nicht zweckmäßig wäre, den sich aus einer speziellen Rechtsbeziehung ergebenden Rechten und Pflichten noch aus anderen Vorschriften, insbesondere des Deliktsrechts, begründete Rechte und Pflichten gleichen Inhalts anzulagern. Es konfrontiert uns aber auch mit der Rechtsprechung des BGH zum räumlich-gegenständlichen Bereich der Ehe, da das Gericht *dort* ungeachtet des Gewichts, das es sonst im Gefolge des Reichsgerichts auf die Ausschließlichkeit des Eheprozesses legt, die Unterlassungsklage im gewöhnlichen Streitverfahren zulassen will. Doch dürfte auch diese Konfrontation zugunsten des hier eingenommenen Standpunktes ausfallen:

Es leuchtet nicht ein, warum die auf Herstellung der ehelichen Lebensgemeinschaft gerichtete Klage gegen den ungetreuen Ehemann, der seiner Geliebten eine eigene Wohnung hält, an das Verfahren der §§ 606 ff. ZPO gebunden sein soll, während die Klage gegen den Ehemann, der die Geliebte in die Ehewohnung, sein Haus oder seine Geschäftsräume aufgenommen hat, im ordentlichen Streitverfahren geltend gemacht werden kann. Ob eine Verletzung der ehelichen Treupflicht vorliegt, insonderheit, ob ehewidrige Beziehungen zu der betreffenden Frau wirklich bestehen, muß in beiden Fällen festgestellt werden. In beiden Verfahren werden deshalb auch die inneren Verhältnisse der Ehe vor Gericht erörtert werden müssen. Beidesmal sind deshalb auch die besonderen Sicherungen des Eheprozesses gleich sinnvoll, insbesondere ergeben sich für den dem Eheprozeß vorgeschalteten Sühneversuch in beiden Fällen die gleichen Ansatzpunkte.

Die Einbeziehung auch der Klage auf Wahrung des räumlich-gegenständlichen Bereichs der Ehe in den besonderen Eheprozeß bedeutet für sich genommen nun noch nichts weiter als einen Wechsel der Verfahrensart, dem als sachgerecht zuzustimmen nicht schwerfällt. Praktischen Bedenken scheint die gleiche Einbeziehung jedoch zu begegnen, soweit es um die weitere, für Herstellungsverlangen gegebene prozessuale Besonderheit, das Zwangsvollstreckungsverbot, geht. Die höchstrichterliche Rechtsprechung erkennt dem § 888 II ZPO ja eine ebenso umfassende Wirkung wie den §§ 606 ff. ZPO zu und schließt aus dem Wortlaut des § 888 ZPO („Handlungen") sogar, daß man, um eine Anwendung des § 890 ZPO zu vermeiden, eine Verurteilung zu Unterlassungen bei Herstellungsklagen nicht für zulässig halten dürfe. Und auch diejenigen, die das letztere Argument für zu formalistisch und eine Verurteilung zu Unterlassungen für möglich erklären, tun das doch nur mit der Maßgabe, daß solche Urteile ebenfalls dem Zwangsvollstreckungsverbot des § 888 II ZPO unterfallen sollen[103]). Daraus scheint zu folgen, daß ein Anspruch auf Wahrung des räumlich-gegenständlichen Bereichs der Ehe, wenn man ihn aus der Pflicht zur ehelichen Lebensgemeinschaft herleitet, in keinem Falle durchsetzbar ist. Man geht deshalb wohl auch nicht fehl in der

[103]) Vgl. z. B. *Staudinger—Hübner* aaO. Anm. 44 vor § 1353.

Annahme, daß der Eindruck, die Barriere des § 888 II ZPO sei unübersteigbar, mitbestimmend für den Versuch des BGH gewesen ist, den Anspruch auf Wahrung des räumlich-gegenständlichen Bereichs der Ehe schon materiellrechtlich auf einem ganz anderen Boden als dem des Herstellungsverlangens anzusiedeln.

Mir scheinen diese Bedenken jedoch nicht zwingend zu sein. — Der Schlüssel zu ihrer Überwindung liegt im richtigen Verständnis des § 888 II ZPO. Daß aus dem Sinn des § 888 II ZPO ein Verbot *jeder* Form des Erfüllungszwanges für die sich aus § 1353 I BGB ergebenden Pflichten folge, überzeugt in dieser Allgemeinheit nicht. Es läßt sich im Gegenteil ein Sinn mit der Annahme verbinden, § 888 II ZPO verbiete die Vollstreckung eines Urteils auf Herstellung des ehelichen Lebens nur insoweit, als es sich um *unvertretbare* Handlungen i. S. des § 888 I handelt, lasse im übrigen aber die Zwangsvollstreckung offen, halte insbesondere also, wo diese in Betracht kommt, eine Vollstreckung nach § 887, nach § 890 und nach § 894 ZPO für möglich. Denn den Ehegatten wirklich zur *Herstellung* des ehelichen Lebens in dem Sinne zu zwingen, daß er durch Beugestrafen angehalten wird, zum verletzten Ehegatten zurückzukehren, bei ihm zu wohnen, ihn durch persönliche Handlungen zu unterstützen und mit ihm Geschlechtsgemeinschaft zu pflegen, ist etwas ganz anderes, als vertretbare Unterstützungshandlungen für ihn vornehmen zu lassen (§ 887 ZPO), die Kündigung einer Haushälterin oder die Erhebung der Klage auf Entfernung der Geliebten aus der Ehewohnung zu ersetzen (§ 894 ZPO), oder ihn zur Unterlassung der Aufnahme einer Geliebten zu zwingen (§ 890 ZPO). Widerspricht *dort* die Vollstreckung in der Tat sittlichem Empfinden, weil ein durch staatliche Maßnahmen erzwungenes Handeln des Ehegatten nicht zu der in der Freiheit der Ehegatten wurzelnden Lebensgemeinschaft, sondern nur zu deren Zerrbild führen würde, so wird der Ehegatte *hier* nur an von der ehelichen Lebensgemeinschaft wegführenden Handlungen gehindert, oder es werden ersetzbare und vertretbare Handlungen, die er nicht vornehmen will, ersetzt bzw. von anderen vorgenommen. Vor der Freiheit seines Entschlusses, die eheliche Lebensgemeinschaft durch sein persönliches Handeln wiederherzustellen oder nicht, macht die Zwangsvollstreckung halt. Gegen sie bestehen deshalb im Grundsatz keine Bedenken.

Zugegeben ist nur, daß eine Anwendung des Zwangsvollstreckungsverbots des § 888 II ZPO auf die Fälle der §§ 887, 890 und 894 ZPO dort in Betracht kommt, wo die Vollstreckung nach diesen Vorschriften zu einer *Umgehung* des § 888 II ZPO führen würde. Dazu aber muß nach den allgemeinen für die Gesetzesumgehung geltenden Regeln dargetan werden, daß eine Vollstreckung nach diesen Vorschriften in ihrer Auswirkung im konkreten Fall der mit einer Vollstreckung nach § 888 I ZPO verbundenen Negierung der freiheitlichen Grundlage der ehelichen Lebensgemeinschaft gleichkommt. Wo das eintritt, muß eine Wertung des einzelnen Falles ergeben. Sicherlich wird man aber sagen können, daß eine solche Negierung der freiheitlichen Grundlage der Ehe um so weniger eintritt, je mehr es sich bei den mit der Herstellungsklage geltend gemachten Unterlassungsansprüchen um die Wahrung des äußeren Rahmens der ehelichen Lebensgemeinschaft handelt. Wenn dem Ehemann untersagt wird, die Geliebte weiter in der Ehewohnung zu halten, so ist er damit noch nicht gezwungen, das Zusammenleben mit seiner Frau wiederaufzunehmen. Er muß eine äußerliche Beeinträchtigung der ehelichen Beziehungen aufgeben, was ihm zumutbarerweise auch abgezwungen werden kann. Die Rechtsprechung des BGH zum räumlich-gegenständlichen Bereich der Ehe läßt sich so sinnvoll in den Rahmen der allgemein für die ehelichen Pflichten geltenden Vorschriften einordnen, denn nach mehr als einer Zulassung der Zwangsvollstreckung besteht hier kein Bedürfnis.

Man sollte bei der Beurteilung der aus § 888 II ZPO zu ziehenden Folgerungen übrigens das zweite dort geregelte Zwangsvollstreckungsverbot, den Fall der Verurteilung zur Leistung von Diensten, nicht ganz aus den Augen lassen. Wohl ist dort seit der Entscheidung der Vereinigten Zivilsenate des Reichsgerichts vom 24. 1. 1910[104]) anerkannt, daß aus dem Dienstleistungsanspruch in der Regel kein Anspruch auf Unterlassung anderweitiger Dienste abgeleitet werden kann. Aber ebenso anerkannt ist, daß als Ausnahmen von dieser Regel Unterlassungsansprüche bestehen, wenn der Arbeitnehmer durch die anderweitige Arbeitsaufnahme gegen ein Wettbewerbsverbot oder eine besondere vertragliche Vereinbarung verstößt oder einen besonderen Treubruch begeht, etwa schädigenden Wettbewerb fördert. In diesen Fällen stellt sich die Frage, ob die Vollstreckung eines entsprechenden Unterlassungsurteils zur Umgehung des § 888 II ZPO führen würde. Sie wird von der herrschenden Meinung mit Recht nur in den Fällen bejaht, in denen der Arbeitnehmer, etwa in sehr spezialisierten Berufen, bei jeder anderweitigen Arbeitsaufnahme mit einem gerichtlichen Unterlassungsgebot rechnen, also seine Arbeitskraft praktisch gänzlich brach liegen lassen müßte[105]). Dem liegt die allgemeine — und deshalb auch für das Herstellungsurteil zutreffende — Erkenntnis zugrunde, daß die Feststellung einer Gesetzesumgehung nicht pauschal erfolgen kann, sondern einer differenzierenden Betrachtung der konkreten Fälle bedarf[106]).

Ist so in weitem Umfang eine Klage auf Unterlassung der Verletzung der sich aus der Ehe ergebenden Rechte und Pflichten zulässig, so ist erst recht kein Grund vorhanden, eine auf die drohende Verletzung *allgemein* geschützter Rechtsgüter oder *allgemeiner* Schutzgesetze gestützte Unterlassungsklage zu verweigern. Mit Recht hat daher das OLG Celle im Fall der Körperverletzung eines Ehegatten durch den anderen dem verletzten Ehegatten einen klagbaren Unterlassungsanspruch zugebilligt[107]). Auch im Falle einer Ehrverletzung kann eine solche Unterlassungsklage nicht grundsätzlich ausgeschlossen sein. *Vorsicht* muß nur bei der *Feststellung* einer solchen Ehrverletzung walten. Nicht jedes ehewidrige Verhalten ist zugleich eine Belei-

---

[104]) RGZ 72, 393 ff.

[105]) Vgl. dazu besonders die Abhandlungen von *Wenzel,* Die Durchsetzung der Arbeitspflicht des Arbeitnehmers im Falle des Vertragsbruchs, JZ 1962, S. 590 ff. (S. 593 ff.) und: Die einstweilige Verfügung gegen vertragsbrüchige Arbeitnehmer, DB 1966, S. 2024 ff. (S. 2029 f., insbes. Note 63), sowie *Hueck-Nipperdey,* Lehrbuch I, § 33 VII Anm. 60 (S. 211 f.) jeweils mit zahlreichen weiteren Nachweisen.

[106]) Vgl. dazu *meine* Anm. zum Urteil des BAG vom 14. 7. 1967, SAE 1968, S. 86 f.

[107]) NJW 1953, S. 1789 f.

digung des verletzten Ehegatten. Das würde auf die Verwechslung des sich aus der Ehe ergebenden relativen Rechts mit dem allgemeinen Persönlichkeitsrecht hinauslaufen, gegen die wir uns oben[108]) gewandt haben.

2. Man könnte meinen, die hier angestellten Überlegungen ließen sich auf die Frage eines *Schadensersatzanspruchs* bei Verletzung der ehelichen Pflichten dergestalt übertragen, daß, wenn schon gegen eine Vollstreckung von Unterlassungsbegehren in bestimmten Fällen nichts einzuwenden sei, jedenfalls erst recht nichts gegen den indirekten Zwang vorgebracht werden könne, der in der Haftung auf das Interesse liege, weswegen alle Einwendungen, die gegen solche Schadensersatzansprüche aus dem sittlichen Charakter der Ehe hergeleitet würden, hinfällig seien. Und man könnte insoweit wiederum an eine Parallele zu dem Fall der Verurteilung zur Leistung von Diensten denken, wo § 61 IV ArbGG sogar die Möglichkeit eröffnet, den Arbeitnehmer für den Fall des Nichtantritts der Dienste zu einer nach dem Ermessen des Gerichts festzusetzenden Entschädigung zu verurteilen. Indessen ist das nicht richtig. Im Unterschied gerade zu den Erfüllungsansprüchen handelt es sich bei der Frage, ob bei Verletzung ehelicher Pflichten Schadensersatz zu leisten ist, nicht um eine Frage, deren Spannungen erst auf dem Felde des Prozeßrechts sichtbar werden, sondern um eine solche, die auf dem Feld des materiellen Rechts entschieden werden muß. Es fragt sich, ob das Gesetz bei Verletzung ehelicher Pflichten eine *Haftung auf das Interesse materiellrechtlich überhaupt anordnet.*

Wie mir scheint, hat hier der BGH insoweit recht, als er die Antwort allein im Familienrecht suchen will. Denn man darf ja nicht verkennen, daß die Regeln des Schuldrechts, aus dem uns geläufig ist, daß die Pflichtverletzung eine Schadenshaftung nach sich zieht, im Familienrecht grundsätzlich *keine* Geltung beanspruchen können[109]), so daß eine solche Schadenshaftung in der Tat aus dem Familienrecht selbst abgeleitet werden müßte.

Wohl ist es auf der anderen Seite nicht zutreffend, wenn der BGH gegen solche Schadensersatzansprüche vorbringt, nach dem Prinzip des § 249 BGB müßten sie sich auf alle entstehenden Schäden erstrecken. Denn wenn schuldrechtliche Regeln im Familienrecht nicht gelten, so kann für eine Schadensersatzpflicht sehr wohl auch zwischen zu ersetzendem „Abwicklungsinteresse" (= eingetretene Nachteile) und nicht zu ersetzendem „Bestandsinteresse" (= künftig entgehende Vorteile) geschieden werden. Aber daraus, daß eine solche Unterscheidung möglich ist, folgt noch nicht, daß das Gesetz sie auch getroffen hat. Davor steht der Nachweis, daß das Familienrecht des BGB überhaupt an einen Ersatz des Schadens bei Nichterfüllung der ehelichen Pflichten denkt.

---

108) II 2 (S. 181).

109) Vgl. dazu schon die Motive zum Schuldrecht (bei *Mugdan* Band II, S. 2), wonach das Schuldrecht im allgemeinen für die *Obligationen* gelte, welche sachen-, familien- und erbrechtlichen Verhältnissen entspringen: Damit ist an Obligationen wie die Unterhaltspflicht gedacht, nicht aber an die personenrechtlichen Rechtsbeziehungen. Ebenso *Staudinger—Dietz,* Einl. vor § 1297, Anm. 25 und *Gernhuber,* Familienrecht § 1 III 3 (S. 6).

Dieser Nachweis aber ist m. E. auch, soweit es um das sogen. Abwicklungsinteresse geht, nicht zu führen. Weder können für diese vom Gesetzgeber des *BGB* entschiedene materiellrechtliche Frage die Motive zur *ZPO* ins Feld geführt werden, noch ist § 1359 BGB, der von der Sorgfalt handelt, für die die Ehegatten einander einzustehen haben, ein Beweis, denn dieser erstreckt sich auf alle, also auch die von vornherein vermögensrechtlichen Pflichten der Ehegatten, für die ein Interesseersatz in Betracht kommt[110]).

Den Ausschlag *gegen* eine Schadensersatzpflicht der Ehegatten scheint mir die Regelung zu geben, die das BGB für die wesentlichsten wirtschaftlichen Folgen der Ehe, den Unterhalt und den Zugewinnausgleich der Ehegatten, getroffen hat: So macht § 1361 BGB die Festsetzung des Unterhalts im Falle des Getrenntlebens von den Gründen abhängig, die zur Trennung der Ehegatten geführt haben (Absatz 1), und schränkt bei alleiniger oder überwiegender Schuld des Ehemanns an der Trennung die Verweisung der Ehefrau auf eigene Erwerbstätigkeit auf Fälle grober Unbilligkeit ein (Absatz 2). Damit lassen sich Schadensersatzansprüche nicht wohl vereinbaren, weil dem Richter bei ihrer Festsetzung einmal der ihm in § 1361 BGB mit den Generalklauseln: „Billigkeit" (Absatz 1) und „grob unbillig" (Absatz 2) eingeräumte Ermessungsspielraum abginge und weil zum anderen — übrigens auch nach Auflösung der Ehe — die Gefahr bestünde, daß die Berücksichtigung der Pflichtverletzung sowohl bei der Unterhaltsfestsetzung wie beim Schadensersatz zu ungerechtfertigten Vorteilen für den verletzten Ehegatten führen könnte. Gleiches läßt sich von der Regelung sagen, die die zu den Abwicklungsschäden zählenden Prozeßkosten der Scheidung, aber auch des Ehelichkeitsanfechtungsprozesses im § 1360 a BGB gefunden haben. Das Gesetz sieht für Kosten eines Rechtsstreits, der persönliche Angelegenheiten betrifft, nur eine *Vorschuß*pflicht des anderen Ehegatten vor, die sich nach ganz h. M. auch nach Abschluß des Rechtsstreits nicht in eine endgültige Zahlungspflicht wandeln kann[111]). Da es sich bei den Statussachen um Hauptfälle der Rechtsstreitigkeiten in persönlichen Angelegenheiten handelt, hätte es nahegelegen, daß das Gesetz für schadensersatzrechtliche Ansprüche auf Prozeßkostenersatz einen Vorbehalt aufgenommen hätte. Offenbar ist es aber der Meinung, daß solche Kosten im Verhältnis zueinander von den Ehegatten selbst zu tragen sind und eine Ersatzpflicht deshalb nicht in Betracht kommt. Schließlich ist § 1381 BGB zu nennen. Er legt für die Verweigerung des Zugewinnausgleichs wegen grober Unbilligkeit das Gewicht auf den Verstoß des den Ausgleich fordernden Ehegatten gegen die *wirtschaftlichen* Verpflichtungen, die sich aus dem ehelichen Verhältnis ergeben. Damit läßt er, wie auch in der Literatur nicht bestritten wird, erkennen, daß er einen Verstoß gegen *persönliche* Verpflichtungen zur Auslösung dieser wirtschaftlichen Sanktion allein nicht genügen lassen will[112]). Es liegt nahe, darin das *all-*

---

[110]) Das gilt insbesondere für die Unterhaltspflicht, auf die als einer von vornherein vermögensrechtlichen Schuld z. B. § 286 BGB anwendbar ist. Vgl. etwa *Brühl*, Unterhaltsrecht, S. 225.

[111]) *Palandt—Lauterbach*, Anm. 3 am Ende zu § 1360 a mit weiteren Nachweisen.

[112]) Vgl. *Staudinger—Felgentraeger*, Anm. 15 zu § 1381; *Palandt—Lauterbach*, Anm. 2 zu § 1381 mit dem ausdrücklichen Hinweis, daß das einer Scheidungsstrafe gleichkäme.

gemeine Prinzip ausgedrückt zu finden, daß die Verletzung der persönlichen Verpflichtungen, vom Unterhalt abgesehen, keine vermögensrechtlichen Sanktionen haben soll.

Ist der Rechtsprechung also im Ergebnis darin zu folgen, daß es Schadensersatzansprüche bei Verletzung der persönlichen Verpflichtungen der Ehegatten grundsätzlich nicht gibt, so geht es auf der anderen Seite sicher nicht an, solchen Ersatz *auch* auszuschließen, wenn infolge der Pflichtverletzung nicht nur ein Vermögensschaden, sondern ein Schaden an einem *allgemein* geschützten Rechtsgut (z. B. der Gesundheit) des verletzten Ehegatten eingetreten ist. Für einen *solchen* Willen des Gesetzes, der nicht nur eine Nichtübernahme der Grundsätze des Schuldrechts in das Familienrecht, sondern umgekehrt ein Übergreifen familienrechtlicher Regelungen auch in das Schuldrecht, nämlich in das Recht der unerlaubten Handlungen, darstellen würde, fehlen die Anhaltspunkte. Das eheliche Verhältnis zwischen zwei Personen kann es nicht rechtfertigen, daß eine Handlung, die andere in ihren allgemeinen Rechtsgütern, etwa in der Gesundheit beschädigt, sanktionslos bleibt, weder allgemein, noch dann, wenn die Gesundheitsbeschädigung im Gefolge einer Treupflichtverletzung auftritt. Ist der Gesundheitsschaden adäquat verursacht, so muß er ersetzt werden. Es ist insoweit also dem Urteil des Reichsgerichts RGZ 85, 335 ff., dem das OLG Karlsruhe (ZS Freiburg) zugestimmt hat[113]), und nicht der in BGHZ 23, 279 (282) vertretenen Auffassung des BGH zu folgen[114]).

Das gleiche muß gelten, wenn das Verhalten, das eine Verletzung der persönlichen Verpflichtungen der Ehegatten darstellt, zugleich den Tatbestand einer Schutzgesetzverletzung i. S. des § 823 II BGB oder den Tatbestand des § 826 BGB erfüllt. Läßt sich etwa feststellen, daß sich ein Ehegatte bei der Verletzung seiner Pflichten bewußt war, daß diese einen Vermögensschaden bei dem anderen Ehegatten herbeiführen könne, und nimmt er das in Kauf, so ist er, Sittenwidrigkeit des Verhaltens vorausgesetzt, nach § 826 BGB zum Schadensersatz verpflichtet. *Darein* hat übrigens auch die Rechtsprechung des BGH bislang noch keinen Zweifel gesetzt. Sie hat dem erwähnten Urteil des RG vom 23. 11. 1936[115]), welches dem Ehemann einen Anspruch gegen den (dritten) Ehebrecher auf Ersatz des Unterhalts für das im Ehebruch der Frau erzeugte, während der Ehe geborene Kind, dessen Ehelichkeit nicht mehr anfechtbar war, aus § 826 BGB zuerkannt hat, nur insoweit widersprochen, als sie im Gegensatz zum RG in der Erhebung des Anspruchs aus § 826 BGB ein nach § 1593 BGB verbotenes Geltendmachen

---

[113]) FamRZ 1961, S. 375 f.

[114]) Die (in den Einzelheiten freilich offengebliebene) Gestaltung des vom BGH zu entscheidenden Falles läßt es übrigens als möglich erscheinen, daß diesem bei der Einnahme seines Standpunktes das ganz andere Problem vorgeschwebt hat, welches aus dem Recht der unerlaubten Handlungen heute unter dem Stichwort der „Unfallneurose" geläufig ist: Es könnte sein, daß sich die Verletzung der ehelichen Verpflichtungen durch den Ehemann und die daher rührende Zerstörung der Ehe bei der verletzten Ehefrau als „Kristallisationspunkt für seelisches Fehlverhalten" (BGHZ 39, 313 [317]) ausgewirkt hat, nicht aber echte Ursache der eingetretenen seelischen und körperlichen Schäden gewesen ist.

[115]) RGZ 152, 397 ff.

der Unehelichkeit des Kindes sah. Die Begründung, die der BGH dieser Meinung gegeben hat, daß nämlich trotz des besonderen Gewichts, das dem § 826 BGB zukomme, die das uneheliche Kind schützende Vorschrift des § 1593 BGB die stärkere sei[116]), läßt erkennen, daß er dort, wo ein Fall des § 1593 BGB nicht vorliegt, der Anwendung des § 826 BGB, sei es nun auf den dritten Ehebrecher oder den ungetreuen Ehegatten, kaum etwas in den Weg legen würde.

IV. Der Schutz gegen den Drittstörer

Man mag fragen, warum unsere doch dem *Delikts*schutz relativer Rechte gewidmete Untersuchung im vorstehenden so ausführlich auf die Ansprüche der Ehegatten gegeneinander eingegangen ist, obwohl diesen, soweit es nur um ehewidriges Verhalten geht, keine Deliktsnormen zugrunde liegen, sie sich vielmehr allein nach den sich aus dem Familienrecht für die Ehe ergebenden Regeln richten. Der Grund liegt darin, daß man dem Haupteinwand der Rechtsprechung des RG und des BGH gegen eine Deliktshaftung des Drittstörers, der sogen. „Akzessorietät", nur gerecht werden kann, wenn man sich zuvor über die Tatbestände Klarheit verschafft hat, zu denen die Haftung oder besser: Nichthaftung des Drittstörers akzessorisch sein soll.

Die höchstrichterliche Rechtsprechung gebraucht den Einwand der Akzessorietät für Unterlassungs- und Schadensersatzbegehren in voneinander verschiedenen Nuancierungen. Soweit es um die Unterlassungsklage geht, stützt sie sich auf die *prozeßrechtlich* gefärbte Überlegung, daß sich ein Zwang gegen den Mitschuldigen als mittelbarer Zwang gegen den Ehegatten selbst auswirke, legt also das Gewicht auf den Schutz des schuldigen Ehegatten. Soweit der Schadensersatzanspruch in Frage steht, rücken *materiellrechtliche* Billigkeitserwägungen zugunsten des Drittstörers in den Vordergrund: Man meint, der Drittstörer nehme an der Eheverfehlung nur teil und könne daher noch weniger der Ersatzpflicht unterliegen wie der schuldige Ehegatte, zumindest aber sei es ausgeschlossen, ihn allein haften zu lassen. Das gibt uns Anlaß, dem Akzessorietätsgedanken im folgenden getrennt für Schadensersatzanspruch und Unterlassungsklage nachzugehen. Die Frage, welche Handlungen des Drittstörers als „Eingriffe" in die relative Rechtsbeziehung der Ehe anzusehen sind, wird erst im Anschluß daran behandelt, weil sie naturgemäß nur insoweit von Interesse ist, als die Haftung des Drittstörers nicht schon wegen des Akzessorietätseinwandes ausscheidet.

1. Indem wir im vorstehenden unter II unseren für die Schuldverhältnisse schon in § 10 aufgestellten Satz bekräftigt haben, daß bei der Beeinträchtigung relativer Rechte zwischen der eigenen Regeln folgenden Innenbeziehung und dem nach außen gerichteten Schutz zu trennen ist, scheinen wir, jedenfalls was die auf den *Schadensersatz* bezogene materiellrechtliche Seite der behaupteten Akzessorietät anlangt, eindeutig und vollständig die Partei der Kritiker der höchstrichterlichen Rechtsprechung ergriffen zu haben. Denn

---

116) BGH NJW 1962, S. 1057 f.; ebenso schon BGHZ 14, 358 ff.

wenn die Haftung des Drittstörers einen ganz anderen Rechtsgrund hat als die des schuldigen Ehegatten, so ist, sieht man von der Frage der Umgehung prozeßrechtlicher Vorschriften ab, nicht ersichtlich, wieso die Haftung des ersteren von der des letzteren abhängig sein soll. Die Haftung des an der relativen Rechtsbeziehung Beteiligten und des in sie eingreifenden Dritten folgen dann jeweils den eigenen Gesetzen; gerade im Bereich der Ehestörungen wird das an den verschiedenen Verschuldensmaßstäben — für den Drittstörer § 276 BGB, für die Ehegatten § 1359 BGB — besonders deutlich.

Indessen gilt das doch nur mit einer wesentlichen Einschränkung. Die relative Rechtsbeziehung gibt als das „sonstige Recht" das *Schutzobjekt* für die deliktische Haftung nach § 823 I BGB ab. Das aber bedeutet, wie wir zuletzt im voranstehenden, der einfachen Lizenz gewidmeten Paragraphen gesehen haben, daß Eingriffe Dritter vom Normzweck des § 823 I BGB *nur* erfaßt werden, wenn sie in den *Schutzbereich* des betroffenen Rechtes eingreifen.

Nun ist uns geläufig, daß wir den Schutzbereich der Rechte nicht nur gleichsam „horizontal" abgrenzen dürfen, indem wir fragen, ob das Recht gerade auch gegen die in Rede stehende Form der Beeinträchtigung Schutz gewähren will oder ob diese nur scheinbar das betreffende Recht verletzt, um entweder in den Schutzbereich eines anderen Rechtes einzugreifen oder — was den Rechtsschutz angeht — ganz sanktionslos zu bleiben. Es ist vielmehr — man denke an den viel diskutierten Fall der Verteidigerkosten, deren Ersatz der BGH bei einer Amtshaftungsklage aus Art. 34 GG in Vbdg. mit § 839 BGB zugesprochen, für § 823 I BGB aber versagt hat[117]) — auch in „vertikaler" Richtung zu fragen, ob die eingetretene *Folge* einer an sich das Recht verletzenden Handlung noch in dessen Schutzbereich gehört. Während nun aber diese vertikale Abgrenzung des Schutzbereichs bei der großen Mehrzahl der subjektiven Rechte nur zum Ausschluß einzelner Folgen aus dem Kreis des zu ersetzenden Schadens führt, stellt uns die unter III festgestellte Tatsache, daß die Verletzung ehelicher Pflichten nicht zu Schadensersatzansprüchen der Ehegatten gegeneinander führen kann, vor die Frage, ob nicht überhaupt *alle* vermögensrechtlichen Folgen der Ehestörung aus dem Schutzbereich dieses relativen Rechtes der Ehegatten gegeneinander herausfallen und deshalb auch ein *deliktischer* Schadensersatzanspruch nicht zu ihrem Ersatz verpflichten kann.

Mir scheint, man muß diese Frage bejahen. Es handelt sich bei dem Ausschluß von Schadensersatzansprüchen der Ehegatten gegeneinander anders als etwa bei dem besonderen Haftungsmaßstab des § 1359 BGB oder der Verweisung in den besonderen Eheprozeß der §§ 606 ff. ZPO, nicht nur um eine dem besonderen Charakter der Rechtsbeziehung Rechnung tragende *Modalität* der an sich bejahten Haftung, sondern es handelt sich um eine im Recht selbst angelegte Beschränkung auf das Erfüllungsinteresse, das auch im krassesten Fall der Ehestörung lediglich insoweit ein Wiederherstellungsinteresse ist, als der verletzte Ehegatte aus dem relativen Recht Beseitigung von Störungen und Unterlassung weiterer Störungen der ehelichen Lebensgemeinschaft verlangen kann. Ist diese Beschränkung aber dem relativen Recht im-

[117]) Vgl. dazu BGHZ 26, 69 (76 f.) einerseits und BGHZ 27, 137 ff. andererseits.

manent, so kann auch sein Deliktsschutz gegen Dritte diesen Schutzbereich nicht erweitern[118]).

Es bestätigt sich also die Auffassung derjenigen, die, wie *Esser*[119]), den Schadensersatzanspruch gegen den Drittstörer verneinen, weil sein Verhalten allein im Hinblick auf das geschützte Rechtsgut der Ehe, nicht aber mit Rücksicht auf die wirtschaftlichen Folgen rechtswidrig war. Der Einwand *v. Hippels*, wenigstens soweit es um die Haftung des Drittstörers gehe, müsse endlich das Interesse des verletzten Ehegatten den Vorrang haben, überzeugt nicht mehr, wenn man sich klarmacht, daß Gegenstand des Deliktsschutzes das relative Recht des Ehegatten ist: Ihm fehlt ein entsprechender Inhalt, an dem der Eingriff des Drittstörers ansetzen könnte.

Von dem skizzierten Verständnis des Akzessorietätsgrundsatzes aus mag man sich die Frage stellen, ob eine Schadensersatzpflicht des Drittstörers nicht insoweit in Betracht kommt, als das ehewidrige Verhalten vermögensrechtliche Folgen auch zwischen den Ehegatten haben kann, also vor allem hinsichtlich des nach der Scheidung vom schuldigen Ehegatten zu leistenden Unterhalts[120]). Auch das ist aber abzulehnen. Den Rechtsgrund für die Unterhaltspflicht nach Scheidung der Ehe gibt nicht das relative Recht der Ehegatten auf Herstellung der ehelichen Lebensgemeinschaft ab, sondern die Unterhaltsregelung der §§ 58 ff. EheG. Diese kann nicht als Anordnung eines Interesseersatzes wegen Verletzung der sich aus § 1353 I BGB ergebenden Pflichten aufgefaßt werden, sondern ist eine selbständige, die Unterhaltspflicht während der Ehe ablösende Regelung.

2. Die Beschränkung des Schutzbereichs des relativen Rechts der Ehegatten gegeneinander vermag nur den Ausschluß einer Schadenshaftung des Drittstörers, nicht aber den Ausschluß von *Unterlassungsbegehren* zu tragen, die gegen ihn gerichtet werden: Der unmittelbare Schutz gegen Ehestörungen gehört zum Kernbereich des Anspruchs auf Herstellung der ehelichen Lebensgemeinschaft, und gegen den (geschehenen oder drohenden) Eingriff des Dritten muß deshalb insoweit vorgegangen werden können, als es um diesen unmittelbaren Schutz, insbesondere also die Beseitigung von eingetretenen und die Unterlassung weiterer Ehestörungen geht. Der Erörterung bedarf in-

---

118) Es hält schwer, weitere Beispiele einer solchen Begrenzung des Schutzbereichs eines Rechts in unserem Rechtssystem zu finden. Man mag immerhin an die unvollkommenen, aber erfüllbaren Verbindlichkeiten denken, bei denen der Gläubiger nicht einmal einen Erfüllungsanspruch hat und deshalb ein Deliktsschutz gänzlich ausscheiden muß. Auch kann auf § 253 BGB als ein Beispiel dafür verwiesen werden, daß das Gesetz mitunter den gänzlichen Ausschluß bestimmter Folgen aus der Ersatzpflicht generell anordnet und nur Ausnahmen bei bestimmten Rechten zuläßt: Das ist dogmatisch der gleiche Fall, lediglich ist das Verhältnis von Regel und Ausnahme vertauscht.

119) Schuldrecht 2. Aufl., § 61 1 b (S. 246 f.). In der 3. Aufl. ist in dem den Rechtswidrigkeitszusammenhang behandelnden § 45 (S. 308 ff.) dieser Hinweis allerdings weggelassen.

120) Daß auf den Ersatz der Scheidungsprozeßkosten auch zwischen den Ehegatten kein materiellrechtlicher Anspruch besteht, ist bereits unter III 2 am Ende dargetan.

soweit nur der andere Aspekt des Akzessorietätsgedankens, die Frage der Umgehung der Vorschriften der §§ 606 ff. ZPO und des § 888 II ZPO.

Dabei ist § 888 II ZPO für uns von geringerer Problematik. Reduziert man mit uns das *Zwangsvollstreckungsverbot* darauf, dem Ehegatten die Freiheit der Entscheidung zu lassen, ob er die persönlich notwendigen Handlungen zur Herstellung der ehelichen Lebensgemeinschaft vornehmen will, so umgeht der „mittelbare Zwang", der in der Vollstreckung gegen den ehestörenden Dritten liegt, dieses Verbot regelmäßig nicht. Eher kann der Ehegatte seine eigene Entscheidung, ob er die eheliche Lebensgemeinschaft wiederherstellen will oder nicht, nach Beseitigung der Störung durch den Dritten unbeeinflußter treffen als vorher. Einzuräumen ist wieder nur, daß eine Zwangsvollstreckung dort zur Umgehung des § 888 II ZPO führen kann, wo sie in den Intimbereich des Ehegatten auf dem Weg über den Intimbereich seiner Beziehung zum Drittstörer einwirken will. Ein Verbot an den Dritten etwa, mit dem Ehegatten Geschlechtsverkehr zu pflegen oder ihn überhaupt zu treffen und mit ihm zu sprechen, würde in der Tat einer Zwangsvollstreckung gegen den Ehegatten in der Wirkung gleichkommen und muß deshalb ausgeschlossen sein. Je mehr sich aber das Unterlassungsbegehren auf den äußeren Rahmen der offenbar gewordenen Beziehung des Drittstörers zum ungetreuen Ehegatten beschränkt, um so weniger begegnet eine Zwangsvollstreckung Bedenken.

Schwieriger liegen die Dinge, was den besonderen Ehe*prozeß* betrifft. In der Tat verwundert es ja zunächst, daß alle die Sicherungen, die für einen Ehestörungsstreit zwischen den Ehegatten vorgesehen sind, bei Inanspruchnahme des Drittstörers sollen in Wegfall kommen können, obwohl im wesentlichen dieselben Geschehnisse Gegenstand des Prozesses sind und dieselben Personen — einmal als Beklagte, einmal als Zeugen — als Prozeßbeteiligte in Betracht kommen. Und die Bedenken verstärken sich, wenn man sich vergegenwärtigt, daß die Geltung verschiedener Prozeßmaximen die Gefahr divergierender Entscheidungen noch erhöht.

Man muß, um diese Bedenken zu überwinden, den Grund ins Auge fassen, mit dem die Besonderheiten des Eheprozesses gegenüber anderen Verfahrensarten gerechtfertigt werden. Man sagt, es bestehe ein öffentliches Interesse daran, daß die Ehe nicht ohne Grund für nichtbestehend oder nichtig erklärt oder aufgehoben oder geschieden, aber auch, daß eine nichtbestehende oder nichtige Ehe nicht aufrechterhalten werde[121]). Die Ehe solle, wie *Mitteis* es formuliert hat[122]), in jedem Ehestreit als Totalität im Prozeß befangen sein.

Dieser Grund paßt recht eigentlich nur für die anderen in § 606 ZPO genannten Ehesachen, nämlich die Scheidungs-, Nichtigkeits-, Aufhebungs- und Ehefeststellungsklage, nicht aber für die Herstellungsklage. Denn nur jene haben es mit Bestehen bzw. Nichtbestehen der Ehe als *ganzer* zu tun, während diese lediglich der Geltendmachung von Rechten und Pflichten *in* einer

---

[121]) So *Rosenberg*, § 161 I 4 (S. 803 f.); die Formulierung geht zurück auf die Motive zur Civilprozeßordnung (vgl. *Hahn*, Die gesamten Materialien zur Civilprozeßordnung Bd. I S. 398 und — für die Aufnahme der Ehefeststellungsklage durch das Änderungsgesetz von 1898 — Bd. VIII S. 119).

[122]) Reichsgerichts-Praxis Bd. III, S. 200.

bestehenden und in ihrem Bestehen nicht angezweifelten Ehe dient. Ist dort angesichts der vielfältigen von der Ehe ausgehenden sozialen und rechtlichen Wirkungen das öffentliche Interesse an der Einschränkung der Parteiherrschaft und der Gewährleistung einer auch materiell richtigen Entscheidung evident, so leuchtet weniger ein, welches Interesse der Staat an einem Begehren nimmt, daß der Ehegatte seinen Pflichten nachkomme. Der Grund für die Einbeziehung der Herstellungsklage in den Eheprozeß liegt denn auch woanders:

Die Motive zur Civilprozeßordnung von 1877 unterscheiden bei der Erörterung der Herstellungsklage zwei Fälle: Die Klage auf Herstellung des ehelichen Lebens, so führen sie aus[123]), habe sich in vollem Umfange nur in den Rechtsgebieten entwickeln können, in welchen die malitiosa desertio auf den Fall der Entweichung an einen unbekannten Ort beschränkt sei. Wo sich dagegen die Scheidung wegen Quasidesertion ausgebildet habe, erscheine die Herstellung des ehelichen Zusammenlebens nicht als Gegenstand einer selbständigen Klage, sondern als Zweck eines der Scheidungsklage wegen Desertion vorangehenden Verfahrens oder als Bestandteil des Desertionsprozesses selbst. Man kann davon ausgehen, daß der *zweite* der von den Motiven genannten Fälle den Gesetzgeber bewogen hat, die Herstellungsklage in den besonderen Eheprozeß einzubeziehen, denn wenn die Herstellungsklage nur „Vorläufer" der Scheidungsklage ist, so besteht in der Tat dasselbe Interesse an einem ordnungsgemäßen Verfahren wie bei der Scheidungsklage selbst[124]).

Liegt der tragende Grund für die Einbeziehung der Herstellungsklage in den Eheprozeß aber *hier,* so nötigt die Bewahrung dieses Verfahrens vor Umgehungen nicht dazu, eine Ehestörungsklage gegen Dritte auszuschließen. Denn diese gefährdet im Unterschied zu einer im gewöhnlichen Verfahren durchgeführten Herstellungsklage zwischen den Ehegatten, die Vorläufer der Scheidungsklage ist, die richtige Entscheidung des Scheidungsprozesses nicht.

Man darf nun freilich nicht verkennen, daß der enge Zusammenhang zwischen Herstellungsklage und Scheidungsklage heute nicht mehr besteht, nachdem § 1568 BGB, der die Scheidungsklage wegen böslichen Verlassens von der vorherigen Erwirkung und Nichtbefolgung eines Herstellungsurteils abhängig machte, außer Kraft getreten ist. Aber das rechtfertigt es nicht, der Einbeziehung des Herstellungsstreites nun einen anderen viel weiter tragenden Grund unterzuschieben. Eher kann man de lege ferenda die Ausklammerung der Herstellungsklage aus dem Eheprozeß erwägen[125]).

3. Kommen wir so zu dem Ergebnis, daß der gegen Dritte gewandte Schutz des Ehegatten vor Ehestörungen wohl nicht zu Schadensersatzansprüchen führen, aber doch nach den allgemeinen Regeln ein Begehren auf Beseitigung

123) *Hahn* aaO. Bd. I S. 397 f.

124) Man vgl. dazu auch die Formulierung von *Blomeyer,* Zivilprozeßrecht, § 120 II (S. 673): „Die Scheidungs-, Aufhebungs- und Herstellungsklage machen Störungen innerhalb einer gültigen Ehe geltend; die beiden ersten erstreben die *Beendigung* der Ehe, die dritte bereitet sie vor."

125) De lege lata scheint mir das angesichts des klaren Wortlauts des § 606 I ZPO nicht möglich zu sein.

eingetretener und Unterlassung weiterer Störungen begründen kann, so bleibt uns abschließend noch ein Wort zum *Eingriff* in das relative Recht des Ehegatten als der nach unserer Auffasssung notwendigen Voraussetzung einer Haftung zu sagen.

Wir können feststellen, daß sich das Kriterium des subjektiv oder objektiv gegen das Recht gerichteten Eingriffs auch hier bewährt. Der Hauptfall einer Ehestörung, das Unterhalten ehewidriger Beziehungen zu einem Ehegatten, ist in aller Regel von dem Bewußtsein des Dritten getragen, daß er damit in die eheliche Beziehung zwischen seinem Partner und dem verletzten Ehegatten eingreift. Fehlt es an diesem subjektiven Bezug der Handlung auf das Recht, so kann eine Haftung des Dritten in der Tat nur dort richtig sein, wo das Handeln kraft der Typizität des Sachverhalts objektiv als Eingriff in die Ehe erscheint. Das wird etwa dann der Fall sein, wenn der Dritte und der ungetreue Ehegatte wie ein Ehepaar zusammenleben: Weiß der Dritte hier nicht, daß sein Partner mit einem anderen verheiratet ist, so muß er unabhängig von einem Verschulden gleichwohl auf Unterlassung haften, weil seine Handlung das objektive Bild eines Eingriffs in die Ehe bietet. Anders, wo es an solcher Typizität fehlt: Es kann zur Auslösung des Unterlassungsanspruchs nicht genügen, wenn ein beliebiges Verhalten des Dritten nur verursacht, daß der Ehegatte seinen (dem Dritten nicht bekannten) ehelichen Pflichten nicht mehr nachkommt, sei es, daß er körperlich verletzt wird, sei es, daß eine psychische Einwirkung diese Folge hervorruft.

§ 13. Streik und Aussperrung als gegen das Arbeitsverhältnis gerichtete Eingriffe

I. Der Anspruch aus dem Arbeitsverhältnis als nach § 823 Abs. 1 BGB geschütztes Recht und die kollektivrechtliche Bewertung des Arbeitskampfes

1. Die Haftung für die durch Arbeitskämpfe angerichteten Schäden mit dem Recht der unerlaubten Handlungen des BGB zu bewältigen, hat Rechtsprechung und Dogmatik seit Inkrafttreten dieses Gesetzbuches Schwierigkeiten bereitet. Verhältnismäßig rasches Einverständnis konnte nur darüber erzielt werden, daß die Entscheidung des Reichsgerichts in Strafsachen vom 6. 10. 1890[120]), wonach die Drohung mit einer Arbeitsniederlegung zum Zweck der Erlangung günstigerer Lohn- und Arbeitsbedingungen als *Erpressung* im Sinne des § 253 StGB anzusehen sei — was dann über § 823 II BGB zur Schadensersatzpflicht der „Erpresser" geführt hätte — keinesfalls haltbar war, und daß auch die Annahme nicht begründet werden konnte, der Arbeitskampf stelle einen rechtswidrigen Eingriff in die als sonstiges Recht im

---

[120]) RGSt 21, 114 ff.

Sinne des § 823 I BGB aufzufassende *Entschluß- oder Handlungsfreiheit* des Kampfgegners dar: Gegen die erste Möglichkeit schlägt das Argument durch, mit welchem die Entscheidung des Reichsgerichts in Zivilsachen vom 12. 7. 1906 es abgelehnt hat, in einem gegen die Arbeitgeber gerichteten Boykottaufruf der Arbeitnehmer eine Drohung im Sinne des damaligen, den Koalitionszwang unter Strafe stellenden, § 153 GewO zu sehen, daß nämlich unmöglich angenommen werden könne, der Gesetzgeber habe mit dem die Koalitions- und Arbeitskampfverbote aufhebenden § 152 GewO das intensivere Zwangsmittel des Kampfes gestatten, das mildere seiner Androhung aber mit Strafe bedrohen wollen[127]). Und die Annahme einer Freiheitsverletzung scheitert, von der Frage der Widerrechtlichkeit ganz abgesehen, daran, daß richtiger Ansicht nach die allgemeine Handlungs- und Entschlußfreiheit nicht unter die nach § 823 I BGB geschützten Rechte fällt[128]).

Die eigentliche Auseinandersetzung kreiste von Anfang an um die Frage, ob in den Folgen eines Arbeitskampfes lediglich eine Vermögensbeschädigung gefunden werden könne, so daß eine Ersatzpflicht nur nach *§ 826* BGB in Betracht kommt, *oder* ob der Arbeitskampf das Recht des Arbeitgebers an seinem Gewerbebetrieb bzw. ein Recht des Arbeitnehmers auf Betätigung seiner Arbeitskraft oder am Arbeitsplatz verletze, so daß *§ 823 I* BGB anwendbar ist. Dabei hat schon die erwähnte Entscheidung des Reichsgerichts vom 12. 7. 1906 das Problem aufgezeigt, an dem eine Anwendung des § 823 I BGB bis in die Zeit nach dem 2. Weltkrieg hinein gescheitert ist: Das Recht am Gewerbebetrieb, führt das Gericht aus[129]), könne jedenfalls nur dann verletzt sein, wenn der Gewerbebetrieb *widerrechtlich* gestört sei; die Koalitionen gewerblicher Arbeiter zur Erlangung günstigerer Lohn- und Arbeitsbedingungen seien aber erlaubt, und die zur Erreichung dieses Zwecks von solchen Koalitionen oder ihnen zur Seite tretenden Personen ergriffenen Maßnahmen keineswegs schon deshalb rechtswidrig, weil durch sie bestehende selbständige Gewerbebetriebe geschädigt würden; eine solche Wirkung hätten, und zwar unter Umständen in durchgreifender Weise, auch Handlungen, die Ausfluß der allgemeinen und speziell der gewerblichen Handlungsfreiheit dessen, der sie vornimmt, seien und diesem in gleicher Weise freistünden, wie dem geschädigten Unternehmer sein eigener Gewerbebetrieb.

Dieses Problem der *Widerrechtlichkeit* der Rechtsverletzung konnte auch der auf dem mit dem Boykott befaßten 29. Deutschen Juristentag (1908) von

---

[127]) RGZ 64, 52 (56 ff.). Schon 1911 spricht *Maschke*, Boykott, Sperre und Aussperrung, S. 28 Note 1, davon, daß sich eine dieser Entscheidung folgende herrschende Meinung mit zunehmender Bestimmtheit herauszubilden beginne. Später hat dann *Nipperdey*, Grenzlinien der Erpressung durch Drohung unter besonderer Berücksichtigung der modernen Abreitskämpfe, eingehend dargelegt, daß „die Androhung eines Übels, dessen Zufügung nicht verboten ist, erlaubt (ist), wenn auch durch die Zufügung des Übels ein Vermögensvorteil erreicht werden kann oder soll". (aaO. S. 79).

[128]) Das ist oben § 7 II 1 (S. 102 f.) bereits dargelegt. Für den Boykott so auch schon *Oertmann*, Zivilrechtliche Folgen von Verrufserklärungen, Gutachten für den 29. Deutschen Juristentag (1908), Verhandlungen des 28. Deutschen Juristentags Band 2, S. 33 ff. (S. 57 f.).

[129]) AaO. S. 55 f.

Pape mit Unterstützung von *Lobe* unternommene Versuch, ein absolutes subjektives Recht auf freie Ausübung des Gewerbebetriebs und ein ebensolches Rechts auf ungehinderte Arbeitsbetätigung gegen Verrufserklärungen zu schützen[130]), nicht bewältigen: Wolle man nicht, erklärte dazu der Gegenberichterstatter *Rosin,* dessen Thesen sich in der Abstimmung durchsetzten, *jeden* Boykott als unerlaubte Handlung betrachten (wofür allerdings *Pape* eintrat), so müsse man mit dem Berichterstatter *Lobe* die in § 823 I BGB geforderte Widerrechtlichkeit des Eingriffs nicht nur dann nicht gegeben sein lassen, wenn ein gleich starkes oder gar stärkeres Recht des Verrufenden vorhanden sei, sondern auch schon dann, wenn ihm ein gleichwertiges *Interesse* zur Seite stehe. Mit dieser Interessenabwägung aber lange man, da die Fahrlässigkeit beim Verruf gar keine oder nur eine minimale Bedeutung habe, wieder auf dem Standpunkt des § 826 BGB an, indem man abwäge, ob das Interesse des Verrufenden nach dem Urteil aller billig und gerecht denkenden Menschen hinter demjenigen des durch den Verruf Verletzten zurückstehen müsse[131]).

Als sich der 34. Deutsche Juristentag (1926) mit der Haftung der Berufsvereine für unzulässige Kampfhandlungen beschäftigte, konnte *Nipperdey*[132]), ohne bei den Referenten *Sinzheimer* und *Nikisch* oder bei einem der Diskussionsredner Widerspruch zu erfahren, in seinem Gutachten gegen die Konstruktion des Rechts am Gewerbebetrieb und des Rechts des Arbeitnehmers auf Betätigung der Arbeitskraft aus den gleichen Überlegungen, die *Rosin* geleitet hatten, Einspruch erheben: Auf dieses Recht könne, führte er aus, der herkömmliche Begriff der Widerrechtlichkeit, die nur durch ein Recht zum Eingriff ausgeschlossen sei, nicht passen; sei es aber schon wenig wahrscheinlich, daß der Begriff der Widerrechtlichkeit in § 823 I BGB in Verbindung mit den einzelnen Rechten verschieden aufzufassen sei, so zeige sich die Unhaltbarkeit der bekämpften Ansicht darin, daß als Maßstab für diese Widerrechtlichkeit wiederum nur die objektive Sittenwidrigkeit in Betracht komme; § 826 BGB gebe also die Haftungsnorm ab, und zwar liege, darin sei der Rechtsprechung des Reichsgerichts zu folgen, ein Verstoß gegen die guten Sitten vor, wenn entweder das *Ziel* oder das *Mittel* dem Anstandsgefühl aller billig und gerecht Denkenden widerstreite oder *zwischen Mittel und Zweck* ein unerträgliches Mißverhältnis bestehe[133]).

---

[130]) *Pape,* Folgen der Verrufserklärungen, Gutachten für den 29. Deutschen Juristentag, Verhandlungen des 29. Deutschen Juristentages Band 4, S. 246 ff. und in der Diskussion Band 5, S. 210 ff., sowie das Referat von *Lobe* aaO. Band 5, S. 173 ff. In der Annahme eines Rechtes auf die Arbeitsfreiheit war bereits *Riezler,* Arbeitskraft und Arbeitsfreiheit in ihrer privatrechtlichen Bedeutung, ArchBürgR 27 (1906), S. 219 ff. (S. 241 ff.) vorausgegangen. *Pape* billigte übrigens das Recht auf ungehinderte Arbeitsbetätigung nur demjenigen Arbeiter zu, der einen Beruf erlernt hatte (aaO. S. 264; dahin tendierte auch schon *Riezler* aaO. S. 245 f.), weswegen *Lobe* insofern eine gesetzliche Klarstellung für angebracht hielt (aaaO. S. 188 f.).

[131]) *Rosin* aaO. Band 5, S. 195 ff. (S. 203 f.).

[132]) Haftung der Berufsverbände für unzulässige Kampfhandlungen, Verhandlungen des 34. Deutschen Juristentags Band 1, S. 395 ff. (S. 401 ff.).

[133]) AaO. S. 405.

Erst nach dem 2. Weltkrieg hat die herrschende Rechtsprechung und Lehre unter der Führung von *Nipperdey* eine Kehrtwendung vollzogen. Fußend auf der 1. Constanze-Entscheidung des Bundesgerichtshofs, die den Gewerbebetrieb als nicht mehr nur in seinem eigentlichen Bestand, sondern auch in seinen einzelnen Erscheinungsformen vor unmittelbaren Störungen geschützt ansah[134]), schlug *Nipperdey* in dem schon oben in § 1 erwähnten Zeitungsstreikgutachten vor, den Streik doch als Eingriff in das von ihm nun anerkannte Recht am Gewerbebetrieb anzusehen und seine Widerrechtlichkeit von der, vom Maßstab der Sittenwidrigkeit abzurückenden, *Sozialadäquanz* des Vorgehens abhängig zu machen[135]), für deren Vorliegen er später[136]) eine umfassende „Gesetzestafel"[137]) entwarf. Das Abrücken von § 826 BGB machte es dabei zugleich erforderlich, auf die Frage eines gegen Arbeitskampfmaßnahmen der Arbeitgeberseite geschützte Recht der Arbeitnehmer zurückzukommen. *Nipperdey* löste sie nicht im Sinne eines Rechts auf freie Betätigung der Arbeitskraft, welches er erst in zweiter Linie heranziehen wollte, sondern im Sinne eines *Rechts am Arbeitsplatz*, das er auf der geschichtlichen Entwicklung und dem Sinn des Kündigungsschutzgesetzes aufbaute[138]).

Diese neue Wendung ist nun freilich keineswegs ohne Widerspruch geblieben, mag ihr auch das BAG, was die Bewertung des Streiks als Eingriff in den Gewerbebetrieb anlangt, in ständiger Rechtsprechung gefolgt sein[139]). Die Kritik hat dabei vor allem zwei Ansatzpunkte. Sie bestreitet einmal die Existenz der als geschützt in Aussicht genommenen Rechte und sie meint, daß die Probleme sich nach wie vor mit § 826 BGB besser lösen ließen als mit einer Anwendung des § 823 I BGB. Auf diese Kritik im einzelnen einzugehen, ist hier nicht notwendig. Darauf hinzuweisen, daß wir im Verlauf unserer Untersuchung die in letzter Zeit wieder zunehmenden Angriffe gegen das Recht am Gewerbebetrieb vermerkt haben[140]), daß das Recht am Arbeitsplatz in Konflikt mit dem, Kampfhandlungen aus dem Bereich des Kündigungsschutzgesetzes gerade ausnehmenden § 23 KSchG gerät[141]), und daß die Abkehr von § 826 BGB zu einer in ihrer Berechtigung umstrittenen Verschärfung der Haftung für Arbeitskämpfe führt[142]), genügt für die Fest-

---

134) BGHZ 3, 270 (279 f.).

135) Zeitungsstreikgutachten, S. 33 ff.

136) Der Arbeitskampf als unerlaubte Handlung, Festschrift für Sitzler (1956), S. 79 ff. (S. 96 ff.) und Lehrbuch des Arbeitsrechts (6. Aufl.) § 49 VI (S. 641 ff.).

137) *Bötticher*, Zur Rechtswidrigkeit von Arbeitskämpfen, BB 1957, S. 621 ff. (S. 621).

138) Festschrift für Sitzler, S. 92 ff. und Lehrbuch § 49 IV (S. 637 ff.). Ähnliche Erwägungen zuvor schon bei *Hedemann*, Der Arbeitsplatz als Rechtsgut, RdA 1953, S. 121 ff. *Nipperdey* folgend *Herschel*, Die Betriebszugehörigkeit als geschütztes Rechtsgut, RdA 1960, S. 121 ff. und von seinem, uns aus dem § 3 bekannten Standpunkt aus *Fabricius*, AcP 160, S. 305 ff.

139) Vgl. den Nachweis oben S. 5 Note 22.

140) Oben § 4 I 1 (S. 49 f.) und § 9 II (S. 129 f.). Vgl. auch die scharfe Kritik von *Wolf*, Festschrift für v. Hippel, S. 665 ff.

141) *Bötticher*, BB 1957, S. 623; *Nikisch*, Arbeitsrecht Band II, § 64 II 5 (S. 127 f.); gegen die Bedenken *Böttichers Fabricius*, AcP 162, S. 310 ff.

142) *Bötticher* aaO.; *Nikisch* aaO. § 64 II 4 (S. 119 ff.); *Steindorff* in der Besprechung des Lehrbuchs von Nikisch JZ 1960, F. 582 ff.

stellung, daß die Suche nach der richtigen Haftungsgrundlage für deliktische Arbeitskämpfe noch nicht zu Ende ist.

2. Diese Unsicherheit über die Haftungsgrundlage erleichtert es uns, unseren Standpunkt zu vertreten. Denn indem wir die aus dem Arbeitsverhältnis sich ergebenden Forderungen (des Arbeitgebers auf Leistung der Dienste, des Arbeitnehmers auf Zahlung des Lohns) als nach § 823 I BGB geschützt ansehen, soweit sich ein Eingriff gerade gegen sie richtet, gewinnen wir der Haftung für rechtswidrige Arbeitskampfmaßnahmen jedenfalls im Kernbereich der Fälle eine neue Grundlage: Die von der Gewerkschaft oder dem Arbeitgeberverband ergriffene Kampfmaßnahme richtet sich ihrem Sinn nach in aller Regel auf den Bruch der den einzelnen Arbeitnehmern bzw. Arbeitgebern obliegenden Vertragspflichten und damit unmittelbar gegen die aus dem Arbeitsverhältnis sich ergebenden Ansprüche des einen oder anderen Teils, verletzt damit ein Recht i. S. des § 823 I BGB und verpflichtet im Falle der Rechtswidrigkeit nach dieser Vorschrift zum Schadensersatz.

Ebenso können wir auf unserer Seite verbuchen, daß die Begründungen, die man der neuen Wendung zum Recht am Gewerbebetrieb und zum Recht am Arbeitsplatz gegeben hat, schon wesentliche *Schritte auf den Schutz der aus dem Arbeitsverhältnis sich ergebenden Ansprüche hin* enthalten: Es soll nicht mehr nur der Bestand des Gewerbebetriebes, sondern es sollen seine „Ausstrahlungen“ geschützt werden; die Ausstrahlung des Gewerbebetriebs, um die es hier geht, ist aber gerade der Anspruch des Arbeitgebers auf die Arbeitsleistung der bei ihm unter Vertrag stehenden Arbeitnehmer. Und auf der anderen Seite knüpft das Recht am Arbeitsplatz, indem es auf dem Kündigungsschutz aufbaut, an das Bestehen der einzelnen Arbeitsverhältnisse und damit an die Ansprüche des Arbeitnehmers auf Lohn und Beschäftigung an. Stellt man dieser Beobachtung noch die andere zur Seite, daß *Tomandl* neuerdings auch für § 826 BGB das Arbeitsverhältnis in den Vordergrund rückt, indem er den Arbeitskampf als in der Regel deshalb sittenwidrige Vermögensbeschädigung ansehen will, weil er eine vorsätzliche Verleitung zum Vertragsbruch darstelle[143]), so erweist sich unsere Auffassung auch als keineswegs so revolutionär wie es auf den ersten Blick scheinen mag.

Dennoch können wir sie nicht einfach als für die Übernahme in das Arbeitskampfrecht geeignet hinstellen. Der Arbeitskampf ist ein *kollektives* Geschehen, nämlich ein Handeln der Gruppe oder gegen die Gruppe. Dieses kollektive Geschehen ist aber auch kollektiv-*rechtlich* zu bewerten[144]). Daraus folgt: Wenn wir die Erfolgsaussichten unserer Auffassung im Arbeitskampfrecht überprüfen wollen, müssen wir fragen, ob die Folgerungen, zu

---

[143]) Streik und Aussperrung als Mittel des Arbeitskampfes, S. 207 ff. Ähnlich findet *Fabricius* von seinem, von uns in § 3 behandelten, Standpunkt aus in der Verleitung des Arbeitnehmers zum Vertragsbruch einen Eingriff in das Recht am Gewerbebetrieb (Einwirkungen von Streik und Aussperrung auf den Arbeitsvertrag, RdA 1962, S. 94 ff. [S. 97 f.]).

[144]) So jedenfalls seit der richtungweisenden Entscheidung des Großen Senats des BAG vom 28. 1. 1955 (BAGE 1, 291 ff. = AP Nr. 1 zu Art. 9 GG „Arbeitskampf“) die ganz herrschende Meinung, deren grundsätzliche Kritik nicht die Aufgabe der vorliegenden Untersuchung sein kann.

denen diese kollektivrechtliche Bewertung des Arbeitskampfes nötigt, mit den Folgerungen in Einklang stehen, die sich aus unserer schadensersatzrechtlichen Auffassung ergeben[145]).

Gemessen an der Rechtsprechung des BAG scheint diese Übereinstimmung zu fehlen: Stellt man die Anwendung des § 823 I BGB auf die Richtung der Handlung gegen den individuellen Arbeitsvertrag ab, so wird als Kehrseite die Ersatzpflicht dort ausgeschlossen, wo der Individualvertrag nicht tangiert ist. Maßnahmen, die Arbeitnehmer und Arbeitgeber auf dem Boden der ihnen nach dem Arbeitsvertrag zustehenden Rechte ergreifen, insbesondere Kündigungen und die Ausübung von Zurückbehaltungsrechten, wären von der Haftung nach § 823 I BGB ebenso frei wie Aktionen der Gewerkschaften und Arbeitgeberverbände, die die Arbeitsverträge respektieren (etwa nur ihre ordnungsgemäße Auflösung anstreben) oder gar den Kampfgegner an anderer Stelle zu beeinträchtigen suchen, wie es etwa geschieht, wenn der Arbeitgeber an der Einstellung neuer Arbeitskräfte gehindert werden soll.

Gerade umgekehrt sind solche Fälle aber vom BAG entschieden worden: Das BAG hat in einem Urteil vom 20. 12. 1963[146]) wegen eines „wilden" (also von der Gewerkschaft nicht gebilligten) Streiks verklagten Arbeitnehmern die Nachprüfung geltend gemachter Zurückbehaltungsrechte verweigert, im Urteil vom 28. 4. 1966[147]) kollektive Änderungskündigungen von Arbeitnehmern als Arbeitskampf gewertet, der mangels gewerkschaftlicher Billigung die fristlose Entlassung des Anführers rechtfertige, und in einem weiteren Urteil vom 20. 12. 1963[148]) Absperrungsmaßnahmen der Gewerkschaft gegen einen bestreikten Arbeitgeber als Streik bezeichnet, der einen Eingriff in den eingerichteten und ausgeübten Gewerbebetrieb darstelle.

Eine weitere Diskrepanz zeigt sich hinsichtlich Begründung und Umfang der Haftung bei einem rechtswidrigen Arbeitskampf. In der Konsequenz der hier vertretenen Auffassung liegt es, daß die streikenden Arbeitnehmer und aussperrenden Arbeitgeber, soweit es um die Verletzung ihres eigenen Vertrages geht, als handelnde Vertragspartner nur *aus* diesem Vertrag in Anspruch genommen werden können, nicht aber aus § 823 I BGB: Es ist davon auszugehen, daß der Vertrag auch die Haftung abschließend regeln will und diese dem Willen der Parteien entsprechende Regelung nicht deliktsrechtlich

[145]) Mit dieser Fragestellung verzichten wir bewußt darauf, aus der *eigenen* Auffassung Konsequenzen für die kollektivrechtliche Bewertung des Arbeitskampfes abzuleiten, wie das insbesondere *Fabricius* RdA 1962, S. 96 ff. tut, wenn er aus seiner Meinung, daß die in einem Streikaufruf liegende Verleitung zum Vertragsbruch als sittenwidrige Vermögensbeschädigung oder als Eingriff in den Gewerbebetrieb aufgefaßt werden müsse, die Folgerung zieht, der Streik sei auf der kollektivrechtlichen und auf der individualrechtlichen Ebene gleich zu behandeln, so daß sich dann nur noch frage, ob dieser rechtmäßig oder rechtswidrig sei. Uns geht es in diesem 4. Teil unserer Untersuchung um die *Bewährung* der eigenen Auffassung, so daß wir uns bei der Herstellung der Übereinstimmung auf die *immanente Kritik* der aus der kollektivrechtlichen Bewertung des Arbeitskampfes insbesondere von der Rechtsprechung gezogenen, unserer Auffassung widersprechenden Folgerungen beschränken.

[146]) BAGE 15, 174 ff. = AP Nr. 32 zu Art. 9 GG „Arbeitskampf".

[147]) AP Nr. 37 zu Art. 9 GG „Arbeitskampf".

[148]) BAGE 15, 211 ff. = AP Nr. 34 zu Art. 9 GG „Arbeitskampf".

überlagert werden kann[149]). Das BAG ist demgegenüber offensichtlich der Auffassung, daß vertragliche Haftung und Haftung aus § 823 I BGB wegen Eingriffs in den Gewerbebetrieb nebeneinander bestehen können[150]).

Für uns ergibt sich daraus: Wir müssen sehen, ob die Eigenschaft des Arbeitskampfes als kollektives und damit kollktivrechtlich zu bewertendes Phänomen wirklich zu den vom BAG gezogenen Folgerungen führt oder ob die dogmatisch einwandfreieren und sachgerechteren Ergebnisse bei der mit unserer Auffassung verbundenen Respektierung der Grenzen arbeitsvertraglicher Bindung eintreten. Die Lösung dieser Aufgabe soll so angegangen werden, daß das Verhältnis kollektivrechtlicher und individualrechtlicher Sicht zunächst im Blick auf die einzelnen Arbeitnehmer und Arbeitgeber untersucht und dann gefragt wird, was sich aus der kollektivrechtlichen Schau für die Bewertung der Aktionen der Verbände ergibt. Auf der Grundlage der so gewonnenen Ergebnisse sollen dann die Folgerungen für den Umfang der Haftung der einzelnen Arbeitnehmer und Arbeitgeber wie der Verbände gezogen werden.

II. Individualrechtliche und kollektivrechtliche Bewertung kollektiver Aktionen in der Person des einzelnen Arbeitnehmers und Arbeitgebers

1. Um die Arbeitskampfrechtsprechung des BAG in ihrem Kern zu verstehen, muß man auf die Entscheidung des Großen Senats vom 28. 1. 1955 zurückgehen.

Das der Entscheidung zugrunde liegende Problem war, wie das Gericht im Anschluß an *Bulla*[151]) selbst formuliert hat, „die Frage des richtigen Verhältnisses des Arbeitskampfes und der Kampfhandlungen zum Rechtskreis des individuellen Arbeitsvertrages *dort, wo* das Kampfverhalten des einzelnen diesen Rechtskreis berührt und mit ihm kollidiert[152]). Mit anderen Worten: Es ging darum, ob ein Verhalten — die Arbeitsniederlegung —, welches gegen den Arbeitsvertrag verstößt, gerechtfertigt ist, weil es im Verfolg eines Arbeitskampfes geschieht, also um die Frage, welchem von zwei an das Verhalten des streikenden Arbeitnehmers appellierenden Rechtskreisen in der Kollision der Vorrang gebührt.

In der Literatur ist inzwischen hervorgehoben worden[153]), daß sich diese Frage befriedigend mit der Überlegung lösen läßt, daß die einzelvertragliche

---

149) Das ist oben in § 10, 1 (S. 140 ff.) näher ausgeführt.

150) In AP Nr. 3 zu § 1 TVG „Friedenspflicht" ist die Ersatzpflicht der einzelnen Arbeitnehmer auf Vertragsverletzung gestützt, in BAGE 15, 174 ff. auf § 823 I BGB.

151) Das zweiseitig kollektive Wesen des Arbeitskampfes, 1. Festschrift für Nipperdey (1955), S. 163 ff.

152) BAGE 1, 294; Hervorhebung von mir.

153) Vgl. insbesondere *Zeuner*, Arbeitskampf und Arbeitsvertrag, JZ 1962, S. 425 ff., S. 426 ff. und für die Aussperrung S. 429; aber auch schon *Hueck*, Probleme des Streikrechts, RdA 1956, S. 201 ff. (S. 205); neuestens wieder *Kraft*, Arbeitsvertrag und kollektive Kampfmaßnahmen, RdA 1968, S. 286 ff., S. 292 m. w. Nachw. in Note 94.

Ordnung der Arbeitsbedingungen gegenüber der tarifrechtlichen Regelung und damit auch gegenüber dem legitimen Ringen um diese Regelung offen und unvollständig ist. Es wäre ein Widerspruch, wollte das Gesetz den Bruch des Arbeitsvertrages dort als rechtswidrig bewerten, wo er erfolgt, um die fehlende Gleichgewichtigkeit seiner Partner in kollektiver, der Neugestaltung der Arbeitsverhältnisse dienender Aktion auszugleichen. Überträgt der Staat Arbeitnehmern und Arbeitgebern die Funktion, für diesen Ausgleich gegebenenfalls im Arbeitskampf zu sorgen, so muß er die mit dieser Funktion notwendig verknüpften Maßnahmen in seinen Schutz nehmen, und das heißt: ihnen in der Kollision mit den Vertragspflichten den Vorrang gewähren[154]).

Der Große Senat des BAG ist einen anderen Weg gegangen. Er weist den Satz von sich, Kollektiv*recht* gehe vor Vertrags*recht* und sucht statt dessen die Lösung des Verhältnisses Arbeitskampf und Arbeitsvertrag darin, ob die Streikbeteiligung des Arbeitnehmers (und entsprechend die Teilnahme an der Aussperrung auf seiten des Arbeitgebers) gemessen an der Rechtswirklichkeit „Kollektiv*handeln*" oder „Individual*handeln*" sei. Kollektivhandeln und Individualhandeln aber sieht er als zwei *einander ausschließende* Größen an. So heißt es in bezug auf den Streik: „Die streikweise Arbeitsniederlegung darf daher nicht individualrechtlich gesehen werden, sie ist im kollektiven Zusammenhang zu betrachten, in dem sie steht. Das Handeln des Arbeitnehmers ist nicht in seiner Vereinzelung, nicht als Individualhandeln, sondern als Kollektivhandeln als Mitglied seiner Gruppe zu bewerten, der er durch seine Streikbeteiligung angehört"[155]). Streik und Streikbeteiligung, meint der Große Senat, seien in diesem Sinne „ausschließlich kollektivrechtliche Größen"[156]). Daraus ergebe sich, daß der Streik und auf der anderen Seite auch die Aussperrung kein Arbeitsvertragsbruch sein könnten.

Die Urteile zum Zurückbehaltungsrecht und zur kollektiven Änderungskündigung der Arbeitnehmer sind, wie die Begründungen ergeben, nur Folgerungen aus dieser Gegenüberstellung von Kollektivhandeln und Individualhandeln[157]): In dem dem Urteil BAGE 15, 174 ff. zugrunde liegenden Fall hatten sich einige aus einer Gruppe von Arbeitnehmern eines Betriebs, die ohne Billigung der zuständigen Gewerkschaft die Arbeit niedergelegt hatten, darauf berufen, ihnen habe gegen den Arbeitgeber aus verschiedenen Gründen ein Zurückbehaltungsrecht zugestanden; deshalb seien sie zur Arbeitsverweigerung berechtigt gewesen und könnten schon deshalb nicht für den aus der Arbeitsniederlegung dem Arbeitgeber entstandenen Schaden haften.

Das BAG lehnte es ab nachzuprüfen, ob ausreichende Gründe für ein Zurückbehaltungsrecht bestanden hatten: Die Arbeitsniederlegung sämtlicher

---

[154]) Vgl. zu diesem Ansatz auch *Löwisch*, Leistungsstörungen infolge von Arbeitskämpfen, DB 1962, S. 761 ff. (S. 762) und AcP 165, S. 452 Note 84.

[155]) BAGE 1, 304.

[156]) BAGE 1, 305.

[157]) Während das Urteil BAGE 15, 211 ff., mit dem das BAG Absperrungsmaßnahmen gegen einen bestreikten Arbeitgeber als Streik im Sinne seiner Rechtsprechung wertet, aus dem Rahmen *dieser* Konsequenz herausfällt. Zu ihm vgl. unten III (S. 211 ff.).

Arbeitnehmer müsse einheitlich beurteilt werden. Es gehe nicht an, bei dem einen Teil der Arbeitnehmer von der Geltendmachung eines Zurückbehaltungsrechtes, im übrigen aber von einem Streik zu sprechen. Das gesamte Geschehen stelle sich deswegen als Streik dar, weil die Arbeitsniederlegung der einzelnen Arbeitnehmer nach allgemeiner Lebenserfahrung bei dem gemeinsamen Nichtarbeiten als bewußt innerlich zusammengehörend und gleichartig erfolgt sei und wegen der Gleichartigkeit des Verhaltens die rechtliche Wertung desselben unter dem Gesichtspunkt zu erfolgen habe, daß ein Teil der die Arbeit niederlegenden Arbeitnehmer von vornherein kein Zurückbehaltungsrecht geltend machen konnte und wollte. Dann aber hätten demgemäß auch die sonstigen Arbeitnehmer nicht den Willen gehabt, ein Zurückbehaltungsrecht auszuüben.

Des weiteren sei die Ausübung des Zurückbehaltungsrechtes die Geltendmachung einer bestehenden individualrechtlichen Position mit dem Ziel der Durchsetzung dieses bestehenden Individualrechts. Dagegen sei das Ziel des Arbeitskampfes die mit dem Mittel des Drucks gewollte Herbeiführung eines bestimmten Erfolgs, und zwar ohne Rücksicht darauf, ob rechtlich hierauf ein Anspruch bestehe oder nicht. Zwar seien Ausübung des Zurückbehaltungsrechts und Arbeitskampfmaßnahmen zwei Erscheinungsformen der Arbeitsniederlegung. Aber infolge ihrer verschiedenen Zielrichtung schlössen beide Formen einander aus. Das bedeute, daß eine Arbeitsniederlegung nicht gleichzeitig Streik (Arbeitskampf) und Ausübung des Zurückbehaltungsrechts sein könne. Das macht es demjenigen, der von einem Zurückbehaltungsrecht Gebrauch machen wolle, zur Pflicht, das dem Vertragsgegner dann eindeutig kundzutun, wenn im Einzelfall Unklarheiten darüber bestehen können, ob es sich bei der Arbeitsniederlegung um einen Arbeitskampf oder um die Ausübung des Zurückbehaltungsrechts handele. Daran fehle es im Streitfalle, weswegen die Arbeitsniederlegung auch aus diesem Grunde als Streik bewertet werden müsse.

Im zweiten, dem Urteil AP Nr. 37 zu Art. 9 GG „Arbeitskampf" zugrunde liegenden, Fall hatten — vom Kläger des Kündigungsschutzprozesses aktiviert — 17 von insgesamt 30 Estrichlegern eines Betriebes gleichzeitig und in der gleichen Art und Weise unter Einhaltung der tariflichen Kündigungsfrist Änderungskündigungen ihrer Arbeitsverhältnisse ausgesprochen. Sie erstrebten damit bessere Akkordbedingungen, über die es bislang weder einen Tarifvertrag noch eine Betriebsvereinbarung gab, über die aber sowohl Tarifverhandlungen wie Verhandlungen der Geschäftsleitung mit dem Betriebsrat schwebten. In den hektographierten gleichlautenden Kündigungsschreiben boten die Arbeitnehmer die Weiterarbeit entweder zu — nicht näher präzisierten — verbesserten Akkordbedingungen oder im Zeitlohn an.

Das BAG begründete die Wertung der Änderungskündigungen als kollektiven Arbeitskampf so: Durch das gemeinsame Vorgehen der Kündigenden habe der Arbeitgeber unter Druck gesetzt werden sollen, eine Erhöhung des Akkordlohnes zu bewilligen. Dazu seien die gemeinsamen Änderungskündigungen von mehr als der Hälfte der Estrichleger geeignet gewesen. Denn der Arbeitgeber habe besorgen müssen, daß ihm sowohl bei dem Ausscheiden der Kündigenden als auch bei ihrer Weiterbeschäftigung im Zeitlohn mit der damit naturgemäß verbundenen geringeren Intensität der Arbeit weniger Arbeitskraft zur Verfügung stand als vorher, so daß er in Not geriet, die ihm erteilten Aufträge seiner Kunden termingerecht erfüllen zu können, da er keine neuen Arbeitskräfte habe finden können. Eine solche Drucksituation habe im Willen des Klägers gelegen. Denn er habe nach den getroffenen Feststellungen in der Versammlung der Estrichleger im Beisein von Vertretern des Arbeitgebers dem Sinne nach gesagt, nunmehr sei die Zeit zum Handeln gekommen und man zwinge auf diese Weise, nämlich durch „Kampfmaßnahmen", den Arbeitgeber, die Akkordlöhne zu erhöhen. Daß derart organisierte massenhafte Änderungskündigungen von Arbeitnehmerseite als kollektiver Arbeitskampf anzusehen seien, entspreche natürlicher Auffassung.

Das BAG rechtfertigte aus diesem Charakter der Änderungskündigung als Arbeitskampfmaßnahme, der es nach seiner Auffassung zugleich an der rechtfertigenden Sozialadäquanz fehlte, zwar nur die fristlose Entlassung des Klägers. Aber es liegt auch in der Konsequenz seiner Auffassung, daß es im Falle eines Schadensersatzprozesses das Handeln des Klägers und der anderen beteiligten Arbeitnehmer als jedenfalls tatbestandsmäßig und rechtswidrig im Sinne des § 823 I BGB angesehen hätte.

Das Ziel, welches das BAG mit der Gegenüberstellung von Kollektivhandeln und Individualhandeln verfolgt, ist klar: Wenn das Gericht auch die Arbeitsniederlegung, die sich im Rahmen des Arbeitsvertrages hält (also etwa unter Einhaltung der Kündigungsfristen oder auf Grund eines Zurückbehaltungsrechtes erfolgt) als kollektiven Arbeitskampf ansieht, der an den gleichen — kollektivrechtlichen — Maßstäben zu messen ist wie der Arbeitskampf unter Bruch der Arbeitsverträge, so will es den Satz aufstellen, daß es neben den typischen Arbeitskampfmitteln Streik und Aussperrung keine weiteren Instrumente rechtmäßiger Interessenverfolgung in der wirtschaftlichen Auseinandersetzung zwischen Arbeitnehmern und Arbeitgebern gibt[158]). Anders gewendet: Die kollektivrechtliche Bewertung eines Verhaltens soll Vorrang vor der individualrechtlichen nicht nur in dem Sinn erhalten, daß sie im Konfliktsfalle eine Rechtfertigung für den Verstoß gegen den Individualvertrag abgibt, sondern sie soll in dem Sinne vorgehen, daß sie die individualrechtliche Bewertung und gegebenenfalls Rechtfertigung eines Verhaltens überhaupt *sperrt*. Wie aber läßt sich dieser Satz aus der Gegenüberstellung von Kollektivhandeln und Individualhandeln rechtfertigen?

2. Was das BAG unter diesen seiner Meinung einander ausschließenden Größen versteht, ist nicht leicht festzustellen. Man kann kaum annehmen, das Gericht meine, Individualhandeln und Kollektivhandeln schlössen einander in dem Sinn aus, daß beim Individualhandeln der einzelne nur als einzelner, beim Kollektivhandeln aber nur gemeinsam mit anderen handele. Denn auch wenn der einzelne gemeinsam mit anderen handelt, handelt er doch zugleich auch als einzelner, da er außer durch sich selbst gar nicht handeln

---

[158]) Vgl. *Mayer-Maly*, Anm. zum Urteil AP Nr. 37 zu Art. 9 GG „Arbeitskampf" (Bl. 463 RS); *Rüthers*, Anm. zum gleichen Urteil, SAE 1967, S. 47 ff. (S. 49); *Kraft* aaO. S. 287 f.

kann. Ist das aber so, so kann der Umstand, daß eine kollektive Aktion vorliegt, für sich allein dem Handeln des einzelnen auch nicht seine individualrechtliche Rechtfertigung rauben. Die Person des einzelnen Arbeitgebers oder Arbeitnehmers ist Adressat des Arbeitsvertrags; ihr Handeln kann die Tatbestandsmerkmale vertraglicher Normen erfüllen, auch wenn es zugleich die kollektivrechtlicher Normen erfüllt[159]). Auch das BAG respektiert das, wenn es in einer anderen Entscheidung im Falle *fehlender* Legitimität der kollektiven Aktion den im Kollektiv Handelnden auch individualrechtlich, nämlich wegen Verletzung des Arbeitsvertrages zur Verantwortung zieht[160]).

Denkbar ist, daß das BAG Individualhandeln und Kollektivhandeln danach unterscheiden möchte, ob der einzelne überhaupt auf dem Boden des Individualvertrages handeln *will*, also ihm nach dem Arbeitsvertrag zustehende Rechte auch tatsächlich geltend macht — mit der Konsequenz, daß dort, wo ein solcher Wille nicht feststellbar ist, der Individualvertrag auch nicht zur Rechtfertigung des Verhaltens herangezogen werden könne. Derartige Erwägungen scheinen bei der Entscheidung zum Zurückbehaltungsrecht mitzuspielen, wenn es dort heißt, derjenige, der ein Zurückbehaltungsrecht geltend machen wolle, habe die Pflicht, das dem Vertragsgegner eindeutig kundzutun[161]). Indessen führt auch diese Erwägung nicht weit. Richtig ist nur, daß es Rechte gibt, die der Ausübung bedürfen, um wirksam zu werden.

Zu ihnen gehört freilich gerade nicht das Zurückbehaltungsrecht des Arbeitnehmers. Dieses folgt, da der Arbeitsvertrag zu den gegenseitigen Verträgen zählt, aus § 320 BGB. Für § 320 BGB aber ist anerkannt, daß schon das objektive Bestehen der Einrede des nichterfüllten Vertrages ausreicht, um den Eintritt nachteiliger Folgen der Nichtleistung, insbesondere der Verzugshaftung zu verhindern[162]). Es kommt also insoweit nicht darauf an, ob der Arbeitnehmer das Zurückbehaltungsrecht geltend gemacht hat[163]). Und selbst wenn man das Zurückbehaltungsrecht nur auf § 273 BGB stützen wollte[164]), so wäre zu beachten, daß nachteilige Folgen der Nichtleistung immer noch vom Zeitpunkt der Geltendmachung des Zurückbehaltungsrechtes an für die Zukunft ausgeschlossen würden[165]).

Ausgeübt werden müssen aber die Gestaltungsrechte und damit insbesondere die Kündigung. Sicherlich vermeidet der die Arbeit niederlegende Arbeitnehmer, wenn die kollektivrechtliche Rechtfertigung fehlt, den Vertragsbruch nur dann, wenn er zuvor dem Arbeitgeber den Vertrag ordnungs-

---

[159]) Vgl. dazu *Tomandl* aaO. S. 255 ff., insbes. S. 260 ff. und *Kraft* aaO. S. 288, jeweils mit weiteren Nachweisen.

[160]) AP Nr. 3 zu § 1 TVG „Friedenspflicht". Auf diesen Umstand hat mit Recht insbesondere *Ramm*, Das Recht des Arbeitskampfes nach der Rechtsprechung des Bundesarbeitsgerichts, JZ 1961, S. 273 ff. (S. 274) hingewiesen.

[161]) Dem BAG stimmen insoweit zu *Mayer-Maly* in der Anm. zu AP Nr. 32 zu Art. 9 GG „Arbeitskampf" (Bl. 410) und *Kraft* aaO. S. 289 f.

[162]) RGZ 59, 23 (25); 126, 280 (285 f.); *Larenz*, Schuldrecht I, § 22 I c (S. 269).

[163]) So mit Recht *Grunsky*, Streik und Zurückbehaltungsrecht, JuS 1967, S. 60 ff. (S. 64).

[164]) So *Hueck* (Lehrbuch Bd. I, § 34 V [S. 222]) und *Capodistrias*, 2. Festschrift für Nipperdey Bd. II (1965), S. 105 ff. (S. 110 f.), die § 320 BGB nur anwenden wollen, wenn der Lohn im voraus zu zahlen ist.

[165]) Vgl. *Larenz* aaO.

gemäß kündigt. Ob aber in der Arbeitsniederlegung eine solche Kündigung liegt, ist eine *Auslegungsfrage*. Bei dieser wird man immerhin zu berücksichtigen haben, daß der Arbeitnehmer mit der Kündigung wohl eine Haftung aus Vertrag vermeidet, aber andererseits auch das Risiko des endgültigen Verlustes seines Arbeitsplatzes eingeht, da anders als beim Streik und sogar der ihm folgenden Abwehraussperrung durch die Kündigung die Arbeitsverhältnisse vollkommen gelöst werden und nicht einmal die vom BAG für die Aussperrung angenommene[166]) Wiedereinstellungspflicht nach billigem Ermessen bleibt[167]), so daß ein Wille zur Kündigung nicht immer naheliegen wird. Nicht begründet werden kann von hier aus aber, daß Arbeitnehmer und auf der anderen Seite Arbeitgeber nur entweder individualrechtlich oder kollektivrechtlich tätig werden dürften. Dafür wäre eine besondere Begründung erforderlich[168]).

Damit sind wir am entscheidenden Punkt. Die Gegenüberstellung von Kollektivhandeln und Individualhandeln kann nicht verdecken, daß sich der „Sperrvorrang" der kollektivrechtlichen vor der individualrechtlichen Bewertung eines Verhaltens nur rechtfertigen läßt, wenn die *Rechtsordnung gebietet*, gemeinsame Aktionen von Arbeitnehmern oder Arbeitgebern gegenüber dem sozialen Gegenspieler ausschließlich nach Kollektivrecht, nicht aber nach dem tatbestandsmäßig ebenfalls zutreffenden, die Maßnahme vielleicht rechtfertigenden Individualrecht zu beurteilen[169]).

3. Sucht man in den Entscheidungen des BAG nach Begründungen für ein solches Gebot, so stößt man, von dem Verweis auf die „natürliche Auffassung" abgesehen[170]), eigentlich nur auf die Tendenz des Gerichtes, Arbeitskämpfe möglichst einzudämmen. Das BAG erklärt Arbeitskämpfe für im allgemeinen unerwünscht, weil sie volkswirtschaftliche Schäden mit sich brächten[171]) und folgert daraus, daß die Zulassung von Arbeitskämpfen

---

[166]) Vgl. die Entscheidung des Großen Senats unter III (BAGE 1, 313 ff.), sowie jetzt BAGE 16, 123 ff. = AP Nr. 36 zu Art. 9 GG „Arbeitskampf".

[167]) Darauf weisen *Mayer-Maly*, Anm. zu AP Nr. 37 zu Art. 9 GG „Arbeitskampf" (Bl. 464) und *Rüthers*, SAE 1967, S. 50 f. mit Recht hin.

[168]) Ohne eine solche Begründung überzeugt es auch nicht, wenn *Mayer-Maly* aaO. meint, ob wirklich individualrechtliche Änderungskündigungen vorlägen oder eine kollektive Arbeitskampfmaßnahme, sei ein „Umgehungsproblem". Ob Kündigungen ernstlich gewollt sind, ist eine Auslegungsfrage. Eine Umgehung könnte nur vorliegen, wenn eine Pflicht bestünde, Arbeitskämpfe nur unter den vom BAG für Streiks und Aussperrungen aufgestellten Zulässigkeitsvoraussetzungen zu führen. Eine solche Pflicht müßte aber erst dargetan werden. Es liegt insoweit, darauf weist *Rüthers* aaO. S. 48 f. mit Recht hin, anders als bei einem tarifwidrigen Arbeitskampf. Dort besteht mit der Friedenspflicht ein *vertragliches* Arbeitskampf*verbot*, das sich seinem Sinn nach nicht nur auf den Streik und die Aussperrung, sondern auch auf organisierte Massenänderungskündigungen erstreckt (richtig deshalb BAGE 3, 280 [285] und BAG AP Nr. 1 zu § 1 TVG „Friedenspflicht").

[169]) Zu dieser Fragestellung gelangen auch *Tomandl* aaO. S. 260 f.; *Rüthers* aaO. S. 49 und *Kraft* aaO. S. 289, 291.

[170]) Dazu kritisch *Rüthers* aaO. S. 49.

[171]) BAGE 1, 291 (300).

nur in einem bestimmten Rahmen verantwortet werden könne, den es wie folgt bestimmt[172]): Bei Ausbruch eines Streiks müßten zu Kontrollzwecken Stellen eingeschaltet werden, die wegen ihrer Stellung im Arbeitsleben, ihrer Bedeutung in wirtschaftlicher Hinsicht und ihrem Wissen auf dem Gebiet des Arbeitskampfrechtes die Gewähr dafür böten, daß nur in wirklich begründeten Fällen gestreikt werde und daß im Falle eines Streiks die im Allgemeininteresse erforderlichen Kampfregeln eingehalten würden. Als solche Stellen kämen auf Arbeitnehmerseite bei ihrer gesellschaftlichen Stellung nur die Gewerkschaften in Frage. Das Mittel des Streiks sei eine scharfe Waffe. Das verbiete es, das Streikrecht Personen oder Gruppen anzuvertrauen, bei denen nicht die Gewähr dafür bestehe, daß sie nur in dem vertretbaren Umfang davon Gebrauch machen würden. Eine solche Gewähr sei bei den einzelnen Arbeitnehmern, den Mitgliedern von Belegschaften als solchen oder nichtgewerkschaftlichen Gruppen von Arbeitnehmern nicht gegeben.

Man sieht: Dem BAG geht es um das Verbot des von ihm für gefährlich gehaltenen „wilden" Streiks. Dieses Verbot hält es offenbar für allgemein notwendig — nicht nur für die gemeinsame Arbeitsniederlegung unter Bruch des Arbeitsvertrages, sondern auch für kollektive Kündigungen und kollektiv ausgeübte Zurückbehaltungsrechte.

In unserem Zusammenhang ist es nun nicht erforderlich, sich mit der These von der Gefahr nichtgewerkschaftlicher Kampfaktionen ganz generell auseinanderzusetzen und zu diesem Zweck insbesondere auf die historische Entwicklung des Arbeitskampfrechts und seine verfassungsrechtliche Wertung einzugehen[173]). Uns muß es darauf ankommen, darzutun, daß, die grundsätzliche Richtigkeit der These unterstellt, ihr jedenfalls nicht die Folgerung entnommen werden kann, daß solche „wilden" Kampfmaßnahmen, die sich in den Grenzen des arbeitsvertraglich Zulässigen halten, einem kollektivrechtlichen Verdikt und damit der Haftung des einzelnen Arbeitnehmers nach § 823 I BGB unterliegen können. Ausgangspunkt für die Überlegungen muß dabei sein, daß es sich bei dem vom BAG konzipierten Sperrvorrang wie überhaupt dem Arbeitskampfrecht um *Richterrecht* handelt. Diesem die Kraft zuzubilligen, gesetzliche Regelungen, wie die Gewährung von Zurückbehaltungs-, aber auch von Kündigungsrechten zu derogieren, bedürfte zwingender Gründe[174]). Sie fehlen. Ja, es gibt im Gegenteil überzeugende Argumente gegen die Auffassung des BAG.

Schon die Auffassung, nur der gewerkschaftlich gebilligte Streik könne Anspruch auf Legitimität erheben und mit ihm einhergehende Verletzungen der Arbeitsverträge rechtfertigen, begrenzt den Handlungsspielraum der Arbeitnehmer erheblich: Nur wenn sie eine Gewerkschaft für ihr Vorhaben

---

[172]) BAGE 15, 171 (194).

[173]) Weswegen auch die scharfe Kritik, die *Ramm* von hier aus an der Arbeitskampfrechtsprechung des BAG geübt hat (vgl. JZ 1961, S. 273 ff., Der wilde Streik, AuR 1964, S. 353 ff. und Kollektive Änderungskündigung und Aussperrung, BB 1964, S. 1174 ff.), nicht in den Kreis der Erörterungen einbezogen werden muß.

[174]) Vgl. *Mayer-Maly*, Anm. zu AP Nr. 37 zu Art. 9 GG „Arbeitskampf" (Bl. 463 RS).

interessieren — und das heißt bei einer nichtorganisierten Arbeitnehmergruppe soviel wie: nur wenn sie einer Gewerkschaft beitreten —, können sie dieses in einem normalen Streik mit sofortiger Arbeitsniederlegung durchsetzen. Von dieser Begrenzung her liegt eigentlich nichts näher, als den Arbeitnehmern wenigstens die in einer freien Wirtschaftsordnung völlig natürliche Möglichkeit zu belassen, von den Rechten, die ihnen auf Grund der von ihnen selbst abgeschlossenen Arbeitsverträge zustehen, nach eigenem Wollen in den allgemeinen für die Ausübung von Rechten geltenden Grenzen (gute Sitten, Treu und Glauben) gemeinsam Gebrauch zu machen. „In der Anerkennung des Arbeitskampfrechts mit den typischen kollektivrechtlichen Mitteln des Streiks und der Aussperrung, mit der Anwendung von Druck zur Durchsetzung kollektiver Interessen unter Aufrechterhaltung der Arbeitsverhältnisse ... zugleich die Begrenzung der Durchsetzungsmöglichkeiten auf diese typischen Arbeitskampfmittel" zu sehen[175]), geht zu weit. Man sieht nicht ein, warum der Arbeitnehmer dort, wo er den Schutz der Gewerkschaft nicht hat oder auch — angesichts der ihm zustehenden negativen Koalitionsfreiheit durchaus legitimerweise — nicht haben will, schlechter stehen soll als andere Vertragsgläubiger, wie etwa der Mieter, der gemeinsam mit anderen Mietern ein Zurückbehaltungsrecht geltend macht oder eine Änderungskündigung einbringt.

Es ist ja auch nicht so, daß eine kollektive Änderungskündigung oder gar die gemeinsame Geltendmachung von Zurückbehaltungsrechten den gleichen Grad von „Gefährlichkeit" aufweisen wie das ein wilder Streik unter Bruch der Arbeitsverhältnisse tut: Sowohl aus der Sicht der Arbeitnehmer wie der des Arbeitgebers ist die Geltendmachung solcher Rechte ein wesentlich milderes Mittel, von dem deshalb auch in viel geringerem Maße die volkswirtschaftlichen Schäden zu erwarten sind, die das BAG von der Schärfe und Radikalität der Auseinandersetzung befürchtet. Daß seine Arbeitnehmer von ihren ihnen nach dem Vertrag zustehenden Rechten Gebrauch machen, damit muß der *Arbeitgeber* billigerweise rechnen — wie jedermann, der mit einem anderen Verträge eingegangen ist. Für Zurückbehaltungsrechte, die ja nur geltend gemacht werden können, wenn *er* einen Grund für sie gesetzt hat, versteht sich das eigentlich von selbst. Aber auch die nach dem Vertrag zulässige Kündigung muß er einkalkulieren[176]). Von ihm kann insoweit im Verhältnis zu seinen Arbeitnehmern das gleiche erwartet werden wie im Verhältnis zu anderen Vertragspartnern: Entweder sichert er sich (durch Vereinbarung entsprechender Fristen, die in der Regel freilich gleiche Fristen für ihn selbst bedeuten [vgl. etwa § 67 HGB und § 122 GewO]), oder er muß es der Entwicklung der wirtschaftlichen Lage überlassen, ob seine Arbeitnehmer ihm zu den alten Bedingungen treu bleiben. Die Schranken der guten Sitten

---

175) *Reuss*, Kollektivrechtliche und (gebündelte) individualrechtliche Arbeitskampfmittel, JZ 1965, S. 348 ff. (S. 350). Ihm folgend *Rüthers*, SAE 1967, S. 52; wohl auch *Säcker*, Herabsetzung nichttariflicher Arbeitsbedingungen durch kollektive Änderungskündigung, DB 1967, S. 1086 ff. (S. 1090/91). Anderer Ansicht *Kraft* aaO. S. 294, *Mayer-Maly* aaO.

176) So auch *Kraft* aaO. S. 293 f. gegen *Rüthers* SAE 1967, S. 51.

und von Treu und Glauben sichern ihn hier wie anderswo vor unlauterem Verhalten seiner Vertragsparnter[177]).

Auf der anderen Seite stumpft die Bindung an den einzelnen Arbeitsvertrag die Waffe kollektiver Ausübung arbeitsvertraglicher Rechte durch die *Arbeitnehmer* nicht unerheblich ab: Selten wird jeder das gleiche Recht zur gleichen Zeit zur Verfügung haben, so daß ein kollektives Vorgehen praktisch nur schwer möglich sein wird. Nicht ohne Anlaß meint der Große Senat des BAG ja selbst, ein Streik unter Einhaltung der verschieden langen Kündigungsfristen sei praktisch weitgehend unmöglich, weil der Erfolg eines Streiks den einheitlichen Streikbeginn erfordere[178]): Hat sich inzwischen (besonders durch den später vom BAG AP Nr. 37 zu Art. 9 GG „Arbeitskampf" entschiedenen Fall) auch erwiesen, daß solches kollektives Vorgehen vorkommen kann, so bleibt doch richtig, daß die Bindung an die Fristen eine solche Aktion sehr erschwert. Wichtiger noch ist, daß sich die Arbeitnehmer einen solchen Streik unter Einhaltung der Kündigungsfristen mit dem Risiko der völligen *Lösung* ihrer Arbeitsverhältnisse erkaufen, welches sich realisiert, wenn der Arbeitgeber die mit der Kündigung vorgeschlagene Änderung der Arbeitsbedingungen ablehnt und die Kündigung — auch einzelner — annimmt[179]), während der gewerkschaftliche Streik das Arbeitsverhältnis nicht auflöst und selbst die Gegenmaßnahme der lösenden Aussperrung von seiten des Arbeitgebers immer noch Raum für einen Anspruch auf Wiedereinstellung nach billigem Ermessen freiläßt[180]).

Hinzu kommt, daß der Sperrvorrang der Kollektivrechts in der derzeit vom BAG vertretenen Form zu einer gravierenden Ungleichbehandlung von Arbeitnehmern und Arbeitgebern führt: Das BAG, welches in der Entscheidung des Großen Senats doch als kollektiv nicht nur das Handeln (der Arbeitnehmer) in der Gruppe, sondern auch das Handeln (des Arbeitgebers) *gegen* sie ansieht und daraus die Waffengleichheit beider Seiten im Arbeitskampf ableitet[181]), läßt in ständiger Rechtsprechung die kollektive Änderungskündigung des *Arbeitgebers neben* der Arbeitskampfmaßnahme der Aussperrung zu und unterstellt sie nur den individualrechtlichen Regeln, die sich aus dem Arbeitsvertrag (gesetzliche Kündigungsbestimmungen, Kündi-

---

177) Daß diese Schranken durchaus Bedeutung erlangen können, tut das BAG im Urteil AP Nr. 37 zu Art. 9 GG „Arbeitskampf" selbst dar, wenn es (unter 6, Bl. 462 RS) ausführt, die fristlose Entlassung des Klägers rechtfertige sich auch aus einer Treupflichtverletzung, da er die Änderungskündigungen zu einer Zeit organisiert habe, als noch Tarifverhandlungen und Verhandlungen zwischen Arbeitgeber und Betriebsrat über das Anliegen der Arbeitnehmer schwebten.

178) BAGE 1, 305 f.

179) Darauf weisen *Mayer-Maly* in der Anm. zu BAG AP Nr. 37 zu Art. 9 GG „Arbeitskampf" (Bl. 463) und *Rüthers*, SAE 1967, S. 50 f. hin. Ebenso *Kraft* aaO. S. 293.

180) Dieses Risiko hat *Tomandl*, der eine kollektivrechtliche Rechtfertigung des Arbeitsvertragsbruchs ablehnt und deshalb den Arbeitnehmer, der eine Schadensersatzpflicht wegen einer Arbeitsniederlegung vermeiden will, gänzlich auf arbeitsvertragliche Mittel verweisen muß, dazu veranlaßt, in — freilich eng gezogenen — Grenzen eine „einseitige Kampfsuspension" anzuerkennen (vgl. aaO. S. 297 ff.).

181) BAGE 1, 309.

gungsschutz) ergeben[182]). Das ist nicht haltbar. Solange man nicht solche kollektiven Änderungskündigungen des Arbeitgebers als „Aggressivkündigungsaussperrung" überhaupt für unzulässig erklärt[183]), spricht alles dafür, die kollektive Interessenverfolgung auf individualrechtlicher Basis *allseits* zuzulassen. Sonst steht das Feld der tarifvertraglich nicht geregelten Arbeitsbedingungen in der Tat allein dem kollektiven Vorgehen des Arbeitgebers offen, während die Arbeitnehmer darauf angewiesen sind, über die Gewerkschaft mit dem Ziel tarifvertraglicher Regelung vorzugehen.

4. Der vom BAG angestrebte Satz vom Sperrvorrang kollektivrechtlicher Bewertung kollektiver Handlungen ist also nicht haltbar. Damit löst sich der Widerspruch zwischen der hier vertretenen Auffassung und den Urteilen des BAG zum Zurückhaltungsrecht und zur kollektiven Änderungskündigung der Arbeitnehmer auf: Das Kollektivrecht vermag nicht die individualrechtliche Zulässigkeit des Vorgehens zu beseitigen. Lediglich kann die kollektivrechtliche Zulässigkeit eines Arbeitskampfes eine gegebene Verletzung des Individualvertrages rechtfertigen. Erlangt aber die kollektivrechtliche Bewertung Bedeutung nur, wo der einzelne Individualvertrag verletzt wird, so entspricht das genau unserer These, daß die sich aus dem Individualvertrag ergebenden Ansprüche des anderen Teils das nach § 823 I BGB geschützte Rechtsgut sind.

III. Streik und Aussperrung als Aktionen von Gewerkschaft und Arbeitgeberverband

Mit der Erkenntnis, daß der Satz vom Sperrvorrang kollektivrechtlicher Bewertung kollektiver Handlungen nicht zutrifft, ist unsere Beweisführung freilich noch nicht an ihrem Ziel angelangt. Denn auch wenn die kollektivrechtliche Bewertung keinen Sperrvorrang genießt, könnte sie doch immer noch mit der individualrechtlichen Bewertung in dem Sinne konkurrieren, daß sie einer Maßnahme zwar die individualrechtliche Zulässigkeit beläßt, sie aber kollektivrechtlich unzulässig macht. Dies freilich nicht in dem Sinne, daß die bloße Ausübung des Individualrechts durch den einzelnen Arbeitgeber oder Arbeitnehmer *als solche* kollektivrechtlich unzulässig sein könnte — denn das würde doch wieder auf den gerade abgelehnten Sperrvorrang des Kollektivrechts hinauslaufen —, aber doch so, daß der *Urheber* der kol-

---

[182]) BAGE 1, 313; AP Nr. 17 zu § 620 BGB „Änderungskündigung"; AP Nr. 25 zu § 123 GewO.

[183]) Dafür tritt in weitem Umfang *Ramm,* BB 1964, S. 1174 ff. ein; auch *Rüthers* (SAE 1967, S. 49 f.) befürwortet eine Gleichbehandlung der kollektiven Änderungskündigung von Arbeitgebern und Arbeitnehmern, was nach seinen weiteren Ausführungen (aaO. S. 51 f.) auf ein Verbot dieser Maßnahmen hinausläuft. Gegen ein Verbot aber *Engel,* Zur praktischen Unterscheidung von Kampf- und einzelvertraglicher Maßnahme, BB 1966, S. 330 ff. (S. 334) und *Mayer-Maly* in der Anm. zu AP Nr. 37 zu Art. 9 GG „Arbeitskampf" (Bl. 463 RS, 464).

lektiven Geltendmachung dieser Individualrechte kollektivrechtlich unzulässig handeln kann.

In der Tat ist das die Auffassung von *Kraft*, mit dessen Argumentation wir bis zu diesem Punkt übereingestimmt haben. *Kraft*, der im „*Organisiertsein*" einer Maßnahme das entscheidende Kriterium für ihren Arbeitskampfcharakter sieht[184]), will von dritter Seite organisierte Ausübungen von Zurückbehaltungsrechten oder Kündigungen wohl als individualrechtlich zulässig und deshalb zur Auslösung einer Vertragshaftung nicht geeignet ansehen, hält aber auf der anderen Seite dafür, daß die in der Organisation liegende Arbeitskampfmaßnahme sozialadäquat sein und als solche den *Organisator* nach § 823 I BGB zum Schadensersatz verpflichten könne[185]). Mit dieser Möglichkeit müssen wir uns im folgenden beschäftigen.

Wir konzentrieren uns dabei auf Gewerkschaft und Arbeitgeberverband als die regelmäßig in Betracht kommenden Organisatoren kollektiver Kampfmaßnahmen. Denn wenn diese *unabhängig* von den für Streik und Aussperrung gegebenen Zulässigkeitsvoraussetzungen zu den individualrechtlich zulässigen Maßnahmen greifen dürfen, kann man dieses Recht anderen Organisatoren, wie etwa einer Gruppe von Arbeitnehmern, nicht mehr verweigern. Das Argument, mit dem das BAG den „wilden" Streik für stets rechtswidrig erklärt, daß nämlich dem einzelnen Arbeitnehmer und der bloßen Summation von einzelnen Arbeitnehmern mangels Tariffähigkeit das Verhandlungsgewicht für den Abschluß eines Tarifvertrages und die erforderliche und hinreichende Möglichkeit fehle, seine Einhaltung unter dem Gesichtspunkt der Friedenspflicht zu gewährleisten[186]), sticht nicht mehr, wenn auch Gewerkschaften und Arbeitgeber bzw. Arbeitgeberverband außerhalb der Zulässigkeitsvoraussetzungen eines sozial-adäquaten Arbeitskampfes, zu denen als Kampfziel der Abschluß eines Tarifvertrags gehört[187]), in dieser Weise tätig werden können, ohne einer Haftung aus § 823 I BGB ausgesetzt zu sein[188]).

1. Sucht man in dem Aufsatz von *Kraft* nach Begründungen für seine eben wiedergegebene These, so findet man eigentlich nur den Hinweis, daß nirgends die Auffassung vertreten werde, ein an sich illegitimer Arbeitskampf werde dadurch zulässig, daß er nach ordnungsgemäßer Aufhebung der Arbeitsverhältnisse geführt oder weitergeführt werde; vielmehr sei anerkannt, daß auch ein Arbeitskampf, der unter Einhaltung der Kündigungsfristen eingeleitet werde, rechtswidrig bleibe, wenn er es im übrigen sei[189]). Das aber reicht zur Entscheidung unserer Frage noch nicht hin. Einmal macht das Anerkanntsein einer Auffassung sie noch nicht unwiderleglich, vor allem dann

---

184) AaO. S. 290 f.

185) AaO. S. 294. Ob es vom Recht der unerlaubten Handlungen her gesehen berechtigt ist, zwischen Organisatoren und Ausführenden dergestalt zu unterscheiden, untersucht *Kraft* nicht. Vgl. dazu unten IV 1 (S. 219 ff.).

186) BAGE 15, 192 f.; zustimmend *Dietz* in der Anm. zu diesem Urteil, SAE 1964, S. 155 ff. (S. 156).

187) *Dietz* aaO.

188) Zur verbleibenden Haftung aus § 826 BGB vgl. unten 3 (S. 217 ff.).

189) AaO. S. 292 f.

nicht, wenn sie, wie das auch bei den von *Kraft* für seine Meinung angeführten Stellen[190]) der Fall ist, nur thesenartig vertreten wird. Und zum anderen ist die Möglichkeit offen, daß der Gebrauch individualrechtlicher Mittel wohl zulässig ist, aber nicht dazu führen kann, einen illegitim begonnenen Arbeitskampf nachträglich legitim zu machen. Man braucht insoweit ja nur an das Urteil des BAG zum schleswig-holsteinischen Metallarbeiterstreik zu denken, daß die Tarifwidrigkeit eines unter dem Bruch der Friedenspflicht begonnenen Arbeitskampfes auch über die Zeit hinaus fortwirken ließ, zu der er legitimerweise hätte begonnen werden können[191]). Wir sind deshalb einer selbständigen Prüfung nicht enthoben.

Dabei sehen wir uns, wenn wir Arbeitgeberverband und Gewerkschaft das Recht zubilligen wollen, unabhängig von den für Streik und Aussperrung gegebenen kollektivrechtlichen Zulässigkeitsvoraussetzungen ihre Mitglieder zu individualrechtlich zulässigen Maßnahmen zu veranlassen, zunächst mit einem praktischen Einwand konfrontiert. Streik und Aussperrung, wird man sagen, gewinnen ihr Gesicht vor allem durch die *Methode,* die sie befolgen, nämlich die wirtschaftliche Kraft des jeweiligen sozialen Gegenspielers durch die organisierte Verweigerung der eigenen Mittel (hier der Arbeitsleistung, dort der Lohnzahlung) zu beeinträchtigen und ihn dadurch zum Nachgeben zu zwingen. Ob die Kampfparteien dabei bestehende Arbeitsverhältnisse beeinträchtigten oder ob sie diese respektierten, etwa Kündigungsfristen einhielten, müsse für die Bewertung der Kampfmaßnahmen gleichgültig sein. Und ebensowenig könne es darauf ankommen, ob die Maßnahmen überhaupt bestehende Arbeitsverhältnisse ins Auge faßten oder nur die Entstehung neuer verhindern sollten.

In diesem Sinne etwa meint *Rüthers*[192]), im Vordergrund des Arbeitskampfrechts stehe der kollektive Druck, für den die Rechtsordnung unter der Bezeichnung der Sozialadäquanz bestimmte Rechtmäßigkeitsfordernisse aufgestellt habe, welche dann aber auch, solle ihre friedenstiftende Funktion gewahrt bleiben, für *alle* Maßnahmen in Arbeitskämpfen gelten müßten. Und so versteht auch das BAG den Streikbegriff, wenn es Absperrungsmaßnahmen in die Haftung nach § 823 I BGB einbezieht: Das Gericht sagt[193]), zu dem Begriff des Streiks gehöre auch der Versuch und gegebenenfalls das Gelingen des Versuchs, neue, dem bestreikten Betrieb bisher nicht zugehörige Arbeitskräfte von der Aufnahme der Arbeit in ihm abzuhalten. Ein solches Bestreben falle, als unmittelbar dem Streiksinn dienend, unter das Wesen dieses Arbeitskampfes und dürfe daher bei einem rechtmäßigen gewerkschaftlichen Streik nicht mißbilligt werden, wenn es sich nur in den gebotenen Grenzen halte. Andernfalls könne nun einmal das Ziel des Streiks nicht erreicht werden; der bestreikte Betrieb wäre in der Lage, unter Ersetzung der streikenden Arbeitnehmer durch neue, arbeitswillige Kräfte einen Erfolg

---

[190]) *Dietz* aaO. S. 157 und *Nipperdey,* Lehrbuch Band 2 (6. Aufl.), § 47 III (S. 616 Note 42).

[191]) Darauf wird bei der Frage des Haftungsumfangs zurückzukommen sein. Vgl. unten IV 2 (S. 221 ff.).

[192]) SAE 1967, S. 52.

[193]) BAGE 15, 211 (213 f.).

des Streiks von vornherein zu verhindern. Andererseits erfülle ein solcher Streik, sei er rechtswidrig, dann aber auch den Tatbestand des § 823 I BGB.

Sucht man diese Erwägungen dogmatisch einzuordnen, so stößt man alsbald auf die von uns oben in § 9 eingehend behandelte *Rechtsinstitution und deren Schutz*: Jedenfalls soweit sich der Arbeitskampf zwischen tariffähigen Partnern abspielt, wird das Gewicht ganz auf die Frage gelegt, ob die Regeln des Arbeitskampfrechts eingehalten oder verletzt sind. Die Verletzung der Regeln löst die Haftung aus. Die Frage, *wo* der andere beeinträchtigt ist, ob in einem Recht oder nur in seinem Vermögen, tritt zurück.

Daß *Rüthers* ganz auf den Schutz der Kampfordnung abstellt, ist offensichtlich. Aber auch beim BAG zeigt sich das ganz deutlich in der Begründung, die das Gericht für das Vorliegen eines Eingriffs in das Recht am Gewerbebetrieb gibt: Es greift zu einer außerordentlichen Ausweitung dieses Rechts. Ein Unternehmen, sagt es[194]), könne nicht ohne die in ihm liegende Dynamik gesehen werden, derzufolge es zu einer Ausweitung und teilweisen Veränderung, wenn auch nicht gänzlichen Umgestaltung, seines Charakters neige oder wenigstens ohne weiteres neigen könne. Deshalb falle unter das Recht am Gewerbebetrieb auch jedes, wenn auch noch nicht in die Tat umgesetzte Bestreben des Unternehmers auf Erweiterung und Ausbau seines Betriebes, das im Zusammenhang mit dem bisherigen Betätigungsfeld stehe. *Dagegen* richte sich die Absperrungsmaßnahme. Damit geht das BAG über die Grundsätze der von ihm in Bezug genommenen Rechtsprechung des BGH zum Recht am eingerichteten und ausgeübten Gewerbebetrieb[195]) noch hinaus, denn diese schützt mit § 823 I BGB zwar nicht mehr nur den Bestand, sondern auch die „Ausstrahlungen" und „konkreten Erscheinungsformen" des Gewerbebetriebs gegen mittelbare Eingriffe, geht aber immerhin von einem schon bestehenden Gewerbebetrieb aus. Das BAG dagegen schützt im Grunde die Entfaltungsfreiheit des Unternehmers schlechthin, da der Fall, daß ein Unternehmer seinen Betrieb ohne Zusammenhang mit dem bisherigen Betätigungsfeld ausbaut, nur selten auftreten wird. Daß aber die wirtschaftliche Entfaltungsfreiheit als solche nicht zu den nach § 823 I BGB geschützten Rechten zählen kann, haben wir im Verlauf der Untersuchung schon mehrfach festgestellt[196]). Es bleibt als geschützt der Arbeitskampf als Institution. Indirekt anerkennt das auch die der Entscheidung des BAG zustimmende Anmerkung von *Mayer-Maly*[197]), wenn sie die Bedenken gegen eine Einbeziehung der erst nach Streikbeginn neu aufgenommenen Produktion in den Schutzbereich des § 823 I BGB mit der Erwägung zu überwinden sucht, daß die „funktionale Abhängigkeit" des Rechts am Gewerbebetrieb vom Arbeitskampfrecht die juristische Relevanz noch nicht realisierbarer Bestrebungen erheblich steigere. Damit ist nichts anderes gesagt, als daß die Funktion des Arbeitskampfrechtes als Institution es rechtfertigt, die Verletzung ihrer Regeln zum Anknüpfungspunkt von Haftungen zu machen.

---

[194]) BAGE 15, 215.
[195]) Das BAG zitiert die 1. Constanze-Entscheidung, BGHZ 3, 270 ff.
[196]) Vgl. § 7 II 1 (S. 102 f.) und § 9 II 2 (S. 127 ff.) sowie oben I 1 (S. 196 f.).
[197]) Anm. zu AP Nr. 34 Art. 9 GG „Arbeitskampf" (Bl. 669).

Daß die Rechtsprechung des BAG auf einen Schutz der Institution Arbeitskampf hinsteuert, würde vollends zutage treten, hätte das Gericht eines Tages den Fall einer Aussperrung durch Absperrung zu entscheiden, wie es etwa der Fall wäre, wenn sich die Arbeitgeber weigerten, Mitglieder der Gewerkschaft, mit der sie im Kampfe stehen, während des Kampfes als Arbeitnehmer aufzunehmen: Unter dem Zeichen der Waffengleichheit bliebe nichts übrig, als im Falle der Rechtswidrigkeit der Aussperrung den abgesperrten Arbeitnehmern Schadensersatzansprüche zuzubilligen, die auf das sogenannte Recht am Arbeitsplatz schlechterdings nicht gestützt werden könnten, da es an der tatsächlichen Grundlage eines solchen Rechts, nämlich der Zugehörigkeit der Arbeitnehmer zu dem betreffenden Betrieb, fehlen würde[198]). Es müßte aufgedeckt werden, daß in Wahrheit ein Schutz der Institution Arbeitskampf gemeint ist.

2. Daß sich das BAG zu dieser dogmatischen Konsequenz seiner Rechtsprechung bislang nicht bekannt, sondern die Lösung in Anlehnung an das Recht am Gewerbebetrieb gesucht hat, führt auf das Bedenken gegen seine Auffassung. Es ist der Zweifel, ob die für den Institutionenschutz notwendige Rechtsinstitution „Arbeitskampf" unter den jetzigen gesetzlichen Gegebenheiten ausgemacht werden kann.

Das Gesetz selbst schweigt. Anders als den geschäftlichen Verkehr der Wirtschaftsunternehmen untereinander — man denke an das Wettbewerbs- und das Wettbewerbsbeschränkungsrecht — hat der Gesetzgeber Auseinandersetzungen zwischen Arbeitgebern und Arbeitnehmern nicht näher geregelt. Er hat lediglich das Tarifvertragssystem bereitgestellt, dessen sich die Gegenspieler bedienen können, um einen wirksamen Ausgleich zu vereinbaren[199]). Soweit das Arbeitskampfrecht nicht Vereinbarungen entspringt (Friedenspflicht, Schlichtungsordnungen), ist es deshalb Richterrecht. Als solches aber kann es — und darin liegt die Parallele zu der unter II behandelten Problematik — von den gegebenen allgemeinen gesetzlichen Regelungen, als die hier § 823 I BGB und § 826 BGB in Betracht kommen, nur bei zwingenden Gründen abweichen.

Solche Gründe bestehen nun sicherlich, soweit es darum geht, die Rechtswidrigkeit eines nach allgemeinen Bestimmungen tatbestandsmäßigen Ein-

---

[198]) Daß das Recht am Arbeitsplatz mindestens die Betriebszugehörigkeit voraussetzt, dürfte einhellige Meinung sein. Streitig ist nur, ob der durch einen *gültigen Arbeitsvertrag* begründete Anspruch, Betriebsangehöriger zu sein und sich entsprechend zu betätigen, notwendig ist. Vgl. dazu *Hueck-Nipperdey*, Bd. II, § 49 IV (S. 637 Note 26); *Fabricius*, AcP 160, 305 ff. jeweils mit weiteren Nachweisen.

[199]) Wie sehr der Gesetzgeber gerade hier darauf bedacht ist, sich der speziellen Regelung zu enthalten, zeigt sich z. B. daran, daß bei der Beratung des Gesetzes gegen Wettbewerbsbeschränkungen darauf geachtet worden ist, mit den Begriffen „Unternehmen" und „gewerbliche Leistung" zu vermeiden, daß Arbeitnehmer oder Arbeitgeber als solche in den Anwendungsbereich fallen. Vgl. die Begründung zu dem Entwurf eines Gesetzes gegen Wettbewerbsbeschränkungen (BT-Drucksache 1158, 2. Wahlperiode) zu § 1 unter 3 b 2. Absatz. Die Begründung ist abgedruckt z. B. bei *Müller-Henneberg/Schwartz*, Kommentar zum GgWB (1. Aufl.) im Anhang.

griffs festzustellen. Denn in der Tat kann man dem Arbeitskampf nicht mit den hergebrachten Kriterien der Rechtswidrigkeit Herr werden, sondern muß das ihm eigentümliche Spiel der Kräfte bei seiner Bewertung berücksichtigen. Von da her rechtfertigt es sich, wenn das BAG über die Sozialadäquanz eine Kampfordnung insoweit herstellt, als es um die Haftung für eine tatbestandsmäßig gegebene Verletzung eines Rechts geht, und es mag hier auch durchaus noch angehen, die Tarifwidrigkeit eines Arbeitskampfes in eine auch für die unerlaubte Handlung bedeutsame Rechtswidrigkeit umzumünzen. Hier geschieht der Sache nach im Grunde das gleiche wie durch die Ausbildung der allgemeinen Verkehrspflichten in der Rechtsprechung der Zivilgerichte: Der im Gesetz schon vorgefundene Haftungstatbestand wird duch die Einbeziehung institutioneller Züge modifiziert[200]).

Etwas anderes ist es aber auch hier, wenn ohne die Basis einer Rechtsverletzung die Haftung *allein* aus der Verletzung der Kampfordnung abgeleitet werden soll. Dann wird nicht ein vorgegebener Haftungstatbestand modifiziert, sondern ein *neuer* eingesetzt. Für diese „Radikalkur" aber scheint mir das BAG die Begründung schuldig geblieben zu sein — gerade auch insoweit es die Schranken eines Schutzes der bestehenden arbeitsvertraglichen Ansprüche überschritten hat.

Auszugehen ist davon, daß eine solche Neusetzung eines Haftungstatbestandes vor allem eine Haftungs*erweiterung* von Gewerkschaft und Arbeitgeberverband bedeutet[201]). Zur Rechtfertigung einer solchen Haftungserweiterung aber reicht die These von der Unerwünschtheit und Gefährlichkeit der Arbeitskämpfe ebensowenig aus wie für den oben unter II behandelten Sperrvorrang des Kollektivrechts. Ja, eine Haftungserweiterung begegnet hier noch zusätzlichen Bedenken:

So läuft sie einmal Bestrebungen zur Haftungs*begrenzung* von seiten der sozialen Gegenspieler entgegen, die dort sichtbar geworden sind, wo diese selbst eine Kampfordnung gesetzt haben, wie insbesondere in der Metallindustrie: Die Schlichtungs- und Schiedsvereinbarung zwischen dem Gesamtverband der metallindustriellen Arbeitgeberverbände sowie dessen Mitgliedsverbänden und der Industriegewerkschaft Metall vom 12. 5. 1964[202]) schließt in § 16 IV die Geltendmachung von Schadensersatzansprüchen der Parteien gegeneinander wegen einer Verletzung dieser Vereinbarung ausdrücklich aus und läßt lediglich bei vorsätzlicher oder grobfahrlässiger Verletzung die Festsetzung einer an eine gemeinnützige Stelle abzuführenden Vertragsstrafe von höchstens 1 000 000 DM durch ein Schiedsgericht zu. Handelt es sich dabei auch um den Ausschluß der Haftung für *Vertrags*verletzungen zwischen

---

[200]) Vgl. oben § 9 II 3 (S. 131 ff.).

[201]) Daran darf nicht irre machen, daß es der Entscheidung des BAG zu den Absperrungsmaßnahmen um die Legitimierung von Arbeitskämpfen zu gehen scheint, wenn dort aus dem weiten Streikbegriff gefolgert wird, daß solche Maßnahmen zu den erlaubten Mitteln eines rechtmäßigen Arbeitskampfes gehörten. Denn auf die Rechtswidrigkeit käme es gar nicht mehr an, wenn man schon die Tatbestandsmäßigkeit solcher Maßnahmen verneinen würde.

[202]) Abgedruckt bei *Hueck—Nipperdey—Stahlhacke*, TVG, als Nr. 7 des Anhangs.

Tarifvertragsparteien[203]), so zeigt sich darin doch, daß Gewerkschaft und Arbeitgeberverbände die Ersatzpflicht für Schäden aus rechtswidrigen Arbeitskämpfen nicht als besonders taugliches Regulativ ansehen — wie denn ja auch die vom BAG im Urteil zum schleswig-holsteinischen Metallarbeiterstreik[204]) festgestellte Schadensersatzpflicht der Gewerkschaft nie realisiert worden ist.

Ein zweites kommt hinzu: Betrachtet man die Arbeitskampfordnung als Institution, deren Verletzung schon für sich die Haftung auszulösen vermag, so legt man der handelnden Kampfpartei das „Rechtsrisiko" dieser Kampfordnung auf: Trifft sie Maßnahmen, die sich nachträglich als rechtlich nicht zulässig erweisen, so führt bei auch nur leicht fahrlässigem Handeln kein Weg an der Schadensersatzpflicht vorbei. Das muß sich, worauf in der Literatur mit Recht hingewiesen worden ist[205]), als hinderlich besonders für die Gewerkschaften erweisen. Denn entsprechend ihrer Aufgabe, die Arbeits- und Wirtschaftsbedingungen ihrer Mitglieder auch zu *fördern*[206]), sehen sie sich oft veranlaßt, auch neuartige Leistungen zu fordern, deren rechtliche Zulässigkeit nicht immer völlig zweifelsfrei ist[207]). Solche „Grenzinitiativen" sind ihnen nach der Rechtsprechung des BAG praktisch abgeschnitten, denn schon der leicht fahrlässige Irrtum über die Zulässigkeit des angestrebten Ziels und damit die Rechtmäßigkeit des Arbeitskampfes führt zur Schadensersatzpflicht[208]). Anders, wenn man für die Haftung die Verletzung eines *Rechtes* fordert: Dann können die Gewerkschaften im Rahmen der allgemeinen Gesetze als mildere (allerdings auch nur in Grenzen praktikable) Form des Arbeitskampfes den Weg über die Arbeitniederlegung durch die Mitglieder unter *Wahrung* der arbeitsvertraglichen Bindungen, also insbesondere unter Einhaltung der Kündigungsfristen wählen. Ein solches Vorgehen kann, gerade unter dem Gesichtspunkt der Meidung des Rechtsrisikos, jedenfalls nicht als so evident illegitim bezeichnet werden, daß sich eine richterrechtlich statuierte Ersatzpflicht rechtfertigen würde.

3. Beschränkt man die Anwendung des § 823 I BGB auf Eingriffe in das Arbeitsverhältnis, so heißt das nicht, daß Gewerkschaft und Arbeitgeberverband von jeder Haftung frei würden, wenn sie Arbeitskämpfe unter Wahrung der arbeitsvertraglichen Bindung führen. Sie müssen sich im Rahmen der

---

[203]) Mit der sich allerdings der Ausschluß einer Haftung aus § 823 I BGB verbinden kann, sofern man die Tarifwidrigkeit eines Arbeitskampfes genügen läßt, um auch seine Rechtswidrigkeit zu begründen.

[204]) Urteil vom 31. 10. 1958, BAGE 6, 321 ff. = AP Nr. 2 zu § 1 TVG „Friedenspflicht".

[205]) *Ramm*, JZ 1961, S. 273 ff. (S. 274 und S. 279); *Gamillscheg*, Die Differenzierung nach der Gewerkschaftszugehörigkeit, S. 19 ff. (insbesondere S. 22).

[206]) Vgl. den Wortlaut des Art. 9 III 1 Grundgesetz.

[207]) Man denke an die sogen. Differenzierungsklauseln, deren Unzulässigkeit kürzlich vom Großen Senat des BAG festgestellt worden ist (vgl. RdA 1968, S. 39 f.), nachdem ein erheblicher Meinungsstreit in der Literatur wie auf dem Deutschen Juristentag vorausgegangen war.

[208]) Gerichtlich kann die Zulässigkeit eines Kampfziels im *Vorwege* nicht geklärt werden, weil es um eine bloße Rechtsfrage geht, eine Feststellungsklage also nicht zulässig ist. Vgl. z. B. *Baumbach—Lauterbach*, Anm. 2 C a zu § 256 ZPO.

allgemeinen Gesetze halten. Damit finden solche Arbeitskämpfe vor allem an § 826 BGB ihre Grenze.

Das scheint auf den ersten Blick einen Rückschritt gegenüber der Rechtsprechung des BAG zu bedeuten, an der doch gerade gelobt wird, daß sie mit der Herausnahme der Haftung für Arbeitskämpfe aus dem Bereich des § 826 BGB und ihrer Unterstellung unter § 823 I BGB eine Entwertung des allgemeinen Begriffs der guten Sitten vermeide[209]). Doch trifft das auf die hier vertretene Auffassung in Wahrheit nicht zu. Denn sie unterstellt die Regelfälle des Arbeitskampfes mit der Haftung für Eingriffe in die Arbeitsverhältnisse der spezielleren Norm des § 823 I BGB und geht nur für Randerscheinungen der Arbeitskämpfe auf § 826 BGB zurück[210]), für die dann die Haftung auch nur bei Vorliegen der allgemein anerkannten Voraussetzungen des § 826 BGB einzutreten braucht.

Da bei Arbeitskampfmaßnahmen der Vorsatz der Schadenszufügung in aller Regel gegeben sein wird, bedeutet die Anwendung des § 826 BGB eine Beschränkung der Haftung vor allem in Hinblick auf das Merkmal der Sittenwidrigkeit. Die Beschränkung liegt dabei wohl weniger im objektiven als im subjektiven Tatbestand des Sittenverstoßes. Objektiv erfordert die Sittenwidrigkeit zwar mehr als Sozial*in*adäquanz[211]), nämlich entweder die Anwendung mißbilligenswerter Mittel, oder die Anwendung an sich zulässiger Mittel zu einem unzulässigen Zweck, oder ein Mißverhältnis von Mittel und Zweck[212]). Aber die von *Nipperdey* und dem BAG ausgebildete Kampfordnung orientiert sich doch in vielen Punkten an ähnlichen Erwägungen, so wenn sie den Arbeitskampf als Mittel dann mißbilligt, wenn er nicht ultima ratio ist, wenn sie den nicht auf tariflich regelbare Zwecke gerichteten Arbeitskampf als unzulässig ansieht, oder wenn sie eine faire Kampfführung fordert. Und objektiv sittenwidrig wird in der Regel auch die Absperrung sein, welche dem Arbeitgeber ja nicht nur die Arbeitskräfte nehmen soll, die er unter Vertrag hat, sondern darüber hinaus alle sonst auf dem Arbeitsmarkt verfüglichen, also darauf abzielt, dem Arbeitgeber das Wirtschaften völlig unmöglich zu machen.

Die Beschränkung liegt im Subjektiven. Wohl ist für die Sittenwidrigkeit nicht das Bewußtsein des Sittenwidrigen erforderlich. Aber die innere Einstellung ist umgekehrt doch insofern bedeutsam, als der Irrtum über die Er-

---

[209]) *Nipperdey*, Lehrbuch Bd. II, § 49 IX (S. 655).

[210]) Sie erfüllt damit die von *Nipperdey* (Zeitungsstreikgutachten S. 33) zur Untermauerung seiner Thesen angezogene Forderung, daß man § 826 BGB nur da anwenden solle, wo ein anderer haftungsbegründender Tatbestand nicht gegeben sei, im Grunde besser als dieser selbst: Denn anders als die Anwendung des § 823 I BGB auf Schädigungen des Gewerbebetriebs, die nur eine neue schadensrechtliche Generalklausel setzt, beschränkt sich unsere Auffassung auf die Gewährung eines echten Rechtsschutzes, nämlich den Schutz gegen Eingriffe in das Arbeitsverhältnis. Daß diese Auffassung dann auch Bereiche offenläßt, in denen § 826 BGB maßgebende Haftungsnorm bleibt, bestätigt nur, daß sie einer tatsächlich spezielleren Norm Geltung verschafft und nicht nur eine Generalklausel an die Stelle der anderen setzt.

[211]) Dazu *Bötticher*, BB 1957, S. 623.

[212]) Vgl. etwa *Siebrecht*, Das Recht im Arbeitskampf, S. 69 ff. mit weiteren Nachweisen, sowie *Brox—Rüthers*, Arbeitskampfrecht, § 8 C III (S. 156).

laubtheit des Handelns, selbst wenn er verschuldet ist, die Sittenwidrigkeit ausschließt, sofern der Täter nur nicht gewissenlos handelt[213]). Damit läßt § 826 BGB für die Fälle, in denen der Arbeitskampf mit einem Rechtsrisiko verbunden ist, den notwendigen Spielraum: Hält die Kampfpartei den Arbeitskampf für erlaubt, wählt aber doch wegen gewisser Unsicherheiten die mildere Form des Arbeitskampfes unter Beachtung der arbeitsvertraglichen Bindungen, so ist sie einer Haftung auf Schadensersatz nur ausgesetzt, wenn die Auffassung, der Arbeitskampf sei erlaubt, schlechterdings nicht haltbar war.

IV. Der Umfang der Haftung für rechtswidrige Arbeitskämpfe

1. Es liegt in der Konsequenz der hier vertretenen Auffassung, daß gegen den aus einem relativen Rechtsverhältnis Verpflichteten neben dem Anspruch aus dieser Rechtsbeziehung kein Anspruch aus § 823 I BGB wegen eines gegen dieses Recht gerichteten Eingriffs erhoben werden kann[214]). So scheint sich auch für den Arbeitskampf ohne weiteres zu ergeben, daß der an einem rechtswidrigen Streik beteiligte Arbeitnehmer ebenso wie der aussperrende Arbeitgeber nur wegen Verletzung des Arbeitsvertrages in Anspruch genommen werden kann, und daß die oben I, 2 wiedergegebene Auffassung des BAG irrig ist, eine Haftung folge sowohl aus Vertragsverletzung wie aus § 823 I BGB.

Indessen liegen die Dinge doch nicht so einfach. Man darf nicht vergessen, daß bei einem Streik und der von einem Arbeitgeberverband ausgehenden Aussperrung im Falle der Rechtswidrigkeit eine Vielzahl von Arbeitnehmern bzw. Arbeitgebern *gemeinsam* Vertragsverletzungen begeht. Das wirft die Frage auf, ob nicht in diesem gemeinsamen Handeln doch zugleich eine unerlaubte Handlung gegenüber den betroffenen Arbeitgebern bzw. Arbeitnehmern gefunden werden kann.

Nun gibt es in der Literatur ja schon Stimmen, die als Täter der in einem rechtswidrigen Streik liegenden unerlaubten Handlung nur diejenigen ansehen wollen, die den Streikbeschluß fassen und den Kampfbefehl herausgeben, im Regelfalle des gewerkschaftlichen Streiks also nur die Gewerkschaft und nicht die sich schlicht am Streik beteiligenden Arbeitnehmer. Man sagt, daß man nur so dem Wesen des Streiks als soziologischer Massenerscheinung gerecht werden könne[215]). Aber dagegen haben vom Boden der herrschenden Auffassung aus *Brox-Rüthers* wohl mit Recht eingewendet, man könne nicht einsehen, warum das in der Streikbeteiligung liegende *Befolgen* des Kampfbefehls im Unterschied zu dessen Herausgabe keine selbständige

[213]) RGZ 123, 271 (277 ff.); 155, 234 (238); JW 1934, S. 2136 f. (S. 2137); BGH LM Nr. 2 zu § 826 (Gc) unter 3 d; *Brox—Rüthers* aaO. § 8 C IV (S. 156); *Palandt—Gramm*, Anm. 2 g u. 3 c zu § 826 BGB.

[214]) Vgl. vor allem § 10, 1 (S. 140 ff.) aber auch schon oben (S. 196 ff.).

[215]) *Nipperdey*, Lehrbuch, Bd. II, § 49 X 1 (S. 656); Zeitungsstreikgutachten, S. 51; *Nikisch*, Lehrbuch Bd. II, § 65 I 3 (S. 134); *Niese*, Streik und Strafrecht, S. 84 f.; vgl. auch OLG Düsseldorf, RdA 1953, S. 393 ff. (S. 395).

Handlung sein solle[216]): Ist der Streik ein Eingriff in den Gewerbebetrieb, so setzt jeder am Streik Beteiligte für diesen Eingriff eine Ursache[217]).

Erst wenn man, wie hier, die Arbeitsverhältnisse für das geschützte Rechtsgut hält, sticht das Gegenargument von *Brox-Rüthers* nicht mehr. Denn das Befolgen des Kampfbefehls besteht ja gerade in der Verletzung des Arbeitsvertrags, für die der Arbeitnehmer unserer Auffassung nach nur wegen Vertragsverletzung haftet. Uns bleibt deshalb nur zu überlegen, ob der einzelne Arbeitnehmer durch die Streikbeteiligung bzw. der Arbeitgeber durch die Teilnahme an der Aussperrung nicht zugleich in die zwischen *anderen* Arbeitnehmern und Arbeitgebern bestehenden Arbeitsverhältnisse eingreift oder sich doch an dem von seiner Koalition ausgehenden Eingriff beteiligt. *Diese* Frage aber kann verneint werden.

Blickt man auf die Arbeitnehmer, so kommen eigentlich nur die psychologische Unterstützung, welche im Mitmachen liegt, sowie die Teilnahme an der dem Streikbefehl vorausgehenden Urabstimmung als Handlungen in Betracht. Abgesehen davon, daß in beiden Beziehungen schon die Feststellung der Ursächlichkeit Schwierigkeiten bereitet (welche Streikteilnehmer hätten ohne die psychologische Unterstützung nicht mitgemacht? Hat der Arbeitnehmer in der Urabstimmung für den Streik gestimmt?) scheint mir der soziologischen Situation nach weder subjektiv noch objektiv die *Richtung der Handlung* auf die dem Arbeitgeber gegenüber den anderen Arbeitnehmern zustehenden Rechte gegeben zu sein: Der Arbeitnehmer, der sich auf die Teilnahme an Urabstimmung und Streik beschränkt, will typischerweise dem Arbeitgeber *seine* Arbeitsleistung verweigern und sich dadurch in die Front der Streikenden einreihen. Er *erwartet* wohl auf Grund des Solidaritätsgedankens, daß die Mitarbeitnehmer das gleiche tun, aber er wird nicht in dieser Richtung tätig; das überläßt er der Streikleitung und den von ihr bestellten Helfern. Damit aber fehlt die notwendige Grundlage für eine Haftung wegen Eingriffs in die Arbeitsverhältnisse der anderen[218]).

Anders liegt es, wo sich der Arbeitnehmer nicht auf Urabstimmung und Streikbeteiligung beschränkt, sondern zusätzlich aktiv tätig wird, etwa Streikposten steht: Hier will er durch seine Aktivität dazu beitragen, daß die Arbeitnehmer ihre Arbeitspflicht nicht erfüllen, und greift damit dem Sinne seiner Handlung nach in die Arbeitsverhältnisse der anderen ein. Und anders liegt es auch im Falle des wilden Streiks: Ohne Gewerkschaft müssen die streikenden Arbeitnehmer den Streik selbst organisieren, eine Streikleitung ins

---

[216]) Arbeitskampfrecht, § 8 D I 3 (S. 159 f.); ähnlich *Tomandl* aaO. S. 368; so jetzt wohl auch *Hueck—Nipperdey*, Grundriß, § 70 VII 1 (S. 295).

[217]) Dies muß sich m. E. auch *Kraft* entgegenhalten lassen, wenn er zwischen Organisatoren des Arbeitskampfes und den den Arbeitskampf ausführenden Arbeitnehmern und Arbeitgebern unterscheiden und die letzteren aus unerlaubter Handlung nur haften lassen will, wenn sie — etwa als Mitglieder der Gewerkschaft — für die Organisation selbst verantwortlich sind (aaO. S. 294). Vgl. schon oben III vor 1 (S. 211 f.).

[218]) Deren Bedeutung übrigens nicht überschätzt werden sollte: Bejaht man die Haftung des am Streik beteiligten Arbeitnehmers, so wird man auf der anderen Seite auf Grund seines Mitgliedschaftsverhältnisses einen Freistellungsanspruch gegen seine Gewerkschaft bejahen müssen, deren Streikbefehl er bei Meidung von Sanktionen zu folgen hatte.

Leben rufen u. a. m.: Hier muß jeder Beteiligte zugleich die Arbeitsniederlegung der anderen im Auge haben. Es kann also auch davon ausgegangen werden, daß er auf die sich aus diesen Arbeitsverhältnissen ergebenden Ansprüche des Arbeitgebers einwirken will.

Die gleichen Maßstäbe lassen sich auch auf die Arbeitgeberseite übertragen. Auch hier ist die Haftung darauf abzustellen, ob der einzelne Arbeitgeber mehr tut als sich durch Nichterfüllung seiner Vertragspflichten gegenüber den Arbeitnehmern an der Aussperrung zu beteiligen[219]).

2. Daß bei schlichter Beteiligung am Arbeitskampf der einzelne Arbeitgeber oder Arbeitnehmer nur aus Vertrag haftet, nicht auch aus § 823 I BGB, scheint auf den ersten Blick nicht von praktischer Bedeutung zu sein: Da die Sozialadäquanz nicht nur über die Rechtswidrigkeit der unerlaubten Handlung, sondern auch über die der Vertragsverletzung entscheidet, sind die *materiellen Haftungsvoraussetzungen* gleich. Auch wird man wenig Zweifel darein setzen können, daß in beiden Fällen gesamtschuldnerische Haftung etwa der streikenden Arbeitnehmer eintritt — im Falle der Haftung aus § 823 I BGB direkt nach §§ 830/840 BGB, im Falle der Vertragsverletzung entweder in analoger Anwendung dieser Vorschriften[220]) oder aber unter dem allgemeinen Gesichtspunkt der Identität des Leistungszwecks der arbeitsvertraglichen Verpflichtungen[221]). Und schließlich wird man hier wie dort den durch Nichtleistung eines bestimmten Arbeitnehmers unmittelbar veranlaßten Schaden *nicht* von dem *trennen* können, der auf diese Arbeitsverweigerung insofern nur mittelbar zurückgeht, als er erst durch das Zusammenwirken der Arbeitniederlegungen aller Streikenden entstanden ist[222]). In einem wichtigen Punkt führen die unterschiedlichen Ausgangspunkte indessen doch zu verschiedenen Ergebnissen: Das BAG ist der Auffassung[223]), daß die Arbeitnehmer für jeglichen Schaden unabhängig davon haften, ob sie zwischenzeitlich gekündigt haben bzw. hätten kündigen können, ja es meint, die Haftung sei auch für den Fall zu bejahen, daß der Arbeitgeber seinerseits den Streik mit fristloser Entlassung oder Aussperrung beantworte; dann sei § 628 II BGB anzuwenden, dem entnommen werden müsse, daß die Ersatzpflicht unbeschränkt sei und nicht mit dem Zeitpunkt ende, in dem das Arbeitsverhältnis hätte fristgerecht gelöst werden können[224]). Das läßt sich, legt man die hier

---

219) Bei der Aussperrung durch einen einzelnen Arbeitgeber kommt ohnehin nur die Vertragshaftung in Betracht.

220) So das BAG AP Nr. 3 zu § 1 TVG „Friedenspflicht" (Bl. 405).

221) Vgl. dazu allgemein etwa *Larenz*, Schuldrecht Bd. I, § 33 (S. 380 ff.).

222) So schon RAG ARS 14, 293 (298 ff.); 15, 41 (45 f.); 18, 241 (247 f.).

223) AP Nr. 3 zu § 1 TVG „Friedenspflicht" (Bl. 405); BAGE 15, 174 (198 ff.).

224) Das Reichsarbeitsgericht war übrigens anderer Auffassung: Es hat wohl die gesamtschuldnerische Haftung der Arbeitnehmer bei Vertragsbruch bejaht. Aber der Bemerkung *Derschs* in der Anmerkung zu ARS 14, 293, es bleibe zu beachten, daß nur derjenige Schaden durch die Vertragsverletzung verursacht sei, der gerade durch die Nichteinhaltung der Kündigungsfrist entstanden ist, nicht aber derjenige, der auch bei einem Streik unter Einhaltung der Kündigungsfrist hätte entstehen müssen, hat es nie widersprochen. § 682 II BGB aber hat es ausdrücklich auf den Zeitraum bis zur möglichen fristgerechten Auflösung des Arbeitsverhältnisses beschränkt (ARS 9, 215 [216]).

vertretene Meinung zugrunde, nicht in allen Punkten halten: Der streikende Arbeitnehmer kann aus *Vertragsverletzung* jedenfalls nicht für Schäden haften, die im Zeitraum nach *Wirksamwerden einer ausgesprochenen* Kündigung entstanden sind. Löst er den Arbeitsvertrag wirksam auf, so kann er ihn von diesem Zeitpunkt ab nicht mehr verletzen und ein durch die Nichtarbeit neu entstehender Schaden kann der früheren Vertragsverletzung nicht mehr zugerechnet werden. Einen anderen Standpunkt vertreten, hieße in den Arbeitsvertrag die Bestimmung hineinlesen, daß sein einmaliger Bruch die im Recht zur Kündigung liegende zeitliche Begrenzbarkeit der Vertragspflicht aufhebt.

Auch dafür lassen sich freilich Argumente anführen — besonders wenn man an das Urteil zum schleswig-holsteinischen Metallarbeiterstreik denkt, in dem das BAG eine Ersatzpflicht aus der Verletzung der dort in Rede stehenden Schlichtungsvereinbarung auch für die Schäden bejaht hat, die nach dem Zeitpunkt eingetreten sind, in dem ohne Verletzung der Friedenspflicht hätte gestreikt werden können[225]). Das Gericht hat das ja nicht nur mit der Einheitlichkeit des Streikgeschehens, sondern auch mit den Präventionsgedanken begründet, und man kann sich fragen, ob der Präventionszweck nicht auch bei anderen Vertragsverletzungen eine umfassende, das Ende des Vertrages nicht berücksichtigende Ersatzpflicht verlange.

Prüft man die Entscheidung des BAG näher, so zeigt sich indessen, daß sie für eine solch allgemeine Geltung des Präventionsgedankens nichts hergibt. Um zu begründen, daß das zwischenzeitliche Ende der Friedenspflicht bei der Berechnung des Ersatzumfangs außer Ansatz zu bleiben habe, mußte das BAG, wie *Bötticher* gezeigt hat[226]), auf den *Sinn* der konkreten Schlichtungsvereinbarung und das heißt: auf den *Parteiwillen* abstellen. Nur wenn festgestellt werden kann, daß die Parteien selbst dem Präventionszweck eine so weitgehende Geltung verschaffen wollten, vermag er die Begrenzung des Ersatzumfangs zu überwinden, die im schadensrechtlichen Ausgleichsprinzip begründet liegt. Für einen solchen Parteiwillen aber, der bei einer Kampfregelung, wie sie eine Schlichtungsvereinbarung darstellt, naturgemäß naheliegt, fehlen beim einzelnen Arbeitsvertrag genügende Anhaltspunkte. Ja, man wird nach den Überlegungen, die wir oben unter II 3 angestellt haben, im Gegenteil davon ausgehen müssen, daß sich die Parteien die Vorteile erhalten wollen, die eine ordnungsmäßige Auflösung des Vertrags auch nach Beginn eines Arbeitskampfes mit sich bringen kann.

Zuzustimmen ist dem BAG im Ergebnis aber darin, daß eine solche Haftungsbefreiung nicht schon von dem Zeitpunkt an eintritt, in dem der Arbeitnehmer hätte kündigen *können, ohne* daß er tatsächlich gekündigt hat. Solange der Arbeitsvertrag nicht aufgelöst ist, wird er verletzt, wenn der Arbeitnehmer, ohne dazu berechtigt zu sein, nicht arbeitet. Der Arbeitnehmer kann zwischen der Aufrechterhaltung der individualrechtlichen Position (die ihm den Vorteil des Beschäftigungsanspruchs nach Ende des Streiks und

---

[225]) BAGE 6, 321 (372 ff.).

[226]) Zur Ausrichtung der Sanktion nach dem Schutzzweck der verletzten Privatrechtsnorm, AcP 158, S. 385 ff. (S. 389 f.).

das Risiko der Vertragsverletzung bringt) und deren Aufgabe (die ihm dieses Risiko, aber auch den Beschäftigungsanspruch nimmt) entscheiden. Aber er ist an die einmal getroffene Entscheidung gebunden[227]).

Von da aus ist es auch nicht mehr schwer, die Sachlage zu beurteilen, welche entsteht, wenn der Arbeitgeber die in der Arbeitsniederlegung liegende Vertragsverletzung zum Anlaß einer fristlosen Entlassung nimmt: Der Arbeitnehmer kann sich gegenüber dem Ersatzanspruch aus § 628 II BGB dann, aber auch nur dann auf die Möglichkeit der eigenen *fristgerechten* Auflösung des Arbeitsverhältnisses berufen, wenn er dartun kann, daß er das Arbeitsverhältnis wirklich aufgelöst *hätte,* wenn es nicht schon durch die Entlassung von seiten des Arbeitgebers aufgelöst worden wäre. Hat er zum Ausdruck gebracht, daß auch er nicht am Arbeitsverhältnis festhalten, sondern das Risiko, nach Beendigung des Arbeitskampfes keinen Beschäftigungsanspruch mehr zu haben, eingehen wollte, so hat ihn nur die „überholende Kausalität" der Kündigung des Arbeitgebers an der Ausübung seines Kündigungsrechtes und damit der Entscheidung über seine Position gehindert. *Daß* er sie sonst getroffen hätte, muß als „Reserveursache" auch bei § 628 II BGB berücksichtigt werden[228]).

3. Kann sich der einzelne kampfbeteiligte Arbeitnehmer und Arbeitgeber von der Haftung für neu entstehenden Schaden dadurch befreien, daß er den Vertrag auflöst, so muß man für die Haftung Dritter, also der kämpfenden Verbände aber auch solcher einzelner Arbeitnehmer und Arbeitgeber, die über die schlichte Kampfbeteiligung hinausgehen, zu einem entsprechenden Ergebnis kommen. Der Eingriff in ein Vertragsrecht kann nicht zu dem Ersatz eines größeren Interesses führen als mit dem Vertragsrecht selbst verbunden war. Die Haftung für den Eingriff muß deshalb ebenso wie die Vertragshaftung mit der Auflösung des Vertrags enden. Veranlassen also die Verbände ihre Mitglieder, die Arbeitsverhältnisse nachträglich zu kündigen, so haften sie von der Wirksamkeit dieser Kündigungen ab nur noch nach § 826 BGB. Und gleiches gilt etwa, wenn sich Teilnehmer eines wilden Streiks zu einer solchen Kündigung entschließen.

Dieses Ergebnis liegt, was die Haftung der Verbände angeht, durchaus im Rahmen der Überlegungen, die wir (oben unter III) allgemein zu deren Haftung für rechtswidrige Arbeitskämpfe angestellt haben. Wenn es den Verbänden in den Grenzen, die § 826 BGB zieht, unbenommen ist, einen Arbeitskampf unter Wahrung der arbeitsvertraglichen Bindungen der Mitglieder zu beginnen, so kann ihnen auch nicht verwehrt sein, noch nachträglich auf einen

---

[227]) Vgl. dazu besonders *Zeuner,* Zum Problem der überholenden Kausalität, AcP 157, S. 441 (S. 452 f.).

[228]) Anders liegt es, wenn der Arbeitnehmer selbst aus *wichtigem* Grund kündigen konnte. Dann schließt schon das Bestehen des Kündigungsrechts den Schadensersatzanspruch aus § 628 II BGB aus. Denn es würde gegen Treu und Glauben verstoßen, wenn man den Empfänger der Kündigung deshalb schlechter stellen wollte, weil er seinerseits bereit war, trotz des vertragswidrigen Verhaltens des Kündigenden noch am Vertrag festzuhalten (BGHZ 44, 271 ff. = AP Nr. 3 zu § 628 BGB; BAG BB 1966, S. 1025).

solchen Arbeitskampf umzuschalten, um für die Zukunft der schärferen Haftung zu entgehen. Das Fehlen einer gesetzlich geregelten Rechtsinstitution des Arbeitskampfes verbietet das Überschreiten der sich aus den allgemeinen Gesetzen ergebenden Schranken der Haftung hinsichtlich des haftungsbegründenden Tatbestands ebenso wie in bezug auf den Umfang des zu leistenden Ersatzes.

SCHRIFTTUM

Baumbach-Lauterbach — Kommentar zur Zivlprozeßordnung mit Gerichtsverfassungsgesetz und anderen Nebengesetzen, 29., durchgesehene Auflage, München und Berlin 1966.

Berg, Hans — Ehestörungsklage und Schadensersatzansprüche wegen Ehestörung, JuS 1961, S. 137 ff.

Bierling, Ernst Rudolf — Zur Kritik der juristischen Grundbegriffe, 2 Teile in einem Band, Neudruck der Ausgabe Gotha 1877—1883, Aalen 1965.

Blomeyer, Arwed — Zivilprozeßrecht, Erkenntnisverfahren, Berlin/Göttingen/Heidelberg 1963.

— Allgemeines Schuldrecht, 3., durchgesehene und ergänzte Auflage, Berlin und Frankfurt 1964.

Blomeyer, Karl — Zur Lehre von den Rechten des einzelnen, 1. Festschrift für Lehmann (1937), S. 101 ff.

— Arrest und einstweilige Verfügung, ZZP 65 (1952), S. 52 ff.

Boehmer, Gustav — Grundlagen der Bürgerlichen Rechtsordnung, 2. Buch, 1. Halbband, Tübingen 1951.

— Zur Ehestörungsklage — Ein Rechtsgutachten, AcP 155 (1956), S. 181 ff.

— Die neueste Rechtsprechung zur Ehestörungsklage, FamRZ 1957, S. 196 ff.

Bötticher, Eduard — Kritische Beiträge zur Lehre von der materiellen Rechtskraft im Zivilprozeßrecht, Berlin 1930.

— Gutachten über die Frage, ob für Klagen der GEMA wegen Urheberrechtsverletzungen der Gerichtsstand des § 32 ZPO auch am Sitz der GEMA begründet ist, der GEMA erstattet, in: Schulze, Erich, Recht und Unrecht, eine Studie zur Urheberrechtsreform, München und Berlin 1954, S. 220 ff.

— Zur Rechtswidrigkeit von Arbeitskämpfen, BB 1957, S. 621 ff.

— Zur Ausrichtung der Sanktion nach dem Schutzzweck der verletzten Privatrechtsnorm, AcP 158 (1959/60), S. 385 ff.

— Besprechung der 15. Aufl. von Enneccerus-Lehmann, Recht der Schuldverhältnisse, RdA 1960, S. 154.

— Besinnung auf das Gestaltungsrecht und das Gestaltungsklagerecht, Festschrift für Dölle (1963) Band 1, S. 41 ff.

— Die Einschränkung des Ersatzes immateriellen Schadens und der Genugtuungsanspruch wegen Persönlichkeitsminderung, MDR 1963, S. 353 ff.

— Die Konkursmasse als Rechtsträger und der Konkursverwalter als ihr Organ, ZZP 77 (1964), S. 55 ff.

Bolze, A. — Übertragung der Ausübung eines Patentrechts, GruchotsBeitr. 38 (1894), S. 75 ff. und 39 (1895), S. 1 ff.

Brandt, Hans — Eigentumserwerb und Austauschgeschäft — Der abstrakte dingliche Vertrag und das System des deutschen Umsatzrechts im Licht der Rechtswirklichkeit, Leipzig 1940.

Breit, James — Die Verhinderung der Vollziehung einer Willenserklärung, Seuffert's Blätter für Rechtsanwendung 71 (1906), S. 589 ff.

Brox-Rüthers — Arbeitskampfrecht — Ein Handbuch für die Praxis, Stuttgart 1965.

Brühl, Günther — Unterhaltsrecht — Grundbegriffe und Praxis, 2., neubearbeitete Aufl. Bielefeld 1963.

Bucher, Eugen — Das subjektive Recht als Normsetzungsbefugnis, Tübingen 1965.

Bueb, Wolfgang — Zur Stellung des einfachen Lizenznehmers gegenüber dem Patentverletzer, GRUR 1938, S. 470 ff.

Bulla, Gustav Adolf — Das zweiseitig kollektive Wesen des Arbeitskampfes, 1. Festschrift für Nipperdey (1955), S. 163 ff.

von Caemmerer, Ernst — Bereicherung und unerlaubte Handlung, Festschrift für Rabel Band 1 (1954), S. 333 ff.

— Wandlungen des Deliktsrechts, Festschrift zum hunderjährigen Bestehen des Deutschen Juristentages, (1960) Band II, S. 49 ff.

— Die absoluten Rechte in § 823 ABs. 1 BGB, Karlsruher Forum 1961, S. 19 ff.

— Das Problem des Drittschadensersatzes, ZHR 127 (1965), S. 241 ff.

Capodistrias, Joannis — Streik und Zurückbehaltung der Arbeitsleistung, 2. Festschrift für Nipperdey (1965) Band II, S. 105 ff.

Coing, Helmut — Anmerkung zum Urteil des BGH vom 26. 6. 1952 (BGHZ 6, 360 ff.), JZ 1952, S. 689 f.

Cosack, Konrad — Lehrbuch des deutschen bürgerlichen Rechts — 1. Band: Die allgemeinen Lehren und das Recht der Forderungen, 6., umgearbeitete Auflage, Jena 1913.

Crome, Carl — System des deutschen bürgerlichen Rechts — 2. Band: Recht der Schuldverhältnisse, Tübingen 1902.

Damme-Lutter — Das deutsche Patentrecht — Ein Handbuch für Praxis und Studium, 3., völlig neubearbeitete Auflage Berlin 1925.

Dernburg, Heinrich — Lehrbuch des preußischen Privatrechts, 1. und 2. Band, Halle 1875 und 1878.

— Pandekten
1. Band: Allgemeiner Teil und Sachenrecht, 7., verbesserte Auflage unter Mitwirkung von Johannes Biermann, Berlin 1902.
2. Band: Obligationenrecht, 7., verbesserte Auflage unter Mitwirkung von Johannes Biermann, Berlin 1903.

Dersch, Hermann — Anmerkung zum Urteil des RAG vom 19. 12. 1931 (RAG 279/31), ARS 14, S. 301.

Deutsch, Erwin — Fahrlässigkeit und erforderliche Sorgfalt — Eine privatrechtliche Untersuchung, Köln/Berlin/Bonn/München 1963.

Deutsch, Erwin — Entwicklung und Entwicklungsfunktion der Deliktstatbestände — Ein Beitrag zur Abgrenzung der rechtssetzenden von der rechtsprechenden Gewalt im Zivilrecht, JZ 1963, S. 385 ff.

— Entwicklungstendenzen des Schadensrechts in Rechtsprechung und Wissenschaft, JuS 1967, S. 152 ff.

Diederichsen, Uwe — Das Recht zum Besitz aus Schuldverhältnissen, Hamburg 1965.

Dietz, Rolf — Anspruchskonkurrenz bei Vertragsverletzung und Delikt, Bonn und Köln 1934.

— Die Koalitionsfreiheit in: Die Grundrechte, Handbuch der Theorie und Praxis der Grundrechte, herausgeg. von Bettermann, Nipperdey, Scheuner, 3. Band, 1. Halbb. Berlin 1958, S. 417 ff.

— Anmerkung zu den Urteilen des BAG vom 20. 12. 1963 (1 AZR 428/62 und 1 AZR 429/62), SAE 1964, S. 155 ff.

Dölle, Hans — Familienrecht — Darstellung des deutschen Familienrechts mit rechtsvergleichenden Hinweisen, Band 1, Karlsruhe 1964.

Donellus, Hugo — Commentarii de Jure Civili — rec. Johannes Christophorus Koenig, Ed. sexta, Vol. I, II, III, Norimbergae 1801—07.

Dürig, Günter — Art. 103 III GG und die „Zeugen Jehovas" — Zur Mehrfachbestrafung der Ersatzdienstverweigerer aus Gewissensgründen, JZ 1967, S. 426 ff.

Dulckeit, Gerhard — Die Verdinglichung obligatorischer Rechte, Tübingen 1951.

Eichler, Hermann — Institutionen des Sachenrechts, ein Lehrbuch — 1. Band Allgemeiner Teil: Grundlagen des Sachenrechts, Berlin 1954.

Eltzbacher, Paul — Die Handlungsfähigkeit nach deutschem bürgerlichen Recht — 1 Band: Das rechtswirksame Verhalten, Berlin 1903.

Engel, Hubert — Zur praktischen Unterscheidung von Kampf- und einzelvertraglicher Maßnahme, BB 1966, S. 330 ff.

Engisch, Karl — Einführung in das juristische Denken, 3. Auflage Stutgart 1956.

Enneccerus-Lehmann — Recht der Schuldverhältnisse, 15. Bearbeitung Tübingen 1958.

Enneccerus-Nipperdey — Allgemeiner Teil des bürgerlichen Rechts, 1. Halbband: Allgemeine Lehren, Personen, Rechtsobjekte 15., neubearbeitete Auflage Tübingen 1959.

2. Halbband: Entstehung, Untergang und Veränderung der Rechte, Ansprüche und Einreden, Ausübung und Sicherung der Rechte, 14. Auflage Tübingen 1955, 15. Auflage Tübingen 1960.

Esser, Josef — Schuldrecht, Allgemeiner und Besonderer Teil, 2., vollkommen neu bearbeitete Auflage Karlsruhe 1960, Band I: Allgemeiner Teil, 3., völlig neu bearbeitete Auflage, Karlsruhe 1968.

Fabricius, Fritz — Zur Dogmatik des „sonstigen Rechts" gemäß § 823 Abs. 1 BGB, AcP 160 (1961), S. 273 ff.

— Der Eingriff in den eingerichteten und ausgeübten Gewerbebetrieb — BGHZ 29, 65, JuS 1961, S. 151 ff.

— Einwirkung von Streik und Aussperrung auf den Arbeitsvertrag, RdA 1962, S. 94 ff.

Fischer, *Otto Christian* — Die Verletzung des Gläubigerrechts als unerlaubte Handlung nach dem Bürgerlichen Gesetzbuch für das Deutsche Reich, Jena 1905.

Flume, Werner — Rechtsgeschäft und Privatautonomie, Festschrift zum hundertjährigen Bestehen des Deutschen Juristentages, Band I (Karlsruhe 1960), S. 135 ff.

— Allgemeiner Teil des bürgerlichen Rechts — 2. Band: Das Rechtsgeschäft, Berlin/Heidelberg/New York 1965.

Förster-Eccius — Preußisches Privatrecht, I. und II. Band, 7. Auflage Berlin 1896.

Forkel, Hans — Grundfragen der Lehre vom privatrechtlichen Anwartschaftsrecht, Berlin 1962.

Forsthoff, Ernst — Lehrbuch des Verwaltungsrechts, 1. Band: Allgemeiner Teil, 9. Auflage München und Berlin 1966.

Gamillscheg, Franz — Die Differenzierung nach der Gewerkschaftszugehörigkeit, Berlin 1966.

Gernhuber, Joachim — Drittwirkungen im Schuldverhältnis kraft Leistungsnähe — Zur Lehre von den Verträgen mit Schutzwirkung für Dritte, Festschrift für Nikisch (1958), S. 249 ff.

— Elterliche Gewalt heute — eine grundsätzliche Betrachtung, FamRZ 1962, S. 89 ff.

— Lehrbuch des Familienrechts, München und Berlin 1964.

von Gierke, Otto — Das deutsche Genossenschaftsrecht, 2. Band: Geschichte des deutschen Körperschaftsbegriffs, Photomechanischer Nachdruck der Ausgabe von 1873, Graz 1954.

Giesecke, Paul — Recht am Unternehmen und Schutz des Unternehmens — Alte und neue deutsche Rechtsprechung, GRUR 1950, S. 298 ff.

Grunsky, Wolfgang — Streik und Zurückbehaltungsrecht — BAGE 15, 174, JuS 1967, S. 60 ff.

Hahn, C. — Die gesamten Materialien zur Civilprozeßordnung und dem Einführungsgesetz zu derselben, Band 1, 2., durchgesehene und vervollständigte Ausgabe von E. Stegemann, Berlin 1881.
Band 8: Materialien zum Gesetz betr. Änderung der Civilprozeßordnung, des Gerichtsverfassungsgesetzes und der Strafprozeßordnung, fortgesetzt von B. Mugdan, Berlin 1898.

Hartmann, Nicolai — Einführung in die Philosophie, Überarbeitete, vom Verfasser genehmigte Nachschrift der Vorlesung im Sommersemester 1949 in Göttingen, 4. Auflage Hannover 1956.

Hasse, Johann Christian — Die Culpa des römischen Rechts — Eine zivilistische Abhandlung, Neudruck der 2., vermehrten, von Bethmann-Hollweg besorgten Ausgabe von 1838, Aalen 1963.

Hauriou, Maurice — Die Theorie der Institution und zwei andere Aufsätze, Mit Einleitung und Bibliographie herausgegeben von Roman Schnur, Berlin 1965.

Heck, Philipp — Grundriß des Schuldrechts, Tübingen 1929.

Hedemann, Justus Wilhelm — Der Arbeitsplatz als Rechtsgut, RdA 1953, S. 121 ff.

Heldrich, Andreas — Die allgemeinen Rechtsgrundsätze der außervertraglichen Schadenshaftung im Bereich der Europäischen Wirtschaftsgemeinschaft, Frankfurt und Berlin 1961.

Herschel, Wilhelm — Die Betriebszugehörigkeit als Rechtsgut, RdA 1960, S. 121 ff.

von Hippel, Eike — Schadensersatz bei Ehestörung, NJW 1965, S. 664 ff.

Hoeniger, Heinrich — Einige Gedanken zum Recht des Arbeitskampfes, RdA 1953, S. 204 ff.

Horn, Hans-Rudolf — Untersuchungen zur Struktur der Rechtswidrigkeit, Berlin 1962.

Hubmann, Heinrich — Das Persönlichkeitsrecht, Münster und Köln 1953.

— Gewerblicher Rechtsschutz (Patent-, Gebrauchsmuster-, Geschmacksmuster-, Warenzeichen- und Wettbewerbsrecht) — Ein Studienbuch, München und Berlin 1962.

Hübner, Heinz — Eheschließung und allgemeine Wirkungen der Ehe als dogmatisches Problem, FamRZ 1962, S. 1 ff.

Hueck, Alfred — Probleme des Streikrechts, RdA 1956, S. 201 ff.

Hueck-Nipperdey — Lehrbuch des Arbeitsrechts, 1. Band von Alfred Hueck, 7., neubearbeitete Auflage, Berlin und Frankfurt 1963.

2. Band von Hans Carl Nipperdey, 6., völlig neu bearbeitete Auflage, Berlin und Frankfurt 1957.

— Grundriß des Arbeitsrechts, 4. Auflage Berlin und Frankfurt 1968.

Hueck-Nipperdey-Stahlhacke — Tarifvertragsgesetz mit Durchführungs- und Nebenvorschriften, Kommentar, 4. Auflage München und Berlin 1964.

Isay, Rudolf — Der Rechtsschutz des Lizenzträgers, GRUR 1909, S. 58 ff.

von Jhering, Rudolf — Rechtsschutz gegen injuriöse Rechtsverletzungen, JherJahrb 23 (1885), S. 155 ff.

— Geist des römischen Rechts auf den verschiedenen Stufen seiner Entwicklung, 3. Teil, 4., verbesserte Auflage Leipzig 1888.

Kaser, Max — Das römische Privatrecht

1. Abschnitt: Das altrömische, das vorklassische und klassische Recht, München 1955

2. Abschnitt: Die nachklassischen Entwicklungen, München 1959.

Kasper, Franz — Das subjektive Recht — Begriffsbildung und Bedeutungsmehrheit, Karlsruhe 1967.

Kelsen, Hans — Reine Rechtslehre mit einem Anhang: Das Problem der Gerechtigkeit, 2., vollständig neubearbeitete und erweiterte Auflage Wien 1960.

Kipp-Wolff — Das Familienrecht, 7. Bearbeitung Marburg 1931.

Klang-Wolff — Kommentar zum Allgemeinen Bürgerlichen Gesetzbuch, 6. Band (§§ 1293—1502), 2. Auflage Wien 1951.

Kohler, Josef — Handbuch des deutschen Patentrechts in rechtsvergleichender Darstellung, Mannheim 1900.

Koziol, Helmut — Die Beeinträchtigung fremder Forderungsrechte, Wien und New York 1967.

Kraft, A. — Arbeitsvertrag und kollektive Kampfmaßnahmen, RdA 1968, S. 286 ff.

Kramer, Ernst und *Schwimann*, Michael — Besprechung von *Koziol*, Die Beeinträchtigung fremder Forderungsrechte, ÖJZ 1968, S. 195 f.

Krusch, Walter — Das Wesen des Vergleichs zur Abwendung des Konkurses unter Berücksichtigung des Zwangsvergleichs im Konkurse — Ein Beitrag zur Lehre von den Gestaltungsverfahren, Mannheim/Berlin/Leipzig 1933.

Kühne, Eberhard — Versprechen und Gegenstand (Ein Beitrag zum System der Belastung), AcP 140 (1935), S. 1 ff.

Kunkel, Wolfgang — Exegetische Studien zur aquilischen Haftung, SavZeitschrift (romanistische Abteilung) 49 (1929), S. 158 ff.

Landmann-Rohmer — Gewerbeordnung, Kommentar, 2. Band neubearbeitet von Eyermann, Fröhler, Neumann, Loseblattausgabe, 12. Auflage München.

Larenz, Karl — Anmerkung zum Urteil des OLG München vom 21. 3. 1956 (7 U 1189/55), NJW 1956, S. 179 f.

— Methodenlehre der Rechtswissenschaft, Berlin/Göttingen/Heidelberg 1960.

— Rechtswidrigkeit und Handlungsbegriff im Zivilrecht, Festschrift für Dölle Band 1 (1963), S. 169 ff.

— Allgemeiner Teil des deutschen bürgerlichen Rechts — Ein Lehrbuch, München 1967.

— Lehrbuch des Schuldrechts — I. Band Allgemeiner Teil, II. Band: Besonderer Teil, 8. Auflage München und Berlin 1967.

— Zur „Institution Ehe" (Eine Erwiderung), JZ 1968, S. 96 ff.

Leonhard, Franz — Allgemeines Schuldrecht des BGB, München und Leipzig 1929.

Besonderes Schuldrecht des BGB, München und Leipzig 1931.

Lichtenstein, Erich — Der Lizenzvertrag im engeren Sinne, NJW 1965, S. 1839 ff.

von Liszt, Franz — Die Deliktsobligationen im System des Bürgerlichen Gesetzbuchs — Kritische und dogmatische Randbemerkungen, Berlin 1898.

Lobe — Welche zivilrechtlichen Folgen knüpfen sich an die im modernen Lohnkampf üblichen Verrufserklärungen, insbesondere an das Verbot des Einkaufs und Verkaufs, des Arbeitgebens und Arbeitnehmens? — Bericht auf dem 29. Deutschen Juristentag 1908, Verhandlungen des 29. Deutschen Juristentages Band 5, S. 173 ff.

Löbl, Rudolf — Geltendmachung fremder Forderungsrechte im eigenen Namen — Ein Beitrag zur Lehre von der Innen- und Außenwirkung der Obligation, AcP 129 (1928), S. 257 ff. und AcP 130 (1929), S. 1 ff.

Löwisch, Manfred — Leistungsstörungen infolge von Arbeitskämpfen, DB 1962, S. 761 ff.

— Rechtswidrigkeit und Rechtfertigung von Forderungsverletzungen, AcP 165 (1965), S. 421 ff.

— Anmerkung zum Urteil des BAG vom 14. 7. 1967 (3 AZR 436/66), SAE 1968, S. 86 f.

Lorenz, Werner — Rechtsvergleichendes zur Haftung des Warenherstellers und Lieferanten gegenüber Dritten, Festschrift für Nottarp (1961), S. 59 ff.

— Fortschritte der Schuldrechtsdogmatik — Gedanken zum Erscheinen der zweiten Auflage von Josef Essers Schuldrecht, JZ 1961, S. 433 ff.

Lüdecke, Wolfgang — Zur rechtlichen Natur der Lizenz, NJW 1966, S. 815 ff.

Machleid, Wilhelm — Zur Vorteilsausgleichung im Schadensersatzrecht — Die Ansprüche des Dienstberechtigten bei Arbeitsunfähigkeit des Dienstverpflichteten infolge eines unverschuldeten Verkehrsunfalles, JZ 1952, S. 644 ff.

Magis, Norbert — Schadensersatz- und Unterlassungsanspruch bei Verletzung der ehelichen Treue, Bonn 1935.

Marschall von Bieberstein, Wolfgang Freiherr — Reflexschäden und Regreßrechte — Die Ersatzansprüche Dritter bei mittelbaren Vermögensschäden infolge vertraglicher und ähnlicher Beziehungen zum Verletzten, Stuttgart/Berlin/Köln/Mainz 1967.

Maschke — Boykott, Sperre und Aussperrung — Eine sozialrechtliche Studie, Jena 1911.

Mayer-Maly, Theo — Anmerkung zum Urteil des BAG vom 20. 12. 1963 (1 AZR 429/62), AP Nr. 32 zu Art. 9 GG „Arbeitskampf".

— Anmerkung zum Urteil des BAG vom 20. 12. 1963 (1 AZR 157/63), AP Nr. 34 zu Art. 9 GG „Arbeitskampf".

— Anmerkung zum Urteil des BAG vom 28. 4. 1966 (2 AZR 176/65), AP Nr. 37 zu Art. 9 GG „Arbeitskampf".

Medicus, Dieter — Besitzschutz durch Ansprüche auf Schadensersatz, AcP 165 (1965), S. 113 ff.

— Bürgerliches Recht — Eine nach Anspruchsgrundlagen geordnete Darstellung zur Examensvorbereitung, Köln/Berlin/Bonn/München/1968.

Mitteis, Heinrich — Die Ehe in der Rechtsprechung des Reichsgerichts, in: Die Reichsgerichtspraxis im deutschen Rechtsleben, Festgabe der juristischen Fakultäten zum 50jährigen Bestehen des Reichsgerichts, Band III, S. 180 ff.

Monjau, Herbert — Die Abwerbung von Arbeitskräften, DB 1961, S. 98 ff. und S. 135 ff.

Müller-Henneberg/Schwartz — Gesetz gegen Wettbewerbsbeschränkungen, Kommentar, 1. Auflage Köln und Berlin 1958.

Münzberg, Wolfgang — Verhalten und Erfolg als Grundlagen der Rechtswidrigkeit und Haftung, Frankfurt 1966.

— Bemerkungen zum Haftungsgrund der Unterlassungsklage, JZ 1967, S. 689 ff.

Mugdan, B. — Die gesamten Materialien zum Bürgerlichen Gesetzbuch für das Deutsche Reich, Bände I—IV, Berlin 1899.

Munk, Leo — Die Patentrechtliche Licenz — Eine Studie, Berlin 1897.

Nawiasky, Hans — Forderungs- und Gewaltverhältnis. Ein Beitrag zum allgemeinen Teil des privaten und öffentlichen Rechts, in: Festschrift für Zitelmann (1913).

Niese, Werner — Streik und Strafrecht, Tübingen 1954.

Nikisch, Arthur — Arbeitsrecht
I. Band: Allgemeine Lehren und Arbeitsvertragsrecht, 3., erweiterte und völlig neu bearbeitete Auflage Tübingen 1961.
II. Band: Koalitionsrecht, Arbeitskampfrecht und Tarifvertragsrecht, 2. Auflage Tübingen 1959.

Nipperdey, Hans Carl — Grenzlinien der Erpressung durch Drohung unter besonderer Berücksichtigung der modernen Arbeitskämpfe, Weimar 1917.

— Inwieweit haftet ein Berufsverein der Arbeitgeber oder Arbeitnehmer für unzulässige Kampfhandlungen, und welche Änderungen des deutschen Rechts sind hier zugleich unter Beobachtung ausländischer Vorbilder empfehlenswert? — Gutachten für den 34. Deutschen Juristentag 1926, Verhandlungen des 34. Deutschen Juristentags, 1. Band, S. 395 ff.

— Die Ersatzansprüche für die Schäden, die durch den von den Gewerkschaften gegen das geplante Betriebsverfassungsgesetz geführten Zeitungsstreik vom 27. bis 29. Mai 1952 entstanden sind, Rechtsgutachten, Köln 1953.

— Der Arbeitskampf als unerlaubte Handlung — Grundsätzliches zur Frage seiner Rechtswidrigkeit, Festschrift für Sitzler (1956), S. 79 ff.

— Tatbestandsaufbau und Systematik der deliktischen Grundtatbestände — Zum „Referentenentwurf eines Gesetzes zur Änderung und Ergänzung schadensersatzrechtlicher Vorschriften“, NJW 1967, S. 1985 ff.

Oehler, Dietrich — Das objektive Zweckmoment in der rechtswidrigen Handlung, Berlin 1959.

Oertmann, Paul — Der Schadensersatzanspruch des obligatorisch Berechtigten, Festschrift der Juristenfakultät Berlin für Dernburg (1900), S. 61 ff.

— Welche zivilrechtlichen Folgen knüpfen sich an die im modernen Lohnkampf üblichen Verrufserklärungen, insbesondere an das Verbot des Einkaufs und Verkaufs, des Arbeitgebens und Arbeitnehmens? — Gutachten für den 29. Deutschen Juristentag 1908, Verhandlungen des 28. Deutschen Juristentags 2. Band, S. 33 ff.

— Das Problem der relativen Rechtszuständigkeit, JherJahrbücher 66 (1916), S. 130 ff.

— Zur Struktur der subjektiven Privatrechte, AcP 123 (1925), S. 129 ff.

Ordeig, Enrique Gimbernat — Finalität und Vorsatz — Zugleich eine Besprechung von Welzel: „Vom Bleibenden und vom Vergänglichen in der Strafrechtswissenschaft, NJW 1966, S. 533 f.

Ostheim, Rolf — Besprechung von *Koziol*, Die Beeinträchtigung fremder Forderungsrechte, ZAS 1969, S. 35 ff.

Otte, Gerhard — Schadensersatz nach § 823 I BGB wegen Verletzung der „Forderungszuständigkeit“? JZ 1969, S. 253 ff.

Palandt — Bürgerliches Gesetzbuch, Kommentar 27. Auflage bearbeitet von Danckelmann, Gramm, Keidel, Degenhart und Lauterbach, München 1968.

Pape, Ernst — Welche zivilrechtlichen Folgen knüpfen sich an die im modernen Lohnkampf üblichen Verrufserklärungen, insbesondere das Verbot des Einkaufs und Verkaufs, des Arbeitgebens und Arbeitnehmens? — Gutachten für den 29. Deutschen Juristentag 1908, Verhandlungen des 29. Deutschen Juristentages Band 4, S. 246 ff., sowie Diskussionsbeitrag zum gleichen Thema aaO Band 5, S. 210 ff.

Pawlowski, Hans-Martin — Der Rechtsbesitz im geltenden Sachen- und Immaterialgüterrecht, Göttingen 1961.

Pfennig — Anmerkung zum Urteil des BGH vom 19. 12. 1958 (I ZR 153/57), GRUR 1959, S. 335.

Pinzger, G. — Der Schadensersatz des einfachen Lizenznehmers, GRUR 1938, S. 148 ff.

Planck — Kommentar zum Bürgerlichen Gesetzbuch II. Band 2. Hälfte: Recht der Schuldverhältnisse (Besonderer Teil), 4., völlig neu bearbeitete Auflage von Brodmann, Busch, Ebbecke, Flad u. a. Berlin 1928.

III. Band (Sachenrecht) 1. Hälfte, 5., völlig neu bearbeitete Auflage von Brodmann und Strecker, Berlin und Leipzig 1933.

Plaßmann, Norbert — Preisbindung durch die Gerichte?, JZ 1962, S. 463 ff.

— Die Bindung des Außenseiters, JZ 1963, S. 273 ff.

— Bündnisverträge gegen Wettbewerb, JZ 1964, S. 670 ff.

Posch, Martin — § 823 Abs. 1 BGB schützt auch Forderungsrechte, NJ 1954, S. 12 ff.

Puchta, G. F. — Geschichte des Rechts bei dem Römischen Volk mit einer Einleitung in die Rechtswissenschaft und Geschichte des römischen Civilprozesses , 10. Auflage nach dem Tode des Verfassers, besorgt von Paul Krüger Leipzig 1893.

Raape, Leo — Gebrauchs- und Besitzüberlassung, JherJahrbücher 71 (1922), S. 97 ff.

— Aneignungsüberlassung — Zugleich ein Beitrag zum Begriff des sonstigen Rechts (§ 823 I), JherJahrbücher 74 (1924), S. 179 ff.

Raible, Adalbert — Vertragliche Beschränkung der Übertragung von Rechten — Eine Untersuchung zum Verhältnis von §§ 413, 399 2. Alt. BGB zu § 137 Satz 1 BGB, Tübingen 1969.

Raiser, Ludwig — Besprechung von Westermann, Lehrbuch des Sachenrechts, JR 1955, S. 118.

— Vertragsfreiheit heute, JZ 1958, S. 1 ff.

— Vertragsfunktion und Vertragsfreiheit, Festschrift zum hundertjährigen Bestehen des Deutschen Juristentages, Band 1. S. 101 ff.

— Dingliche Anwartschaften, Tübingen 1961.

— Der Stand der Lehre vom subjektiven Recht im deutschen Zivilrecht, JZ 1961, S. 465 ff.

— Rechtsschutz und Institutionenschutz im Privatrecht, in: Summum ius summa iniuria — Individualgerechtigkeit und der Schutz allgemeiner Werte im Rechtsleben — Ringvorlesung gehalten von Mitgliedern der Tübinger Juristenfakultät im Rahmen des Dies academicus Wintersemester 1962/63, Tübingen 1963, S. 145 ff.

Ramm, Thilo — Das Recht des Arbeitskampfes nach der Rechtsprechung des Bundesarbeitsgerichts, JZ 1961, S. 273 ff.

— Der wilde Streik, AuR 1964, S. 353 ff.

— Kollektive Änderungskündigung und Aussperrung, BB 1964, S. 1174 ff.

Referentenentwurf eines Gesetzes zur Änderung und Ergänzung schadensersatzrechtlicher Vorschriften, Gedruckt im Bundesministerium der Justiz, Januar 1967.

Reimer, Eduard — Patentgesetz und Gebrauchsmustergesetz, Systematischer Kommentar, 3., erweiterte Auflage, neu bearbeitet von *Nastelski*, *Neumar*, Ernst *Reimer* und *Trüstedt*, Köln/Berlin/Bonn/München 1968.

Reinhardt, Rudolf — Das subjektive Recht in § 823 I BGB, JZ 1961, S. 713 ff.

Reuss, Wilhelm — Kollektivrechtliche und (gebündelte) individualrechtliche Arbeitskampfmittel, JZ 1965, S. 348 ff.

Riezler, Erwin — Arbeitskraft und Arbeitsfreiheit in ihrer privatrechtlichen Bedeutung, ArchbürgR 27 (1906), S. 219 ff.

Rosenberg, Leo — Lehrbuch des deutschen Zivilprozeßrechts, 9., verbesserte Auflage München und Berlin 1961.

Rosin — Welche zivilrechtlichen Folgen knüpfen sich an die im modernen Lohnkampf üblichen Verrufserklärungen, insbesondere an das Verbot des Einkaufs und Verkaufs, des Arbeitgebens und Arbeitnehmens? — Bericht auf dem 29. Deutschen Juristentag 1908, Verhandlungen des 29. Deutschen Juristentags Band 5, S. 195 ff.

Roxin, Claus — Zur Kritik der finalen Handlungslehre, ZgStrW 74 (1962), S. 515 ff.

Rüthers, Bernd — Anmerkung zum Urteil des BAG vom 28. 4. 1966 (2 AZR 176/65), SAE 1967, S. 47 ff.

Säcker, Franz-Jürgen — Herabsetzung nichttariflicher Arbeitsbedingungen durch kollektive Änderungskündigung — Arbeitskampfrechtliche Konsequenzen aus der Lehre vom tarifrechtlichen Ordnungsprinzip für die Zulässigkeit der Aggressivaussperrung und der kollektiven Änderungskündigung, DB 1967, S. 1086 ff.

von Savigny, Friedrich Carl — Das Recht des Besitzes, 6. Auflage Gießen 1837.

— System des heutigen Römischen Rechts, 1. Band Berlin 1840, 2. Band Berlin 1841.

Scheffler, Erna — Ehe und Familie, in: Die Grundrechte, Handbuch der Theorie und Praxis der Grundrechte Band IV/11, herausgegeben von Bettermann, Nipperdey, Scheuner, S. 245 ff.

Schmidhäuser, Eberhard — Vorsatzbegriff und Begriffsjurisprudenz im Strafrecht. Recht und Staat Heft 356/357, Tübingen 1968.

Schönke-Schröder — Strafgesetzbuch, Kommentar, 13. Auflage München und Berlin 1967.

Schott, Richard — Über Veräußerungsverbote und Resolutivbedingungen im bürgerlichen Recht, Festgabe für Dahn III. Teil (1905), S. 305 ff.

Schramm, Carl — Preisbindung durch die Gerichte, JZ 1963, S. 271 f.

Schulz, Fritz — System der Rechte auf den Eingriffserwerb, AcP 105 (1909), S. 1 ff.

Schulz-Schaeffer, Rudolf — Das subjektive Recht im Gebiet der unerlaubten Handlung, Marburg 1915.

Schwab, Karl Heinz — Anmerkung zum Urteil des BGH vom 21. 3. 1956 (IV ZR 194/55), NJW 1956, S. 1149 f.

Selb, Walter — Schadensbegriff und Regreßmethoden — Eine Studie zur Wandlung der Denkformen des Regresses bei Schuldnermehrheit mit Veränderung der Schadensbegriffes, Heidelberg 1963.

— Kritik formaler Drittschadensthesen, NJW 1964, S. 176 ff.

Siebrecht, Fritz — Das Recht im Arbeitskampf, 3. Auflage unter Mitarbeit von Swaantje Schulze-Reimpell, Düsseldorf/Köln 1964.

Simshäuser, Wilhelm — Zur Entwicklung des Verhältnisses von materiellem Recht und Prozeßrecht seit Savigny — Eine Untersuchung am Beispiel rechtsfremder Klagen, Bielefeld 1965.

Söllner, Alfred — Einseitige Leistungsbestimmung im Arbeitsverhältnis, Mainz und Wiesbaden 1966.

Soergel-Siebert — Kommentar zum Bürgerlichen Gesetzbuch, Band 1: Einleitung, Allgemeiner Teil, 10., neubearbeitete Auflage von Baur, Hefermehl, Schmidt, Schultze von Lasaulx u. a., Stuttgart/Berlin/Köln/Mainz 1967.

Sohm, Rudolf — Über Natur und Geschichte der modernen Hypothek, GrünhZ 5 (1878), S. 1 ff.

Stahlhacke, Eugen — Das Arbeitsrecht in der Gewerbeordnung, Kommentar, Neuwied am Rhein und Berlin 1966.

Staub, Hermann — Die juristische Konstruktion der dinglichen Rechte nach geltendem Recht und dem Entwurf eines bürgerlichen Gesetzbuchs, ArchbürgR 5 (1891), S. 12 ff.

von Staudinger — Kommentar zum Bürgerlichen Gesetzbuch nebst Einführungsgesetz und Nebengesetzen,

I. Band: Allgemeiner Teil, erläutert von Franz Brändl und Helmut Coing, 11. Auflage Berlin 1957

III. Band: Sachenrecht, 1. Teil, bearbeitet von Hans Berg, Josef Ring und Günter Seufert, 11. Auflage Berlin 1956.

IV. Band: Familienrecht, 1. Teil 1. Lieferung, bearbeitet von Rolf Dietz und Heinz Hübner, 11. Auflage 1964, 2. Teil Lieferung 1, bearbeitet von Wilhelm Felgentraeger, 11. Aufl. 1965.

Stein-Jonas-Pohle — Kommentar zur Zivilprozeßordnung, 1. Band, 19. Auflage Tübingen 1964.

Steindorff, Ernst — Besprechung von Nikisch, Arbeitsrecht Band II 2. Auflage, JZ 1960, S. 582 ff.

Stoll, Hans — Unrechtstypen bei Verletzung absoluter Rechte, AcP 162 (1963), S. 203 ff.

— Empfiehlt sich eine Neuregelung der Verpflichtung zum Geldersatz für immateriellen Schaden? — Gutachten für den 45. Deutschen Juristentag Verhandlungen des 45. Deutschen Juristentages Band I Teil 1.

Stoll, Hans — Kausalzusammenhang und Normzweck im Deliktsrecht, Tübingen 1968.

Thibaut, Anton Friedrich Justus — System des Pandektenrechts, 1. Band 2., durchaus vermehrte verbesserte Auflage, Jena 1805.

— Versuche über einzelne Theile der Theorie des Rechts, 2. Band, und 2., verbesserte Auflage Jena 1817.

Thon, August — Rechtsnorm und subjectives Recht, Weimar 1878.

Tomandl, Theodor — Streik und Aussperrung als Mittel des Arbeitskampfes, Wien und New York 1965.

von Tuhr, Andreas — Der Allgemeine Teil des Deutschen bürgerlichen Rechts, 2. Band: Allgemeine Lehren und Personenrecht, Leipzig 1910.

Ulmer, Eugen — Urheber- und Verlagsrecht, 2., neubearbeitete Auflage Berlin/Göttingen/Heidelberg 1960.

von Vangerow, Karl Adolph — Lehrbuch der Pandekten, 1. Band, 1. Abteilung, 6., vermehrte und verbesserte Auflage, Marburg 1851.

Watermann, Friedrich — Die Ordnungsfunktion von Kausalität und Finalität im Recht unter besonderer Berücksichtigung des Rechts der gesetzlichen Unfallversicherung, Berlin 1968.

Weimar, Robert — Zur Problematik der Schadensersatzpflicht bei Verletzung der elterlichen Gewalt, MDR 1962, S. 7 ff.

Welzel, Hans — Fahrlässigkeit und Verkehrsdelikte — Zur Dogmatik der fahrlässigen Delikte, Karlsruhe 1961.

— Vom Bleibenden und vom Vergänglichen in der Strafrechtswissenschaft, Marburg 1964.

Wenzel, Leonhard — Die Durchsetzung der Arbeitspflicht des Arbeitnehmers im Falle des Vertragsbruchs, JZ 1962, S. 590 ff.

— Die einstweilige Verfügung gegen vertragsbrüchige Arbeitnehmer — Bemerkungen zum vorgeblich ausschließlichen Sicherungszweck der einstweiligen Verfügung, DB 1966, S. 2024 ff.

Westermann, Harry — Sachenrecht — Ein Lehrbuch, 5., neubearbeitete Auflage Karlsruhe 1966.

Wieacker, Franz — Die Forderung als Mittel und Gegenstand der Vermögenszuordnung — Ein Beitrag zur Kritik der Unterscheidung zwischen Schuldrecht und Sachenrecht, DRW 1941, S. 49 ff.

— Privatrechtsgeschichte der Neuzeit unter besonderer Berücksichtigung der deutschen Entwicklung, 1. Auflage Göttingen 1952.

Windscheid, Bernhard — Lehrbuch des Pandektenrechts, 1. Band: 3. Auflage Düsseldorf 1873, 4. Auflage, Düsseldorf 1875.

2. Band: 4. Auflage, Düsseldorf 1876, 8. Auflage (bearbeitet von Kipp), Frankfurt 1900.

Wolf, Ernst — Das Recht am eingerichteten und ausgeübten Gewerbebetrieb, Festschrift für Fritz von Hippel (1967), S. 665 ff.

— Zwang zur Ehe, JZ 1967, S. 659 ff.

— Zur „Institution Ehe", JZ 1967, S. 749 ff.

Wolf, Joseph Georg — Der Normzweck im Deliktsrecht — Ein Diskussionsbeitrag, Göttingen 1962.

Zeuner, Albrecht — Zum Problem der überholenden Kausalität, AcP 157 (1958/60), S. 441 ff.

— Bemerkungen zum Problem der Rechtswidrigkeit aus zivilrechtlicher Sicht, JZ 1961, S. 41 ff.

— Arbeitskampf und Arbeitsvertrag — Zum Verhältnis von Individual- und Kollektivkräften im Arbeitsverhältnis, JZ 1962, S. 425 ff.

— Gedanken zur Unterlassungs- und negativen Feststellungsklage, Festschrift für Dölle Band 1 (1963), S. 295 ff.

— Schadensbegriff und Ersatz von Vermögensschäden, AcP 163 (1964), S. 380 ff.

— Gedanken über Bedeutung und Stellung des Verschuldens im Zivilrecht, JZ 1966, S. 1 ff.

STICHWORTVERZEICHNIS

Absolutheit des Rechts, absolutes Recht 2 f., 17 ff., 26
Absperrung 213 ff.
Abtretung des Ersatzes o. Ersatzanspruchs 1
Abwerbung von Arbeitskräften (s. a. Arbeitsvertragsbruch) 5
actio doli 135 ff.
actio iniuriarum 135 ff.
actio in personam 18 f.
actio in rem 18 f.
actio legis Aquiliae s. lex Aquilia
Änderungskündigung, kollektive Ä. 201, 203 ff.
Aneignungsrecht 31, 107
Allgemeines Preußisches Landrecht (ALR) 101 ff.
Anfechtung der Ehelichkeit (Kosten) 178 f., 189
Anfechtung im Konkurs, Gläubigeranfechtung 1, 128 f.
Anspruch 18, 28, 67 f.
Anwartschaft, Anwartschaftsrecht 110, 114 ff., 125
Arbeitskampf 130, 196 ff.
Arbeitsplatz, Recht am Arbeitsplatz 14, 43, 45, 197, 199 f.
Arbeitsvertragsbruch 151 f.
Auflassungsanwartschaft 114 ff.
Aussperrung 5, 91, 151 f., 196 ff.

Beerdigungskosten, Ersatz der 99
Beherrschungsrecht 18, 32 f.
Beschädigung der Sache als Eingriff in das Eigentum 84
Beschränkt-dingliches Recht s. dingliches Recht
Besitz, Besitzentziehung, Besitzrecht, Besitzschutz, Besitzstörung 3, 16, 101 ff., 107, 127, 131, 134
Boykott (s. a. Absperrung) 46, 48
Bürgschaft 1

commodum, stellvertretendes 148
culpa 95, 97

Dienstbarkeit 158 ff.
Dienste, Ersatz für entgangene 145
Dingliches Recht 18, 20, 32, 34 f., 43, 66, 78, 96, 106 f., 123, 158 f.
dolus-Haftung 95
Drittschadensliquidation 145
Durchgriffshaftung 1

Ehre 135 f.
Ehe, Ehegatte, ehel. Lebensgemeinschaft, Recht auf die 3 f., 16, 23, 25, 43 f., 48, 125, 127, 131, 173 ff.
Eheprozeß 184 ff., 192
Ehestörer, Ehestörung 21, 25, 151, 173 ff.
Eigengeschäftsführung, unberechtigte 1 f., 84
Eigentum 40, 43, 60, 66, 72, 77, 86, 97 ff., 123, 156
Eingriffskondiktion 1, 82
Einzelrechtsnachfolge 30
Elterliche Gewalt, Recht der e. G. 3 f., 16, 40, 43 f., 66, 80, 95
Erbrecht 17
Erbschaftskauf 128

Fahrlässigkeit 46 ff., 76, 98
Familie, Familienrecht 3, 17, 32, 35 f., 44, 87, 125
Feststellungsklage 1, 164 ff.
Finale Handlungslehre 16, 50, 61 ff., 68 ff.
Firmenrecht 43
Fischereirecht 159, 161
Forderung, Forderungsrecht, Forderungszuständigkeit 14 ff., 27, 36 ff., 43, 77, 80 ff., 95, 132
Freiheit, Freiheitsberaubung, Bewegungsfreiheit, Handlungsfreiheit 36 f., 55, 68, 72, 86, 99, 102 ff., 197
Friedenspflicht 213 f.

Generalklausel, deliktische 5, 59
Genugtuung 62
Gerichtsstand 167 ff.
Gesamtrechtsnachfolge 30

Gesellschaftsrechte 80, 85
Gestaltungsrecht, Gestaltungsurteil 18, 28, 67 f.
Gewährung 13 ff.
Gewerbebetrieb, eingerichteter und ausgeübter, Recht am G. 5 f., 14 ff., 25, 34 f., 43, 45, 47, 49 f., 61, 124, 127, 129 ff., 139, 167, 199 ff., 214
Güter- und Interessenabwägung 49 f., 129
Güterzuordnung 26 ff., 34, 81 f., 214 f.

Haftungsbegrenzung 6 ff., 36, 40, 47
Handlungsfreiheit s. Freiheit
Herrschaftsrecht, absolutes und relatives 3, 34, 40, 51
Herstellungsklage (im Eherecht) 174 ff.
Hybris 135 f.

Immaterialgüterrecht 17, 20 f., 24, 27, 31, 33 ff., 66, 78 f., 85 f., 95 ff., 155 f., 160 ff.
Imperativentheorie 12 ff., 19, 41 f.
iniuria 95
Institution, Institutionenschutz 103, 122 ff., 141, 182, 214 f., 224
ius ad rem 32, 109 ff.

Koalition, Koalitionsfreiheit 4 f., 209
Körper, Körperverletzung 53, 60, 97 ff.
Kollektiv, Kollektivaktion, Kollektivhandeln 152, 196 ff.
Konkursanfechtung s. Anfechtung
Konkursvorrecht 1
Kundbarkeit eines Rechts 3, 14, 17, 36, 40 ff., 97 f.

Legitimationswirkung 2
Leistungsgefahr 142 ff.
Leistungshandlung 37 f.
lex Aquilia 95 ff., 135 ff.
Litiskontestation 18
Lizenz, ausschließliche, einfache, negative L. 5, 16, 31, 33, 35, 57, 79, 83, 89, 151 ff.

Miete 1 ff., 31 ff., 37, 107, 119
Mitgliedschaftsrecht 4 f., 14, 35 f., 45, 79, 87, 95
mittelbare Patentverletzung 89 ff.
mittelbare Rechtsverletzung 52 ff.
mittelbare Schädigung 6 ff., 58

Namensrecht 43
Neutrale Teile, Lieferung n. T. als mittelbare Patentverletzung 90, 93
Nießbrauch 31, 158
Normsetzungsbefugnis, subjektives Recht als 12, 22, 128
Normzweck s. Rechtswidrigkeitszusammenhang

Obligatorische Berechtigung, Obligatorisches Recht 1 ff., 16, 34 f., 119 ff.
Offenkundigkeit s. Kundbarkeit

Pacht 1 ff., 31 ff., 107, 119
Patent, Patentrecht, Patentschutz, Patentverletzung (s. a. mittelbare Patentverletzung) 43, 55, 66, 89 ff., 163 ff.
Persönlichkeitsrecht, Allg. P. 11 f., 20, 49 f., 86, 104 f., 124, 127, 129, 132, 180, 183
Personenrecht, persönliches Recht 18, 55
Pflichtenkollision 53
Prätendentenstreit 27, 83, 141
Präventionszweck 130, 222
Preisbindung 91 ff., 139 f.
Primäres Recht 18
Privatautonomie 23 f., 74 ff.

Räumlich-gegenständlicher Bereich der Ehe, Recht auf den r.-g. B. 176, 181 f., 185 ff.
Rechtsgeschäft 74 ff.
Rechtsinstitut s. Institution
Rechtskraftwirkung 164
Rechtsschutzbedürfnis 165 f.
Rechtswidrigkeit 48 ff.
Rechtswidrigkeitsbewußtsein 70, 137
Rechtswidrigkeitszusammenhang 56 ff., 162, 192
Rechtszuständigkeit s. Güterzuordnung
Regreß, Regreßrecht 144 ff.
Reine Rechtslehre 12, 22 f.

Sachbeschädigung 53, 101 f.
Sachenrecht 24, 35 ff., 43, 55, 100 ff., 106 f., 109 ff., 156
Schuldprinzip 36, 52
Schuldrecht 35 f.
Schuldverhältnis 140 ff.
Schutzbedürftigkeit der Rechte 36, 47
Schutzrecht, gewerbliches 43

Sekundäres Recht 18
Sittenwidrigkeit der Vermögensbeschädigung 112, 134 ff., 190
Sozialadäquanz 90, 94, 205, 216
Subjektives Recht 10 ff., 19 f., 27, 57
Substanz, Substanzverletzung 98 ff.
Sukzessionsschutz 30 ff., 154 f.
Streik, Streikaufruf 25, 46, 48, 91, 151 f., 196 ff.

Tatbestandsmäßigkeit 49 ff., 73
Tatbestandswirkung 28

Übernahme eines Handelsgeschäfts 1, 128
Übernahme des Vermögens 1, 128
Unehelichkeit, Geltendmachung der 190 f.
Ungerechtfertigte Bereicherung 82
Unmittelbare Rechtsverletzung 52 ff., 62
Unmittelbare Schädigung 6
Unrechtsbewußtsein s. Rechtswidrigkeitsbewußtsein
Unrechtstyp 16, 54 ff., 71, 76, 95
Unterhalt, Anspruch auf Ersatz des entgangenen U. 99
Unterhaltsfestsetzung bei Getrenntleben 189
Unterlassungsanspruch, Unterlassungsklage 13, 73, 79, 155
U. des Lizenznehmers 160, 164 ff.
U. bei Ehestörung 174 ff., 192 ff.

Verbrauch der Sache als Eingriff in das Eigentum 84
Verfügung 29, 41
Verfügung, einstweilige 166
Verfügung des Nichtberechtigten 81
Vergütungsgefahr 142 ff.
Verhaltensnorm, Verhaltenspflicht 51
Verkehrspflichten 50, 56, 60
Vermögensrecht 18
Vertrag zu Lasten Dritter 23
Vertragsbruch, Ausnutzung des V. 93, 139
V., Verleitung zum V. 36, 39, 62 ff., 91 ff., 112 f., 121 f., 138 ff.
Vertriebsbindung 91 ff.
Verurteilung zur Leistung von Diensten 187
Vorsatz 68 ff., 134 ff.

Wegerecht 161
Wettbewerb, Wettbewerbsbeschränkungsrecht, Wettbewerbsfreiheit, Wettbewerbsordnung, Wettbewerbsrecht 125 ff., 138
Willenserklärung 74 ff.
Wirkung gegen den Rechtsnachfolger s. Sukzessionsschutz

Zerstörung der Sache als Eingriff in das Eigentum 84
Zuordnung s. Güterzuordnung
Zurückbehaltungsrecht 25, 201, 203 ff.
Zuständigkeit des Rechts s. Güterzuordnung
Zwangsvollstreckungsverbot (des § 888 II ZPO) 184 ff., 194

Kolibri 360 GmbH
Ferdinand-Jühlke-Straße 7
99095 Erfurt, Deutschland
produktsicherheit@kolibri360.de